Diskurse – digital

Diskursmuster
Discourse Patterns

Herausgegeben von
Beatrix Busse und Ingo H. Warnke

Band 30

Diskurse – digital

—

Theorien, Methoden, Anwendungen

Herausgegeben von Eva Gredel zusammen mit dem
DFG-Netzwerk „Diskurse – digital"

DE GRUYTER

ISBN 978-3-11-135657-0
e-ISBN (PDF) 978-3-11-072144-7
e-ISBN (EPUB) 978-3-11-072151-5
DOI https://doi.org/10.1515/9783110721447

Dieses Werk ist lizenziert unter einer Creative Commons Namensnennung - Keine Bearbeitung 4.0 International Lizenz. Weitere Informationen finden Sie unter
http://creativecommons.org/licenses/by-nd/4.0/.

Library of Congress Control Number: 2022930727

Bibliografische Information der Deutschen Nationalbibliothek
Die Deutsche Nationalbibliothek verzeichnet diese Publikation in der Deutschen Nationalbibliografie; detaillierte bibliografische Daten sind im Internet über http://dnb.dnb.de abrufbar.

© 2023 Eva Gredel, DFG-Netzwerk »Diskurse – digital«, publiziert von Walter de Gruyter GmbH, Berlin/Boston
Dieser Band ist text- und seitenidentisch mit der 2022 erschienenen gebundenen Ausgabe.
Dieses Buch ist als Open-Access-Publikation verfügbar über www.degruyter.com.

Satz: Integra Software Services Pvt. Ltd.
Druck und Bindung: CPI books GmbH, Leck

www.degruyter.com

Inhaltsverzeichnis

Eva Gredel
Vorwort: Das DFG-geförderte Netzwerk „Diskurse – digital: Theorien, Methoden, Fallstudien" —— VII

Philipp Dreesen, Simon Meier-Vieracker
Einleitung —— 1

Teil I: Grundbegriffe und Grundlagen

Simon Meier-Vieracker
Digitale Diskursforschung und Forschungen zu digitalen Diskursen —— 9

Michael Bender, Ruth M. Mell, Janina Wildfeuer
Zur Spezifik digitaler Medien als Diskursraum: Materialität, Daten, Affordanzen —— 27

Eva Gredel, Ruth M. Mell
Digitale Diskursfragmente —— 47

Thomas Gloning
Diskurse digital – Diskurse hybrid: Konzeptuelle Grundlagen und exemplarische Analysen —— 75

Teil II: Ethische und rechtliche Aspekte

Janine Luth, Konstanze Marx, Christian Pentzold
Ethische und rechtliche Aspekte der Analyse von digitalen Diskursen —— 101

Teil III: Methoden, Verdatung und Anwendungen

Michael Bender, Noah Bubenhofer, Philipp Dreesen, Christopher Georgi, Jan Oliver Rüdiger, Friedemann Vogel
Techniken und Praktiken der Verdatung —— 137

Fabian Klinker
Aktualitätsdispositive —— 159

Noah Bubenhofer, Philipp Dreesen
Kollektivierungs- und Individualisierungseffekte —— 173

Friedemann Vogel
Identifizierung und Authentifizierung in digitalen Diskursen —— 191

Janja Polajnar, Joachim Scharloth, Tanja Škerlavaj
Intertextualität und (digitale) Diskurse —— 213

Michaela Schnick
Nähekonstitutionen und -effekte —— 237

Michael Bender, Simon Meier-Vieracker
Dynamische Kontexte und Rekontextualisierung in digitalen Diskursen —— 251

Philipp Dreesen, Julia Krasselt
Social Bots als Stimmen im Diskurs —— 271

Johannes Paßmann, Cornelius Schubert
Technografie als Methode der Social-Media-Forschung —— 283

Verzeichnis der Autor:innen —— 301

Sachregister —— 305

Eva Gredel
Vorwort: Das DFG-geförderte Netzwerk „Diskurse – digital: Theorien, Methoden, Fallstudien"

Die vorliegende Publikation enthält Forschungsergebnisse des Netzwerks „Diskurse – digital: Theorien, Methoden, Fallstudien", das von 2016 bis 2021 von der Deutschen Forschungsgemeinschaft (DFG) gefördert wurde. Die Zielsetzung des Netzwerks war es, das Programm und das Methodeninventar der Diskurslinguistik in zwei Richtungen zu erweitern: Zum einen ging es darum, die spezifischen Beschreibungskategorien und Analysewerkzeuge für Diskurse auf digitalen Plattformen zu systematisieren. Zum anderen wurden Methoden und Instrumente der Korpuslinguistik und der Digital Methods im Hinblick auf die Anforderungen der Diskurslinguistik evaluiert und ausgebaut.

Das Netzwerk trug mit dieser Thematik dem Verständnis des Internets und der dort angebotenen Plattformen Rechnung. Dieses Verständnis hat sich in den letzten 20 Jahren grundlegend gewandelt: Die Auffassung des Internets als virtuelle Welt wurde in den 2000er Jahren durch das Bild des Resonanzraums sozialer Realitäten abgelöst. Zuletzt hat sich die Auffassung verbreitet, dass im Social Web durch Interaktion verschiedenster Akteure soziale Wirklichkeiten konstruiert und verändert werden (Rogers 2013: 21). Durch das Aufkommen und die Etablierung digitaler Plattformen entstanden neue Öffentlichkeiten und es ergaben sich für Internetnutzer*innen zugleich zahlreiche Möglichkeiten, ihre eigenen Inhalte zu generieren und zu verbreiten. Vielfach zeigte es sich in den letzten Jahren, dass digitale Phänomene wie etwa Shitstorms, Cybermobbing oder bestimmte Hashtags (z. B. #metoo) Ausgangspunkte für Diskurse sein können, die hohe Reichweiten in mehreren digitalen Diskursräumen erlangen und auch in nicht-digitalen Medien verhandelt werden. Dadurch ergaben sich z. T. hybride Konstellationen digitaler und nicht-digitaler Beiträge bei der Thematisierung von Diskursereignissen. Die Aushandlung diskursiver Ereignisse korreliert in solchen komplexen Konstellationen häufig mit rekurrierenden sprachlichen bzw. semiotischen Mustern, deren diskurslinguistische Untersuchung gesellschaftlich von hoher Relevanz ist.

Zu Beginn der Arbeit im Netzwerk wurden solche Themen und Fragestellungen jedoch noch kaum systematisch im Forschungsfeld der Diskurslinguistik bearbeitet. Das Netzwerk widmete sich deshalb dem Desiderat, den oben skizzierten Gegenstandsbereich in den Fokus diskursanalytischer Arbeiten zu rücken. Dabei wurden zentrale Charakteristika von Diskursen in digitalen Medien (darunter Non-Linearität, Multimodalität sowie Multilingualität bzw. Multikulturalität) identifiziert und diskutiert, welche methodischen Herausforderungen diese Charakteristika für Diskursanalysen mit sich bringen. Zudem standen auch die Beschäftigung mit angemessenen Verdatungstechniken und -praktiken, adäquate Methoden sowie rechtliche und ethische Aspekte der Untersuchung digital(isiert)er Diskurse im Mittelpunkt der Netzwerk-Arbeit.

Die Arbeit an den genannten Zielen im Netzwerk wurde durch Fallstudien aus Projekten der Mitglieder gespeist und durch den Fokus auf gemeinsame Fragestellungen und Schwerpunkte der Arbeitstreffen aufeinander bezogen. Zudem konnten die Ergebnisse im Rahmen von sechs Arbeitstreffen mit Gastreferent*innen, Kooperationspartner*innen und Gästen diskutiert werden. Im Rahmen des Netzwerks wurden somit erstmals systematisch die Bereiche Diskurslinguistik, Medienlinguistik und Korpuslinguistik sowie Digital Methods zusammengebracht.

Insgesamt vereinte das Netzwerk 15 Wissenschaftler*innen aus der Linguistik sowie Medien- und Kommunikationswissenschaft an 13 Institutionen in fünf Ländern, die in ihren Projekten an der Analyse digitaler Diskurse arbeiteten und dabei Methoden der Korpuslinguistik bzw. Digital Methods nutzten:

- Noah Bubenhofer (Deutsches Seminar, Universität Zürich, Schweiz)
- Thomas Gloning (Institut für Germanistik, Universität Gießen)
- Eva Gredel (Institut für Germanistik, Universität Duisburg-Essen)
- Kristina John (Amsterdam Institute for Social Science Research, Universiteit van Amsterdam, Niederlande)
- Janine Luth (Germanistisches Seminar, Universität Heidelberg)
- Konstanze Marx (Institut für deutsche Philologie, Universität Greifswald)
- Simon Meier-Vieracker (Institut für Germanistik, Technische Universität Dresden)
- Ruth M. Mell (Zentrum für Lehrerbildung, Technische Universität Darmstadt)
- Josephine Obert, M.A. (zuletzt Institut für Germanistik, Technische Universität Dresden)
- Christian Pentzold (Institut für Kommunikations- und Medienwissenschaft, Universität Leipzig)
- Janja Polajnar Lenarčič (Philosophische Fakultät, Univerza v Ljubljani, Slowenien)
- Tanja Škerlavaj (Philosophische Fakultät, Univerza v Ljubljani, Slowenien)
- Joachim Scharloth (School of International Liberal Studies, Waseda University, Japan)
- Friedemann Vogel (Germanistisches Seminar, Universität Siegen)

- Janina Wildfeuer (Department of Communication and Information Studies, University of Groningen, Niederlande)

Für die Arbeitstreffen des Netzwerks konnten zudem insgesamt über 20 Gastreferent*innen gewonnen werden, die die Arbeit im Netzwerk durch ihre Vorträge und Diskussionsbeiträge bereicherten und wertvolle Impulse für aktuelle Arbeiten lieferten. Während der Projektlaufzeit brachten sich die folgenden assoziierten Mitglieder in die Arbeit des Netzwerks ein:
- Michael Bender (Institut für Sprach- und Literaturwissenschaft, Technische Universität Darmstadt)
- Hans-Jürgen Bucher (Fachbereich II – Medienwissenschaften, Universität Trier)
- Philipp Dreesen (Institute of Language Competence, Zürcher Hochschule für Angewandte Wissenschaften, Schweiz)
- Fabian Klinker (Institut für Demokratie und Zivilgesellschaft, Jena)
- Klaus Rothenhäusler (Institute of Language Competence, Zürcher Hochschule für Angewandte Wissenschaften, Schweiz)

Die sechs durch die DFG geförderten Arbeitstreffen beleuchteten jeweils schwerpunktmäßig eine Thematik des Arbeitsprogramms. Zu den Arbeitstreffen wurde neben Gastreferent*innen auch die universitäre Öffentlichkeit des jeweiligen Standorts eingeladen, an dem das Arbeitstreffen stattfand. Insgesamt nahmen so an den Arbeitstreffen jeweils zwischen 30 und 80 Personen teil. Der Einladung folgten neben Kolleg*innen auch Studierende und Doktorand*innen.

Die Eröffnungstagung (erstes Netzwerktreffen) fand im November 2016 an der Universität Mannheim und am Leibniz-Institut für Deutsche Sprache (IDS) mit einem methodischen Schwerpunkt statt.[1] Die Tagungsbeiträge thematisierten die Analyse digitaler Diskurse unter Anwendung von Methoden der Korpuslinguistik bzw. von Digital Methods. Im Rahmen einer Postersession präsentierten die 15 Netzwerk-Mitglieder Konzepte ihrer Fallstudien, mit denen sie sich in das Netzwerk einbrachten. Die Eröffnungstagung des Netzwerks fand auch großen Widerhall in den Medien (vgl. u. a. Deutschlandfunk 2016).

Das zweite Netzwerktreffen stand im Juni 2017 an der Universität Zürich unter dem Thema „Visualisierung digitaler Diskurse". Das Rahmenthema wurde aus zweifacher Perspektive beleuchtet: Zum einen waren dies „Visualität und Medialität als diskurskonstituierende Elemente" sowie „Visualisierungen von digitalen Diskursen". Beim dritten Netzwerktreffen an der Technischen Universität

---

[1] Die Themen der Eröffnungstagung sind im Sprachreport des Leibniz-Instituts für Deutsche Sprache dokumentiert (Gredel 2017).

Berlin im Februar 2018 lag der Schwerpunkt auf „Macht" und „verbaler Gewalt" in digitalen Diskursen.

Das vierte Netzwerktreffen im Mai 2018 an der Universität Bremen stand im Zeichen der Multimodalität und es wurden u. a. Tools für multimodale Analysen digitaler Plattformen thematisiert. Für das fünfte Arbeitstreffen mit dem Schwerpunkt „Digitale Diskurse – kontrastive Aspekte" war das Netzwerk im September 2018 an der Universität Ljubljana zu Gast. Das Netzwerktreffen fand in zeitlicher und räumlicher Nähe zu einem trinationalen Treffen der Germanistischen Seminare Mannheim, Ljubljana und Tomsk statt, die jeweils über DAAD-geförderte Institutspartnerschaften (GIP) verbunden sind. Das Netzwerk konnte zu den Vorträgen mit anschließender Diskussion auch internationale Gäste dieser Institute begrüßen. Die Abschlusstagung (sechstes Arbeitstreffen) fand im November 2019 an der Universität Mannheim statt. Die Netzwerk-Mitglieder sowie die assoziierten Mitglieder präsentierten im Rahmen dieser Tagung die Ergebnisse ihrer Fallstudien sowie des Netzwerks insgesamt.[2]

Auch über die sechs Arbeitstreffen, die von der DFG gefördert wurden, hinaus waren die Mitglieder des Netzwerks auf internationalen Tagungen mit Beiträgen, Panels und Symposien vertreten. Beim Jubiläumskongress 2018 der Gesellschaft für Angewandte Linguistik (GAL e.V.) mit dem Rahmenthema „Sprachen – Kommunikation – Öffentlichkeit" richtete das Netzwerk ein Symposium unter dem Titel „Öffentliche Diskurse in digitalen Medien" aus. Neben ethischen und rechtlichen Aspekten der Analyse digitaler Diskurse ging es in den Beiträgen des Symposiums auch um deren multimodale sowie multilinguale Verfasstheit.

Eine enge Kooperation des Netzwerks bestand mit der fachspezifischen Arbeitsgruppe „Deutsche Philologie" (F-AG 1) des BMBF-Verbundprojekts CLARIN-D unter der Leitung von Thomas Gloning. Das Verbundprojekt Clarin-D unterstützte die Forschung in den Geistes-, Kultur- und Sozialwissenschaften durch die Bereitstellung von Services zum Auffinden von deutschen Sprachdaten, zur Analyse von geschriebenem und gesprochenem Texten und zur langfristigen Verfügbarmachung und Bereitstellung von Korpora und Forschungsergebnissen. In den Jahren 2017 und 2018 richtete das Netzwerk die Jahrestreffen der F-AG aus.

Zahlreiche Kontakte des Netzwerks bestanden auch zum Tagungsnetzwerk „Diskurs – interdisziplinär", an dessen Tagungen die Netzwerk-Mitglieder teilnahmen und sich auch an begleitenden Publikationen beteiligten. Erwähnt seien etwa exemplarisch die 6. Jahrestagung zum Rahmenthema „Diskurs –

---

[2] Die Beiträge der Abschlusstagung sind in der Zeitschrift für Diskursforschung in einem Tagungsbericht dokumentiert (Mell & Gredel 2021).

konstrastiv" (vgl. Gredel, Kämper, Mell & Polajnar 2018), die 8. Jahrestagung zum Schwerpunkt „Diskurs – ethisch" (organisiert von Heidrun Kämper und Ingo H. Warnke sowie das 1. Nachwuchssymposium des Tagungsnetzwerks „Diskurs – interdisziplinär" organisiert von Christian Kreuz, Ruth M. Mell sowie David Römer), wobei ein Teil der Tagungsbeiträge in einem Sonderband der Open-Access-Publikationsreihe „Diskurse – digital" veröffentlicht sind.

Auch bei den IDS-Jahrestagungen waren die Netzwerk-Mitglieder regelmäßig mit Aspekten und Teilthemen des Netzwerk-Arbeitsprogramms vertreten (z. B. bei der Jahrestagung 2019 zum Rahmenthema „Deutsch in Sozialen Medien"). Zudem stand das Netzwerk auch mit der Fachgruppe „Mediensprache und Mediendiskurse" der DGPuK in den letzten Jahren – etwa im Rahmen der Jahrestagungen der Fachgruppe – regelmäßig in Kontakt.

Die Arbeiten und Ergebnisse der Netzwerk-Mitglieder und -Gäste sind in zahlreiche Publikationen eingeflossen und es sei an dieser Stelle auf die Open-Access-Publikationsreihe „Diskurse – digital" (https://majournals.bib.uni-mannheim.de/diskurse-digital, ISSN: 2627-9304) des Netzwerks hingewiesen, in der die am Netzwerk Beteiligten thematisch einschlägige Fallstudien veröffentlicht haben.

Mit dieser nun vorliegenden und gemeinsam im Rahmen der Netzwerktreffen in intensiven Diskussionen erarbeiteten Abschlusspublikation möchte das Netzwerk einen Einblick in Theorien, Methoden und Anwendungen zur Untersuchung digitaler Diskurse geben. Die vorliegende Publikation wurde in dieser Form erst durch die Bewilligung des Antrags durch die Deutsche Forschungsgemeinschaft möglich, der wir an dieser Stelle ganz herzlich danken möchten. Zu danken ist auch den Institutionen, die die Arbeit des Netzwerks in vielfältiger Form unterstützt haben. Dies sind an erster Stelle die Universität Mannheim (2016–2020) und die Universität Duisburg-Essen (2021), an denen das Netzwerk institutionell angebunden war. Unterstützt wurde die Arbeit in besonderer Form vom Lehrstuhl Germanistische Linguistik (Angelika Storrer), von der Verwaltung der Universität Mannheim (Sabine Hagendorn) sowie der Universitätsbibliothek der Universität Mannheim (Philipp Zumstein). Der Dank gilt auch den o. g. Heimatuniversitäten der Netzwerk-Mitglieder, die jeweils ein Netzwerktreffen u. a. durch die Bereitstellung von Räumlichkeiten ermöglicht haben. Einen besonderen Dank möchte ich auch den Direktoren des Leibniz-Instituts für Deutsche Sprache aussprechen (Ludwig Eichinger und Henning Lobin), die neben der Bereitstellung von Räumlichkeiten auch die Einrichtung und den Betrieb der Internetpräsenz des Netzwerks während der Laufzeit des Netzwerks unterstützt haben.

Eva Gredel   Essen, April 2022

Literatur und Quellen

Deutschlandfunk. 2016. *Kommunikation in Sozialen* Netzwerken. *Der „Stimmt-nicht-Button" fehlt. Konstanze Marx im Corso-Gespräch mit Tanja Runow.* https://www.deutschland funk.de/kommunikation-in-sozialen-netzwerken-der-stimmt-nicht.807.de.html?dram:arti cle_id=371640. (17.11.2016)

Gredel, Eva. 2017. Das wissenschaftliche Netzwerk „Diskurse – digital: Theorien, Methoden, Fallstudien". *Sprachreport* 3/2017. 26–31.

Gredel, Eva, Heidrun Kämper, Ruth M. Mell & Janja Polajnar. 2018. *Diskurs – kontrastiv. Diskurslinguistik als Methode zur Erfassung sprachübergreifender und transnationaler Diskursrealitäten.* Bremen: Hempen. (Sprache – Politik – Gesellschaft 23).

Mell, Ruth M. & Eva Gredel. 2018. Erzählen in digitalen Diskursen: Die narrative Dimension der Neuen Medien. *Online publizierte Arbeiten der Linguistik* 2/2018 (OPAL). Mannheim: Institut für Deutsche Sprache.

Mell, Ruth M. & Gredel, Eva. 2021. Diskurse – digital: Theorien, Methoden, Fallstudien Ein von der DFG gefördertes Netzwerk zur Analyse digitaler Diskurse (2016–2020). *Zeitschrift für Diskursforschung* 8 (1). 103–106.

Rogers, Richard. 2013. *Digital Methods.* Cambridge: MIT Press.

Philipp Dreesen, Simon Meier-Vieracker
Einleitung

1 Zum Gegenstand und Verständnis dieses Buches

Gegenstand des vorliegenden Buches sind digitale Diskurse. Hierunter werden in einem weiten Zugriff Diskurse verstanden, die – konstruktivistisch gefasst – in digitalen Medien und mit digitalen Methoden sichtbar gemacht werden können und in irgendeiner Form mit digitalen Daten zu tun haben. Die im Buch vorgestellten theoretischen und methodischen Zugänge zu digitalem Datenmaterial (seien es genuin digitale oder digitalisierte Daten) zielen somit sowohl auf diskursive Ereignisse und Praktiken, die in digitalen Medienarrangements wie etwa Social Media Plattformen realisiert werden, als auch auf diskursanalytische Fragestellungen, die mit digitalen Analysemethoden etwa aus der Korpuslinguistik bearbeitet werden. Die Frage nach den Merkmalen digitaler Diskurse wird also ergänzt um die Frage nach den Verfahren einer digitalen Diskurslinguistik.

Wissenschaftliches Arbeiten baut auf Vorarbeiten auf und ist auf ein gewisses Maß an methodologischer Beständigkeit angewiesen. Deshalb liegt diesem Buch eine als kontinuierlich gedachte (diskurs-)linguistische Methodologie zugrunde. Die Grundlagen der Diskurslinguistik, Critical Discourse Analysis etc. werden also explizit vorausgesetzt, ergänzt um Methoden und Techniken aus angrenzenden geistes-, sozial- und kulturwissenschaftlichen Disziplinen. Neu hinzu kommen hingegen Techniken z. B. aus dem Bereich der Computerlinguistik und Texttechnologie.

Die Vermittlung von Theorie, Methodologie, Methoden und Techniken steht stets vor der Herausforderung, dies in wissenschaftlich nachvollziehbarer Weise zu tun. Im Fall der Methodendarstellung für digitale Diskursanalysen kommen zwei weitere Herausforderungen hinzu.

Erstens sind Bücher zu wissenschaftlichen Verfahren zwar per se unabgeschlossen und dem Risiko ausgesetzt, nicht den aktuellen Stand etwa zu Social Media oder zu theoretischen Diskussionen zu repräsentieren. Hinzu kommt jedoch, dass die digitale Transformation fortlaufend neue Techniken hervorbringt (z. B. im Machine Learning), die sich in ihrer Leistung ebenso auf diskursive Untersuchungsgegenstände (z. B. die Suchergebnisse von Google) wie auch auf die Analysetechniken (z. B. Embeddings) auswirken können. Dem Problem, dass Gegenstand und Methoden schnell veralten, wird in diesem Buch dadurch begegnet, dass weder während der Entstehung des Buches aktuelle Plattformen (z. B. Club House) noch konkrete Analysetools (z. B. bot-o-meter) im Fokus stehen. Im Zentrum stehen vielmehr methodologisch perspektivierte Überlegungen zur Analyse diskursiver Ausprägungen, die in der digitalen Transformation beobachtbar sind. Die hier beobachteten Ausprägungen mögen also ebenso wie die vorgestellten Techniken eine Momentaufnahme sein – die Art und Weise der Bearbeitung digital-diskursiver Bedingungen und ihrer Effekte geht über den jeweils aktuellen Anlass hinaus.

Zweitens verlangt diskursanalytisches Forschen einen bestimmten Grad an Selbstreflexion hinsichtlich der eigenen regelverhafteten Diskurspositionen. Dies gilt nicht nur für die unmittelbar Forschenden vor ihrer Analyse, sondern auch für die explizite Bereitstellung von handlungsleitendem Wissen, wie etwa im Kapitel von Luth/Marx/Pentzold hier im Buch. Der Wissenschaftstheoretiker Ludwik Fleck gibt für wissenschaftliche Zusammenstellungen eines Fachgebiets („Handbuchwissenschaft", wie er es nennt) zu bedenken, dass ihnen eine machtspezifische Diskursposition zukommt, denn „sie wählt, vermengt, paßt an und verbindet exoterisches, fremdkollektives und streng fachmännisches Wissen zu einem System. Die entstandenen Begriffe werden tonangebend und verpflichten jeden Fachmann" (Fleck 1980: 163). So entstehe „ein Denkzwang, der bestimmt, was nicht anders gedacht werden kann, was vernachlässigt oder nicht wahrgenommen wird, und wo umgekehrt mit doppelter Schärfe zu suchen ist" (Fleck 1980: 163).

Das vorliegende Buch möchten wir deshalb vor allem als Anregung für künftige Projekte digitaler Diskursforschung verstanden wissen. Die dargestellten theoretischen und methodischen Zugänge sind gezielt offen gehalten für neue theoretische Überlegungen, Methoden, Methodenkombinationen, Techniken und interdisziplinäre Herangehensweisen, die für eigene Forschungsvorhaben adaptiert werden können. In den einzelnen Kapiteln des vorliegenden Buches werden umfassend relevante Aspekte und Verfahrensweisen der digitalen Diskursforschung behandelt. Dies schließt über die eigentliche Analyse hinaus auch erforderliche theoretische Überlegungen, juristische und ethische Problemstellungen sowie vor- und nachbereitende Schritte ein.

Der so entwickelte Zugang zu einer digitalen Diskurslinguistik versteht sich dabei einerseits als Fortentwicklung etablierter Forschungsmethoden und -konzepte, die andererseits jedoch im Zeichen des Digitalen neu justiert werden (müssen) (vgl. den Beitrag von Meier-Vieracker in diesem Band) und zu Verschiebungen in den theoriebasierten und methodengeleiteten Zugängen zum Sprachgebrauch führen können. Neue digitale Analysezugänge verändern die Perspektive auf digital-diskursive Bedingungen und Effekte und verändern mithin auch den Untersuchungsgegenstand. Eine verfügbare Technik zur Analyse von Thematizität (etwa Topic Modeling, vgl. den Beitrag von Bender et al. in diesem Band) kann dazu verleiten, sich gerade deshalb der Thematizität im Diskurs zuzuwenden; in der Folge könnte der Untersuchungsgegenstand somit durch die Verfügbarkeit einer digitalen Analysetechnik geprägt sein und weniger durch eine hiervon losgelösten Auseinandersetzung mit dem Gegenstand. Digitale Diskursanalyse beschränkt sich jedoch nicht auf datenzentrierte (corpus-based und corpus-driven) oder computerlinguistisch orientierte Zugänge. Digitale Diskursanalysen können auch ethnographisch (vgl. den Beitrag von Paßmann & Schubert in diesem Band) oder einzelfallbezogen ausgerichtet sein.

Dementsprechend umreißen die folgenden Kapitel multiperspektivisch theoretische und methodische Ansätze und Zugänge entlang von charakteristischen Merkmalen und Dimensionen digitaler Diskursivität. Sie dokumentierten den aktuellen Stand der Diskussion und liefern deshalb auch in den Kapiteln zu den Methoden keine abgeschlossenen Analysen und detailliert ausgearbeitete Verfahren. Vielmehr handelt es sich um heuristische, exemplarische Erläuterungen zu theoretischen Perspektiven und Methodenaspekten, die teilweise in laufende, größere Forschungszusammenhänge eingebettet sind.

2 Zum Aufbau des Buches

Teil I „Grundbegriffe und Grundlagen" steckt zunächst mit dem Beitrag „Digitale Diskursforschung und Forschungen zu digitalen Diskursen" (Meier-Vieracker) das Feld der Diskursforschung im Zeichen des Digitalen ab, bevor dann theoretische Fragen zum Status digitaler Kommunikationsmedien und ihrer Vernetzung in Diskursen und diskursiven Praktiken adressiert werden. Dabei steht zunächst die „Spezifik digitaler Medien als Diskursraum" (Bender/Mell/Wildfeuer) mit ihren diskurslinguistischen Implikationen aus gegenstandsbezogener wie auch methodischer Sicht im Fokus, bevor in einer Auseinandersetzung mit der Frage nach den Zugriffsobjekten diskurslinguistischer Forschung „Digitale Diskursfragmente" (Gredel/Mell) fokussiert werden. Die transmedialen Wechselwirkungen zwischen digitalen und traditionellen Medien werden im Beitrag „Diskurse digital – Diskurse hybrid" (Gloning) beleuchtet.

Teil II widmet sich explizit einem oftmals vernachlässigten Thema, das im Zuge der Digitalisierung aus vielschichtigen Gründen wichtiger wird: Im Fokus stehen die rechtlichen und ethischen Aspekte der Analyse von digitalen Diskursen. Diese steht in einem Spannungsverhältnis zwischen der rasanten technischen Entwicklung auf der einen Seite und der punktuellen Rechtsunsicherheit mit etwaigem zukünftigen Rechtsrahmen auf der anderen Seite. In einem umfassenden Beitrag „Ethische und rechtliche Aspekte der Analyse von digitalen Diskursen" (Luth/Marx/Pentzold) wird gezeigt, welche juristischen und forschungsethischen Problemstellungen sich aus der gründlichen Reflexion mit digitalen Daten ergeben. In der Auseinandersetzung mit Fällen aus der Forschungspraxis werden im Beitrag konkrete Handlungsempfehlungen formuliert.

Teil III widmet sich schließlich der Methodologie wie auch konkreten Methoden der digitalen Diskursanalyse, und zwar in ihrer zweifachen Ausrichtung als Analyse von Diskursfragmenten und -praktiken in den digitalen und v. a. Sozialen Medien wie auch als Analyse mittels digitaler Methoden. Nach einer Einführung in „Techniken und Praktiken der Verdatung" (Bender/Bubenhofer/ Dreesen/Georgi/Rüdiger/Vogel) werden methodische Zugänge entlang unterschiedlicher Dimensionen digitaler Diskursivität vorgestellt, die in ihren diskursiven Bedingungen und Effekten analysiert werden.

Der Beitrag „Aktualitätsdispositive" (Klinker) widmet sich der durch Algorithmen bestimmten Priorisierung von Content, wie man es etwa in den Sozialen Netzwerken beobachten kann. In welchem Verhältnis algorithmische Steuerung und menschliches Verhalten bei der Ausbildung von Gemeinschaft und Selbst stehen, wird unter der Perspektive „Kollektivierungs- und Individualisierungseffekte" (Bubenhofer/Dreesen) diskutiert. Ebenfalls eine soziale Grundform sind Selbst- und Fremdkategorisierungen, die jedoch mit digitalen Techniken entscheidende Fragen hervorruft, wie „Identifizierung und Authentifizierung in digitalen Diskursen" (Vogel) funktioniert. In „Intertextualität und (digitale) Diskurse" (Polajnar/ Scharloth/Škerlavaj) wird gezeigt, dass es methodisch nicht mehr schwer ist, Spuren intertextueller Referenz nachzuweisen, um etwa die Genese eines Diskurses nachzeichnen zu können. Als Teil des sozialen Lebens finden sich auch im WWW „Nähekonstitutionen und -effekte" (Schnick), die einen Relationsraum erfordern, der mitunter durch die diskurslinguistische Praxis selbst konstituiert wird. Unter dem Titel „Dynamische Kontexte und Rekontextualisierung in digitalen Diskursen" (Bender/Meier-Vieracker) wird behandelt, dass Äußerungen händisch oder algorithmisch mühelos in neue Umgebungen eingepasst werden können. Der genuin diskursanalytischen Frage nach Autorschaft und Polyphonie wird im Beitrag „Social Bots als Stimmen im Diskurs" (Dreesen/Krasselt) nachgegangen, in dem neben theoretischen und methodischen auch rechtliche Aspekte angesprochen werden. Ethnografisch wird in „Technografie als Methode der Social-Media-Forschung" (Paßmann/Schubert) verdeutlicht, dass Online-Plattformen einerseits unsere gesellschaftlichen Realitäten erzeugen, andererseits aber auch die wissenschaftlichen Erkenntnisse über sie.

Die insgesamt 14 Einzelbeiträge zeigen von theoretischer Auseinandersetzung bis zu konkreter Beobachtung exemplarisch Untersuchungsgegenstände und ihre Analyseoptionen. Ziel der Beiträge ist es, die Vielzahl von Zugangsmöglichkeiten zu digitalen Diskursen im Überblick zu zeigen und zu ermutigen, selbst digitale Diskurslinguistik zu betreiben.

Literatur

Fleck, Ludwik. 1980. *Entstehung und Entwicklung einer wissenschaftlichen Tatsache. Einführung in die Lehre vom Denkstil und Denkkollektiv.* Herausgegeben von Lothar Schäfer und Thomas Schnelle, Frankfurt a.M.: Suhrkamp.

Teil I: **Grundbegriffe und Grundlagen**

Simon Meier-Vieracker
Digitale Diskursforschung und Forschungen zu digitalen Diskursen

1 Einleitung

Digitale Diskursforschung vereint im vorliegenden Buch zwei Perspektiven. Neben der Analyse von diskursiven Ereignissen und Praktiken in digitalen Medienarrangements geht es auch um die Fruchtbarmachung digitaler Analysemethoden für diskursanalytische Fragestellungen. Beide Perspektiven sind in der Diskursforschung zwar nicht neu, werden hier aber ausdrücklich aufeinander bezogen und in eine auf linguistisch anschlussfähige Fragen fokussierte Übersicht gebracht.

Im Folgenden sollen – forschungs- und fachgeschichtlich perspektiviert – die Ausgangslage und einige Aufgaben einer digitalen Diskursforschung umrissen werden. Neben diskursanalytischen Konzepten, die im Zeichen des Digitalen auf der Gegenstands- wie auch der Methodenebene zu überdenken sind, sind auch Konzepte aus der Forschung zu computervermittelter Kommunikation relevant, die jedoch auf ihr diskursanalytisches Potenzial hin zu überprüfen sind.

2 Diskurslinguistik im Zeichen des Digitalen – Fragestellungen und Desiderata

Die Diskurslinguistik, also die mit sprachwissenschaftlichen Fragestellungen, Konzepten und Methoden arbeitende Diskursforschung, hat sich längst als eigenständige Teildisziplin der Sprachwissenschaft etabliert und nimmt auch im interdisziplinären Feld der Diskursforschung (Wrana et al. 2014) eine wichtige Rolle ein. Insbesondere im deutschsprachigen Raum dient der Terminus „Diskurslinguistik" zumeist der Bezeichnung einer poststrukturalistisch verankerten und an den Arbeiten von Michel Foucault orientierten Diskursanalyse, die in der anglophonen *discourse analysis* mitunter als Analyse von ‚Big D' Discourses (Gee 2011: 34) bezeichnet wird. Als transtextuelle Sprachanalyse (Spitzmüller & Warnke 2011) untersucht diese Form der Diskursanalyse die (nicht nur) sprachliche Konstitution gesellschaftlichen Wissens ebenso wie die Prägung sprachlicher Äußerungen durch übergreifende Wissensformationen und mithin die diskursive Konstruktion sozialer Wirklichkeit.

In fachgeschichtlicher Perspektive kann wenigstens die germanistische Diskurslinguistik als „Erweiterung der Textlinguistik" (Spitzmüller & Warnke 2011: 22) gefasst werden. Foucaults Definition von Diskurs als „Menge von Aussagen, die einem gleichen Formationssystem angehören" (Foucault 1981: 156) wird linguistisch so fokussiert, dass Diskurse als formal oder funktional zusammengehörige Texte operationalisiert werden (Busse & Teubert 1994). Texte, die faktisch den Untersuchungsgegenstand bilden, werden auf ihre Zugehörigkeit zu Diskursen und ihre Prägung durch Diskurse, kurzum: auf ihre Diskursivität hin betrachtet. Typische Gegenstände einer solchen Diskurslinguistik sind etwa der Migrationsdiskurs, der Bioethikdiskurs oder der Terrorismusdiskurs in bestimmten zeitlich-gesellschaftlichen Kontexten. Auf der Grundlage thematisch spezifizierter Textkorpora werden etwa rekurrente Metaphern(felder), Topoi oder Argumentationsmuster als sich sprachlich manifestierende Deutungsmuster (Keller 2011: 240) untersucht, die als je typische Formationen des Sprechens und Denkens Aufschluss über gesellschaftlich geteilte und verteilte Wissensbestände und deren Aushandlung geben.

Eine solche Diskurslinguistik arbeitet traditionellerweise mit Textkorpora, die sich häufig aus massenmedialen Texten wie etwa Presseartikeln zusammensetzen. Neben dem forschungspraktischen Grund der relativ einfachen Zugänglichkeit entsprechender Texte spricht für ein solches Vorgehen die für öffentliche Diskurse in der Tat prägende Rolle der Massenmedien, wie sie etwa in der Publizistik unter dem Stichwort des Agenda Setting beschrieben ist. Für die Untersuchung gegenwärtiger Diskurse in unserer grundlegend mediatisierten Gesellschaft (Couldry & Hepp 2017) ist jedoch eine solche Reduktion auf journalistische Genres der klassischen Massenmedien, von Warnke (2013: 191) treffend als „Newspaper Bias" kritisiert, kaum mehr ausreichend. Digitale Medien, insbesondere internetbasierte Plattformen und Applikationen im Web 2.0, sind längst zu wichtigen diskursiven Schaltstellen avanciert. Schließlich werden Web 2.0-basierte Dienste auch von massenmedialen Anbietern als Disseminationskanäle genutzt, und Online-Zeitungen integrieren typischerweise Dienste, die den Rezipierenden Interaktion ermöglichen und darüber die Struktur und Funktionalität der Medientexte grundlegend verändern (Burger & Luginbühl 2014: 451–469; Bucher 2011). Die hier zu beobachtenden Kommunikate und die durch sie konstituierten Diskursereignisse, deren Einfluss weit über das Internet selbst hinausreicht, können also selbst dann nicht unberücksichtigt bleiben, wenn sich das Interesse nach wie vor auf massenmediale Diskurse richtet. Die von Journalist*innen intensiv genutzte und zugleich den massenmedialen Diskurs über Quellenangaben bündelnde Online-Enzyklopädie Wikipedia (Gredel 2020), die auch in klassischen Medien aufgegriffenen Hashtag-Kampagnen auf Twitter (Jackson & Foucault Welles 2015) oder die in der Presse diskutierte Verrohung des politischen Diskurses in den Sozialen Medien sind weitere schlagkräftige Beispiele für solche inter- und transmedialen Wechselwirkungen (Fraas & Pentzold 2008), die digitale Diskurse für die Diskurslinguistik relevant werden lassen. Zugleich zeigen diese Beispiele, dass kaum mehr von ausschließlich digitalen Diskursen ausgegangen werden kann, sondern vielfach medial hybride Diskurse den Gegenstand diskurslinguistischer Forschung ausmachen (vgl. den Beitrag von Gloning in diesem Band).

Obwohl aber gerade jüngere diskurslinguistische Forschungsarbeiten oftmals digitale Medien einbeziehen (etwa Tereick 2016; Pappert & Roth 2019), bleiben sie auch in neueren Überblicksdarstellungen zu Theorien und Methoden der Diskurslinguistik noch weitgehend unberücksichtigt, so etwa in dem „Wörterbuch zur interdisziplinären Diskursforschung" (Wrana et al. 2014), dem interdisziplinären Handbuch „Diskursforschung" (Angermuller et al. 2014), dem Einführungswerk „Linguistische Diskursanalyse" (Bendel Larcher 2015) sowie dem umfassenden „Handbuch Diskurs" (Warnke 2018). Dabei bieten sich Kommunikate in digitalen Medien wie etwa Foren- und Blogbeiträge, Tweets, Kommentare in Sozialen Netzwerken oder auch Wikipedia-Artikel und -Diskussionen nicht zuletzt wegen ihrer oft hypertextuell gestützten Vernetztheit und den hierauf aufsetzenden Möglichkeiten der Rekontextualisierung für eine diskurslinguistische i. S.v. transtextueller Analyse besonders an. Zugleich stellen diese Kommunikate, die sich in diskurslinguistischer Perspektive treffend als Diskursfragmente beschreiben lassen (vgl. den Beitrag von Gredel & Mell in diesem Band), aufgrund der ihnen eigenen Nonlinearität, Multimodalität, Interaktivität und Dynamik (Bucher 2013; Meier 2018) besondere Herausforderungen für ihre theoretische Erfassung und empirische Analyse, die eine direkte Übertragung etablierter diskurslinguistischer Methoden problematisch erscheinen lassen (Sommer 2020). Darüber hinaus sind auch diskurslinguistisch relevante Konzepte etwa der Beteiligungsformate, der Autorschaft im Zeichen von Automatisierung (Hepp 2021) (vgl. den Beitrag von Dreesen & Krassel in diesem Band), der Akteurstypen oder der Sagbarkeit (Marx 2019) angesichts der besonderen Kommunikationsbedingungen und -formen digitaler Medien und der hier möglichen Diskurspraktiken neu zu überdenken. Auch die Konzepte wie die des Ortes bzw. der Lokalität, die in ethnographisch orientierten Ansätzen der Diskursanalyse stets eine wichtige Rolle spielen, können nicht unhinterfragt auf online-ethnographische, d. h. immer auch technographische Ansätze übertragen werden (vgl. den Beitrag von Paßmann & Schubert in diesem Band). Damit sind nicht zuletzt die technischen Rahmenbedingungen digitaler Kommunikation angesprochen, welche als mediale Affordanzen (Hutchby 2001; Pentzold, Fraas & Meier 2013) bestimmte Nutzungspraktiken ermöglichen – boyd (2014) etwa nennt „persistence, visibility, spreadability, searchability" als Affordanzen Sozialer Medien – und zugleich auch beschränken (Hopkins 2020). Jenseits einseitig-deterministischer Beeinflussungen können diese Affordanzen, auch wenn sie technisch-materiell bedingt sind, in konkreten soziohistorischen Kontexten ganz unterschiedlich ausgestaltet, konventionalisiert und auch verändert werden (s. den Beitrag von Bender, Mell & Wildfeuer in diesem Band), so dass von einer wechselseitigen Hervorbringung von Technologien und Diskursen auszugehen ist (vgl. den Beitrag von Paßmann & Schubert in diesem Band).

Es bedarf also einer Diskurslinguistik, die den spezifischen medialen Bedingungen, den technologischen Voraussetzungen wie auch den institutionellen Bedingungen digitaler Diskurse theoretisch und methodisch Rechnung tragen kann und mithin Digitalität in ihren technischen wie auch semiotischen Aspekten umfassend reflektiert (vgl. den Beitrag von Bender, Mell & Wildfeuer). Es bedarf einer Diskurslinguistik, die gegen die von Meier und Wedl (2014) konstatierte Medienvergessenheit der Diskursanalyse danach fragt, wie die medialen Bedingungen und die hier zur Verfügung stehenden semiotischen Muster und Konventionen die diskursive Praxis prägen, aber auch welche institutionellen Dispositionen etwa der Überwachung und Kontrolle (Jones 2018) oder auch der Kommodifizierung mit der medialen Realisierung diskursiver Praxis einhergehen (Meier & Wedl 2014: 411). All dies prägt dann wiederum die in einer Gesellschaft verfügbaren Nutzungen digitaler Medientechnologien.

Aber nicht nur auf der Gegenstandsebene ist Digitalität für die gegenwärtige Diskurslinguistik relevant. Eine weitere Schnittstelle ergibt sich auf methodischer Ebene durch den Anschluss an die Korpuslinguistik mit ihren computergestützten Analysemethoden. Mit der Operationalisierung von „Diskurs" als virtuelles Textkorpus (Busse & Teubert 1994) ist dieser Anschluss schon in den frühen Arbeiten einer von der Textlinguistik ausgehenden Diskurslinguistik konzeptuell vorbereitet und wird in jüngerer Zeit verstärkt vollzogen (Bubenhofer 2018). Methodisch betrachtet stellt die Korpuslinguistik Werkzeuge bereit, auch große Textmengen digital aufzubereiten und analysierbar zu machen. Etablierte korpuslinguistische Verfahren wie die Kollokations- oder Keywordanalyse können z. B. genutzt werden, um etwa für diskurssemantische Fragestellungen relevante Analysen diskursiv geprägter und zugleich diskursbestimmender Schlagwörter vornehmen zu können (Schröter 2011). Ein zusätzlicher Anreiz besteht darin, dass hier korpusgeleitete („corpus driven" (Tognini-Bonelli 2001)) Zugänge möglich sind, die das gesamte Korpus induktiv auf (statistisch) auffällige Strukturen hin auswerten und mithin hypothesengenerierend und nicht allein hypothesenüberprüfend genutzt werden können.

Über das Werkzeughafte hinaus sind korpuslinguistische Verfahren deshalb auch auf konzeptueller Ebene an diskurslinguistische Grundannahmen und Interessen anschlussfähig. Der schon bei Foucault angedeuteten und in der Diskurslinguistik aufgegriffenen Entgrenzung des Textbegriffs kommt die Korpuslinguistik entgegen, indem Einzeltextgrenzen oft ohnehin keine Rolle spielen und der Blick gerade auf die textübergreifenden, rekurrenten Aussagemuster fällt (Bubenhofer 2018: 215). Werden Texte nicht für sich, sondern als „Repräsentanten einer seriell organisierten diskursiven Praxis" (Warnke 2002: 133) betrachtet, bieten frequenzorientierte Verfahren der Korpuslinguistik einen eleganten Zugang insbesondere zur Serialität von Diskursen und der für sie typischen „Sprachgebrauchsmuster" (Bubenhofer 2009). Ähnliches gilt für die angesichts der großen Datenmengen oft unumgänglichen Verfahren der Visualisierung in der Korpuslinguistik (Bubenhofer 2020), angefangen von der Key Words in Context-Ansicht (KWiC) bis hin zu Kollokationsgraphen, welche ebenfalls die Textgrenzen gezielt vernachlässigen, um andere, in der Einzeltextlektüre möglicherweise unbemerkte Strukturen aufzuzeigen. Auch Verfahren wie n-Gramm-Analysen, denen durch morphosyntaktische Annotationen wie part-of-speech-Tagging und Lemmatisierung zusätzliche Abstraktion gegeben werden kann, können Licht auf wiederkehrende diskursive Aussage- und Deutungsmuster und somit intertextuelle Verweisstrukturen (vgl. den Beitrag von Polajnar, Scharloth & Škerlavaj in diesem Band) auch jenseits der den Kommunizierenden selbst bewusst verfügbaren Details werfen. Somit können etablierte diskurslinguistische Zugriffsobjekte wie etwa diskurssemantische Grundfiguren (Busse 1997) auf neue Weise adressiert werden.

Diese klassischen Methoden der Korpuslinguistik, aber auch neuere Verfahren wie Methoden der distributionellen Semantik wie etwa Word Embeddings (vgl. den Beitrag von Polajnar, Scharloth & Škerlavaj in diesem Band) operieren mit digital repräsentierten Texten, also in diskrete, binäre Zustände überführten und mithin zählbaren Zeichenketten. Digital repräsentierter Text mit der für ihn charakteristischen und in Standards wie HTML und XML fixierten Trennung zwischen dem reinen Text einerseits und Textauszeichnungen (*markups*) andererseits (Lobin 2014: 86–92) ermöglicht zwar vielfältige Transformationen, Gruppierungen, Korrelationen etwa mit Metadaten usw. In der korpuslinguistischen Analyse aber gehen dadurch multimodale Aspekte wie typographische Gestaltungen typischerweise verloren, auch wenn sie, wie etwa Schriftarten(wechsel), durchaus digital repräsentiert sein können (Geyken et al. 2018). Dies gilt für retrodigitalisierte (*digitized*) Texte wie etwa gescannte Bücher, aber auch für genuin digitale (*born-digital*) Texte, die schon in digitalen Umgebungen entstanden sind. Mehr noch, die vor allem auf semantische und syntaktische Aspekte abzielenden Methoden der Korpuslinguistik können sich – wenigstens in ihrem derzeitigen Zuschnitt, der multimodale Aspekte tendenziell ausblendet – gerade bei solchen genuin digitalen Texten bzw. Kommunikaten als unzureichend erweisen. Denn in der typischerweise screenbasierten Kommunikation im Internet (Dürscheid & Jucker 2013) ist der Diskurs auch für die Diskursteilnehmenden selbst *sichtbar* (Pentzold, Fraas & Meier 2013: 86; vgl. auch boyd 2014) und über die lineare Zeichenabfolge hinaus in „Sehflächen" (Schmitz 2011) organisiert, so dass „die multimodale Zeichenformierung als ganzheitliche kommunikative Handlung im Diskurszusammenhang" (Meier 2018: 428) empirisch erfasst werden muss (vgl. den Beitrag von Gredel & Mell in diesem Beitrag). Meier selbst plädiert deshalb für eine vom Einzelfall ausgehende Analysepraxis im Stile der Grounded Theory. Unter anderen Vorzeichen stellt das Verfahren der Grounded Theory zwar auch in neueren korpuslinguistischen Zugriffen einen wichtigen Referenzpunkt dar (Scharloth 2018), setzt hier jedoch gerade nicht beim Einzeltext in seiner multimodalen Gestalt, sondern bei den quantifizierenden Outputs mustererkennender Verfahren an. Es bedarf der fortgesetzten Diskussion, wie sich beide Perspektiven sinnvoll ergänzen können (Wildfeuer 2018).

Hinzu kommt, dass Texte in der digitalen Repräsentation für korpuslinguistische Zwecke üblicherweise als fortlaufende Zeichenketten gefasst werden. Die für internetbasierte Kommunikate so charakteristische Nonlinearität und Multisequenzialität (Bou-Franch & Garcés-Conejos Blitvich 2014: 28; Greschke 2020), sinnfällig etwa in hypertextuellen Verlinkungen oder den flexiblen Umordnungen von Beiträgen in Kommentarbereichen und Timelines je nach gewählter Einstellung (Meier 2019: 74; Bubenhofer 2019), kann so nur unzureichend abgebildet werden, zumal selbst die im Quelltext hinterlegten digitalen Objekte wie Zeitstempel oft – so etwa in der Aufbereitung der Wikipedia für das Deutsche Referenzkorpus DeReKo (Margaretha & Lüngen 2014) – nicht berücksichtigt werden. Gerade Kommunikation im Web 2.0 bringt dynamische und kollaborativ erarbeitete Texte hervor (Stalder 2016), die im Zuge der korpuslinguistischen Datenaufbereitung aber gewissermaßen dekontextualisiert und stillgestellt (Jäger 2011: 315) werden. Dementsprechend sollten die digitalen Methoden und die damit verbundenen heuristischen Potenziale, welche die Korpuslinguistik der Diskurslinguistik zur Verfügung stellt, bei der Analyse von genuin digitaler Kommunikation erneut geprüft und überdacht werden.

Die Stillstellung von eigentlich dynamischen kommunikativen Artefakten für die Analyse hat jedoch die Kehrseite, dass auf diesem Wege ganz neue Kontextualisierungen bzw. Rekontextualisierungen möglich werden (Meier, Viehhauser & Sahle 2020) (vgl. den Beitrag von Bender & Meier-Vieracker in diesem Band). Aus einer diskurslinguistischen Metaperspektive wird hier das diskurskonstitutive Potenzial digitaler Medien in ihrer methodischen Nutzung im wissenschaftlichen Kontext deutlich. Sobald sprachliches und anderes semiotisches Material verdatet ist, also in einer Form vorliegt oder – wie bei der Digitalisierung von gedruckten Büchern – in eine Form überführt wird, die Zeichen als diskrete, binäre Zustände repräsentiert (vgl. den Beitrag von Bender et al. zu Techniken und Praktiken der Verdatung in diesem Band), sind auch vielfältige und flexible Transformationen und Rekombinationen des Materials möglich. Entsprechende digitale Methoden ermöglichen beispielsweise Serienbildungen und (Re-)Konstruktionen bisher unentdeckter intertextueller Bezüge, die etwa auch als Netzwerke visualisiert und somit intermedial angereichert und vernetzt werden können (Stalder 2016; Schubert et al. 2019). Darüber hinaus ist zu bedenken, dass digitale, insbesondere algorithmisch basierte Methoden auch in die zu untersuchenden digitalen Medien eingelassen sind – Rogers (2013: 1) spricht von „methods of the medium" – und auch die Medienprodukte, wie sie sich den Nutzenden darstellen, erst hervorbringen. In digitalen Textformaten wie Blogs etwa wachsen sukzessive Tagclouds mit, die quantitative Analysen des eigenen Schreibens liefern, und auf Twitter etwa werden algorithmisch auf der Basis maschinellen Lernens sogenannte Trends in der Hashtagnutzung berechnet und als Vorschläge präsentiert, die wiederum auf die Twitternutzenden zurückwirken. Auch in Kommentarbereichen etwa auf YouTube wird die Reihenfolge der einzelnen Kommentare durch algorithmische Selektionsverfahren und Auswertungen bisherigen Nutzungsverhaltens beständig rearrangiert (vgl. den Beitrag von Klinker in diesem Band). Schließlich setzen auch journalistische Medien zunehmend algorithmisch basierte Verfahren etwa im Rahmen des Datenjournalismus ein, welche den medial-kommunikativen Haushalt der Gesellschaft und die hier geltenden Verfahren der Wissensproduktion und -distribution nachhaltig prägen (Anderson 2013; Loosen 2018). Eine am Konzept der Digitalität orientierte Diskurslinguistik wird auch solche diskursiven Effekte von Algorithmen (Stalder 2016) in den Blick nehmen müssen und kann somit Impulse für eine kritische Selbstreflexion digitaler Methoden innerhalb und außerhalb wissenschaftlicher Kontexte liefern.

Eine weitere Herausforderung der empirisch-diskursanalytischen Arbeit mit genuin digitalen Daten stellt sich jenseits der technischen Machbarkeit und Umsetzung aus juristischer wie auch aus ethischer Perspektive (vgl. den Beitrag von Luth, Marx & Pentzold in diesem Band). Anders als bei den in klassisch diskursanalytischen Arbeiten präferierten massenmedialen Texten ist der juristische Status etwa von Forenbeiträgen als zwar öffentlich zugänglichen, aber nicht per se für die Öffentlichkeit verfassten Texten (Spilioti 2017: 195f.; Giaxoglou 2017) weitgehend unklar. Während in gesprächsanalytischen Kontexten meist Einverständniserklärungen der untersuchten Personen eingeholt werden, ist dies bei den oft anonymen Nutzenden von digitalen Medien nur eingeschränkt möglich. Aus forschungsethischer Perspektive ist zudem zu bedenken, dass gerade Soziale Medien oft für höchstpersönliche Kommunikation genutzt werden. Aufgrund der Persistenz und Durchsuchbarkeit der entsprechenden Kommunikate (boyd 2014: 11) mag sie für Analysierende wie ein bereits aufbereitetes Datum erscheinen (Spilioti 2017: 209). Ob aber Gegenstand wissenschaftlicher Analysen zu werden noch zu den von den Nutzenden selbst bedachten Rezeptionsformen zählt, kann aus der öffentlichen Zugänglichkeit allein nicht abgeleitet werden. Schließlich sind die Vorbehalte gegen groß angelegte Data Tracking Verfahren großer Medienanbieter wie Facebook so groß, dass auch die wissenschaftliche Auswertung sich nicht mit dem Argument der nichtkommerziellen Nutzung allein schon absichern kann. Eine Diskurslinguistik im Zeichen des Digitalen muss deshalb juristische (Beißwenger et al. 2017) und forschungsethische Fragen von Grund auf in ihrem methodischen Rüstzeug verankern.

3 Forschung zu computervermittelter Kommunikation und ihre Relevanz für die Diskurslinguistik

Ein linguistisch konturiertes Interesse an digitalen Medien und den hier typischen Formen des Sprachgebrauchs und der Kommunikation ist kein Spezifikum der Diskurslinguistik. Ganz im Gegenteil ist eine diskurslinguistische Sicht auf den Phänomenbereich gewissermaßen eine späte Perspektive, der eine längere Tradition linguistischer Forschung zu computervermittelter Kommunikation (CMC) vorangeht. Auch wenn diese nicht primär diskursanalytische Fragestellungen im oben umrissenen Sinne verfolgt, können die genannten theoretisch-methodischen Neujustierungen einer digitalen Diskurslinguistik in vielen Punkten an sie anknüpfen.

Die linguistische CMC-Forschung[1] ist zunächst variationslinguistisch motiviert und interessiert sich für internettypische sprachliche Formen etwa auf den Ebenen der Orthographie, Typographie, Morphologie und Syntax, die als „Destandardisierungsphänomene in schriftbasierter Kommunikation" (Schlobinski 2005: 8) beschreibbar sind und u. a. in soziolinguistischen Frameworks als stilistische Ressourcen (Androutsopoulos 2018) analysiert werden. Darüber hinaus werden schon früh gattungstypologische Überlegungen angestellt, die internettypische Kommunikationsformen wie E-Mails, Blogs und Diskussionsforen und Chats erfassen und oft mit analogen Parallelformen oder Vorläufern kontrastieren (Giltrow & Stein 2009; Nünning et al. 2012).

---

[1] In der Forschung sind für den Phänomenbereich unterschiedliche Bezeichnungen mit je anderen Schwerpunktsetzungen vorgeschlagen worden: computer-mediated communication (CMC), internetbasierte Kommunikation (IBK), computer-mediated discourse (CMD), keyboard-to-screen communication (KSC). Hier wird aus Gründen der Einfachheit der wohl allgemeinste Terminus CMC gewählt.

Ein wichtiger Bezugspunkt ist dabei die Beobachtung einer im Analogen nicht in gleicher Weise beobachtbaren Konvergenz von Mündlichkeit und Schriftlichkeit. Theoretisch verankert etwa in Koch und Oesterreichers (2007) Begriff der konzeptionellen Mündlichkeit werden die dialogisch-interaktiven Aspekte internetbasierter Texte betont, für deren Analyse deshalb auch gesprächsanalytische Konzepte und Methoden adaptiert werden (Beißwenger 2003). Im anglophonen Sprachraum kommt diesem Zugriff der Umstand entgegen, dass mit „discourse" ein etablierter Terminus vorliegt, der als Sammelbegriff eben beides umfassen kann, gesprochene und geschriebene Sprache, Rede und Schrift (Wildfeuer 2018). Dementsprechend werden unter der Bezeichnung „computer-mediated discourse analysis" (Androutsopoulos & Beißwenger 2008) Untersuchungen geführt, die sich vornehmlich mit schriftbasierter interpersonaler Kommunikation beschäftigen und hierfür text- und gesprächsanalytische Zugänge kombinieren (Herring 1996; Herring 2004). In einem einschlägigen Handbuch (Herring, Stein & Virtanen 2013) finden sich dementsprechend im Teil zur „Discourse pragmatics of computer mediated communication" konversationsanalytisch konturierte Beiträge vornehmlich zur Chatkommunikation.

Gerade von einer diskursanalytischen Warte aus hat man der frühen variationslinguistisch orientierten CMC-Forschung den Einwand entgegengebracht, die Besonderheiten einer vermeintlichen ‚Internetsprache' zu übertreiben und vorschnell eine Rhetorik des Neuen (Sturken & Thomas 2004) zu bedienen (Spilioti 2015: 136). In der Konzentration auf oberflächensprachliche Merkmale würden zudem die stets situierten Praktiken und ihre Akteure bzw. Akteursgemeinschaften aus den Augen verloren, deren Analyse auch ethnographische Zugänge erfordert (Androutsopoulos 2006). Gegen die Vorstellung eines von der analogen Welt losgelösten virtuellen Raums werden vielmehr – theoretisch gefasst etwa im Begriff der Heteroglossie – die vielfältigen, sich überlagernden und mit analogen Praktiken transmedial vernetzten Stimmen im digitalen Diskurs untersucht (Leppänen et al. 2009; Androutsopoulos 2011). Somit rücken auch Fragen der Identitätsstiftung in digital-medialen Settings und andere diskursanalytisch anschlussfähige Fragen ins Zentrum.[2]

Ausdrücklich an *digital discourse* interessierte Forschungsarbeiten denken deshalb über ein rein konversationsanalytisches Interesse hinaus zumeist auch

---

2 Diese Entwicklung lässt sich nicht nur in der Linguistik aufzeigen. Auch in der sozialwissenschaftlich orientierten Internetforschung wurde die anfängliche Auffassung des Internets als virtuelle Welt in den 2000er Jahren durch das Bild des Resonanzraums sozialer Realitäten abgelöst (Rogers 2013: 19 f.). Zuletzt hat sich die Auffassung verbreitet, dass im Social Web durch Interaktion verschiedenster Akteure soziale Wirklichkeiten konstruiert und verändert werden (Rogers 2013: 21).

umfassendere diskursive Prägungen digitaler Kommunikation mit. Diese werden zwar typischerweise in kontextsensitiven Detailanalysen von vornehmlich interpersonaler Kommunikation untersucht, aber auch auf z. B. (sprach-)ideologische Prägungen hin reflektiert (Thurlow & Mroczek 2011). Sprache interessiert einer rezenten Übersicht von Thurlow zufolge in einer solchen diskursanalytischen Perspektive „only in so far as it illuminates social and cultural processes" (Thurlow 2018). Das besondere mediale Setting digitaler Kommunikation rückt darüber hinaus ihren genuin multimodalen Charakter ins Zentrum diskursanalytischen Interesses (Thurlow, Dürscheid & Diémoz 2020). Schließlich seien die technologischen Prägungen von Sprachgebrauch und Kommunikation im Sinne medialer Affordanzen zu berücksichtigen, welche Nutzungspraktiken nahelegen, aber nicht vorschreiben. Umgekehrt seien indes auch die diskursiven Prägungen technologischer Frameworks zu bedenken, indem ihre soziale Bedeutung und darüber vermittelt auch ihre Nutzungen immer auch Produkt diskursiver Bedeutungszuweisung sind. Spätestens an diesem Punkt werden die Anknüpfungspunkte zu einer foucauldianischen Diskursanalyse offenkundig, die ebenfalls die Prägung und Regulierung kommunikativer Praxis durch umfassendere Wissensbestände in den Blick nimmt. Ganz in diesem Sinne ist Thurlow zufolge auch die ideologische Dimension digitaler Diskurse zu reflektieren – auch in einer kritischen Stoßrichtung, indem etwa die technologisch bedingten und zugleich diskursiv verhandelten Überwachungs-, (Selbst-)Kontroll- und auch Kommodifizierungspotenziale digitaler Medien in den Blick genommen werden.

Es erscheint darum auch kein Zufall, dass ein in jüngerer Zeit florierender Bereich der Diskursanalyse, der sich mit metapragmatischen Äußerungen bzw. metadiskursiven Praktiken befasst, insbesondere Diskurse über bzw. metadiskursive Konstruktionen von digitaler Kommunikation in den Blick nimmt (Thurlow 2006; Spitzmüller 2013; Meier & Marx 2019; Thurlow & Jaroski 2020). Nicht nur sind sprachreflexive Äußerungen rekurrenter Bestandteil digital vermittelter Kommunikation insbesondere in den sozialen Medien (Arendt & Kiesendahl 2013), die sämtliche sprachliche Ebenen bis hin zu (typo-)graphischen Aspekten umfassen können (Androutsopoulos & Busch 2020). Auch sind etwa in den bzw. vermittelt über die Massenmedien öffentliche Diskurse *über* digitale Kommunikation zu beobachten, welche als Umschlagplätze umfassender sprachideologischer Annahmen beschrieben werden können (Spilioti 2015; Dreesen & Bubenhofer 2020) – sprachideologische Annahmen, welche sprachliche Phänomene mit Werten und Wertvorstellungen versehen und mithin an kulturelle Repräsentationen etwa von bestimmten Personengruppen anbinden (Milani & Johnson 2010: 4) und so auf die interaktionalen Praktiken der Nutzenden selbst zurückwirken. Dabei sind die kommerziellen Betreiber von Social Media Angeboten wie Twitter oder Facebook selbst wichtige Akteure dieses sprachideologischen Diskurses (Spilioti 2015: 137 f.), sei es durch die in Unternehmensleitlinien und Werbemaßnahmen vertretenen Idealvorstellungen einer vernetzten und egalitären Gesellschaft oder – weniger sichtbar – durch die laufende, algorithmisch basierte Auswertung und Repräsentation der Sprachproduktion ihrer User (Kaplan 2014). Auch jüngere Forschungen zur diskursiven Verhandlung von Big Data etwa im Kontext politischer Kampagnen, in denen etwa gesellschaftliches Wissen *über* Daten, Algorithmen und entsprechende Auswertungspraxen ausgehandelt wird (Pentzold & Fölsche 2019), sind ein Beispiel für eine solche metadiskursiv gewendete Diskursanalyse des Digitalen.

Die oben aufgezeigte Annäherung mikroperspektivischer Analysen digitaler interpersonaler Kommunikation einerseits und foucauldianisch-diskursanalytischer Fragerichtungen andererseits zeigt sich auch in anderen Entwürfen einer digitalen Diskursanalyse aus dem anglophonen Raum. Garcés-Conejos Blitvich und Bou-Franch (2019: 4) identifizieren „communicative practices that occur in the digital world and their embeddedness within the social world at large" als Gegenstände einer Analyse digitaler Diskurse, so dass die typischerweise multimodalen Kommunikate in ihren identitäts- und ideologiestiftenden Potenzialen betrachtet werden. Besonders erwähnenswert ist auch der Vorschlag von Jones, Chik und Hafner (2015), welche die folgenden, miteinander verwobenen Aspekte herausgreifen, die in einer diskursanalytischen Untersuchung digitaler Praktiken von Relevanz sein sollen: Gewissermaßen den Kern der Untersuchung bilden *Texte*, verstanden als technisch realisierte, multimodale, dialogisch strukturierte und intertextuell vernetzte Zeichenkombinationen, mit denen in typisierbarer Weise soziale Handlungen vollzogen werden können. Davon ausgehend interessieren die materialen und situationalen *Kontexte*, in denen die Texte produziert und rezipiert werden, von den lokalen Einbettungen über die transmedialen Arrangements, in denen Texte auch laufend rekontextualisiert werden können bis hin zu umfassenden ökonomischen Bedingungen digitaler Kommunikation. In einer solchen kontextsensitiven Betrachtung werden dann die *Handlungen* und *Interaktionen* in den Blick genommen, die sich den Affordanzen der digitalen Medienumgebungen entsprechend ausgestalten und z. B. mit bestimmten Positionierungspraktiken einhergehen. Schließlich interessieren die in die Texte eingegangenen und in den Texten wirksam werdenden *Machtverhältnisse* und *Ideologien*, etwa die hegemonialen Repräsentationsweisen bestimmter sozialer Typen, die durch algorithmisch basierte Rankings dem individuellen Zugriff teilweise entzogen werden. Und abermals werden auch metadiskursive Bezugnahmen auf digitale Kommunikation als wirksame Relaisstationen für Ideologien, insbesondere Sprachideologien betrachtet.

Insgesamt lässt sich also in der – insbesondere anglophonen – Forschung zu computervermittelter bzw. digitaler Kommunikation ein zunehmendes Interesse an Fragestellungen konstatieren, die auch für eine – im germanistischen Sinne – Diskurslinguistik im Zeichen des Digitalen überaus instruktiv sind. Für die fachgeschichtlich nachvollziehbare, aber hochproblematische Konzentration auf schriftlich-monologische Texte und die daraus folgende Schwierigkeit der Integration mikroperspektivisch-interaktionsanalytischer Zugriffe in das diskursanalytische Interesse an übersubjektiven Wissensordnungen zeigen die erwähnten Forschungsarbeiten zu *digital discourse* elegante Auswege auf und können für den etwa von Gredel (2017) geforderten Brückenschlag wichtige Anregungen liefern. Allerdings sind gerade die anglophonen Arbeiten durch eine starke Orientierung an ethnographischen Ansätzen in ihren Methoden vornehmlich qualitativ-einzelfallorientiert. Auch die in jüngerer Zeit verstärkt geführte Diskussion zu forschungsethischen Fragen bei der Analyse internetbasierter Interaktionen orientiert sich meist an qualitativen Analysen, während auch quantifizierende, Big Data-orientierte Analysen ganz eigene forschungsethische Fragen aufwerfen. So bieten quantifizierende korpuslinguistische Analysemethoden wie n-Gramm-Analysen auch Möglichkeiten der Anonymisierung von Rohdaten, indem sie den Rückschluss auf personenbezogene Daten verhindern. Die oben herausgestellte Frage, wie auch digitale, insbesondere quantifizierende Analysemethoden für bei der Analyse digitaler Kommunikation eingesetzt werden *können* und aus juristischer wie ethischer Perspektive eingesetzt werden *dürfen*, stellt sich also auch hier.

4 Fazit und Ausblick

Ziel des Beitrags war es, die konzeptionellen und terminologischen Eckpunkte einer digitalen Diskursforschung zu umreißen und in einen forschungs- und fachgeschichtlichen Zusammenhang zu stellen. Dies betrifft die Gegenstandsebene, also diskursive Ereignisse und Praktiken in digitalen Medien, ebenso wie die Methodenebene, also die Nutzung digitaler Methoden für diskursanalytische Fragestellungen. Dabei kann an einen breiten Fundus an schon bewährten Konzepten und methodischen Zugängen angeknüpft werden, die für die digitale Diskursforschung fruchtbar gemacht werden können, welche beide Perspektiven gleichermaßen abdeckt. Nicht zuletzt wegen der rasant voranschreitenden Entwicklung gegenwärtiger digitaler Medien und Medienarrangements wie auch der zur Verfügung stehenden digitalen Analysetechniken ergeben sich jedoch auch neue Herausforderungen. Wie diesen Herausforderungen in theoretischer, juristisch-ethischer und methodischer Ebene begegnet werden kann, zeigen die nun folgenden Kapitel des Buches.

Literatur

Anderson, Christopher William. 2013. Towards a sociology of computational and algorithmic journalism. *New Media & Society* 15(7). 1005–1021. https://doi.org/10.1177/1461444812465137.

Androutsopoulos, Jannis. 2006. Introduction: Sociolinguistics and computer-mediated communication. *Journal of Sociolinguistics* 10(4). 419–438. https://doi.org/10.1111/j.1467-9841.2006.00286.x.

Androutsopoulos, Jannis. 2011. From variation to heteroglossia in the study of computer-mediated discourse. In Crispin Thurlow & Kristine Mroczek (eds.), *Digital Discourse. Language in the New Media*. Oxford: Oxford University Press. https://doi.org/10.1093/acprof:oso/9780199795437.001.0001.

Androutsopoulos, Jannis. 2018. Digitale Interpunktion: Stilistische Ressourcen und soziolinguistischer Wandel in der informellen digitalen Schriftlichkeit von Jugendlichen. In Arne Ziegler (ed), *Jugendsprachen. Aktuelle Perspektiven internationaler Forschung*, 721–748. Berlin & Boston: De Gruyter. https://doi.org/10.1515/9783110472226-033.

Androutsopoulos, Jannis & Michael Beißwenger. 2008. Introduction: Data and Methods in Computer-Mediated Discourse Analysis. *Language@Internet* 5(2). http://www.languageatinternet.org/articles/2008/1609.

Androutsopoulos, Jannis & Florian Busch (eds.). 2020. *Register des Graphischen. Register des Graphischen*. Berlin & Boston: De Gruyter.

Angermuller, Johannes, Martin Nonhoff, Eva Herschinger, Felicitas Macgilchrist, Martin Reisigl, Juliette Wedl, Daniel Wrana & Alexander Ziem (eds.). 2014. *Diskursforschung. Ein interdisziplinäres Handbuch*. Bielefeld: transcript Verlag. https://doi.org/10.14361/transcript.9783839427224.70.

Arendt, Birte & Jana Kiesendahl. 2013. Sprachkulturen im Web 2.0. Kritische und kritikwürdige Praktiken. *Aptum* 2013(2). 97–102.

Beißwenger, Michael. 2003. Sprachhandlungskoordination im Chat. *Zeitschrift für germanistische Linguistik* 31(2). 198–231. https://doi.org/10.1515/zfgl.2004.003.

Beißwenger, Michael, Harald Lüngen, Jan Schallaböck, John H. Weitzmann, Axel Herold, Pawel Kamocki, Angelika Storrer & Julia Wildgans. 2017. Rechtliche Bedingungen für die Bereitstellung eines Chat-Korpus in CLARIN-D: Ergebnisse eines Rechtsgutachtens. In *Empirische Erforschung internetbasierter Kommunikation*. Berlin & Boston: De Gruyter. https://doi.org/10.1515/9783110567786-002.

Bendel Larcher, Sylvia. 2015. *Linguistische Diskursanalyse: Ein Lehr- und Arbeitsbuch*. Tübingen: Narr.

Bou-Franch, Patricia & Pilar Garcés-Conejos Blitvich. 2014. Conflict management in massive polylogues: A case study from YouTube. *Journal of Pragmatics* (The Pragmatics of Textual Participation in the Social Media) 73. 19–36. https://doi.org/10.1016/j.pragma.2014.05.001.

boyd, danah. 2014. *It's complicated: the social lives of networked teens*. New Haven: Yale University Press.

Bubenhofer, Noah. 2009. *Sprachgebrauchsmuster. Korpuslinguistik als Methode der Diskurs- und Kulturanalyse*. Berlin & Boston: De Gruyter. https://doi.org/10.1515/9783110215854.

Bubenhofer, Noah. 2018. Diskurslinguistik und Korpora. In Ingo H. Warnke (ed.), *Handbuch Diskurs*, 208–241. Berlin & Boston: De Gruyter. https://doi.org/10.1515/9783110296075-009.

Bubenhofer, Noah. 2019. Social Media und der Iconic Turn: Diagrammatische Ordnungen im Web 2.0. *Diskurse – digital* 1(2). 114–135. https://doi.org/10.25521/diskurse-digital.2019.107.

Bubenhofer, Noah. 2020. *Visuelle Linguistik. Zur Genese, Funktion und Kategorisierung von Diagrammen in der Sprachwissenschaft*. Berlin & Boston: De Gruyter.

Bucher, Hans-Jürgen. 2011. Multimodales Verstehen oder Rezeption als Interaktion. Theoretische und empirische Grundlagen einer systematischen Analyse der Multimodalität. In Hans-Joachim Diekmannsheke, Michael Klemm & Hartmut Stöckl (eds.), *Bildlinguistik. Theorien, Methoden, Fallbeispiele* (Philologische Studien Und Quellen 228), 123–156. Berlin: Erich Schmidt Verlag.

Bucher, Hans-Jürgen. 2013. Online-Diskurse als multimodale Netzwerk-Kommunikation. Plädoyer für eine Paradigmenerweiterung. In Claudia Fraas, Stefan Meier & Christian Pentzold (eds.), *Online-Diskurse: Theorien und Methoden transmedialer Online-Diskursforschung* (Neue Schriften zur Online-Forschung 10), 57–101. Köln: Herbert von Halem Verlag.

Burger, Harald & Martin Luginbühl. 2014. *Mediensprache. Eine Einführung in Sprache und Kommunikationsformen der Massenmedien*. 4th edn. Berlin & Boston: De Gruyter Mouton. https://doi.org/10.1515/9783110285925.

Busse, Dietrich. 1997. Das Eigene und das Fremde. Annotationen zu Funktion und Wirkung einer diskurssemantischen Grundfigur. In Matthias Jung, Martin Wengeler & Karin Böke (eds.), *Die Sprache des Migrationsdiskurses. Das Reden über „Ausländer" in Medien, Politik und Alltag*, 17–35. Opladen: Westdeutscher Verlag.

Busse, Dietrich & Wolfgang Teubert. 1994. Ist Diskurs ein sprachwissenschaftliches Objekt? Zur Methodenfrage der historischen Semantik. In Dietrich Busse, Fritz Hermanns & Wolfgang Teubert (eds.), *Begriffsgeschichte und Diskursgeschichte. Methodenfragen und Forschungsergebnisse der historische Semantik*, 10–28. Opladen: Westdeutscher Verlag.

Couldry, Nick & Andreas Hepp. 2017. *The mediated construction of reality*. Cambridge, UK & Malden, MA: Polity Press.

Dreesen, Philipp & Noah Bubenhofer. 2020. Das Konzept „Übersetzen" in der digitalen Transformation: Soziolinguistische Reflexion des maschinellen Übersetzens. *Germanistik in der Schweiz* 16. 26–49. https://doi.org/10.24894/1664-2457.00003.

Dürscheid, Christa & Andreas H. Jucker. 2013. The Linguistics of Keyboard-to-screen Communication: A New Terminological Framework. Linguistik Online; Linguistik Online. https://doi.org/10.13092/lo.56.255.

Foucault, Michel. 1981. *Archäologie des Wissens*. Frankfurt a.M.: Suhrkamp.

Fraas, Claudia & Christian Pentzold. 2008. Online-Diskurse – Theoretische Prämissen, methodische Anforderungen und analytische Befunde. In Ingo H. Warnke & Jürgen Spitzmüller (eds.), *Methoden der Diskurslinguistik. Sprachwissenschaftliche Zugänge zur transtextuellen Ebene*, 287–322. Berlin & Boston: De Gruyter. https://doi.org/10.1515/9783110209372.4.287.

Garcés-Conejos Blitvich, Pilar & Patricia Bou-Franch. 2019. Introduction to Analyzing Digital Discourse: New Insights and Future Directions. In Patricia Bou-Franch & Pilar Garcés-Conejos Blitvich (eds.), *Analyzing Digital Discourse*, 3–22. Cham: Springer International Publishing. https://doi.org/10.1007/978-3-319-92663-6_1.

Gee, James Paul. 2011. *An introduction to discourse analysis: theory and method*. 3rd edn. Milton Park, Abingdon & New York: Routledge.

Geyken, Alexander, Matthias Boenig, Susanne Haaf, Bryan Jurish, Christian Thomas & Frank Wiegand. 2018. Das Deutsche Textarchiv als Forschungsplattform für historische Daten in

CLARIN. In Henning Lobin, Roman Schneider & Andreas Witt (eds.), *Digitale Infrastrukturen für die germanistische Forschung*, 219–248. Berlin & Boston: De Gruyter. https://doi.org/10.1515/9783110538663-011.

Giaxoglou, Korina. 2017. Reflections on internet research ethics from language-focused research on web-based mourning: revisiting the *private/public* distinction as a language ideology of differentiation. *Applied Linguistics Review* 8(2–3). 229–250. https://doi.org/10.1515/applirev-2016-1037.

Giltrow, Janet & Dieter Stein. 2009. *Genres in the Internet. Issues in the theory of genre*. Amsterdam: John Benjamins Publishing Company.

Gredel, Eva. 2017. Digital discourse analysis and Wikipedia: Bridging the gap between Foucauldian discourse analysis and digital conversation analysis. *Journal of Pragmatics* 115. 99–114. https://doi.org/10.1016/j.pragma.2017.02.010.

Gredel, Eva. 2020. Wikipedisierung des Journalismus? Zur Kritik der Online-Nutzung durch Journalisten. In Hans-Jürgen Bucher (ed.), *Medienkritik zwischen ideologischer Instrumentalisierung und kritischer Aufklärung*, 168–187. Köln: Herbert von Halem Verlag.

Greschke, Heike. 2020. Kommunikationsanalyse. In Heidrun Friese, Marcus Nolden, Gala Rebane & Miriam Schreiter (eds.), *Handbuch Soziale Praktiken und Digitale Alltagswelten*, 411–421. Wiesbaden: Springer Fachmedien. https://doi.org/10.1007/978-3-658-08357-1_51.

Hepp, Andreas. 2021. Artificial Companions, Social Bots und Work Bots: Kommunikative Roboter als Forschungsgegenstand der Kommunikations- und Medienwissenschaft. In Mark Eisenegger, Marlis Prinzing, Patrik Ettinger & Roger Blum (eds.), *Digitaler Strukturwandel der Öffentlichkeit: Historische Verortung, Modelle und Konsequenzen* (Mediensymposium), 471–491. Wiesbaden: Springer Fachmedien. https://doi.org/10.1007/978-3-658-32133-8_25.

Herring, Susan C. (ed.). 1996. *Computer-Mediated Communication: Linguistic, social, and cross-cultural perspectives*. Amsterdam & Philadelphia: John Benjamins Publishing Company.

Herring, Susan C. 2004. Computer-Mediated Discourse Analysis. In Sasha Barab, Rob Kling & James H. Gray (eds.), *Designing for Virtual Communities in the Service of Learning*, 338–376. Cambridge: Cambridge University Press. https://doi.org/10.1017/CBO9780511805080.016.

Herring, Susan C., Dieter Stein & Tuija Virtanen (eds.). 2013. *Pragmatics of computer-mediated communication* (Handbooks of Pragmatics 9). Berlin: De Gruyter Mouton.

Hopkins, Julian. 2020. The concept of affordances in digital media. In Heidrun Friese, Marcus Nolden, Gala Rebane & Miriam Schreiter (eds.), *Handbuch Soziale Praktiken und Digitale Alltagswelten*, 47–54. Wiesbaden: Springer Fachmedien Wiesbaden. https://doi.org/10.1007/978-3-658-08357-1_67.

Hutchby, Ian. 2001. Technologies, Texts and Affordances. *Sociology* 35(2). 441–456. https://doi.org/10.1177/S0038038501000219.

Jackson, Sarah J. & Brooke Foucault Welles. 2015. Hijacking #myNYPD: Social Media Dissent and Networked Counterpublics. *Journal of Communication*. Oxford University Press 65(6). 932–952. https://doi.org/10.1111/jcom.12185.

Jäger, Ludwig. 2011. Intermedialität – Intramedialität – Transkriptivität. Überlegungen zu einigen Prinzipien der kulturellen Semiosis. In Arnulf Deppermann & Angelika Linke (eds.), *Sprache intermedial. Stimme und Schrift, Bild und Ton*, 301–323. Berlin & Boston: De Gruyter. https://doi.org/10.1515/9783110223613.299.

Jones, Rodney. 2018. Surveillant media. Technology, language, and control. In Colleen Cotter & Daniel Perrin (eds.), *The Routledge handbook of language and media*. Milton Park, Abingdon, Oxon & New York, NY: Routledge.

Jones, Rodney H., Alice Chik & Christoph A. Hafner (eds.). 2015. *Discourse and Digital Practices: Doing discourse analysis in the digital age*. London: Routledge.

Kaplan, Frederic. 2014. Linguistic Capitalism and Algorithmic Mediation. *Representations* 127 (1). 57–63. https://doi.org/10.1525/rep.2014.127.1.57.

Keller, Reiner. 2011. *Wissenssoziologische Diskursanalyse: Grundlegung eines Forschungsprogramms* (Interdisziplinäre Diskursforschung). 3rd edn. Wiesbaden: VS, Verl. für Sozialwiss.

Koch, Peter & Wulf Oesterreicher. 2007. Schriftlichkeit und kommunikative Distanz. *Zeitschrift für germanistische Linguistik* 35(3). 346–375. https://doi.org/10.1515/zgl.2007.024.

Leppänen, Sirpa, Anne Pitkänen-Huhta, Arja Piirainen-Marsh, Tarja Nikula & Saija Peuronen. 2009. Young People's Translocal New Media Uses: A Multiperspective Analysis Of Language Choice And Heteroglossia. *Journal of Computer-Mediated Communication* 14(4). 1080–1107. https://doi.org/10.1111/j.1083-6101.2009.01482.x.

Lobin, Henning. 2014. *Engelbarts Traum: Wie der Computer uns Lesen und Schreiben abnimmt*. Frankfurt a.M.: Campus Verlag.

Loosen, Wiebke. 2018. Four forms of datafied journalism. Journalism's response to the datafication of society. *Communicative Figurations* 18. https://www.kommunikative-figurationen.de/fileadmin/user_upload/Arbeitspapiere/CoFi_EWP_No-18_Loosen.pdf.

Margaretha, Eliza & Harald Lüngen. 2014. Building Linguistic Corpora from Wikipedia Articles and Discussions. *Journal for Language Technology and Computational Linguistics* 29(2). 59–82.

Marx, Konstanze. 2019. Von #Gänsehaut bis #esreicht – Wie lässt sich ein Territorium neuer Sagbarkeit konturieren? Ein phänomenologischer Zugang. In Ludwig Eichinger & Albrecht Plewnia (eds.), *Neues vom heutigen Deutsch*, 245–264. Berlin & Boston: De Gruyter. https://doi.org/10.1515/9783110622591-012.

Meier, Simon. 2019. „Vollalimentierte Talkshowkonformisten": Diskursdynamik von Medienkritik in YouTube-Kommentarbereichen. In Hektor Haarkötter & Johanna Wergen (eds.), *Das YouTubiversum. Chancen und Disruptionen der Onlinevideo-Plattform in Theorie und Praxis*, 69–92. Wiesbaden: Springer Fachmedien. https://doi.org/10.1007/978-3-658-22846-0_5.

Meier, Simon & Konstanze Marx. 2019. Doing genre in the digital media. In Alexander Brock, Jana Pflaeging & Peter Schildhauer (eds.), *Genre emergence. Developments in print, TV and digital media*, 191–212. Frankfurt a.M. & New York: Peter Lang. https://doi.org/10.3726/b15145.

Meier, Simon, Gabriel Viehhauser & Patrick Sahle (eds.). 2020. *Rekontextualisierung als Forschungsparadigma des Digitalen* (Schriften des Instituts für Dokumentologie und Editorik 14). Norderstedt: Books on Demand.

Meier, Stefan. 2018. Diskurslinguistik und Online-Kommunikation. In Ingo H. Warnke (ed.), *Handbuch Diskurs*, 426–446. Berlin & Boston: De Gruyter. https://doi.org/10.1515/9783110296075-018.

Meier, Stefan & Juliette Wedl. 2014. Von der Medienvergessenheit der Diskursanalyse. Reflexionen zum Zusammenhang von Dispositiv, Medien und Gouvernementalität. In *Diskursforschung. Ein interdisziplinäres Handbuch*. 1st edn. Bielefeld: transcript Verlag. https://doi.org/10.14361/transcript.9783839427224.411.

Milani, Tommaso M. & Sally A. Johnson. 2010. Critical intersections: language ideologies and media discourse. In Sally A. Johnson & Tommaso M. Milani (eds.), *Language ideologies and media discourse: texts, practices, politics* (Advances in Sociolinguistics), 3–14. London & New York: Continuum.

Nünning, Ansgar, Jan Rupp, Rebecca Hagelmoser & Jonas Ivo Meyer (eds.). 2012. *Narrative Genres im Internet: Theoretische Bezugsrahmen, Mediengattungstypologie und Funktionen* (WVT-Handbücher und Studien zur Medienkulturwissenschaft 7). Trier: WVT.

Pappert, Steffen & Kersten Sven Roth. 2019. Diskurspragmatische Perspektiven auf neue Öffentlichkeiten in Webforen. In Stefan Hauser, Roman Opilowski & Eva L. Wyss (eds.), *Alternative Öffentlichkeiten*, 19–52. Bielefeld: transcript Verlag. https://doi.org/10.14361/9783839436127-002.

Pentzold, Christian & Lena Fölsche. 2019. Die öffentliche Verhandlung von Big Data in politischen Kampagnen. *Diskurse – digital* 1. 39–113.

Pentzold, Christian, Claudia Fraas & Stefan Meier. 2013. Online-mediale Texte: Kommunikationsformen, Affordanzen, Interfaces. *Zeitschrift für germanistische Linguistik* 41(1). 81–101. https://doi.org/10.1515/zgl-2013-0005.

Rogers, Richard. 2013. *Digital methods*. Cambridge, Massachusetts: The MIT Press.

Scharloth, Joachim. 2018. Korpuslinguistik für sozial- und kulturanalytische Fragestellungen. Grounded Theory im datengeleiteten Paradigma. In Marc Kupietz & Thomas Schmidt (eds.), *Korpuslinguistik*, 61–80. Berlin & Boston: De Gruyter. https://doi.org/10.1515/9783110538649-004.

Schlobinski, Peter. 2005. Sprache und internetbasierte Kommunikation – Voraussetzungen und Perspektiven. In *Websprache.net. Sprache und Kommunikation im Internet*. Berlin & Boston: De Gruyter. https://doi.org/10.1515/9783110202052.1.1.

Schmitz, Ulrich. 2011. Sehflächenforschung. Eine Einführung. In Hajo Diekmannshenke & Michael Klemm (eds.), *Bildlinguistik. Theorien – Methoden – Fallbeispiele*, 23–42. Berlin: Erich Schmidt Verlag.

Schröter, Melani. 2011. Schlagwörter im politischen Diskurs. *Mitteilungen des Deutschen Germanistenverbandes* 58(3). 249–257. https://doi.org/10.14220/mdge.2011.58.3.249.

Schubert, Charlotte, Paul Molitor, Jörg Ritter, Joachim Scharloth & Kurt Sier (eds.). 2019. *„Platon Digital". Tradition und Rezeption*. Heidelberg: Propyläum.

Sommer, Vivien. 2020. Diskursanalyse. In Heidrun Friese, Marcus Nolden, Gala Rebane & Miriam Schreiter (eds.), *Handbuch Soziale Praktiken und Digitale Alltagswelten*, 423–433. Wiesbaden: Springer Fachmedien Wiesbaden. https://doi.org/10.1007/978-3-658-08357-1_52.

Spilioti, Tereza. 2015. Digital discourses: A critical perspective. In *The Routledge Handbook of Language and Digital Communication*. https://doi.org/10.4324/9781315694344-18.

Spilioti, Tereza. 2017. Media convergence and publicness: Towards a modular and iterative approach to online research ethics. *Applied Linguistics Review* 8(2–3). https://doi.org/10.1515/applirev-2016-1035.

Spitzmüller, Jürgen. 2013. Metapragmatik, Indexikalität, soziale Registrierung. Zur diskursiven Konstruktion sprachideologischer Positionen. *Zeitschrift für Diskursforschung* 2013(3). 263–287.

Spitzmüller, Jürgen & Ingo Warnke. 2011. *Diskurslinguistik. Eine Einführung in Theorien und Methoden der transtextuellen Sprachanalyse*. Berlin & Boston: De Gruyter.

Stalder, Felix. 2016. *Kultur der Digitalität* (Edition Suhrkamp 2679). Berlin: Suhrkamp.

Sturken, Marita & Douglas Thomas. 2004. Introduction: Technological visions and the rhetoric of the new. In Marita Sturken, Douglas Thomas & Sandra Ball-Rokeach (eds.), *Technological Visions: The Hopes and Fears that Shape New Technologies*, 1–18. Philadelphia: Temple University Press.
Tereick, Jana. 2016. *Klimawandel im Diskurs. Multimodale Diskursanalyse crossmedialer Korpora*. Berlin & Boston: De Gruyter. https://doi.org/10.1515/9783110451429.
Thurlow, Crispin. 2006. From Statistical Panic to Moral Panic: The Metadiscursive Construction and Popular Exaggeration of New Media Language in the Print Media. *Journal of Computer-Mediated Communication* 11(3). 667–701. https://doi.org/10.1111/j.1083-6101.2006.00031.x.
Thurlow, Crispin. 2018. Digital Discourse: Locating Language in New/ Social Media. In *The SAGE Handbook of Social Media*, 135–145. London: SAGE. https://doi.org/10.4135/9781473984066.n8.
Thurlow, Crispin, Christa Dürscheid & Federica Diémoz (eds.). 2020. *Visualizing Digital Discourse: Interactional, Institutional and Ideological Perspectives*. Berlin & Boston: De Gruyter. https://doi.org/10.1515/9781501510113.
Thurlow, Crispin & Vanessa Jaroski. 2020. "Emoji invasion": The semiotic ideologies of language endangerment in multilingual news discourse. In Crispin Thurlow, Christa Dürscheid & Federica Diémoz (eds.), *Visualizing Digital Discourse*, 45–64. Berlin: De Gruyter Mouton. https://doi.org/10.1515/9781501510113-003.
Thurlow, Crispin & Kristine Mroczek (eds.). 2011. *Digital Discourse. Language in the New Media*. Oxford University Press. https://doi.org/10.1093/acprof:oso/9780199795437.001.0001.
Tognini-Bonelli, Elena. 2001. *Corpus linguistics at work* (Studies in Corpus Linguistics 6). Amsterdam: John Benjamins Publishing Company.
Warnke, Ingo H. 2002. Adieu Text – bienvenue Diskurs? Über Sinn und Zweck einer poststrukturalistischen Entgrenzung des Textbegriffs. In Ulla Fix (ed.), *Brauchen wir einen neuen Textbegriff? Antworten auf eine Preisfrage*, 125–141. Frankfurt a.M. & New York: Peter Lang.
Warnke, Ingo H. 2013. Urbaner Diskurs und maskierter Protest – Intersektionale Feldperspektiven auf Gentrifizierungsdynamiken in Berlin Kreuzberg. In Kersten Sven Roth & Carmen Spiegel (eds.), *Angewandte Diskurslinguistik. Felder, Probleme, Perspektiven*, 189–221. Berlin: Akademie Verlag. https://doi.org/10.1524/9783050061054.189.
Warnke, Ingo H. (ed.). 2018. *Handbuch Diskurs* (Handbücher Sprachwissen 6). Berlin & Boston: De Gruyter. https://doi.org/10.1515/9783110296075.
Wildfeuer, Janina. 2018. Diskurslinguistik und Text. In Ingo H. Warnke (ed.), *Handbuch Diskurs*, 134–151. Berlin & Boston: De Gruyter. https://doi.org/10.1515/9783110296075-006.
Wrana, Daniel, Alexander Ziem, Martin Reisigl, Martin Nonhoff & Johannes Angermuller (eds.). 2014. *DiskursNetz. Wörterbuch der interdisziplinären Diskursforschung*. Berlin: Suhrkamp.

Michael Bender, Ruth M. Mell, Janina Wildfeuer
Zur Spezifik digitaler Medien als Diskursraum: Materialität, Daten, Affordanzen

1 Einleitung

Seit einiger Zeit wird in den Geisteswissenschaften und somit auch in der Diskurslinguistik und -analyse *Materialität* sowie ganz allgemein den konkreten *Daten* eine immer zentralere Rolle zugewiesen. Der ‚material turn' betrachtet Materialität dabei nicht in einem rein physikalischen Sinne, sondern eher im Zuge einer Neuausrichtung der Rolle von Embodiment und der Auseinandersetzung mit physischen Objekten im Prozess der Sinngebung innerhalb einer kommunikativen Situation (vgl. Bateman 2021: 35). Materialität bezieht sich damit nicht nur auf die aufgrund verschiedenster Prozesse der Verdatung oder Kodierung vorgenommene Unterscheidung von ‚digitized' und ‚digital born', d. h. auf die Frage, ob die zugrundeliegenden Daten schon in ihrer Entstehung rein digital vorliegen oder ob sie erst auf einem zweiten Weg in den digitalen Raum überführt werden. Vielmehr ist Materialität eng mit dem Begriff der technischen Bedingungen verknüpft und zielt auf die zentralen technischen Kommunikationsräume mit ihren unterschiedlichen multimodalen Zeichenvariationen (Meier 2018: 429).

Welche Rolle spielt das (digitale) Material für das Verstehen und Interpretieren einer Nachricht? Welche technischen Aspekte der materiellen Wahrnehmung und Verarbeitung der Daten sind ausschlaggebend für Prozesse diskursiver Kommunikation? Diese und andere Fragen stellen Materialität und die damit einhergehenden Daten und technischen Bedingungen immer mehr als expliziten Bestandteil kommunikationswissenschaftlicher und linguistischer Ansätze in den Vordergrund. Dieser Beitrag folgt dieser Tendenz und fokussiert das Material und die Daten digitaler Diskurse.

Ausgehend von einem Verständnis von Diskursen in digitalen Medien als so genannte „Online-Diskurse" (Meier 2018: 431, 433) wollen wir die materiellen und technischen Eigenschaften dieser Medien als Diskursraum sowie gleichermaßen ihre semiotisch-multimodalen Merkmale in den Vordergrund unserer Betrachtung stellen. Gemäß des Chemnitzer Ansatzes zur Analyse von Online-Diskursen verfolgen wir dabei das Ziel, „diskursive Praktiken sozialer Konstruktion von multimodalen Deutungsmustern anhand aller online-medienabhängig zum Einsatz kommender Zeichenressourcen" (Meier 2018: 431) darzustellen. Diese sind neben geschriebener und gesprochener Sprache auch Bilder, Videos,

Animationen, Musik, Töne, etc. Zur genauen Bestimmung aller Spezifika digitaler Diskurse muss somit neben einem Fokus auf der Materialität auch ein Fokus auf der zentralen Eigenschaft der Multimodalität liegen, um die medial spezifischen bzw. spezifisch vernetzten digitalen Diskurse eindeutig charakterisieren und voneinander unterscheidbar machen zu können.

Zum Beispiel greifen wir für die konkrete Analyse digitaler Diskurse inzwischen größtenteils auf Textdatenkorpora zurück, die wir aus dem in den sozialen Medien vorhandenen Material und den uns vorliegenden Daten erstellen. Wie dabei dieses Material und die Daten theoretisch und methodologisch genau zu fassen sind und in welchem Verhältnis sie zu den zu interpretierenden Zeichenressourcen und -modalitäten stehen, rückt bei der folgenden Diskussion in den Vordergrund. Beide genannten Eigenschaften, technische Materialität verstanden als digitale Repräsentiertheit, z. B. der visuellen Oberfläche von sozialen Medien, sowie zeichenbezogene Multimodalität, dienen uns im Folgenden also als Basis, die Beschaffenheit der Äußerungen in digitalen Diskursen konkret zu beschreiben und für methodologische und praktisch-analytische Unternehmungen greifbar zu machen. Im Umkehrschluss bedeutet dies, dass Voraussetzung für die Unterscheidbarkeit, Kategorisierung und Analyse digitaler Diskurse die Feststellung der zugrunde liegenden technischen Voraussetzungen sowie der Multimodalität und damit ihrer unterschiedlichen Zeichenmodalitäten sind. Unterschiedliche Modalitäten und Materialitäten bringen unterschiedliche kommunikative Ermöglichungsbedingungen, so genannte *Affordanzen*, mit sich, die sich auf die mediale Repräsentation digitaler Diskurse und damit auf ihre Analyse auswirken. Erst die Kenntnis über die Affordanzen digitaler Medien erlaubt uns damit die Wahl des methodischen Zugangs für die Analyse der diskursiven kommunikativen Praxis.

Zur Klärung dieses Zusammenspiels von Digitalität bzw. Materialität sowie Multimodalität fassen wir in diesem Kapitel unterschiedliche Definitionen von Affordanz zusammen und erläutern damit das Konzept für die digitale Diskursanalyse.

2 Spezifik der Digitalität: technische Materialität, Kodierung, Algorithmisierung

In der digitalen Medienkommunikation werden Zeichen durch diskrete, binäre Daten in Form von Bits ('binary digits') als digitale Kodierung in entsprechenden technischen Infrastrukturen repräsentiert und gespeichert. Die technische Materialität dieser Zeichen ist also grundlegend das, was wir als 'digital' oder 'Digitalität' bezeichnen und was sie von nicht-digitalen Umgebungen unter-

scheidet. danah boyd stellt in diesem Zusammenhang die digitale Einheit ‚Bit'
der physikalischen des Atoms gegenüber:

> The underlying properties of bits and atoms fundamentally distinguish these two types of environments, define what types of interactions are possible, and shape how people engage in these spaces. (boyd 2010: 42)

Während sich die technische Materialität eines gedruckten Textes in Textur und Farbe von Papier und Tinte äußert, mit der z. B. Buchstaben gestaltet werden, beruhen die Buchstaben eines digitalen Textes auf binären Daten, die durch Software sichtbar gemacht werden. Sie liegen in Form von Kodierungen vor, auf die z. B. ein Leseprogramm zugreift. Die sichtbare bzw. wahrnehmbare Materialität begegnet Nutzer*innen digitaler Medien auf einer so genannten graphischen Benutzeroberfläche (engl. GUI – Graphical User Interface) – wobei audiovisuell eine treffendere Bezeichnung wäre –, die je nach Endgerät wiederum unterschiedlich angezeigt werden kann (Adaptivität). Sie steht in einem mehr oder weniger mimetischen Verhältnis zu analogen Medien. Ein PDF-Text weist bspw. noch große Ähnlichkeit mit dem gedruckten Blatt auf, stärker fragmentierte und vernetzt-hypermediale Formate in sozialen Medien sind hingegen weniger einem analogen Äquivalent nachempfunden, da sie – bezogen auf ihre Funktion – auf dem Gedanken der Vernetzung und vernetzten Inhaltsschöpfung beruhen.

Zwischen diesen beiden Ebenen, der der binären Daten (technische Materialität) und der wahrnehmbaren Benutzungsschnittstelle (wahrnehmbare Materialität), vermitteln verschiedene Kodierungsverfahren, Programmierungen, Algorithmen. Dies wird durch die technische Materialität der maschinenlesbaren, binären Daten ermöglicht. Verschiedene Darstellungs-, Verknüpfungs-, Such- und Analyseformen sind für Nutzer*innen dadurch letztlich wahrnehm- und bedienbar. Diese Zwischenebene der Kodierungsverfahren und maschinellen (Rechen-)Operationen stellt die Grundlage dar, auf der Bedienungsschnittstellen aufsetzen und, wie wir weiter unten darlegen werden, Affordanzen für die Mediennutzung per User Interface entstehen. Dabei werden Voraussetzungen für Praktiken geschaffen, die über den für alle Nutzer*innen verfügbaren Zugriff auf Bedienungsoberflächen ausgeführt werden. In der Informationstechnik wird diesbezüglich zwischen Back-End und Front-End unterschieden, wobei ersteres als Ebene der direkteren Interaktion mit dem technischen System verstanden wird, letzteres hingegen als Ebene der Benutzung im Sinne von z. B. Mediennutzungspraktiken. Beide Zugriffsebenen bieten Möglichkeitsbedingungen – Affordanzen – und Beschränkungen, unter denen verschiedene Diskursakteure agieren (Programmierer/Entwickler*innen, Plattform-Anbieter*innen und Nutzer*innen). Hier ist jedoch vor allem relevant, dass diese Möglichkeitsbedingungen und Beschränkungen der Nutzung digitaler Medien nicht nur und direkt auf der technischen Materialität binärer Daten basieren, sondern auf deren Kodierung bzw. Programmierung und Algorithmisierung, durch die letztlich die wahrnehmbare Materialität digitaler Medien generiert wird.

Da im Zuge der Digitalisierung viele Inhalte aus dem Analogen (etwa aus Printmedien) ins Digitale übertragen wurden und werden, ist es grundsätzlich sinnvoll, verschiedene Grade der Verdatung (vgl. Bubenhofer & Scharloth 2015: 1) und damit auch der materiellen Digitalität zu unterscheiden. Dabei muss beachtet werden, ob Zeichen genuin-digital mit der entsprechenden Repräsentation auf der Datenebene produziert (born digital) oder aus dem Analogen transformiert (digitized) und dabei unterschiedlich umfassend verdatet werden, inwiefern zusätzlich zur Zeichenrepräsentation Indexierungen, Verknüpfungen, Operatoren-Funktionen (wie z. B. die Reply-, Retweet- oder Hashtag-Funktion von Zeichen) oder erschließende Metadaten angebunden werden usw. Das Digitale ermöglicht daher nicht nur die Darstellung ganz unterschiedlicher medialer und multimodaler Formen, sondern auch technische Operationen, d. h. bspw. die Aktivierung bzw. Initiierung von hypermedialen Verlinkungen, Suchprozessen, Sortierungen oder Berechnungen.

Exemplarisch zeigen lässt sich das anhand der Praktik des Taggens. Ein Tag, z. B. ein Hashtag, ist eine Schnittstelle zwischen sichtbarer Zeichenebene und operativer Kodierung (vgl. Bernard 2018: 2, Dang-Anh 2016: 157–159). Die Plattform-Betreibenden implementieren technisch das Rautezeichen als kodierten Operator, der die anschließende Zeichenfolge zur Indexierung macht, mit anderen, getaggten Diskursausschnitten verknüpft und zum Zugriffspunkt von Algorithmen werden lässt. Die mit dem Hashtag versehene Stelle wird suchbar, wird Teil von Sortierungen bzw. Aggregationen nach Hashtags in Timelines und von algorithmischen Auswertungs- und Distributionsprozessen. Diese durch Kodierung und Algorithmisierung generierte Vernetzung ermöglicht soziale Dynamiken in der gemeinschaftlichen Nutzung und damit eine Vielfalt an Verwendungsweisen und Funktionen (vgl. Zappavigna 2015: 274–291).

Die Distribution dieser nutzergenerierten Inhalte erfolgt nicht nur durch die soziale Interaktion vernetzter Nutzer*innen, sondern wird ganz wesentlich von Algorithmen, bspw. durch Empfehlungen (z. B. wem man folgen könnte), Suchergebnisse oder ‚Trending Topics' (vgl. Dang-Anh, Einspänner & Thimm 2013: 78) beeinflusst. Dieser Einfluss bleibt dabei teilweise unbewusst und zumindest intransparent, wird teilweise aber auch antizipiert oder mit Kalkül genutzt (bspw. (virales) Marketing). Die Kodierungen von operativen Funktionen und die Algorithmisierung sind also grundlegend für die Verknüpfung und Einbettung nutzergenerierter Inhalte in bestimmte Zusammenhänge sowie die damit verbundenen themen- bzw. interessensspezifischen Dynamiken. Sie konstituieren nicht nur Möglichkeitsbedingungen im Hinblick auf die Mediennutzung, sondern auch im Hinblick auf deren Erforschung. Sie ermöglichen und beeinflussen maßgeblich die Kontextualisierung bzw. Rekontextualisierung von Inhalten in sozialen Medien (vgl. Meier & Viehhauser 2020, Müller 2020). Aus der Sicht der diskurslinguistischen Forschung muss daher sowohl die von Nutzer*innen als auch von Algorithmen generierte Vernetzung und (Re-)Kontextualisierung rekonstruiert werden, wenn Diskursivität angemessen erfasst werden soll (vgl. Bubenhofer 2019: 11). Insofern muss also in der digitalen Diskursanalyse einerseits die emische (partizipierende) Nutzer*innen-Perspektive auf Kodiertheit und Algorithmen eingenommen werden („intrakommunikative Kontextualisierung durch die Kommunikationspartner", Müller 2012: 52), andererseits aber auch die rekonstruierend-reflektierende etische Perspektive der Diskursforschung („systematisierender Nachvollzug durch den Sprachforscher", Müller 2012: 52; vgl. auch Müller 2020, Auer 2000), die mit diesen Aspekten als Untersuchungsgegenstand konfrontiert ist. Kodierung und Algorithmisierbarkeit als Spezifika digitaler Medien und ihre Umsetzung auf Plattformen konstituieren insofern nicht nur Möglichkeitsbedingungen im Hinblick auf die Mediennutzung, sondern auch im Hinblick auf deren Erforschung. Digitale wissenschaftliche Methoden werden vor dem Hintergrund der Digitalität von medialen Untersuchungsgegenständen und der sich daraus ergebenden Affordanzen entwickelt (vgl. Bender 2020b). So werden bestimmte digitale Alltagspraktiken auch als Analysemethode genutzt, wie das exemplarisch bereits erwähnte Taggen bzw. Annotieren. Taggen kann als eine Form des Annotierens angesehen werden und gehört nicht nur in Hashtag-Form, sondern z. B. auch in Form der Verschlagwortung in Datei- oder E-Mail-Systemen zum Repertoire digitaler Alltagspraktiken. Auch nicht-digitale Alltagspraktiken (Unterstreichung, Notizen in diversen Anwendungskontexten) können als Formen des Annotierens angesehen werden. Merkmal wissenschaftlicher Annotationsanwendungen ist das Anstreben systematischer und intersubjektiv nachvollziehbarer Kategorisierungen, z. B. in einem taxonomischen Schema, das eine Fragestellung expertisegeleitet operationalisieren und den Untersuchungsgegenstand durch das Tagset mit Blick auf die Forschungsfrage rekontextualisieren soll (vgl. Bender 2020c: 65–66). Auch Methoden, die selbst auf Kodierungen zugreifen und auf Algorithmen basieren, bspw. korpus- und computerlinguistische Verfahren, können eingesetzt werden. Dabei kann zwischen wissenschaftlicher Analyse und Diskurshandeln keine trennscharfe Differenz veranschlagt werden (vgl. Bubenhofer 2019: 131); wissenschaftliche Metadiskursivität kann mit diskursiver Involviertheit einhergehen (vgl. Bender 2020a: 23–25 sowie Bender et al. zu Techniken und Praktiken der Verdatung in diesem Band).

3 Multimodalität: Digitalität als wahrnehmbare Materialität

Wir haben die Eigenschaft von Diskursen, digital vermittelt zu sein, damit begründet, dass Äußerungen und Handlungen in diesen Diskursen an eine technisch-digitale Infrastruktur gebunden sind. Zudem haben wir die Zuschreibung des Digitalen dadurch definiert, dass sich in dieser Form vorliegendes – verdatetes – und damit selbst digitales Analysematerial in vielen aktuellen Analyseszenarien, welche mit großen Datenmengen operieren, mit digitalen Tools für Diskursanalysen aufbereiten und analysieren lässt (vgl. Gredel & Mell 2015). Diesem digitalen Analysematerial, entstammt es nicht digitalisierten, sondern schon mit ihrer Entstehung digitalen Quellen, nämlich etwa der webbasierten Kommunikation, werden so genannte ‚born-digital data' Merkmale zugeschrieben, welche Hans-Jürgen Bucher folgendermaßen bestimmt:

- ihre Hypertextualität, mit der die Strukturen der kommunikativen Verknüpfung von Kommunikationseinheiten beschreibbar sind;
- der Netzwerk-Charakter, in dem sich die soziale Dimension der Online-Kommunikation ausdrückt;
- ihre multimodale Orchestrierung mit verschiedenen semiotischen Ressourcen, wie Fotos, Text, Video, Audio, Ikons, Logos, Design, Farben, statischen und dynamischen Grafiken;
- die Interaktivität, in der sich die dialogische Struktur der Online-Kommunikation manifestiert, die reale und die unterstellte);
- die spezifische – thematische und soziale – Kommunikationsdynamik, die einerseits durch die Interaktivität und andererseits durch den Netzwerk-Charakter der Online-Kommunikation bedingt ist (Bucher 2013: 58–59).

Während wir die meisten dieser Merkmale zur genaueren Bestimmung der Digitalität von Diskursen im vorhergehenden Kapitel diskutiert haben, wollen wir uns im Folgenden vor allem auf das Merkmal der „multimodalen Orchestrierung" konzentrieren. Hierfür wollen wir klären, was unter der Eigenschaft der Multimodalität grundsätzlich zu verstehen ist und welche analytischen Konsequenzen damit einhergehen. In ihrem einführenden Studienbuch zu Multimodalität schlagen Wildfeuer et al. (2020) folgende Definition vor:

> **Multimodalität** ist die Eigenschaft kommunikativer Situationen (zunächst ganz allgemein betrachtet), als Kombinationen unterschiedlichster Formen von Kommunikation wirkungsvoll zu sein und Bedeutung zu konstruieren: Ein Fernsehprogramm nutzt die semiotischen Ressourcen gesprochene Sprache, Bilder und Texteinblendungen, um seine Inhalte zu vermitteln; Bücher arbeiten mit geschriebener Sprache, Bildern, Diagrammen,

dem Seitenlayout, etc., um einen Sachverhalt darzustellen oder eine Geschichte zu erzählen; Café-Gespräche bestehen aus gesprochener Sprache sowie Körperbewegungen und -haltungen; und ein Computerspiel kann all diese Dinge in virtueller Umgebung repräsentieren und dazu noch Bewegungen und Handlungen miteinbeziehen.

(Wildfeuer et al. 2020: 7; Hervorh. im Original)

Übertragen auf das Analyseobjekt des digitalen Diskurses ist Multimodalität das Kriterium der jeweils durch diese Diskurse hervorgebrachten spezifischen Kommunikationssituation und eine Eigenschaft der im jeweiligen Diskurs genutzten Kommunikationsangebote, welche durch Kodierungen und Algorithmisierung in einem spezifischen digitalen Diskursraum ermöglicht wird. Diese Situation kann je nach Form und Gestaltung des Diskurses ganz unterschiedlich ausfallen: Es kann sich zum Beispiel um den Austausch von Nachrichten in einem Chat oder einer Messenger-Anwendung handeln, um die Wiedergabe eines Videos auf einer Plattform wie YouTube oder Vimeo, um ein Computerspiel mit Interaktion unter den Spieler*innen oder aber um die Gestaltung einer Nachrichten-Webseite. Je nach Beteiligung der Akteur*innen, Rezipierenden, Beobachtenden, etc. muss diese Kommunikationssituation spezifisch bestimmt und individuell analysiert werden. Grundsätzlich lassen sich verschiedene Ebenen zur Bestimmung dieser Kommunikationssituationen unterscheiden. In der Folge können die meisten Online-Diskurse als dynamisch, zeitlich-räumlich und interaktiv bestimmt werden. In ihrer Form und Funktion sind sie meistens veränderbar und gleichermaßen ‚ergodisch', da sie eine aktive Partizipation der Rezipierenden und damit auch eine Manipulation der jeweiligen Daten ermöglichen (vgl. Wildfeuer et al. 2020: Kap. 7)[1].

In all diesen Kommunikationssituationen und den daraus hervorgehenden Diskursen wirken unterschiedliche Zeichenmodalitäten bzw. semiotische Ressourcen miteinander, wobei Bedeutung konstruiert und so Wissen generiert wird sowie zugleich soziale und kulturelle Werte ausgedrückt werden (Mell 2015, Mell & Diewald 2018). Es ist Aufgabe und Ziel einer digitalen Diskursanalyse, alle diese Zeichenmodalitäten zu berücksichtigen und ihre Funktion für und in der Bedeutungskonstruktion genauer zu bestimmen.

---

1 Mit ‚ergodisch' folgen Wildfeuer et al. (2020: 126) den Ausführungen Espen Aarseths, der den Begriff zunächst für so genannte ergodische Literatur genutzt hat, bei der ein „gewisses Engagement von den Leser*innen, Zuschauer*innen, Spieler*innen, usw. gefordert wird, nämlich genau dann, wenn das Medium ‚erweitert' wird und so auch die Art der kommunikativen Situation beeinflusst wird". Wildfeuer et al. (2020: 126–130) setzen den Begriff auch für nonverbale Artefakte ein und erweitern ihn zudem um die Kategorien ‚mikro-ergodisch', ‚unveränderbar ergodisch' sowie ‚veränderbar ergodisch'.

Innerhalb des Multimodalitätsparadigmas ist die genauere Bestimmung dieser Zeichenmodalitäten ein nicht abgeschlossenes und viel diskutiertes Thema und hat in der Folge zu einer Menge von unterschiedlichsten Definitionen und Festlegungen geführt (vgl. u. a. Norris 2004, Kress 2009; Bateman 2016; Stöckl 2016, Schmitz 2016). Einen Überblick über die Vielfalt geben zum Beispiel Klug & Stöckl (2016) und auch Wildfeuer et al. (2020: Kap. 1 und 3) führen einige Definitionen auf. Letztere unterbreiten in Bezug auf die vorhergehenden Arbeiten von John Bateman (2011; 2016; vgl. auch Wildfeuer & Bateman 2018) einen Vorschlag zur Bestimmung der Zeichenmodalität, die insbesondere auch das Kriterium der Materialität miteinbezieht, das wir weiter oben bereits als ausschlaggebend für die Bestimmung digitaler Diskurse benannt haben:

> Eine Zeichenmodalität ist eine Verhaltenskonstellation innerhalb einer Gemeinschaft von NutzerInnen, die Bedeutungskonstruktion auf den folgenden drei abstrakten semiotischen Ebenen ermöglicht:
>
> i. auf der Ebene einer verformbaren, wahrnehmbaren Materialität (als Canvas bezeichnet)
> ii. auf der Ebene einer (paradigmatischen) Klassifizierung von formalen Einheiten und (syntagmatischen) Strukturen, die die für die Zeichenmodalität relevanten Materialverformungen definiert, und
> iii. auf der Ebene der Diskurssemantik, die dynamische Mechanismen für die abduktive Konstruktion von Diskursstrukturen bereitstellt, die den verwendeten Formklassifikationen kontextuelle Interpretationen zuweisen.
>
> Alle drei Ebenen beeinflussen sich wechselseitig und können nicht getrennt voneinander betrachtet werden. (Wildfeuer et al. 2020: 142)

Wir können hier nicht auf alle Einzelheiten dieser Definition eingehen, aber folgenden wichtigen Punkt hervorheben: Die wahrnehmbare Materialität bildet die grundlegende Ebene, auf der Bedeutungskonstruktion in digitalen Diskursen initialisiert wird, nämlich indem sie entsprechend ge- bzw. verformt vorzufinden ist und mithilfe von für die Kommunikationssituation und damit für den jeweils spezifischen digitalen Diskurs vorliegenden Interpretationsmechanismen verstanden wird.

Exemplarisch zeigen lässt sich diese Komplexität einer Zeichenmodalität mithilfe des multimodalen Artefakts des Internet-Memes, das in seiner wohl häufigsten Verwendungsweise ein Konstrukt aus Text- und Bildeinheiten darstellt. Äußerst bekannte Beispiele solcher Zusammensetzungen sind unter anderem die so genannten lolcats, d. h. Katzenfotos, die mit einem grammatisch oder orthographisch falschen Wort oder Satz kombiniert werden. Auch Screenshots aus bekannten Filmen und TV-Serien, denen ein Auszug aus einem Dialog in geschriebener Sprache beigefügt wird, sind typische Memes. Als Einzelartefakte werden diese von Diskursakteuren innerhalb sozialer Netzwerke, auf Webseiten oder in Micro-Blogs vielfach geteilt, immer wieder in ihren konkreten materiellen Eigenschaften verändert und mit unterschiedlichen Bedeutungen versehen. Eine multimodale Analyse solcher Artefakte mit Blick auf die spezifischen Zeichenmodalitäten nimmt genau diese dynamischen Veränderungen der materiellen Eigenschaften in den Blick und identifiziert, welche Materialien in welcher Form eingesetzt werden. Bei den berühmten lolcats handelt es sich bei der wahrnehmbaren und unmittelbar sichtbaren Materialität auf der Bildebene um Abbildungen bzw. Photos einer Katze, denen ein sprachlicher Textanteil, meist in farbiger Schrift, beigefügt wird, der das Bild im Hintergrund überlagert. Bereits bei der Analyse eines einzelnen Artefaktes dieses Memes ist es möglich, spezifische Formen oder Designs sowie syntagmatische Strukturen der Kombination dieser Formen zu erkennen. Ein Vergleich unterschiedlicher lolcats-Memes lässt dann Regelmäßigkeiten im Gebrauch der Schriftarten und -farben und systematische Gebrauchsformen spezifischer Katzenphotos entdecken. Um diese Internet-Memes als Zeichenmodalitäten zu identifizieren, bedarf es dann auch einer umfangreicheren Analyse dieser Strukturen und Muster mit Blick auf ihre Interpretationsmechanismen (auf Ebene der Diskurssemantik).

Für den hier eingenommenen Fokus auf die definierenden Eigenschaften digitaler Diskurse spielt neben der im vorhergehenden Unterkapitel hervorgehobenen technischen Materialität vor allem die wahrnehmbare und unmittelbar sichtbare und mit dem Verhalten der Diskursakteure zu verbindende Materialität eine wichtige Rolle.

4 Materialität als Ausgangspunkt digitaler Diskursanalyse

Grundsätzlich als für jede Form von Kommunikation konstitutiv angesehen spielt Materialität also für Diskursanalysen eine wichtige Rolle. Erst die Bewusstmachung der technischen Umgebung und den damit einhergehenden technologischen Gegebenheiten und der daraus resultierenden Materialität erlaubt es, bestimmte Zeichenmodalitäten für die Kommunikation anzunehmen und ihre Realisierung zu analysieren. Dabei kann die materielle Erscheinungsform digitaler Diskurse höchst unterschiedlich ausgestaltet sein. Form und Modus der Diskursfragmente (vgl. Gredel & Mell in diesem Band), die wir für unsere Analysen in den Blick nehmen, sind abhängig von der technischen Infrastruktur, in denen sie *geäußert* wurden. Dies bedeutet einerseits ein Gebundensein der Äußerung an Restriktionen, aber auch an unterschiedliche Äußerungsmöglichkeiten in Bezug auf ihre multimodalen Erscheinungsformen, etwa als eingebundenes Video,

Bild oder Sprachnachricht sowie aller denkbaren Kombinationen. Digitale Diskurse bergen damit unterschiedlichste Analyseperspektiven, unter denen sie untersucht werden können. Viele weitere Autor*innen haben Materialität als einen intrinsischen Bestandteil von Bedeutungskonstitution hervorgehoben und vor allem in aktuellen Diskussionen steht das Kriterium immer wieder im Vordergrund (vgl. z. B. Fix 2008, Spitzmüller 2018).

Die Materialität digitaler Diskurse ist damit nicht ausschließlich, aber zentral mit der Analyse von Kommunikation in spezifischen digitalen Räumen verbunden. Konkret sprechen wir über Kommunikation in unterschiedlich digital realisierten Medienformaten, wie etwa Social-Media-Plattformen (z. B. Twitter, Facebook, Instagram), digital-mobile Kommunikationsapps (z. B. WhatsApp, Snapchat), kollaborativ generierte digitale Nachschlagewerke (z. B. Wikipedia) oder Foren oder Blogs, in denen Meinungsaustausch über die unterschiedlichsten öffentlichen und privaten Themen betrieben wird, etwa zum Tagesgeschehen (z. B. spiegel.de), Haushalt (z. B. fragmutti.de), zu Krankheit (etwa im Blog gutefrage.net) oder emotionalen Belastungen (z. B. Trauerforen, wie verwitwetforum.de), in denen sich Diskurse materiell konstituieren können, die so umfangreich und unterschiedlich sind, wie es das Internet selbst ist.

Bereits vielfach festgehalten haben wir, dass vor allem derartige technisch ausgestaltete soziale Medien die kommunikativen (Handlungs-)Räume digitaler Diskurse darstellen, die unter unterschiedlichen technischen Bedingungen materiell realisiert werden. Diese digital-medialen Bedingungen prägen die Diskursfragmente digitaler Diskurse, welche wir auffinden und analysieren können. Das Kommunizieren online, d. h. im digitalen Raum, ist dabei „auf sinnlich wahrnehmbare Erscheinungsformen und so etwas wie eine [hör- und sehbare, Anmerk. d. Autor*innen] ‚Oberfläche' angewiesen" (Hausendorf 2009: 198).[2] Denn, wie wir bereits oben dargestellt haben, gehen wir davon aus, dass die unterschiedlichen Modalitäten und Materialitäten unterschiedliche Affordanzen für digitale Diskurse mit sich bringen, die sich auf ihre mediale Repräsentation und die entstehenden kommunikativen Praktiken und damit auch auf ihre Analyse auswirken. Wir werden im folgenden Abschnitt darstellen, dass hierfür vielfach z. B. die Rede von so genannten ‚Möglichkeitsräumen' (vgl. Bubenhofer 2019: 122) oder einem „designed space" (Marx & Weidacher 2014: 82) ist, in dem sowohl Affordanzen als auch ‚constraints', also entsprechende Einschränkungen,

---

[2] Genau eine solche ‚Oberfläche' ist gemeint, wenn Wildfeuer et al. (2020: Kap. 3) vom ‚Canvas' der kommunikativen Situation sprechen, in den die Materialität der Daten eingeschrieben wird, um Bedeutung zu konstruieren.

wirken und die komplexen Zeichen- bzw. Modalitäten und Materialitäten miteinander verschränken (vgl. auch Bubenhofer 2019).

5 Affordanzen in digitalen Diskursen

Der Begriff der Affordanz hat in unterschiedlichen Kontexten unterschiedliche Bedeutungszuschreibungen erfahren und wird heute durchaus variabel und kritisch diskutiert. Einigkeit herrscht vor allem im Ursprung des Begriffs bzw. seiner initialen Verwendung im Bereich der ökologischen Wahrnehmungspsychologie durch Gibson (1977) in den 1970er Jahren. Wahrnehmung, so Gibson, sollte als aktivere und funktionale Auseinandersetzung mit der Welt verstanden werden, die nicht einfach nur ein Sehen, Hören oder Riechen von etwas, was da ist, betrifft, sondern Aktivitäten beinhaltet, die eine Umgebung, einen Raum oder Objekte in einer Umgebung bereitstellen bzw. ermöglichen. „Ein Objekt wird also direkt mit Blick auf die jeweiligen Handlungsmöglichkeiten wahrgenommen, die es einer Handelnden in einer Umgebung eröffnet" (Wildfeuer et al. 2020: 108, Hervorh. im Original). Wildfeuer et al. weisen darauf hin, dass dieses Verständnis durchaus heute von neuesten neurophysio- und psychologischen Untersuchungen gestützt wird, die z. B. nachweisen, dass das Sehen eines Türgriffs im Motorcortex Bewegungen wie Drehen oder Halten aktiviert und damit die Möglichkeiten des Handelns mit dem Objekt erkennt (vgl. Wildfeuer et al. 2020: 108). Gibson (1986: 127) hebt den Aspekt der Relationalität bzw. des komplementären Verhältnisses zwischen der Umgebung bzw. dem Objekt, die/das Affordanzen bietet, und dem Subjekt hervor. So bietet zum Beispiel ein Stuhl in Normalgröße einer*m Erwachsenen eine Sitzgelegenheit, einem Kleinkind hingegen nicht ohne Weiteres, dafür z. B. eine Möglichkeit des Festhaltens, um den stabilen Stand einzuüben.

Dieses ursprüngliche Konzept von Affordanz ist in der Folge vielfältig und teilweise sehr unterschiedlich auf verschiedenste Bereiche und Disziplinen übertragen worden. Das Spektrum der Ansätze reicht von (technik-)deterministischen bis hin zu radikal-konstruktivistischen Perspektiven. Wir wollen einige hier kurz skizzieren und im Hinblick auf ihren Nutzen und ihre Übertragbarkeit auf digitale Diskurse kritisch beleuchten:

Eine direkte Übernahme des Begriffs von Gibson erfolgte zum Beispiel in den 1980er Jahren durch Donald Norman (1988) in den Bereich der Mensch-Maschine-Interaktion sowie der Usability-Forschung bzw. des Interface-Designs. In dieser Verwendung haben sich vor allem die Übersetzungen „Angebotscharakter" oder „Aufforderungscharakter" durchgesetzt. Computer und Bildschirme stellen eine Benutzerschnittstelle dar und verfügen über einen solchen Angebotscharakter, da der Umgang mit Maus und Software Handlungen und Prozesse ermöglicht bzw. Nutzer*innen dazu auffordert, diese Handlungen durchzuführen.

Im Hinblick auf digitale Mediennutzung wurde vor allem reflektiert, dass neben technischen Affordanzen auch soziale Affordanzen bzw. soziokulturelle und historische Kontexte als Faktoren der Emergenz von Nutzungspraktiken wie Formaten, Genres und Interaktionsformen ausschlaggebend sind (vgl. Hopkins 2020: 51–53, boyd 2010 & 2014) und vor diesem Hintergrund Konventionalisierungs- bzw. Kollektivierungsprozesse stattfinden (Pentzold & Bischof 2019).

In solchen Ansätzen wird also ein Bezug zwischen der Ebene der digitalen Materialität und Praktiken der Mediennutzung hergestellt, wobei letztere meist direkt auf Benutzungsoberflächen bezogen ist.

Auch danah boyd leitet aus ihrer oben genannten Unterscheidung digitaler Daten spezifische Affordanzen bzw. Möglichkeitsbedingungen von digitalen, vernetzten Medien im Gegensatz zu nicht-digitalen ab (vgl. den Beitrag von Meier-Vieracker in diesem Band), wobei sie vier für die Mediennutzung grundlegende unterscheidet: persistence, replicability (in einem späteren Artikel stattdessen spreadability, vgl. boyd 2014: 10), scalability (später visibility, vgl. boyd 2014: 10) und searchability.

Ian Hutchby (2001: 441) argumentiert dafür, Affordanzen auch im Zusammenhang mit „constraining" zu denken, also als Möglichkeitsrahmen, der bestimmte Handlungsspielräume gleichzeitig eingrenzt und spezifische Nutzungsformen ermöglicht:

> The affordances of an artefact are not things which impose themselves upon humans' actions with, around, or via that artefact. But they do set limits on what it is possible to do with, around, or via the artefact. By the same token, there is not one but a variety of ways of responding to the range of affordances for action and interaction that a technology presents. (Hutchby 2001: 453)

Jarzabkowski und Pinch (2013: 582) folgen dem relativ engen Verständnis von Affordanzen als objektbezogen und setzen diese gleich mit der Funktion eines Objekts:

> [...] often an affordance is simply equated with the ‚function' of an object [...] The function of the object not only delimits the agency of the object but also ascribes a fixed intention or motivation to the person using the object. (Jarzabkowski & Pinch 2013: 582)

Für Affordanzen digitaler Diskurse wird in Bezug auf ihre Funktion der Aspekt der technischen Möglichkeiten wichtig. Hier schließt der Affordanzbegriff bei Pentzold und Bischof an, die Affordanz zunächst auf genau diese technischen Möglichkeiten hin ausgedeutet haben (zur genaueren Bestimmung siehe unten): „Usually [...] ‚affordances' comes with the idea that technology makes some activities possible while constraining others" (Pentzold & Bischof 2019: o.S.). Allerdings konzentriert sich der Umgang mit dem Affordanzbegriff nicht allein auf das objektbezogene oder technische und damit vor allem materiell-mediale Verständnis von Affordanzen, sondern wird vor allem im Bereich der Medienwissenschaften mit spezifischem Blick auf die Interpretation des Mediengebrauchs, z. B. in der Mediensoziologie (vgl. Zillien 2008) umfangreich ausgeweitet.

Marx und Weidacher (2014) sprechen zum Beispiel von ‚Rahmenbedingungen', die für ein Medium bestimmen, welche Funktionen zur Verfügung stehen:

> Affordances – oder „Ermöglichungen" – sind sozusagen die positiven Rahmenbedingungen, d. h. das, was ein Medium als Möglichkeiten für die Formulierung und Gestaltung eines Kommunikats anbietet. Constraints dagegen sind die technisch begründeten Einschränkungen durch das Medium.
> (Marx & Weidacher 2014: 58)

Sie betonen, dass diese Rahmenbedingungen die Gestaltung von Kommunikaten (oder Diskursen) beeinflussen und zugleich eine technische Grundlage für Kommunikationsformen sind (vgl. Marx & Weidacher 2014: 58). Damit orientieren auch sie sich an den technischen Bedingungen, die zur Realisierung von Kommunikationsformen, z. B. in digitalen Diskursen, zur Verfügung stehen.

Affordanzen werden aber nicht nur als technische Möglichkeiten gesehen, sondern bieten einen kommunikativen Ermöglichungsspielraum für je charakteristische Kommunikationsformen, die im intelligiblen Gebrauch und im „fortlaufenden routinisierten Tun konventionalisiert" werden (Pentzold, Fraas & Meier 2013: 85–86). Hiermit wird schon der Grundstein dafür gelegt, dass Pentzold und Bischof (2019) Affordanzen als „collective achievements" bezeichnen, welche in der kollektiven Nutzung durch Aktionskaskaden entstehen. In ihrer Auseinandersetzung gehen Pentzold und Bischof dabei zunächst zurück auf die mit Norman (1988, s. o.) vorgenommene Ausweitung des Affordanzbegriffs auf Mensch-Maschine-Interaktionen bzw. in den Usability-Bereich:

> Finally, human-robot communication requires us to explain what we mean when we say that affordances are collective achievements and emerge from a conjunction of matter and sociality [...]. Moving away from the idea that affordances are mainly visually perceived and cognitively interpreted, we explain how they arise from action cascades, where operations and procedures of different kinds of agents coalesce [...].
> (Pentzold & Bischof 2019: 8)

Neben den materiellen Aspekten finden dann aber auch soziale Aspekte Eingang in das Verständnis, die eine direkte Verbindung zwischen den technischen Bedingungen und den daraus resultierenden Handlungen und Handlungsformen berücksichtigen.

Auch Gunther Kress (2010) übernimmt den Begriff zur Beschreibung von Möglichkeiten (und Einschränkungen) einzelner Zeichenmodalitäten als Teil der sozialen Arbeit mit diesen Modalitäten. In seinem Verständnis von Affordanz geht es dann nicht allein um die perzeptuellen und technischen Möglichkeiten einzelner semiotischer Elemente, sondern darum, inwiefern diese kulturell, sozial und historisch auf die Bedeutung multimodaler Artefakte einwirken bzw. diese bedingen: „*Affordance* rests, on the one hand, on the *materiality* of the *stuff*, which *work* in *social environments* has fashioned into a *cultural* and *semiotic resource* on the other hand" (Kress 2010: 157, Hervorh. i. Org.). Das daraus im Kontext der Multimodalitätsforschung entstandene Konzept der ‚modal affordance' bezieht sich vor allem auf die semiotische Arbeit einzelner Zeichenmodalitäten für die Bedeutungskonstruktion, die immer auf den sozialen und historischen Kontext dieser Modalitäten zurück zu beziehen ist: „Modal affordances are connected both to a mode's material and social histories, that is, the social purposes that is has been used for in a specific context. It is in this way that modal affordances affect a sign maker's choice of a mode" (Jewitt et al. 2016: 72).

Auch Pentzold und Bischof sehen diese starke Verbindung zur sozialen Aktivität der Nutzer*innen:

> [...] affordances are treated as distinct aspects of social-material activities. Usually, affordances are placed on the technological side while agency is reserved for the people imagining, building, and commodifying tools and instruments. Indeed, the notion of affordances has often been employed to open up these spheres and stress the relationality of human abilities to act and technological resources. (Pentzold & Bischof 2019: 8)

Genau dieses Verhältnis von menschlichen (Inter-)Aktionsmöglichkeiten und den technischen-materiellen Gegebenheiten stellen auch wir hier in den Vordergrund. Im Gegensatz zu Pentzold und Bischoff allerdings legen wir explizit einen Fokus auf beide Ebenen und folgen den Autoren nicht, wenn sie ausführen: „Our exercise of treating affordances as collective achievements represents a move away from the question of what technologies allow or prohibit people to do" (Pentzold & Bischof 2019: 9). Stattdessen wollen wir die Aufmerksamkeit vor dem Hintergrund des dargelegten Affordanzkonzepts auf die Frage lenken, welche Technologien welche Art von kollektiver digitaler Kommunikation für digitale Diskurse ermöglichen. Dieser Aspekt ist in digitalen Diskursanalysen grundlegend zu berücksichtigen. Wir meinen mit Affordanzen also explizit die Möglichkeitsbedingungen, die je nach Bedarf mehr oder weniger genutzt werden können, jedoch immer verschiedene digitale Kommunikationsformen bieten, in deren Rahmen sich Nutzungspraktiken entwickeln. Hierzu zählt etwa das Schreiben eigener Wortbeiträge, das Posten von Bildinhalten oder das Signalisieren von Zustimmung bzw. Ablehnung von bereits vorhandenen Beiträgen, etwa in Timelines von anderen oder Accounts anderer Kommunikationsteilnehmer*innen. Diese Kommunikationspraktiken sind einerseits abhängig von den technischen Möglichkeiten und Einschränkungen, welche die unterschiedlichen Benutzeroberflächen bereithalten, und andererseits vom individuellen und kollektivierten Kommunikations- bzw. Nutzungsbedarf. Je nach Affordanz und damit je nach Zusammensetzung der digitalen Praktiken in den zu untersuchenden Medien und Diskursen werden für die Analyse andere Methoden notwendig.

6 Fazit und Ausblick

Spezifika digitaler Medien lassen sich auf der Grundlage ihrer technischen und wahrnehmbaren, d. h. digitalen Materialität, ihrer darauf basierenden multimodalen Zeichenhaftigkeit und den daraus resultierenden Interaktions- und Kommunikationsmöglichkeiten charakterisieren. Diese Möglichkeitsbedingungen werden einerseits durch die Medienanbieter gestaltet, andererseits aber auch durch die Nutzenden weiter geprägt, indem erstere bedarfsbasiert individuelle sowie konventionalisiert-kollektivierte Nutzungspraktiken in sozial-dynamischen Prozessen entwickeln und letztere diese durch ihre aktive Teilnahme modifizieren. In diesem Rahmen ist für die digitale Diskursforschung das Affordanzkonzept relevant, das grundlegend relational angelegt ist, wenn auch ein mehr oder weniger stark ausgeprägter Objektmerkmalsbezug in verschiedenen Ansätzen erkennbar ist. Grundsätzlich wird allerdings davon ausgegangen, dass ‚Affordances' und ‚Constraints' sich immer aus einem Zusammenspiel zwischen Möglichkeitsbedingungen einerseits, die durch Merkmale des nutzbaren Objekts bzw. im vorliegenden Kontext durch technisch-mediale und sozial-kommunikative Merkmale des Mediums und der individuellen sowie konventionalisiert-kollektivierten Nutzungsbedarfe andererseits ergeben. Diskursive digitale Kommunikationspraktiken entwickeln sich in diesem relationalen Affordanzrahmen. Hier lassen sich materiell-technische und kommunikativ-soziale Affordanzdimensionen unterscheiden, die letztlich aber eng verbunden sind.

Für die digitale Diskursanalyse folgt daraus, dass mehrere Perspektiven auf die Spezifika digitaler Kommunikationsmedien berücksichtigt werden müssen: Zunächst sind die technisch-materiellen Aspekte der Digitalität und Algorithmizität sowie die multimodalen Merkmale des jeweiligen Kommunikationsmediums als Voraussetzungen bzw. Möglichkeitsbedingungen einzubeziehen.

Darauf setzt die Ebene der anbieterseitigen Ausgestaltung der medialen Umgebung auf, auf der zunächst die Nutzung spezifisch digitaler Möglichkeitsbedingungen stattfindet – also z. B. die multimodale Darstellung von Inhalten, Interaktions- und Vernetzungsfunktionen und algorithmische Prozesse der Auswertung, Zuordnung, Sortierung, Distribution usw. Hier besteht auch eine

Affordanzrelation zwischen medialen Merkmalen bzw. Möglichkeiten und den Plattform-Anbietern als Diskursakteuren bzw. ihren Zielen und Bedarfen sowie den Anforderungen an Anbietende, etwa bestimmte Qualitätsstandards, rechtliche und ethische Aspekte usw. Affordanzen digitaler Kommunikationsmedien spielen somit insbesondere im Hinblick auf die adäquate Methodik zur Analyse digitaler Diskurse eine wichtige Rolle. Es sind die Digitalität der zu analysierenden Daten, aber auch ihre hypermediale und algorithmische Verknüpftheit, die sowohl Möglichkeiten als auch Herausforderungen für den methodisch-analytischen Zugriff bieten. In diesem Rahmen sind auch die „traditionellen" Fragestellungen der Diskursforschung einzubinden – z. B. Handlungen und ihre Sequenzen, Themen und ihre Dynamik, spezifische Leistungen sprachlicher und bildlicher Komponenten, Perspektivierungen und Positionierungen oder emergente Effekte kollektiver Mediennutzung. Diese Aspekte müssen vor dem Hintergrund der Spezifika digitaler Medien neu durchdacht und rekontextualisiert werden.

Literatur

Auer, Peter. 2000.Online-Syntax – oder: was es bedeuten könnte, die Zeitlichkeit der mündlichen Sprache ernst zu nehmen. *Sprache und Literatur* 85. 43–56.
Bateman, John A. 2011. The decomposability of semiotic modes. In Kay O'Halloran & Bradley Smith (eds.), Multimodal studies: Multiple approaches and domains, 17–38. London: Routledge.
Bateman, John A. 2016. Methodological and theoretical issues for the empirical investigation of multimodality. In Nina-Maria Klug & Hartmut Stöckl (eds.). *Handbuch Sprache im multimodalen Kontext*, 37–74. Berlin: De Gruyter.
Bateman, John A. 2021. The foundational role of discourse semantics beyond language. In Michele Zappavigna & Shoshana Dreyfus (eds.), Discourses of hope and reconciliation. On J.R. Martin's contribution to systemic functional linguistics, 39–55. London: Bloomsbury.
Bender, Michael. 2020a. Annotation als Methode der digitalen Diskurslinguistik. *Diskurse digital. Theorien – Methoden – Fallstudien* 2(1). 1–35. https://doi.org/10.25521/diskurse-digital.2020.140.
Bender, Michael. 2020b. Digitale Methoden und Kulturtechniken. In Heidrun Friese, Gala Rebane, Marcus Nolden & Miriam Schreiter (eds.), *Handbuch soziale Praktiken und digitale Alltagswelten*, 385–392. Wiesbaden: Springer. https://doi.org/10.1007/978-3-658-08357-1.
Bender, Michael. 2020c. Kommentieren und Annotieren als Rekontextualisieren. In Simon Meier, Gabriel Viehhauser & Patrick Sahle (eds.), *Rekontextualisierung als Forschungsparadigma des Digitalen. Schriften des Instituts für Dokumentologie und Editorik* (14), 55–70. Norderstedt: Books on Demand.

Bernard, Andreas. 2018. *Das Diktat des #hashtags. Über ein Prinzip der aktuellen Debattenbildung*. Frankfurt a. M.: Fischer.
boyd, danah. 2010. Social Network Sites as Networked Publics: Affordances, Dynamics, and Implications. In Zizi Papacharissi (ed.), *Networked Self: Identity, Community, and Culture on Social Network Sites*, 39–58. London: Routledge.
boyd, danah. 2014. *It's complicated: the social lives of networked teens*. New Haven: Yale University Press.
Bubenhofer, Noah. 2019. Social Media und der Iconic Turn: Diagrammatische Ordnungen im Web 2.0. *Diskurse digital* 1,2. 114–135.
Bubenhofer, Noah & Joachim Scharloth. 2015. Maschinelle Textanalyse im Zeichen von Big Data und Data-driven Turn – Überblick und Desiderate. *Zeitschrift für germanistische Linguistik* 43(1). 1–26. https://doi.org/10.1515/zgl-2015-0001.
Bucher, Hans-Jürgen. 2013. Online-Diskurse als multimodale Netzwerk-Kommunikation. Plädoyer für eine Paradigmenerweiterung. In Claudia Fraas, Stefan Meier & Christian Pentzold (eds.), *Online-Diskurse. Theorien und Methoden transmedialer Online-Diskursforschung*, 57–101. Köln: Herbert von Halem Verlag.
Dang-Anh, Mark. 2016. Zur Operativität von Schriftzeichen in digitalen Medien. In: Jianhua Zhu, Jin Zhao & Michael Szurawitzki (eds.); *Akten des XIII. Internationalen Germanistenkongresses Shangai 2015* (Publikationen der internationalen Vereinigung für Germanisten (IVG) 22), 155–160. Frankfurt a. M. (u. a.): Peter Lang.
Dang-Anh, Mark, Jessica Einspänner & Caja Thimm. 2013. Die Macht der Algorithmen – selektive Distribution in Twitter. In Martin Emmer, Alexander Filipovic, Jan-Hinrik Schmidt & Ingrid Stapf (eds.), *Echtheit, Wahrheit, Ehrlichkeit: Authentizität in der Online-Kommunikation*, 74–87. Weinheim: Beltz Juventa. https://nbn-resolving.org/urn:nbn:de:0168-ssoar-54119-0
Fix, Ulla. 2008. Nichtsprachliches als Textfaktor: Medialität, Materialität, Lokalität. *Zeitschrift für germanistische Linguistik* 36(3). 343–354.
Gibson, James J. 1977. The theory of affordances. In Robert Shaw & John Bransford (eds.), *Perceiving, Acting and Knowing: Toward an Ecological Psychology*, 62–82. Hillsdale: Erlbaum.
Gibson, James J. 1986. *The ecological approach to visual perception*. New York & Hove: Psychologe Press.
Gredel, Eva & Ruth M. Mell. 2015. Digitale Ressourcen und ihr Potential für korpuslinguistisch informierte Diskursanalysen. *Zeitschrift für germanistische Linguistik* 43(2). 352–357.
Hausendorf, Heiko. 2009. Das pragmatische Minimum. In: Angelika Linke & Helmuth Feilke (eds.), *Oberfläche und Performanz. Untersuchungen zur Sprache als dynamische Gestalt*, 187–199. Tübingen: Niemeyer.
Hopkins, Julian. 2020. The concept of affordances in digital media. In Heidrun Friese, Marcus Nolden, Gala Rebane & Miriam Schreiter (eds.), *Handbuch Soziale Praktiken und Digitale Alltagswelten*, 47–54. Wiesbaden: Springer Fachmedien Wiesbaden. doi:10.1007/978-3-658-08357-1_67.
Hutchby, Ian. 2001. Technologies, Texts and Affordances. *Sociology* 35(2) 441–456. doi:10.1177/S0038038501000219.
Jarzabkowski, Paula & Trevor Pinch. 2013. Sociomateriality is the "New Black." *M@n@gement* 16. 579–592.
Jewitt, Carey, Jeff Bezemer & Kay L. O'Halloran. 2016. *Introducing Multimodality*. London: Routledge.

Klug, Nina-Maria & Hartmut Stöckl (eds.). 2016. *Handbuch Sprache im multimodalen Kontext*. Berlin: De Gruyter.
Kress, Gunther. 2009. What is Mode? In Carey Jewitt (ed.), *The Routledge Handbook of Multimodal Analysis*, 54–67. London: Routledge.
Kress, Gunther. 2010. *Multimodality. A social semiotic approach to contemporary communication*. London: Routledge.
Marx, Konstanze & Georg Weidacher. 2014. *Internetlinguistik. Ein Lehr- und Arbeitsbuch*. Tübingen: Narr.
Meier, Simon & Gabriel Viehhauser. 2020. Rekontextualisierung als Forschungsparadigma des Digitalen? In Simon Meier, Gabriel Viehhauser & Patrick Sahle (eds.), *Rekontextualisierung als Forschungsparadigma des Digitalen. Schriften des Instituts für Dokumentologie und Editorik* (14), 1–20. Norderstedt: Books on Demand.
Meier, Stefan. 2018. Diskurslinguistik und Online-Kommunikation. In Ingo H. Warnke (ed.), *Handbuch Diskurs* (Handbuch Sprachwissen 6), 426–446. Berlin & Boston: De Gruyter.
Mell, Ruth M. 2015. *Vernunft, Mündigkeit, Agitation. Eine diskurslinguistische Untersuchung zur Generierung und Strukturierung von Wissen über das Konzept Aufklärung 1968* (Sprache – Politik – Gesellschaft 16). Bremen: Hempen Verlag Dissertation.
Mell, Ruth M. & Nils Diewald. 2018. Korpusbasierte Diskursrecherche mit Rabbid. In Ruth M. Mell & Eva Gredel (eds.), *Die narrative Dimension der Neuen Medien. Online publizierte Arbeiten zur Linguistik* (OPAL 2,2018), 18–30.
Müller, Marcus. 2012. Vom Wort zur Gesellschaft: Kontexte in Korpora: Ein Beitrag zur Methodologie der Korpuspragmatik. In Ekkehard Felder, Marcus Müller & Friedemann Vogel (eds.), *Korpuspragmatik. Thematische Korpora als Basis diskurslinguistischer Analysen*, 33–82. Berlin & Boston: De Gruyter.
Müller, Marcus. 2020. Kontextualisierung in der Re-Kontextualisierung. In Simon Meier, Gabriel Viehhauser & Patrick Sahle (eds.), *Rekontextualisierung als Forschungsparadigma des Digitalen. Schriften des Instituts für Dokumentologie und Editorik* (14), 45–54. Norderstedt 2020: Books on Demand.
Norman, Donald A. 1988. *The psychology of everyday things*. New York: Basic Books.
Norris, Sigrid. 2004. *Analyzing Multimodal Interaction. A methodological framework*. London: Routledge.
Pentzold, Christian & Andreas Bischof. 2019. Making Affordances Real: Socio-Material Prefiguration, Performed Agency, and Coordinated Activities in Human-Robot Communication. *Social Media + Society* 5(3). https://journals.sagepub.com/doi/full/10.1177/2056305119865472.
Pentzold, Christian, Claudia Fraas & Stefan Meier. 2013. Online-mediale Kommunikationsformen, Affordanzen, Interfaces. *Zeitschrift für germanistische Linguistik* 41(1). 81–101.
Schmitz, Ulrich. 2016. Multimodale Texttypologie. In Nina-Maria Klug & Hartmut Stöckl (eds.), *Handbuch Sprache im multimodalen Kontext*, 327–347. Berlin: De Gruyter.
Spitzmüller, Jürgen. 2018. Multimodalität und Materialität im Diskurs In Ingo H. Warnke (ed.), *Handbuch Diskurs* (Handbuch Sprachwissen 6), 521–540. Berlin & Boston: De Gruyter.
Stöckl, Hartmut. 2016. Multimodalität – Semiotische und Textlinguistische Grundlagen. In: Nina-Maria Klug & Hartmut Stöckl (eds.), *Handbuch Sprache im multimodalen Kontext*, 3–35. Berlin: De Gruyter.

Wildfeuer, Janina, John A. Bateman. 2018. Theoretische und methodologische Perspektiven des Multimodalitätskonzepts aus linguistischer Sicht. *IMAGE – Zeitschrift für Bildwissenschaft* 28. 5–45.
Wildfeuer, Janina, John A. Bateman & Tuomo Hiippala. 2020. *Multimodalität. Grundlagen, Forschung, Analyse. Eine problemorientierte Einführung*. Berlin: De Gruyter.
Zappavigna, Michele. 2015. Searchable talk: the linguistic functions of hashtags. *Social Semiotics* 25(3). 274–291. http://dx.doi.org/10.1080/10350330. 2014. 996948.
Zillien, Nicole. 2008. Die (Wieder-)Entdeckung der Medien – Das Affordanzkonzept in der Mediensoziologie. *Sociologia Internationalis* 46(2). 161–181.

Eva Gredel, Ruth M. Mell
Digitale Diskursfragmente

1 Einleitung

Digitale Diskurse zeichnen sich durch eine hohe Komplexität aus, was durch ihre Charakteristika wie Non-Linearität, Multimodalität und Multilingualität bedingt ist und Diskursanalytiker*innen vor große (methodische) Herausforderungen stellt. Der von Warnke (2013: 191) konstatierte „Newspaper Bias" der Diskurslinguistik lässt sich jedoch nur dann überwinden, wenn die Komplexität von Diskursen auf digitalen Plattformen mit ihren jeweiligen Charakteristika ernst genommen wird. Im Folgenden soll anhand dreier Fallbeispiele für die Komplexität digitaler Plattformen und für Konsequenzen dieser Komplexität im Rahmen digitaler Diskursanalysen sensibilisiert werden. Dazu werden exemplarisch drei digitale Plattformen betrachtet, die – typologisch gesehen – recht weit auseinanderliegen: Zum einen ist dies die Online-Enzyklopädie Wikipedia (Abschnitt 3.1), der Microbloggingdienst Twitter (Abschnitt 3.2) sowie die Onlinevideo-Plattform YouTube (Abschnitt 3.3). Mit diesen Plattformen greifen wir Beispiele auf, die sich im dynamischen Feld digitaler Plattformen etabliert haben und langfristig Relevanz und Reichweite haben (z. B. feiert Wikipedia im Jahr 2021 ihr 20. Jubiläum). Zudem waren alle drei Plattformen bereits Gegenstand linguistischer und diskursanalytischer Untersuchungen. Sie sind somit als Untersuchungsgegenstände in der Linguistik bzw. der Diskursanalyse bereits erprobt (vgl. zu Wikipedia Pentzold 2007, Arendt & Dreesen 2015, Gredel 2020; für YouTube Tereick 2013, Meier 2019 und 2020, Wergen 2019 sowie für Twitter Dang-Anh, Einspänner & Thimm 2013, Dang-Anh 2019, Marx 2019). Anhand der Fallbeispiele soll Folgendes verdeutlicht werden:

Zunächst geht es darum zu zeigen, wie unterschiedlich die Strukturen digitaler Plattformen sind und welche Auswirkungen dies auf digitale Diskursanalysen hat. Zum anderen geht es darum, Grundeinheiten digitaler Plattformen zu beschreiben, die Diskursanalytiker*innen bei der Untersuchung dieser Plattformen Orientierung geben können. Zu berücksichtigen ist dabei auch, welche Zugriffsobjekte den empirischen Zugang zu Grundeinheiten digitaler Diskurse ermöglichen.

Zuletzt soll dann der Versuch unternommen werden, trotz der Heterogenität digitaler Plattformen auf einer abstrakten Ebene Gemeinsamkeiten von diskursiven Grundeinheiten (i. S. v. digitalen Diskursfragmenten) zu beschreiben. Dies soll dann im Vorschlag eines Mehrebenen-Analyse-Modells münden, das die Charakteristika digitaler Plattformen berücksichtigt. Für die Beschreibung der Grundeinheiten digitaler Diskurse auf digitalen Plattformen greifen viele Begriffe bisheriger Diskursanalysen zu kurz: Im Folgenden wollen wir zunächst aufzeigen, an welchen Stellen wir die Grenzen bisheriger Termini sehen. Wir möchten dann einen Vorschlag machen, welcher Begriff den Spezifika digitaler Diskurse am besten Rechnung trägt.

2 Aussagen – Texte – Diskursfragmente

In diesem Kapitel sollen zunächst Termini beleuchtet werden, die bisher im Rahmen von Diskursanalysen genutzt wurden, um Grundeinheiten von Diskursen zu benennen. So gilt etwa der Begriff *Aussage* „einer Reihe von diskursanalytischen Richtungen als eine Grundeinheit des Diskurses" (Angermuller 2014: 45). Michel Foucault fasst Aussagen (énoncés) als Grundeinheiten von Diskursen auf und versteht Diskurse als Geflecht von Aussagen. In der Folge ist ein Diskurs für ihn auch bestimmt als „Menge von Aussagen", die einem gleichen Formationssystem zugehören (vgl. Foucault [1969] 1981: 156). Rosa, Strecker und Kottmann (2007) stellen dabei heraus, dass sich der Aussagenbegriff dezidiert auf das sprachlich Geäußerte bezieht und seiner Natur nach auf Sprache bezogen ist" (Rosa, Strecker & Kottmann 2007: 283). Insgesamt bleibt der Begriff der Aussage, wie er bei Foucault beschrieben wird, für linguistische Diskursanalyse jedoch opak und wenig anschlussfähig:

> Foucault betonte, dass Aussagen (énoncés) für ihn weder (logische) Propositionen noch Sätze noch Sprechakte seien, dass sie unter bestimmten Umständen aber die Funktion dieser drei linguistischen Einheiten übernehmen könnten [...] Diese Ausführungen ließen Linguistinnen und Linguisten entweder ratlos zurück oder forderten sie zur Kritik heraus.
> (Reisigl 2013: 248)

In den Beiträgen von Busse und Teubert (1994), die den Diskursbegriff in der Germanistischen Linguistik maßgeblich geprägt haben, werden Aussagen dann als Grundeinheiten von Diskursen explizit mit der linguistischen Einheit Text in Verbindung gebracht. Diese „textualistische Diskurslinguistik" (Warnke 2019: 37) versteht sich als eine Erweiterung der Textlinguistik und sieht Diskurs als „textübergreifenden Verweiszusammenhang von thematisch gebundenen Aussagen" (Warnke 2019: 37). Sie rücken somit den Text als Grundeinheit von Diskursen in den Blick der linguistischen Diskursanalyse. Zu berücksichtigen ist auch, dass diese Konzeption von Aussagen für zahlreiche pragmatisch orientierte Texttheorien nicht anschlussfähig ist (vgl. Fritz 2016: 31 ff.).

Busse und Teubert definieren dann auch erstmals Diskurse mit virtuellen Textkorpora (Busse & Teubert 1994: 14).[1] Für Busse und Teubert gehören zu einem Diskurs dann zunächst auch Texte und zwar solche, „die [...] sich mit einem als Forschungsgegenstand gewählten Gegenstand, Thema, Wissenskomplex oder Konzept befassen, untereinander semantische Beziehungen aufweisen und/oder in einem gemeinsamen Aussage-, Kommunikations-, Funktions- oder Zweckzusammenhang" stehen und „durch explizite oder implizite (text- oder kontextsemantisch erschließbare) Verweisungen aufeinander Bezug nehmen bzw. einen intertextuellen Zusammenhang bilden" (Busse & Teubert 1994: 14). Dabei können „[e]inzelne Begriffe oder ‚Leitvokabeln' [...] als diskursstrukturierende und Diskursströmungen benennende Elemente aufgefaßt werden, die einen Teil der diskursiven Beziehungen widerspiegeln" (Busse & Teubert 1994: 22). Sie legitimieren somit aus einer diskurssemantischen Perspektive Begriffe und damit Konzepte als zentrale Zugriffsobjekte auf Diskurse, die die Erstellung virtueller Textkorpora für linguistische Diskursanalysen leiten (vgl. Mell 2015 und 2017).

Der Fokus auf einzelne Begriffe als Zugriffsobjekte auf Diskurse ist also durch diese frühen linguistischen Diskursanalysen bedingt, die als Teil eines diskurssemantischen Forschungsfeldes zu verstehen sind (vgl. Busse & Teubert 1994: 23). Dieses Vorgehen war und ist im Rahmen von korpuslinguistisch informierten Diskursanalysen, bei denen nicht nur virtuelle Textkorpora erstellt werden, sondern auch Korpora im technisch-methodischen Sinne kompiliert werden, gut umsetzbar. Zwischenzeitlich wurde der diskurssemantische Ansatz jedoch um diskursgrammatische Ansätze (Warnke et al. 2014 und Wilk 2020) ergänzt, die eher syntaktische Strukturen fokussieren sowie um diskurssemiotische Ansätze, die multimodale Aspekte berücksichtigen (vgl. Hess-Lüttich et al. 2017). Bei der aus dieser oben beschriebenen diskurssemantischen Tradition heraus entwickelten und seit einigen Jahren etablierte Engführung von Diskurs- und Korpuslinguistik (vgl. Bubenhofer 2009) werden deshalb seit einigen Jahren alternative Zugriffsweisen auf Diskurse genutzt (z. B. im Rahmen von N-Gramm-Analysen, vgl. Bubenhofer, Müller & Scharloth 2013 und vgl. Bender et al. in diesem Band). Die entsprechenden Zugriffsobjekte auf Diskurse sind dann in den letzten Jahren auch oberhalb und unterhalb der Wortebene anzusiedeln, womit sich eine größere methodische Vielfalt ergibt. So wurden mittlerweile Diskursanalysen vorgelegt, die Morpheme als Zugriffsobjekte unterhalb der

---

[1] Bereits in den 1950er Jahren spricht die internationale Linguistik von der Disziplin der discourse analysis, deren Grundlegung für die Linguistik in den Arbeiten von Harris zu sehen ist, welcher – ausgehend vom Text als einem partikularen Diskursobjekt (Harris 1952) – seine Analysen konzipiert.

Wortebene in Diskursanalysen thematisieren (vgl. Seidenglanz 2014, Schmidt-Brücken 2015, Gredel 2018 und Gredel & Flinz 2020) und die oben erwähnten n-Gramm-Analysen, die mit n-Grammen automatisch-korpuslinguistisch eruierte Einheiten oberhalb der Wortebene zum Zugriff auf Diskurse nutzen (vgl. Bubenhofer 2009). Wenn in Diskursanalysen digitale Untersuchungsgegenstände (konkret: digitale Plattformen) in den Fokus rücken, kann das Spektrum möglicher Zugriffsobjekte noch erweitert werden. So beschreiben etwa Dang-Anh, Einspänner und Thimm (2013: 84) Hashtags als Zugriffsobjekte auf digitale Diskurse, weil ihnen die Funktion „diskursbündelnde[r] Instanz[en]" (vgl. Marx 2019: 250) zukommt.

In den letzten Jahren ist bei Diskursanalysen, die außerhalb des „Newspaper Bias" der Diskurslinguistik liegen, zudem der Begriff des *Diskursfragments* aufgekommen. Schon Jäger gebraucht in den 1990er Jahren im Rahmen seiner Kritischen Diskursanalyse diesen Begriff (vgl. Jäger 1993: 181) und baut ihn später aus (vgl. Jäger 2006: 99). Reisigl verdeutlicht darüber hinaus die Tradition des Begriffs *Diskursfragment* und zeigt, dass seine Verwendung sogar bereits in der angelsächsischen discourse analysis der 1980er Jahre nachzuweisen ist: „Bereits Brown und Yule (1983: 68 ff.) verwenden das englische Kompositum, um zu betonen, dass es die Analysierenden sind, die über die Grenzen diskursiver Analyseeinheiten entscheiden. Sie tun dies vor dem Hintergrund ihres Erkenntnisinteresses und anhand expliziter Kriterien" (Reisigl 2014: 107). Der bei Brown und Yule (1983: 69) formulierte und bei Reisigl relevant gesetzte Aspekt der Abhängigkeit der Begrenzung von Diskursfragmenten von der jeweiligen Diskursanalytiker*in ist allgemein sehr relevant: „The data studied in discourse analysis is always a fragment of discourse and the discourse analyst always has to decide where the fragment begins and ends" (Brown & Yule 1983: 69). Auch Spitzmüller und Warnke (2011) nutzen den so skizzierten Fragment-Begriff und sprechen zwar nicht von *Diskursfragmenten*, jedoch von „Fragmente[n] eines Diskurses" (Spitzmüller & Warnke 2011: 125), wo sie selbst jenseits des „Newspaper Bias" der Diskurslinguistik bei der Beschreibung des urbanen Raumes (konkret: in Gentrifizierungsdiskurse) als diskursivem Gegenstand operieren.

In den vergangenen Jahren wurde der Begriff *Diskursfragment* besonders dort eingesetzt, wo es um die methodische Reflexion der Analyse digitaler Plattformen insbesondere unter Berücksichtigung ihrer multimodalen Spezifika geht: Fraas und Meier (2013: 142) sprechen bei der Analyse von Diskursen der Online-Nachrichtenplattform tagesschau.de von multimodalen Diskursfragmenten. Meier (2013: 273 und 2018: 437) nutzt den Begriff auch im Rahmen seiner Diskursanalysen von YouTube-Videos sowie multimodal verfasster Beiträge von Internet-Foren. Auch wenn es um die Erweiterung der Diskurslinguistik hin zur Diskurssemiotik geht, spielt der Begriff eine Rolle (Reisigl 2017: 24 und Busch 2017: 361). Sommer thematisiert mit dem Begriff *Diskursfragment* bei der Analyse von YouTube-Videos, dass auch die Anschlusskommunikation im Kommentarbereich Teil eines Diskursfragmentes bei digitalen Diskursanalysen sein soll:

> YouTube bietet die Möglichkeit, Videos zu kommentieren. Die Kommentierungsfunktion kann vom jeweiligen YouTuber, der ein Video auf die Plattform hochlädt, auch ausgeschaltet werden, was aber bei diesem konkreten Beitrag nicht zutraf. Die Kommentare zu dem Beitrag der Deutschen Welle werden auch als Bestandteil des Diskursfragments betrachtet. (Sommer 2018: 197)

Bei Tereick (2013) werden Videos in YouTube diskursanalytisch in Kombination mit der Anschlusskommunikation im Kommentarbereich betrachtet. Das Potential des Begriffs *Diskursfragment* wird ebenso bei Büttner (2015: 174) sichtbar, die cross-mediale Diskursdynamiken im Zusammenhang mit „akzidenziellen Medienhypes" betrachtet, wobei sie analoge Diskursfragmente (aus Print-Zeitungen) und digitale Diskursfragmente (u. a. aus Twitter) zu einem bestimmten Diskursereignis in Relation setzt. Beyersdorff greift bereits 2011 die Terminologie von Jäger auf und argumentiert dafür, Wikipedia-Einträge als thematisch gebundene/ einheitliche Diskursfragmente zu verstehen: „Bezogen auf Wikipedia bildet damit jedes eigenständig bearbeitete Thema in der Enzyklopädie ein Diskursfragment, als Einheit aus Artikel, Versionsgeschichte und Diskussionsseite" (Beyersdorff 2011: 100). Dabei plädiert er dafür, nicht nur die Artikelseiten bei Diskursanalysen der Online-Enzyklopädie zu berücksichtigen, sondern eben auch die diskursiven Dynamiken in den Versionsgeschichten und die diskursiven Aushandlungen auf den sog. Diskussionsseiten der Wikipedia, die zu den Artikelseiten hypertextuell verlinkt sind und verweist hiermit auf das Charakteristikum der Non-Linearität. Erweitert man diesen ursprünglichen Ansatz von Beyersdorff auf weitere zentrale Bereiche der Wikipedia, ergeben sich sehr komplexe digitale Diskursfragmente, die in Abschnitt 3.1 im Detail betrachtet werden sollen. Die diskursanalytisch relevante Gesamtheit aus mehreren Bereichen der Wikipedia bezeichnet Liebert (2002: 128 ff.) als Textverbund. So ist ein Wikipedia-Artikel als (Hyper-)Text zu verstehen (Storrer 2008 und 2018), der über Links mit weiteren (Hyper-)Texten (z. B. den Posts auf der jeweiligen Diskussionsseiten) hypertextuell zu einem Textverbund verknüpft ist. Neben der Verknüpfung durch Links sind die Posts auf Diskussionsseiten auch thematisch auf den zugehörigen Wikipedia-Artikel bezogen. Solche thematisch und zugleich durch hypertextuelle Verknüpfung aufeinander bezogenen Textverbünde werden aus einer diskurslinguistischen Perspektive im Folgenden als Diskursfragmente bezeichnet.

Es soll nun anhand dreier Fallbeispiele gezeigt werden, wie diese Grundeinheiten digitaler Diskurse, die wir als Diskursfragmente verstehen, strukturiert sind. Mit der Verwendung des Begriffs *Diskursfragment* soll dabei die linguistische Einheit Text für Diskursanalysen nicht disqualifiziert werden, wurde doch ihre Brauchbarkeit unter der Formel „Untersuchungen von Diskursen in Texten" durch Wildfeuer (2018: 147) hergeleitet. Für digitale Diskursanalysen scheint es jedoch sinnvoll, die Ebene von Diskursfragmenten einzubeziehen, um etwa der Non-Linearität digitaler Texte Rechnung zu tragen oder Elemente, welche nicht als Aussagen bezeichnet werden können (beispielsweise Bilder, Emojis, Hyperlinks), angemessen und gleichrangig in Analysen einerseits zu benennen und andererseits zu kategorisieren. Digitale Diskursanalysen untersuchen aus dieser Perspektive dann Diskurse in (Hyper-)Texten, die – angereichert durch digitale Objekte wie Links oder Hashtags – in komplexe digitale Diskursfragmente eingebettet sind.

3 Fallbeispiele zu Diskursfragmenten digitaler Diskurse

Dieses Kapitel zeigt exemplarisch anhand dreier digitaler Plattformen (3.1 Wikipedia, 3.2 Twitter und 3.3 YouTube) die Komplexität digitaler Diskursfragmente auf und illustriert auf diese Weise theoretische und methodische Fragestellungen sowie Hürden digitaler Diskursanalysen. Für die drei genannten Beispiele soll der Begriff der *digitalen Plattform* nach Burger und Luginbühl (2014) genutzt werden, die explizit auf die Variationsmöglichkeiten von Kommunikationsformen und -konfigurationen sowie Textsorten verweisen:

> Bei den ‚Neuen Medien' handelt es sich also nicht um Medien, die bereits mit einer bestimmten Kommunikationskonfiguration verbunden sind (wie etwa beim analogen Fernsehen), sondern eher um Plattformen, auf denen bestimmte Kommunikationsformen angeboten werden, in denen wiederum unterschiedliche Textsorten mit je eigenen Kommunikationskonfigurationen realisiert werden können. (Burger & Luginbühl 2014: 446)

Deutlich wird dann, dass Diskursfragmente für unterschiedliche Plattformen jeweils spezifisch zu beschreiben sind, da Kommunikationskonfigurationen und -formen etwa auf Wikis, Microblogging-Diensten und Videoportalen ganz unterschiedlich gestaltet sind. Auch Spezifika dieser digitalen Plattformen, die sie grundsätzlich teilen (z. B. Multimodalität) können ganz unterschiedlich ausgeprägt sein. Allen gemeinsam ist jedoch der Charakter als Bestandteil einer digitalen Plattform, die dem*r Nutzer*in z. B. als Wikipedia-Artikel, Twitter-Timeline oder YouTube-Video zugänglich ist.

3.1 Fallbeispiel 1: Digitale Diskursfragmente in Wikipedia

In einem ersten Fallbeispiel wird anhand der Online-Enzyklopädie Wikipedia mit ihren verschiedenen Namensräumen dargestellt, wie komplex Diskursfragmente digitaler Plattformen sein können. Mit mehr als 2,66 Millionen registrierten Autor*innen kann Wikipedia auch als soziales Netzwerk verstanden werden, auch wenn dies nicht so offenkundig ist wie bei den anderen beiden Fallbeispielen Twitter und YouTube.

Man kann die Komplexität von Diskursfragmenten als methodisch-diskursanalytisch interessante und relevante Grundeinheiten der Online-Enzyklopädie ausgehend von einem Wikipedia-Artikel zu einem bestimmten Diskursthema beschreiben (etwa zum Lemma *Burn-out*, vgl. Gredel 2016). Wikipedia-Artikeln wird direkt mit ihrer Initiierung einerseits eine Seitenkennnummer zugewiesen, mit der sie in der großen Grundgesamtheit an Wikipedia-Artikeln eindeutig identifizierbar sind. Andererseits generiert die Plattform automatisch bei der Einrichtung eines Artikels eine Versionsgeschichte, die diskursanalytisch gedeutet Diskursdynamiken im Zusammenhang mit der Erarbeitung des Artikels transparent werden lässt. Besteht bei der kollaborativen Textproduktion durch Wikipedia-Autor*innen der Bedarf, enzyklopädische Inhalte diskursiv auszuhandeln, kann zudem eine Diskussionsseite eingerichtet werden. Versionsgeschichte und Diskussionsseite werden dem jeweiligen Wikipedia-Artikel eindeutig über einen Link zugeordnet bzw. hypertextuell verknüpft. Die Zusammenhänge von Artikel und Artikeldiskussionen sowie der Versionsgeschichte legen es nahe, all diese Bereiche in Diskursanalysen zu berücksichtigen: Stellen die Artikelseiten das Produkt diskursiver Aushandlung dar (vgl. Abb. 1, a), wird über die Interaktion der Wikipedia-Autor*innen auf den Diskussionsseiten der Prozess diskursiver Aushandlung deutlich (vgl. Abb. 1, b), da die Diskussionen dort thematisch auf den verlinkten Wikipedia-Artikel bezogen sind. Die Versionsgeschichte dokumentiert diskursive Dynamiken sowie Änderungen des Bildmaterials oder ganz allgemein der online-enzyklopädischen Inhalte (vgl. Abb. 1, c). Aus einer textlinguistischen Perspektive beschreiben Kohl und Metten (2006: 183) diese Einheit aus Artikel- und Diskussionsseite sowie Versionsgeschichte in Anlehnung an die Terminologie von Liebert (2002: 128 ff.) als Textverbund. Sie erläutern, dass Textverbünde in ihrer Gesamtheit berücksichtigt werden müssen, um Prozesse der Wissenskonstruktion in Wikipedia adäquat analysieren zu können. Aus einer diskurslinguistischen Perspektive geht der Vorschlag jedoch noch weiter: Auch die Benutzerseiten (vgl. Abb. 1, d) und Benutzerdiskussionsseiten (vgl. Abb. 1, e) sowie der Metabereich (vgl. Abb. 1, f) mit den Seiten zu Richtlinien und Prinzipien sind zu berücksichtigen.

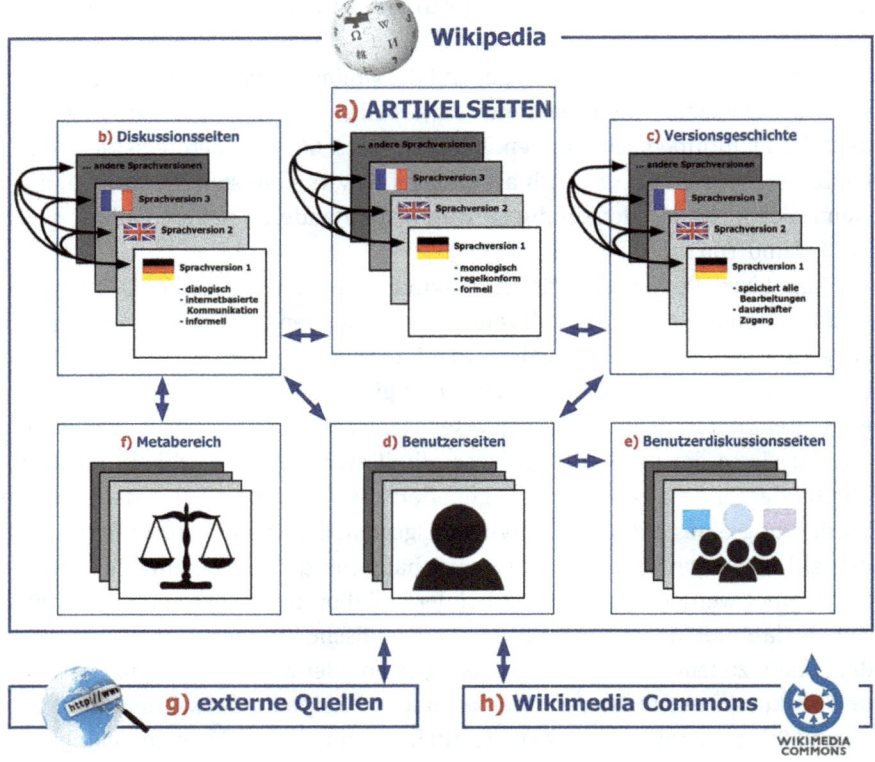

Abb. 1: Schematisierte Darstellung eines Diskursfragments. Quelle: Gredel 2020: 257.

Der Metabereich (vgl. Abb. 1, f) umfasst in der Wikipedia Seiten, die Aufschluss über die zahlreichen Grundprinzipien und Richtlinien der Online-Enzyklopädie geben und somit die institutionelle Dimension des Diskursraums Wikipedia umfassen. Dieser Aspekt der institutionellen Geprägtheit bzw. Eingebundenheit von Diskursfragmenten findet sich ebenfalls bereits bei Jäger: „Jedes Diskursfragment steht in einem unmittelbaren institutionellen Kontext" (Jäger 1993: 176). Für die Online-Enzyklopädie Wikipedia trifft dies in besonderer Weise zu, da der Metabereich institutionelle Aspekte enthält, die von der regen Online-Gemeinschaft der Wikipedia-Autor*innen in der nun zwanzigjährigen Geschichte der Wikipedia intensiv ausgehandelt und entwickelt wurden. In diesem Zusammenhang ist der Institutionen-Begriff von Esser für die Beschreibung der institutionellen Dimension digitaler Plattformen sehr instruktiv: „Institutionen sind [...] bestimmte, in den Erwartungen der Akteure verankerte, sozial definierte Regeln mit gesellschaftlicher Geltung und daraus abgeleiteter ‚unbedingter' Verbindlichkeit für das Handeln" (Esser 2000: 6). Die ausdifferenzierten und in Wikipedia schriftlich fixierten Erwartungen an Diskurs-Akteur*innen der Wikipedia haben in der Online-Enzyklopädie große Verbindlichkeit für das Handeln derselben. Es ist etwa klar definiert, nach welchen Konventionen in bestimmten Bereichen zur kollaborativen Textproduktion beigetragen werden darf. In der Folge sollen die Wikipedia-Artikelseiten zu aktuellen Ereignissen (etwa zu Terroranschlägen) nicht wie Newsticker im Sekunden-Takt bearbeitet werden, ohne verlässliche Quellenangaben liefern zu können. Falls Wikipedia-Autor*innen Wikipedia-Artikelseiten entgegen dieser Vorgaben bearbeiten, werden sie durch andere Mitglieder sanktioniert, wobei sich hier verschiedene Möglichkeiten der Sanktionierung herausgebildet haben. So gibt es eine Reihe sprachlicher Muster, die sich im Meta-Diskurs der Wikipedia auf den Diskussionsseiten etabliert haben, wie etwa *Newstickeritis*, das den oben genannten Regelverstoß verbal diskreditieren soll (vgl. Gredel 2018). Mit diesem Beispiel wird deutlich, dass ein umfangreiches Verständnis digitaler Diskurse in der Wikipedia nur unter Berücksichtigung des Metabereichs gelingen kann, weil dort geregelt wird, auf welche Art Wikipedia-Autor*innen zum digitalen Diskurs der Wikipedia beitragen können. Aus diesem Grund ist der Metabereich als Teil des Diskursfragments in digitalen Diskursanalysen zur berücksichtigen.

Zu den Benutzerseiten lässt sich aus einer diskurslinguistischen Perspektive Folgendes ausführen: Wikipedia-Autor*innen nutzen ihre (häufig) elaborierten Benutzerseiten zur (multimodalen) Selbstpositionierung. Insbesondere mit einem Benutzerkonto angemeldete Autor*innen verwenden viel Zeit und Engagement darauf, sich auf ihrer Benutzerseite umfänglich zu präsentieren (vgl. den Beitrag von Vogel in diesem Band). Barton und Lee schreiben dazu ganz allgemein für alle digitalen Plattformen:

> Writing online is writing oneself into being. In other word, whenever we write a post, make a comment on another person's post, upload an image, create a profile, we are also constructing an auto-biography, a narrative of who we are and what kind of person we want others to see us. These writing practices may project new identities, or enable us to extend our offline selves.
> (Barton & Lee 2013: 84)

Mit Deppermann (2013) kann in diesem Zusammenhang auch eine Verknüpfung der Selbstpositionierung in der sozialen Interaktion (etwa auf Wikipedia) zur Diskurslinguistik hergestellt werden:

> Positioning has a discourse-theoretic heritage [...]. The term originates from Foucault's notion of ‚subjects positions' which are provided for by societal discourses (Foucault, 1996). In Foucault's view, subjects are positioned by hegemonic discourses in terms of status, power and legitimate knowledge, which determine their interpretation of self, world and others.
> (Deppermann 2013: 64)

Die bei Deppermann angesprochene und von Foucault abgeleitete Abhängigkeit der Position bzw. Positionierung von einzelnen Akteuren durch andere Akteure, wird häufig als Fremdpositionierung bezeichnet und hat auf der digitalen Plattform der Wikipedia ihren eigenen Ort: Auf standardmäßig hypertextuell zu den Benutzerseiten verlinkten Benutzerdiskussionsseiten haben alle anderen Wikipedia-Autor*innen in öffentlich zugänglicher Interaktion die Möglichkeit der Fremdpositionierung des jeweiligen Autors. Durch die Selbst- und Fremdpositionierung entstehen „identities-in-interaction" (Deppermann 2013: 62), die bedingen, wie die/ der jeweilige Autor*in zum digitalen Diskurs der Wikipedia beitragen kann. Den „identities-in-interaction" kommt dabei selbst eine diskursive Dimension zu (vgl. Gredel 2020).

Die oben beschriebene Komplexität digitaler Diskursfragmente in Wikipedia soll beispielhaft am Eintrag *Burn-out* illustriert werden, der am 12.03.2004 mit der Seitenkennnummer 143866 angelegt wurde. Noch 2008 ist der Wikipedia-Artikel Gegenstand eines Löschantrags, bei dem die enzyklopädische Relevanz des Themas kontrovers verhandelt wird (vgl. Wikipedia 2008). Ein Argument für das Löschen des Beitrags ist das Fehlen wissenschaftlicher Quellen am Ende des Artikels zu diesem Zeitpunkt, was den institutionellen Vorgaben der Wikipedia widerspricht und mit dem Begriff *Theoriefindung* (abgekürzt mit *TF*) verbal sanktioniert wird (vgl. Wikipedia 2008). Zudem sind einzelne Aspekte des Artikels wie eingefügte Weblinks auf private Beratungsangebote zu Burn-out immer wieder strittig. In diesem Kontext nutzen Administrator*innen mehrfach die Möglichkeit der Software MediaWiki, einen Seitenschutz für bestimmte Gruppen von Nutzer*innen zu verhängen, sodass diese mehrere Tage keine Bearbeitungen des Eintrags vornehmen können. Ein solcher Seitenschutz kann als software-spezifische Option verstanden werden, Akteur*innen temporär von diskursiven (Sprach-)Handlungen auf den Artikelseiten auszuschließen. Bei einem Seitenschutz 2007 nennt der bearbeitende Administrator in der Kommentarzeile explizit den Grund für den von ihm eingefügten Seitenschutz: „Schützte ‚Burnout-Syndrom': ip-reverts" (vgl. Wikipedia 2007). Mit der Adhoc-Bildung ip-reverts verweist er auf die Gruppe der Nutzer*innen, die ohne Nutzerkonto (im Wikipedia-Jargon *IP'ler*) an der kollaborativen Textproduktion mitwirken. In vielen Fällen sind es Autor*innen, die bisher wenig zur Online-Enzyklopädie beigetragen haben und sich nicht über Benutzerseiten der Online-Gemeinschaft vorstellen.

Betrachtet man den Text des Eintrags *Burn-out* näher, wird deutlich, wie Wissen aus dem Bereich der Psychologie bzw. Medizin anhand der Evidenz metaphorischer Muster in der Wikipedia diskursiv konstruiert und ausgehandelt wird. So ist die Metapher vom Brennen bzw. vom Ausgebranntsein im Kontext des Lexems *Burn-out* hochfrequent und in wissenschaftlichen wie auch medialen Diskursen etabliert (Gredel 2016). Auf diese Metapher rekurriert auch der Wikipedia-Artikel unter dem Lemma *Burn-out* bereits im einleitenden Satz: „Burn-out oder Burnout (auch Burnout-Syndrom, von englisch burn out, ‚ausbrennen') ist ein Oberbegriff für bestimmte Arten von persönlichen Krisen" (Wikipedia 2021a). Durch die Analyse der Versionsgeschichte (vgl. Wikipedia 2021b) zum Wikipedia-Eintrag werden zudem diskursive Dynamiken deutlich: Vom 31.10.2010 bis zum 08.03.2017 ist eine Graphik in den Wikipedia-Eintrag integriert, die mit dem Bild einer gekippten Waage eine andere Metapher zu Burn-out ins Bild setzt, bei der körperliche Kräfte als Energien bzw. als Energieressourcen imaginiert werden, die sich im Gleichgewicht befinden müssen. Die Graphik wird mit der folgenden Begründung in der Kommentarzeile entfernt: „Nun noch die irreführende Abbildung entfernt, bei der einfach alles mögliche zu einem behaupteten Erklärungsmodell für das Burnout-Syndrom zusammengemixt wurde.)" (Wikipedia 2021c). Während auf der Artikelseite vor allem die auch in wissenschaftlichen Diskursen etablierte Metapher vom Ausbrennen in der kollaborativen Textproduktion geduldet wird, finden sich auf der zugehörigen Diskussionsseite Metaphernvarianten und auch innovative Metaphern. Dort wird Burn-out bei der diskursiven Aushandlung mit Metaphern wie „Seelenausbrand" und „Totalausbrand" sowie „Gestänge im Kopf" oder „Infarkt der Seele" in Verbindung gebracht. Mit diesen Metaphern werden in der diskursiven Aushandlung je unterschiedliche Aspekte des Themas relevant gesetzt. Im Rahmen einer multimodal und multilingual ausgelegten Analyse hypertextuell verlinkter Wikipedia-Einträge zu diesem Thema in anderen Sprachversionen wird sichtbar, dass auch dort v. a. die Metapher vom Ausgebranntsein und zugehörige Varianten genutzt werden. Teilweise sind diese auch als multimodale Metaphern realisiert (vgl. Gredel 2019). An diesem Beispiel lässt sich erkennen, dass bestimmte Metaphern als diskursive Einheiten transtextuelle Verbreitung im digitalen Diskurs der Wikipedia gefunden haben und auch sprachübergreifend in den hyptertextuell verknüpften Wikipedia-Einträgen zum Thema Burn-out in mehreren Sprachversionen der Wikipedia – z. T. auch multimodal realisiert – vorkommen. Bei der Aushandlung des Diskursthemas nutzen Akteur*innen die technischen Möglichkeiten des Wikis (z. B. den Seitenschutz) und Verweise auf institutionelle Vorgaben (z. B. „keine Theoriefindung"), um den digitalen Diskurs zu reglementieren.

Zusammenfassend kann man sagen, dass Diskursanalysen von Wikipedia der Komplexität dieser digitalen Plattform nur dann gerecht werden, wenn sie die verschiedenen Bereiche der Online-Enzyklopädie in der Zusammenschau betrachten. Diskursfragmente in Wikipedia, die sich methodisch etwa über die Seitenkennnummer eines Wikipedia-Artikels exakt identifizieren lassen, sind nicht nur auf den Text des Artikels beschränkt, sondern gehen weit darüber hinaus. Diskursanalytisch relevante Informationen finden sich auch auf den Diskussions- und Benutzerseiten sowie in den Versionsgeschichten und im Metabereich.

3.2 Fallbeispiel 2: Twitter

Das zweite Fallbeispiel nimmt die Microblogging-Plattform Twitter in den Fokus, die 2006 gegründet wurde. Die zentrale sprachliche Einheit von Twitter sind Postings, die aus einer begrenzten Anzahl an Schriftzeichen, den so genannten ‚Tweets' bestehen. Ursprünglicher Grund der Zeichenbegrenzung (aktuell liegt diese bei 280 Zeichen, zunächst waren Tweets auf 140 Zeichen begrenzt) war der ursprüngliche Postingaustausch, welcher auch per SMS funktionieren sollte und eine SMS maximal 160 Schriftzeichen umfasst (vgl. Dang-Anh 2019: 91). Bilder, Videos oder zitierte Posts werden nicht in den Zeichenumfang mit eingerechnet.

Um einen Tweet zu verfassen und abzusenden, muss man sich mit seiner E-Mail-Adresse anmelden, wobei versendete Tweets standardmäßig öffentlich sind und von jedem angesehen werden können. Die Abonnentenstruktur bei Twitter ist in diesem Sinne auch asymmetrisch angelegt. So können Tweets von anderen Accounts abonniert und rezipiert werden, ohne dass zugleich die eigenen Tweets von jenem Account abonniert werden müssen; d. h. also: man kann einem Account ‚folgen', ohne dass dies durch das ‚Verfolgen' des eigenen Accounts gespiegelt werden muss (vgl. Dang-Anh 2019: 91).

Wie in einem *Weblog*, verkürzt *Blog* (vgl. Rogers 2014: xv), erscheinen in der Webanwendung per aktueller Default-Einstellung (also 2021) die Postings einer Reihenfolge, die sich an der Häufigkeit gelesener und zitierter Tweets orientiert. Die in dieser Hinsicht „besten Tweets" erscheinen ganz oben in der Ansicht. Eine Darstellung von Tweets in umgekehrter chronologischer Reihenfolge ist auch möglich, muss aber gezielt aktiviert werden. Als digitales und nichtstatisches Format und somit anders als bei Zeitungstexten oder Büchern, kann sich die Art der Darstellung immer wieder ändern und variiert werden. So hängt die Darstellung und damit das, was man als Nutzer*in sieht, auch in der aktuellen Nutzungssituation sowohl von der getroffenen Auswahl durch den/die Nutzer*in in der Webanwendung ab, als auch von der Nutzung von Social-Media-Dashboard-Anwendung zur Verwaltung von Twitter-Konten, wie etwa TweetDeck. Für die hier unternommene Einordnung und Spezifizierung von Diskursfragmenten, die mit der Darstellungsform insofern zusammenhängt, als in der Folge einzelne Bestandteile der Benutzeroberfläche als Diskursfragmente identifiziert werden, haben wir die Ansicht eines registrierten User-Accounts gewählt, welcher ohne weitere Zuhilfenahme von Apps Zugriff auf Twitter nimmt, da wir davon ausgehen, dass Twitteranalysen vor allem durch Forscher*innen vorgenommen werden, welche ebenfalls aktive Twitter-Nutzer*innen sind und sich somit ausreichend gut mit Twitter auskennen. Insofern die Zeichenbegrenzung mit in den Blick genommen wird, spricht man von Twitter als einem Mikroblog, in dem einzelne Tweets listenartig dargeboten werden.

Blogging als kommunikative Aktivität gibt es im Internet bereits seit langem. Besonders beliebt wurde sie dann jedoch im so genannten Web 2.0: In Blogeinträgen kann jeder über ein Thema schreiben, das ihn interessiert. Sind die Themen eher persönlich, bilden sie „eine Art persönliches Tagebuch oder eine Aufzeichnung von Gedanken zu verschiedenen Themen" (Marx & Weidacher 2019: 74). Wie in anderen Blogs, so auch auf Twitter finden sich aber auch Blogeinträge/ Tweets, die auf aktuelle gesellschaftliche Debatten bezogen sind. So ist es mit derlei gestalteten Tweets jedem*r registrierten und

> gut vernetzten Nutzer*in möglich, Diskurse anzustoßen und Bewegungen zu unterstützen. Besonders bekannte Beispiele dafür sind etwa die gesamtgesellschaftlichen Diskurse, die an die Hashtags #metoo oder #unten angebunden sind und längst nicht mehr nur auf Twitter geführt werden. (Marx & Weidacher 2019: 66)

Hashtags können daher auch dazu dienen, Informationen im passenden Diskurs zu verbreiten: „Sie unterstützen also die Informationsfunktion von Mikroblogs" (Marx & Weidacher 2019: 76).

Ein Hashtag besteht aus einem Rautezeichen #, engl. *hash* = Raute) und einer Zeichenkette, der das Zeichen vorangestellt ist. Eingeführt wurde das Voranstellen der Raute durch # der besseren Suchbarkeit wegen. Der Vorschlag, das Rautezeichen zu nutzen, um Schlagworte bzw. Themen zu markieren, wurde in einem Tweet am 23. August 2007 von Chris Messina, seinerzeit Mitarbeiter bei Google eingebracht: „how do you feel about using # (pound) for groups. As in #barcamp [msg]?" (Messina 2020) Die Bezeichnung *Hashtag* wurde von Messina übrigens noch nicht genutzt, sondern lässt sich auf einen Tweet von Stowe Boyd zurückführen, der 2007 vorschlug, Hash Tags für Twitter Groupings zu verwenden. Twitter selbst begann 2009 alle Hashtags in Tweets zu verlinken und in den Suchergebnissen für das entsprechende Wort aufzulisten. Das Versehen einer Zeichenkette mit einem Rautezeichen lässt sich in diesem Sinne als Tagging oder Indexierung bezeichnen. Dang-Anh, Einspänner und Thimm definieren das Tagging auf Twitter wie folgt:

> Die so ‚getaggte' Zeichenkette wird dann automatisch verlinkt und farblich hervorgehoben. Im Gegensatz zum Begriff der ‚Verschlagwortung' [...] wird mit ‚Indexierung' die technische Funktionalität verdeutlicht, Klickt man auf den durch Indexierung generierten Hyperlink, erscheint eine Timeline aller Tweets, die mit dem gleichen Hashtag versehen wurden. Derart verlinkte Zeichenketten werden dadurch ‚suchbar'[.]
> (Dang-Anh, Einspänner & Thimm 2013: 83)

Umgekehrt verweisen Hashtags auf die Thematik eines Tweets (vgl. Bruns & Moe 2014:17) und beinhalten damit in gewisser Weise Metainformation zu diesem Tweet (Marx & Weidacher 2019: 76). Dies konstatiert Zappavigna bereits 2011: „Hashtags [...] are a form of ‚inline' metadata, that is, ‚data about data' that is actually integrated into the linguistic structure of the tweets" (Zappavigna 2011: 791). Es ist genau diese Art von Annotation mit Metadaten, die durch einen Klick gruppierbar, die Strukturierung des Microblog-Diskurses ermöglicht (Dang-Anh, Einspänner & Thimm 2013: 84). In diesem Sinne sind Hashtags zu verstehen als „eine diskursbündelnde und damit ordnende Instanz" (Marx 2019: 250). Auch können Hashtags auf die „Diskursfähigkeit oder Agendawürdigkeit" von Tweets verweisen: „Wenn ich also sprachliches Material innerhalb eines Kommunikats mit einem Hashtag labele, nehme ich die Entscheidung über die öffentliche Sagbarkeit quasi vorweg" (Marx 2019: 251).

Nehmen wir an dieser Stelle also in den Blick, dass Diskurse hergestellte Einheiten sind, welche von Wissenschaftler*innen erst zu solchen erklärt werden (vgl. Brown & Yule 1983), kann beispielsweise der Hashtag als ‚Verbundstoff' dienen, durch den eine diskursive Einheit hergestellt werden kann, welche dann auch korpuslinguistisch untersucht und im Sinne eines virtuellen Textkorpus konstruiert und analysierbar gemacht werden kann. In Bezug auf ihre diskursive Einheit sind sie über die thematische Einheit verbunden, welche u. a. durch den Hashtag realisiert wird. Sie können somit auch eingegrenzt werden wie hier im Beispiel durch den Hashtag #metoo. Die Wahl des Hashtags als thematische Klammer hat den Vorteil, dass sich bereits durch Suchfunktionen in Twitter nach Tweets mit diesem Label suchen lässt. Gefunden werden bei einer Suche in Twitter selbst, aber auch mittels externer Analysetools, welche den Hashtag als Annotation nutzen, dann alle Tweets, welche auf das diskursive Ereignis der Metoo-Debatte bezogen werden sollen und daher von den Nutzer*innen jeweils mit dem Hashtag #metoo versehen wurden. Daraus kann dann eine Sammlung von einzelnen Tweets bestehen, die wir als Diskurs bezeichnen können, insofern Hashtags eine diskurskonstituierende Funktion zugeschrieben werden kann. Als Markierungen diskursiver Einheiten sind sie Element eines die ganze Welt umspannenden Diskursnetzwerkes, welches sich nicht nur auf digitalen soziale Medien beschränkt, sondern sich darüber hinaus auch in Übernahmen in Printmedien findet (vgl. Gloning in diesem Band). Die diskurskonstituierende Funktion von Hashtags kann unabhängig von der Digitalität des Mediums konstatiert werden.

Die Annotation einer Zeichenkette mit einem Hashtag und die Darstellung der gesuchten Tweets in Twitter als Tweetsammlung erzeugt einen sprachlichen Verbund, der funktional sowie auch auf der thematischen Ebene mit Blick auf den semantischen Zusammenhang als Diskurs bezeichnet werden kann. Wir verstehen mit Warnke (2002) im Rahmen einer Diskursanalyse, welche sich als erweitert und transtextuell versteht, Text dabei als singuläre Einheit mit kommunikativer Funktion, die in eine Serie von anderen Einzeltexten kontextuell eingebettet ist, welche gemeinsam einen Diskurs bilden (Wildfeuer 2018: 138–139). Somit liegt es nahe, jeden einzelnen Tweet und nicht eine Tweetfolge zu einem bestimmten Thema resp. unter einem bestimmten Hashtag als Text aufzufassen. Hieran lässt sich auch ein weiteres Definitionskriterium von Warnke anschließen, welches sich sehr gut auf Tweets in ihrer digitalen Umgebung übertragen lässt:

> Denn sprachliche Äußerungen erfolgen zwar in Texten, doch sind Texte eben keine isolierten Größen, sondern stehen im Verbund koexistierender Texte, sie sind Teil von Diskursen. Kennzeichen solcher Diskurse sind die Interdependenzen einzelner Textvorkommen, das heißt die Wiederaufnahmerelation von Inhalt und Form sprachlicher Äußerungen.
> (Warnke 2002: 131)

Tweets als „Verbund koexistierender Texte", die untereinander Interdependenzen aufweisen und als Verbund Teile von Diskursen bilden, scheint zunächst ein sinnvoller und fruchtbarer Ansatz bei der Analyse von Tweets. An diese Definition müssen sich jedoch, soll sie auf digitale Diskurse, und in diesem Beispiel, speziell auf Twitter anwendbar sein, zunächst dann auch Kriterien anschließen, welche Text als „genuin multimodal" (Stöckl 2004: 18 und Eckkrammer & Held 2006) und als „komplexes System von Einzelzeichen mit kommunikativer Funktion" (Wildfeuer 2018: 141) begreifen sowie auch die Affordanzen in den Blick nehmen.

Bei allen letztgenannten Definitionskriterien haben wir es mit Konzeptionen von Text zu tun, welche einen eher weiten Textbegriff annehmen, welcher an die zu Beginn der Diskussion angenommene Idee von Text als „über den Satz hinausgehende[..] sprachliche[..] Zeichenfolgen" in den 1950er und 1960er Jahren anbindbar ist (Wildfeuer 2018: 135). Wildfeuer selbst nimmt ebenfalls einen eher weiter gefassten Textbegriff zum Ausgangspunkt ihrer Überlegungen zum Verhältnis „Text und Diskurs" (Wildfeuer 2018), den sie als in dieser Form bereits etabliert (vgl. z. B. Wildfeuer 2013; Bateman & Wildfeuer 2014) und als auf „Filme, Comics, Internetseiten und weitere multimodale, also aus sprachlichen und nicht-sprachlichen Zeichenressourcen bestehende Artefakte" (Wildfeuer 2018: 135) übertragbar definiert.

Die Diskussion über das Verhältnis von Text und Diskurs, und an dieser Stelle von Text und digitalen Diskursen, kann weder bei Wildfeuer (2018) noch in diesem Beitrag final geklärt werden. Es scheint uns auch nicht zielführend, lassen doch all diese Definitionen, welche Text als zentrale Einheit von Diskurs begreifen, diejenigen technischen Elemente außer Acht, welche nicht mehr als Text aufgefasst werden können und die im Sinne kontextgebundener sowohl Text- als auch Diskursanalysen doch immer mitgedacht werden müssen. Ein

Blick auf eine mögliche Sehfläche, der Desktop-Anwendung registrierter Twitter-User etwa zeigt, dass – neben den als Text bestimmbaren Elementen – etwa in der Suchansicht, welche gleichsam als Ausgangspunkt für diskursanalytische Untersuchungen dienen kann, noch andere Grundeinheiten der Analyse erkennbar werden. Elemente wie der Twitter-Button (Abb. 2, A), dessen Größe für seine Salienz spricht und das Absenden eines Tweets selbst als „zentrale Twitter-Praktik" (Dang-Anh 2019: 98–99) ausweist, die unterschiedlichen Navigationsmenüs (Abb. 2, B und D), aber vor allem die auf Algorithmen basierende Trendliste (Abb. 2, G) sind nicht Teil der Tweets, müssen aber ggf. bei Analysen im Sinne der kontextuellen Einbettung Berücksichtigung finden.

Die genannten Elemente der Grundeinheit bilden neben anderen Elementen (vgl. Abb. 2) in dieser Ansicht ein Diskursfragment auf der Plattform Twitter ab. Als Diskursfragment verstehen wir den gesamten Screen, also die Sehfläche von Twitter, wie sie sich dem Forschenden darbietet. Natürlich sind, je nach Device bzw. Zugang über App, API etc. andere Sehflächen und damit andere und vielfältige Weisen der Fragmentierung denkbar. Da diese variieren können, ist auch dem Diskursfragmentbegriff bei Twitter eine gewisse Varianz zuzuschreiben, die vom analytischen Zuschnitt der Untersuchung bzw. vom Zugang zu den Daten abhängig ist. Was Forschende also als Diskursfragmente heranziehen müssen, ist von den technischen Möglichkeiten, der methodischen Ausrichtung und der Forschungsfrage abhängig. Umso wichtiger wird bei der Analyse von Twitter-Diskursfragmenten (und das gilt wohl auf anderen Ebenen generell für die Analyse digitaler Diskurse allgemein) die Reflexion dieser Vielfalt und die Begründung der eigenen Wahl bzw. des eigenen Forschungsdesigns. Dennoch ermöglicht der Begriff des Diskursfragments – unabhängig von der gewählten Ansichtsform und Analysemethode die Darstellung der Komplexität digitaler Plattformen für Diskursanalysen, welche sich damit weder auf den Aussagen- noch auf den Textbegriff beschränken muss, sondern sowohl multimodale Einheiten als auch technische Affordanzen, wie etwa die Darstellung in der Twitter-Suchfunktion, oder die Darstellung einer Twittertimeline resp. eines Feeds mit allen Posts, Replys und Zitaten, beinhalten kann und darüber hinaus den fragmentarischen Charakter vieler digitaler Plattformen abzubilden vermag.

Ähnlich wie die Seitenkennnummer bei der Wikipedia können auch die Twitter-IDs eines jeden Tweets, welche etwa mit Click auf das Datum angesehen werden können, zu einem Diskursfragment gezählt und somit strukturell benannt werden. Die Bezeichnung *Diskursfragment* ermöglicht somit auch den Einbezug der durch die technischen Affordanzen ermöglichten Interaktion, etwa durch Liken, Zitieren oder dem Antworten auf Tweets. Und es ist gerade die Interaktion, welche dann auch die Diskursfragmente der Plattform YouTube auszeichnet. Diese soll nun im Folgenden betrachtet werden.

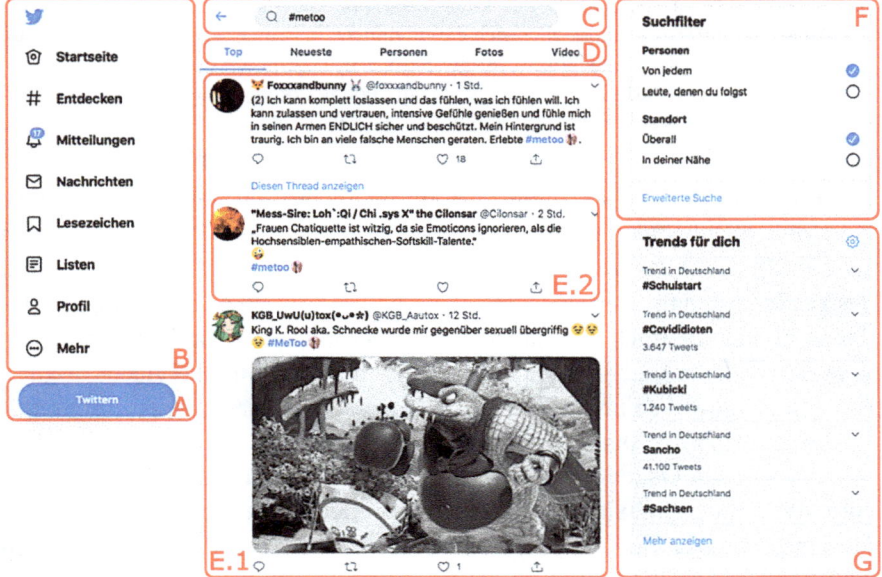

Abb. 2: Screenshot: Version eines digitalen Diskursfragments bei Twitter am Beispiel der Ergebnisdarstellung nach der Suche #meetoo (A = Twitter-Button, B = funktionales Navigationsmenü, C = Suchfeld, D = thematische Navigationsmenü, E.1 = Trefferliste der Hashtagsuche, E.2 = Tweet, F = Suchfilteroptionen, G = Trendliste.

3.3 Fallbeispiel 3: Diskursfragmente in YouTube: Rezo „Die Zerstörung der CDU"

Die bereits oben herausgearbeiteten Merkmale von digitalen Diskursfragmenten wie Non-Linearität, Multilingualität und Multimodalität treffen auch auf die digitale Plattform YouTube zu. Tereick ergänzt diese Eigenschaften um weitere Spezifika der Plattform: Multiautorschaft, partizipatorische Kultur durch Offenheit sowie Dynamik (Tereick 2013: 228). Das Unternehmen YouTube, LLC als Tochterfirma von Google, greift an prominenter Stelle der eigenen Internetpräsenz v. a. den Gedanken der partizipatorischen Kultur auf: „Unsere Mission ist es, allen eine Stimme zu geben und ihnen die Welt zu zeigen" (YouTube 2020a: About). Mit diesem Anspruch wurde YouTube in den letzten Jahren zu einer der weltweit wichtigsten Plattformen (Alexa 2020: The top 500 sites on the web) und konnte in diesem Sinne seine Relevanz in gesellschaftlichen Diskursen ausbauen.

Im Folgenden sollen digitale Diskursfragmente in YouTube am Beispiel des Videos „Zerstörung der CDU" gezeigt werden:

> Im Jahr 2019 hat beispielhaft das Video *Zerstörung der CDU* des Youtubers *Rezo* vor Augen geführt, wie grundsätzlich sich der öffentliche Diskurs gewandelt hat. *Rezo* veröffentlichte sein Video eine Woche vor der Europa-Wahl 2019 auf der Plattform YouTube und polemisierte darin insbesondere gegen die Politik der Regierungsparteien CDU und SPD. Sein Video wurde in kurzer Zeit millionenfach aufgerufen und im Internet unzählige Male kommentiert und geteilt. (Kolbenschlag 2020: 53)

Eindrucksvoll belegen die rund 19,3 Millionen Aufrufe des Videos, welche Reichweite die digitalen Diskursfragmente besonders dieser Plattform erlangen können. Die Zahl der Aufrufe geht zudem weit über die Zahl der Abonnenten des YouTube-Kanals „Rezo ja lol ey" (YouTube 2020: Rezo ja lol ey) mit 1,57 Millionen hinaus. Deutlich wird auch anhand der folgenden Thematisierung des Videos in anderen Medien (etwa in Printmedien), dass YouTube-Videos diskurskonstituierend wirken und transmediale Diskursdynamiken evozieren können.

Im Zentrum des Diskursfragments steht das Video des YouTubers selbst (Abb. 3, A). Zum Diskursfragment zählen wir jedoch nicht nur das Video, sondern alle von der digitalen Plattform präsentierten (Meta-)Daten, die verfügbar werden, wenn das Video über die spezifische URL mit der Video-ID aufgerufen wird. Mit mehr als 54 Minuten ist das hier analysierte Video deutlich länger als die anderen Videos im oben genannten Kanal von Rezo. Der Videotitel „Die Zerstörung der CDU" (Abb. 3, B) findet sich in zahlreichen Thematisierungen des Videos wieder und wurde vor der Europa-Wahl zum politischen Schlagwort. Die Videobeschreibung (Abb. 3, C) gibt einen Ausblick auf den Inhalt des Videos und ist zudem ein Wahlaufruf:

> Die Europawahl bzw EU-Wahl steht vor der Tür. Ob CDU, SPD oder AfD gute Parteien sind, die im Einklang mit Wissenschaft und Logik stehen, versuche ich in diesem Video zu beantworten. In jedem Fall: Geht wählen am nächsten Wochenende. Sonst entscheiden Rentner über eure Zukunft und geil ist das nicht. (Rezo ja lol ey 2019)

Auffällig ist, dass Rezo einen Verweis auf Wissenschaft und Logik integriert. Direkt unter dieser Videobeschreibung finden sich verschiedene Hyperlinks zu anderen Plattformen (Twitter, Instagram, TikTok) mit dem appellativen „Folgt mir" sowie ein Link zu einem Google Doc, indem weit mehr als 100 Quellen gelistet sind, die von Rezo im Video durch eine Kurzzitierweise als Belege für seine mündlich getroffenen Aussagen eingeblendet werden. Er bedient sich damit tatsächlich einer intertextuellen Strategie, die in wissenschaftlichen Textsorten zentral ist: Über eingeblendete Screenshots mit Graphiken und z. T. mit mündlich realisierten Zitaten verweist er auf wissenschaftliche Referenztexte (zur Intertextualität von Zitaten vgl. Janich 2015: 173), die seinen Aussagen Gültigkeit verleihen sollen. Die folgende Feststellung von Kolbenschlag kann also nur bedingt nachvollzogen werden:

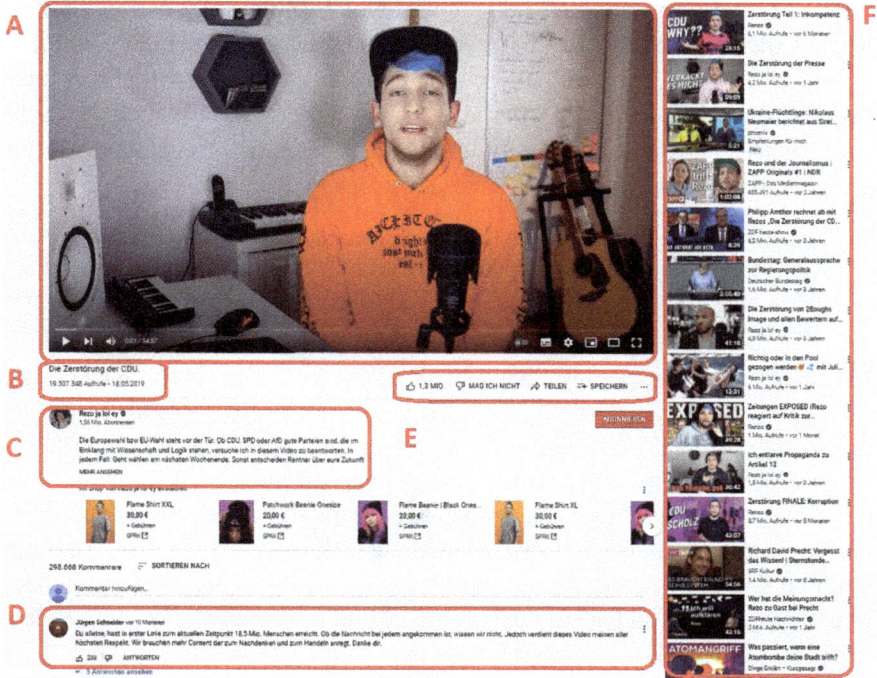

Abb. 3: Digitales Diskursfragment der Plattform YouTube am Beispiel des Videos „Die Zerstörung der CDU". A = Video, B = Videotitel, C = Videobeschreibung, D = Kommentare, E = Metadaten, F = Thumbnails zu weiteren Videos.

> Das Rollenverhalten, das der politische Diskurs verlangt, unterwandert Rezo ostentativ durch sein jugendliches Auftreten. Er bricht demnach mit dem Set an (diskursiven) Regeln, die für den politischen Diskurs für gewöhnlich gelten, und hält sich nicht an die gängigen Sprech- und Handlungsweisen. (Kolbenschlag 2020: 53)

Das „jugendliche Auftreten", das Kolbenschlag Rezo attestiert, müsste an dieser Stelle genauer betrachtet werden – etwa unter Rückgriff auf Analyse-Ebenen der multimodalen Interaktionsanalyse (vgl. etwa Deppermann & Schmitt 2007: 209), wobei etwa Blickverhalten, Gestik und Mimik oder vestimentäre Codes des zentralen Akteurs im Video zu untersuchen wären. Mit den intertextuellen Verweisen auf fachwissenschaftliche Referenztexte folgt Rezo eher einer kommunikativen Strategie, wie sie etwa für politische Diskurse im Rahmen der parlamentarischen Arbeit und Meinungsbildung gängig ist: Auch dort verweisen Politiker*innen auf Referenztexte wissenschaftlicher Expert*innen zu den debattierten Themen. Rezo bricht somit nicht unbedingt mit den diskursiven Regeln in der Domäne der Politik.

Zieht man nun noch den Kommentarbereich (Abb. 3, D) heran, wird die Komplexität digitaler Diskursfragmente in YouTube ganz besonders deutlich. So kann Kommunikation dort als „online polylogues or multi-participant interactions" (Bou-Franch & Pilar Garcés-Conejos Blitvich 2014: 21) eingeschätzt werden. Wichtig ist dann, die (diskurs-)linguistischen Ansätze methodisch-theoretisch adäquat zu erweitern, wie dies etwa Meier vorschlägt:

> Interaktion in *YouTube*-Kommentarbereichen ist verdauerte [...] Kommunikation, die sich gleichwohl an Prinzipien der Mündlichkeit anlehnt. Wenn ihre diskursive Prägung und ihre diskursive Dynamik erfasst werden soll, sind gleichermaßen **korpus- und interaktionslinguistische** Zugänge erforderlich. (Meier 2019: 89)

Die zahlreichen Kommentare, die sich an das Video anschließen, zeigen, dass der „interaktive Diskursraum" des YouTube-Kommentarbereichs als Ressource „des persönlichen und politischen Konflikts genutzt" (Meier 2019: 72) wird.

Die Metadaten zu Videos (Abb. 3, u. a. E) geben Aufschluss darüber, wann das Video veröffentlicht wurde, wie oft es aufgerufen wurde und wieviel explizite Zustimmung („Mag ich") bzw. Ablehnung („Mag ich nicht") es auf YouTube erfahren hat. Ein weiterer Aspekt der Plattform YouTube ist die Kontextualisierung der Videos. In jedem Diskursfragment werden Thumbnails weiterer Videos (Abb. 3, F) präsentiert. Zu diesen Videos lässt sich Folgendes festhalten:

> Durch Personalisierungsalgorithmen des Web 2.0 werden Inhalte an das vorhergegangene Surfverhalten der Nutzer angepasst. Die Inhalte, die YouTube anzeigt, sind personalisiert. In Abhängigkeit von der Suchanfrage werden Nutzern unterschiedliche Ergebnisse geliefert. (Tereick 2013: 232)

Der Kontext der Videos durch die am rechten Rand angezeigten anderen Videos ist also nutzerspezifisch und durch softwarebezogene Aspekte (konkret Algorithmen) bestimmt. Nutzer*innen der Plattform können hier dezidiert Videos auswählen. In manchen Fällen handelt es sich bei den verzeichneten Videos um eine Art „Folgekommunikation" bzw. Anschlusskommunikation – etwa wenn dort weitere Videos einer Reihe angezeigt und abgespielt werden oder Videos zu sehen sind, die sich explizit auf das diskursinitiale Video beziehen. So wurde zeitweise etwa das Folgevideo „Ein Statement von 90 + Youtubern" dort gelistet (YouTube 2020b: Ein Statement von 90 + YouTubern), das sich explizit auf das Video „Zerstörung der CDU" bezieht.

Unter dem Titel „Herausforderung internationaler Diskurs" verweist Wergen (2019: 37) darauf, dass YouTube zwischenzeitlich weltweit genutzt wird und somit einen global verfügbaren Diskursraum darstellt. An weiteren Beispielen (etwa zum Klimadiskurs und konkret zur Bewegung „Fridays for Future") ließe sich umfassend motivieren, warum auch bei YouTube eine multilinguale Dimension für Diskursanalysen angebracht ist. So ist es durchaus üblich, dass nicht nur YouTube-Videos mehrsprachig ausgestaltet sind, sondern auch in den Kommentarbereichen zu diesen Videos in mehreren Sprachen beigetragen wird.

Durch die obigen Ausführungen wurde deutlich, dass Diskursfragmente in YouTube weit mehr sind als die Videos (vgl. dazu auch Benson 2017). Diese können zwar als diskursstiftendes Moment gelten, es ist jedoch sinnvoll, ihre diskursanalytische Untersuchung durch die Betrachtung weiterer (Meta-)Daten des jeweiligen Diskursfragments zu ergänzen. Die anschließenden Debatten wurden in den unterschiedlichsten sozialen digitalen sowie den analogen Medien geführt. Das Rezo-Beispiel verdeutlicht auch, dass YouTube nicht nur Teil des transmedialen gesamtgesellschaftlichen Diskurses (Tereick 2013: 231) zu einem Thema (etwa zum politischen EU-Diskurs) ist, sondern dass YouTube-Videos auch neue Diskurse initiieren können und somit eine diskurskonstituierende Funktion haben können (vgl. den Beitrag von Gloning in diesem Band). Die anschließenden Debatten wurden in den unterschiedlichsten sozialen digitalen sowie den analogen Medien geführt. Überall dort ist der Diskurs auffindbar, etwa in Printmedien, aber auch auf digitalen Plattformen. So gibt es etwa einen entsprechenden Twitter-Hasthag (#DieZerstoerungDerCDU) sowie den Wikipedia-Eintrag „Die Zerstörung der CDU" (Wikipedia 2021d).

4 Fazit und Ausblick

Digitale Diskurse zeichnen sich als dynamische Gefüge durch Eigenschaften wie Non-Linearität, Multilingualität und Multimodalität aus. Um dem dynamischen wie in mehrfacher Hinsicht vielschichtigen und multimodalen Charakter der diskursiven Grundeinheiten digitaler Diskurse Rechnung zu tragen, haben wir für den Begriff *Diskursfragment* plädiert. Digitale Diskursanalysen untersuchen dann Diskurse in (Hyper-)Texten, die – angereichert durch digitale Objekte wie etwa Links oder Hashtags – in komplexe digitale Diskursfragmente eingebettet sind. Mit dem Begriff des Diskursfragments wird dann etwa auch die Hard- und Softwareebene in die Analyse digitaler Diskurse terminologisch integriert und damit strukturell benennbar.

Die vorgestellte Komplexität digitaler Diskursfragmente unterschiedlicher Plattformen (Wikipedia, Twitter und YouTube) und deren Spezifika (z. B. Multimodalität) legen es nahe, bisherige Diskursanalyse-Modelle so auszubauen, dass sie dieser Komplexität und den Spezifika gerecht werden. Abbildung 4 zeigt einen Vorschlag eines solchen Modells.

A. Hardware- und Software-bezogene Ebene			F: Multimodale Ebene	G. Sprachübergreifende Ebene
B. Institutionelle Ebene				
C. Transtextuelle Ebene				
D. Ebene der Akteure				
E. Intratextuelle Ebene	1. Textorientierte Ebene			
	2. Propositionsorientierte Ebene			
	3. Wortorientierte Ebene			

Abb. 4: Erweitertes Mehrebenen-Diskursanalyse-Modell. Gredel 2020: 258.

Das Modell würdigt mit den Ebenen zur Transtextualität (Abb. 4, C.), zur Akteursebene (Abb. 4, D) und zur intratextuellen Ebene (Abb. 4, E) das Potential bisheriger Modelle – insbesondere des DIMEAN-Modells von Spitzmüller und Warnke (2011: 197ff.). Vier weitere Ebenen zur Hardware- und Software, zur institutionellen Ebene sowie zur multimodalen und sprachübergreifenden Ebene digitaler Diskurse sind zu ergänzen. Die zentrale Stellung der Akteure (Abb. 4, D) ist auch für digitale Diskursanalysen sehr sinnvoll: Wie an den drei Beispielen deutlich wurde, sind es Akteure, die sich in Diskurse auf digitalen Plattformen einbringen – sei es in der kollaborativen Textproduktion oder in der offenen Partizipationskultur von Twitter und YouTube. Diskurse auf digitalen Plattformen sind dadurch häufig sehr polyphon, wobei die digitale Interaktion zahlreicher Akteure bei der diskursiven Aushandlung die Berücksichtigung interaktionsanalytischer Ansätze in linguistischen Diskursanalysen notwendig macht (vgl. Lewinski 2014, Gredel 2017, Kaltwasser 2019 und Meier 2019).

Linguistische Diskursanalysen digitaler Plattformen sind zudem rückgebunden an Mikroanalysen. Die intratextuelle Ebene (Abb. 4, E) fokussiert alle bedeutungsgenerierenden Sprachmuster vom Morphem, über N-Gramme bis hin zum Text. Die Transtextuelle Ebene (Abb. 4, C) fokussiert die textübergreifende Dimension von Diskursphänomenen – wie etwa intertextuelle Bezüge im Rezo-Video auf YouTube (vgl. den Beitrag von Polajnar, Scharloth & Škerlavaj in diesem Band).

Nun zu den vier weiteren Ebenen: Hardware und Software sind hochrelevante Elemente der Kommunikationssituation digitaler Texte und beeinflussen somit auch die Struktur digitaler Diskurse (vgl. den Beitrag zu Affordanzen von Bender, Mell & Wildfeuer in diesem Band). Die genutzte Hardware in Form verschiedener Endgeräte hat Auswirkungen darauf, welche Sicht Nutzer*innen auf digitale Plattformen haben: So werden je nach Endgerät (Desktop-PC, Tablet oder Smartphone) Text-Bild-Relationen unterschiedlich dargestellt. (Social)

Software stellt zudem die technische Umgebung zur kollaborativen Textproduktion, zu Microblogging oder zur Diskussion von Videos auf Online- Videoplattformen dar (vgl. den Beitrag von Paßmann & Schubert in diesem Band).

Sehr wichtig ist es, auch die institutionelle Dimension digitaler Plattformen zu berücksichtigen. Bei der durch einen Verein betriebenen Wikipedia sind die im Metabereich versammelten Regeln durch die Online-Gemeinschaft der Wikipedia-Autor*innen ausgehandelt. Bei den Plattformen YouTube und Twitter sind es Unternehmen, die die institutionelle Dimension – etwa in Anlehnung an geltendes Recht – maßgeblich determinieren. Auch wenn es hier Unterschiede bei den drei untersuchten Beispielen gibt, spielt die institutionelle Dimension bei digitalen Diskursen eine gewichtige Rolle. Auch die mit Ebene F. (Abbildung 4, F) angesprochene Multimodalität ist für digitale Diskurse so zentral, dass sie in einer eigenen Analyse-Ebene aufgegriffen werden soll (vgl. den Beitrag von Bender, Mell & Wildfeuer in diesem Band). Die sprachübergreifende Ebene trägt der Tatsache Rechnung, dass Internetnutzer*innen quasi weltweit auf digitale Plattformen zugreifen und in ihren vielen verschiedenen Einzelsprachen zu digitalen Diskursen beitragen. Während also die Transnationalität von Diskursen in Printmedien korpuslinguistisch nachgewiesen werden muss (vgl. Gür-Şeker 2012), ist diese Transnationalität digitaler Diskurse und ihre sprachübergreifende Dimension offenkundig und unumgänglich. Die drei Beispielanalysen in Abschnitt 3 haben gezeigt, wie relevant die Ebenen A, B, F und G des Analysemodells für die Analyse digitaler Diskurse sind und dass für die Benennung der diskursiven Grundeinheiten ein Begriff gewählt werden muss, welcher auch diesen Ebenen Rechnung trägt, indem er über eine wort- und newspaperbias-basierte Diskursanalyse hinaus reicht.

Die vorgestellten Analysen zu den drei exemplarisch ausgewählten Plattformen stellen lediglich eine Momentaufnahme dar. Mit dem Aufkommen neuer digitaler Plattformen bietet es sich an, die Brauchbarkeit und das Potential des vorgeschlagenen Modells je fallspezifisch zu überprüfen.

Literatur und Quellen

Alexa. 2020. *The top 500 sites on the web.* https://www.alexa.com/topsites (30.09.2020).
Angermuller, Johannes. 2014. Aussage. In Daniel Wrana, Alexander Ziem, Martin Reisigl, Martin Nonhoff & Johannes Angermuller (eds.), *DiskursNetz. Wörterbuch der interdisziplinären Diskursforschung*, 45–46. Berlin: Suhrkamp.
Arendt, Birte & Philipp Dreesen. 2015. Kontrastive Diskurslinguistik – Werkstattbericht zur Analyse von deutschen und polnischen Wikipedia-Artikeln. Standortbestimmung – Eine reflektierende Vorbemerkung. In Heidrun Kämper & Ingo H. Warnke (eds.), *Diskurs*

interdisziplinär. Zugänge, Gegenstände, Perspektiven, 427–445. Berlin & New York: De Gruyter.

Barton, David & Carmen Lee. 2013. *Language Online. Investigating digital texts and practices*. New York: Routledge.

Bateman, John & Janina Wildfeuer. 2014. A multimodal discourse theory of visual narrative. *Journal of Pragmatics* 74. 180–208.

Benson, Phil. 2017. *The discourse of YouTube: multimodal text in a global context* (Routledge studies in multimodality 15). New York & London: Routledge.

Beyersdorff, Marius. 2011. *Wer definiert Wissen? Wissensaushandlungsprozesse bei kontrovers diskutierten Themen in „Wikipedia – Die freie Enzyklopädie" – Eine Diskursanalyse am Beispiel der Homöopathie*. Münster: Lit-Verlag.

Bou-Franch, Patricia & Pilar Garces-Conejos Blitvich. 2014. Conflict Management in Massive Polylogues: A case study from YouTube. *Journal of Pragmatics* 73. 19–36.

Brown, Gillian & George Yule. 1983. *Discourse Analysis*. New York: Cambridge University Press.

Bruns, Axel & Hallvard Moe. 2014. Structural Layers of Communication on Twitter. In Katrin Weller, Axel Bruns, Jean Burgess, Merja Mahrt & Cornelius Puschmann (eds.), *Twitter and Society*, 15–28. New York (u. a.): Peter Lang.

Bubenhofer, Noah, Nicole Müller & Joachim Scharloth. 2013. Narrative Muster und Diskursanalyse: Ein datengeleiteter Ansatz. *Zeitschrift für Semiotik, Methoden der Diskursanalyse* 35(3–4). 419–444.

Bubenhofer, Noah. 2009. *Sprachgebrauchsmuster. Korpuslinguistik als Methode der Diskurs- und Kulturanalyse*. Berlin & New York: De Gruyter.

Burger, Harald & Martin Luginbühl. 2014. *Mediensprache. Eine Einführung in Sprache und Kommunikationsformen der Massenmedien*. Berlin & New York: De Gruyter.

Busch, Florian. 2017. Authentizität und Historizität durch Schriftgestalt. In Ernest W.B. Hess-Lüttich, Heidrun Kämper, Martin Reisigl & Ingo H. Warnke (eds.), *Aspekte multiformaler Diskurskodierung* (Diskursmuster – Discourse Patterns 14), 351–370. Berlin & Boston: De Gruyter.

Busse, Dietrich & Wolfgang Teubert. 1994. Ist Diskurs ein sprachwissenschaftliches Objekt? Zur Methodenfrage der historischen Semantik. In Dietrich Busse, Fritz Hermanns & Wolfgang Teubert (eds.), *Begriffsgeschichte und Diskursgeschichte. Methodenfragen und Forschungsergebnisse der historischen Semantik*, 10–28. Opladen: Westdeutscher Verlag.

Büttner, Vivian. 2015. *Akzidentielle Medienhypes. Entstehung, Dynamik und mediale Verbreitung*. Springer: Wiesbaden.

Dang-Anh, Mark, Jessica Einspänner & Caja Thimm. 2013. Mediatisierung und Medialität in Social Media: Das Diskurssystem „Twitter". In Konstanze Marx & Monika Schwarz-Friesel (eds.), *Sprache und Kommunikation im technischen Zeitalter. Wieviel Internet (v)erträgt unsere Gesellschaft?*, 68–91. Berlin & Boston: De Gruyter.

Dang-Anh, Mark. 2019. *Protest twittern. Eine medienlinguistische Untersuchung von Straßenprotesten* (Locating Medien / Situierte Medien 22). Bielefeld: transcript Verlag.

Deppermann, Arnulf & Reinhold Schmitt. 2007. Koordination. Zur Begründung eines neuen Forschungsgegenstandes. In: Reinhold Schmitt (ed.), *Koordination. Analysen zur multimodalen Interaktion*, 15–54. Tübingen: Narr.

Deppermann, Arnulf. 2013. *How to get a grip on identities-in interaction: (What) Does Positioning offer more than Membership Categorization? Evidence from a mock story.* Narrative Inquiry 23(1), 62–88.
Eckkrammer, Eva-Maria & Gudrun Held (eds.). 2006. *Textsemiotik. Studie zu multimodalen Texten.* Frankfurt a. M.: Peter Lang.
Esser, Hartmut. 2000. *Soziologie. Spezielle Grundlagen. Institutionen.* Frankfurt a. M. & New York: Campus.
Foucault, Michel. 1969 [1981]. *Archäologie des Wissens.* Frankfurt a. M.: Suhrkamp (frz. L'archéologie du savoir. Paris: Gallimard 1969.).
Fraas, Claudia & Stefan Meier. 2013. Multimodale Stil- und Frameanalyse – Methodentriangulation zur medienadäquaten Untersuchung von Online-Diskursen. In Kersten Sven Roth & Carmen Spiegel (eds.), *Angewandte Diskurslinguistik: Felder, Probleme, Perspektiven*, 135–162. Berlin: Akademie Verlag.
Fritz, Gerd. 2016. *Beiträge zur Texttheorie und Diskursanalyse.* Gießen: Gießener Elektroniscshe Bibliothek.
Gredel, Eva & Carolina Flinz. 2020. Morphosyntax im deutsch-italienischen Vergleich: Kontrastive Fallstudie zu Wortbildungsprodukten und deren diskursiven Funktionen in der internetbasierten Kommunikation der Online-Enzyklopädie Wikipedia. *Deutsche Sprache* 3. 193–209.
Gredel, Eva. 2016. Digitale Diskursanalysen: Kollaborative Konstruktion von Wissensbeständen am Beispiel der Wikipedia. In Sylvia Jaki & Annette Sabban (eds.), *Wissensformate in den Medien*, 317–339. Berlin: Frank & Timme.
Gredel, Eva. 2017. Digital discourse analysis and Wikipedia: Bridging the gap between Foucauldian discourse analysis and digital conversation analysis. *Journal of Pragmatics* 115. 99–114.
Gredel, Eva. 2018. *Itis*-Kombinatorik auf den Diskussionsseiten der Wikipedia: Ein Wortbildungsmuster zur diskursiven Normierung in der kollaborativen Wissenskonstruktion. *Zeitschrift für Angewandte Linguistik* 68(1). 35–72.
Gredel, Eva. 2019. Multimodalität in verschiedenen Sprachversionen der Wikipedia: Eine kontrastive Analyse von Bildinventaren und Text-Bild-Relationen in digitalen Diskursen. In Hans W. Giessen, Hartmut E. Lenk, Susanne Tienken & Liisa Tiittula (eds.): Medienkulturen – Multimodalität und Intermedialität, 261–278. Bern: Peter Lang.
Gredel, Eva. 2020. Digitale Diskursanalysen: Das Beispiel Wikipedia. In Konstanze Marx, Henning Lobin & Axel Schmidt (eds.), *Deutsch in Sozialen Medien. Interaktiv, multimodal, vielfältig. Jahrbuch des Instituts für Deutsche Sprache 2019*, 247–264. Berlin & Boston: De Gruyter.
Gür-Şeker, Derya. 2012. *Transnationale Diskurslinguistik. Theorie und Methodik am Beispiel des sicherheitspolitischen Diskurses über die EU-Verfassung in Deutschland, Großbritannien und der Türkei* (Sprache, Politik, Gesellschaft 6). Bremen: Hempen.
Halliday, Michael A.K. & Hasan Ruqaiya. 1976. *Cohesion in English.* London: Routledge.
Harris, Zellig S. 1952. Discourse analysis. *Language* 28(1). 1–30.
Hess-Lüttich, Ernest W.B., Ingo H. Warnke & Heidrun Kämper (eds.). 2017. *Diskurs – semiotisch. Aspekte multiformaler Diskurskodierung.* Berlin & Boston: De Gruyter.
Jäger, Siegfried. 1993. *Kritische Diskursanalyse: Eine Einführung.* Duisburg: Dissertation.
Jäger, Siegfried. 2006. Diskurs und Wissen. Theoretische und methodische Aspekte einer Kritischen Diskurs- und Dispositivanalyse. In Reiner Keller, Andreas Hirseland, Werner Schneider & Willy Viehöver (eds.), *Handbuch Sozialwissenschaftliche Diskursanalyse*.

Band 1: Theorien und Methoden, 83–114. Wiesbaden: VS Verlag für Sozialwissenschaften.

Janich, Nina. 2015. Intertextualität und Text(-sorten)vernetzung. In Nina Janich (ed.), *15 Einführungen in die Textlinguistik*, 169–188. Tübingen: Narr.

Kaltwasser, Dennis. 2019. *Forenkommunikation in Onlinezeitungen. Medienkommunikation im medialen Wandel*. Giessen: Giessen University Library Publications.

Kohl, Christian & Thomas Metten. 2006. Wissenskonstruktion durch kooperatives Schreiben in Netzwerkmedien. In Wolf-Andreas Liebert (ed.), *Kontroversen als Schlüssel zur Wissenschaft? Wissenskulturen in sprachlicher Interaktion*, 179–193. Bielefeld: transcript Verlag.

Kolbenschlag, Michael. 2020. Öffnung des Diskurses? Der Wandel der diskursiven Praktiken im Digitalzeitalter am Beispiel des Rezo-Videos Die Zerstörung der CDU. *Unterrichtspraxis* 1. 52–60.

Lewiński, Marcin. 2014. Practical reasoning in argumentative polylogues. *Revista Iberoamericana de Argumentación* 8. 1–20.

Liebert, Wolf-Andreas. 2002. *Wissenstransformationen: Handlungssemantische Analyse von Wissenschafts- und Vermittlungstexten*. Berlin & New York: De Gruyter.

Marx, Konstanze & Georg Weidacher. 2019. *Internetlinguistik*. Tübingen: Narr Starter.

Marx, Konstanze. 2019. Von #Gänsehaut bis #esreicht – Wie lässt sich ein Territorium neuer Sagbarkeit konturieren? Ein phänomenologischer Zugang. In Ludwig Eichinger & Albrecht Plewnia (eds.), *Neues vom heutigen Deutsch. Empirisch – methodisch – theoretisch* Jahrbuch 2018, 245–264. Berlin & New York: De Gruyter.

Meier, Simon. 2019. „Vollalimentierte Talkshowkonformisten" – Diskursdynamik von Medienkritik in YouTube-Kommentarbereichen. In Hektor Haarkötter & Johanna Wergen (eds.), *Das YouTubiversum. Chancen und Disruptionen der Onlinevideo-Plattform in Theorie und Praxis*, 69–92. Wiesbaden: Springer VS.

Meier, Simon. 2020. Medienaneignung und Medienkritik auf YouTube. Korpuslinguistische und sequenzielle Analysen zu rekontextualisierten Talkshow-Auftritten der AfD. In Hans-Jürgen Bucher (ed.), *Medienkritik zwischen ideologischer Instrumentalisierung und kritischer Aufklärung*, 274–295. Köln: Herbert von Halem Verlag.

Meier, Stefan. 2013. Stil im Diskurs. Überlegungen zu einer stilorientierten Diskursanalyse multimodaler Kommunikation. In Ulrike H. Meinhof, Martin Reisigl & Ingo H. Warnke (eds.), *Diskurslinguistik im Spannungsfeld von Deskription und Kritik*, 373–394. Berlin & Boston: De Gruyter.

Meier, Stefan. 2018. Diskurslinguistik und Online-Kommunikation. In Ingo H. Warnke (ed.), *Handbuch Diskurs* (Handbücher Sprache und Wissen HSW 6), 426–446. Berlin & Boston: De Gruyter.

Mell, Ruth M. 2015. *Vernunft, Mündigkeit, Agitation. Eine diskurslinguistische Untersuchung zur Generierung und Strukturierung von Wissen über das Konzept „AUFKLÄRUNG 1968"* (Sprache – Politik – Gesellschaft 16). Bremen: Hempen Verlag.

Mell, Ruth M. 2017. (GEGEN-)ÖFFENTLICHKEIT als politikkritisches Konzept im Protestdiskurs 1968 und in Diskursen des 21. Jahrhunderts. In Heidrun Kämper & Martin Wengeler (eds.), *Protest – Parteienschelte – Politikverdrossenheit. Politikkritik in der Demokratie* (Sprache – Politik – Gesellschaft 20), 25–40. Bremen: Hempen Verlag.

Messina, Chris. 2020. *How do you feel about using # (pound) for groups*. https://twitter.com/chrismessina/status/223115412?lang=de (05.10.2020).

Pentzold, Christian. 2007. *Wikipedia. Diskussionsraum und Informationsspeicher im neuen Netz*. Frankfurt a. M: Fischer.

Reisigl, Martin. 2013. Die Stellung der historischen Diskurssemantik in der linguistischen Diskursforschung. In Dietrich Busse & Wolfgang Teubert (eds.), *Linguistische Diskursanalyse: neue Perspektiven*, 243–272. Springer: Wiesbaden.

Reisigl, Martin. 2014. Diskursfragment. In Daniel Wrana, Alexander Ziem, Martin Reisigl, Martin Nonhoff & Johannes Angermuller (eds.), *DiskursNetz. Wörterbuch der interdisziplinären Diskursforschung*, 107. Berlin: Suhrkamp.

Reisigl, Martin. 2017. Diskurssemiotik nach Peirce. In Ernest W.B. Hess-Lüttich, Heidrun Kämper, Martin Reisigl & Ingo H. Warnke (eds.), *Diskurs – semiotisch. Aspekte multiformaler Diskurskodierung* (Diskursmuster – Discourse Patterns 14), 3–30. Berlin & Boston: De Gruyter.

Rezo. 2019. Die Zerstörung der CDU. https://www.youtube.com/watch?v=4Y1lZQsyuSQ (19.06.2021).

Rezo. 2020. Rezo ja lol ey. https://www.youtube.com/channel/UCvU1c8D5n1Rue3NFR https://u0pJSw/videos (30.09.2020).

Rogers, Richard. 2014. Debanalising Twitter. In Katrin Weller, Axel Bruns, Jean Burgess, Merja Maht & Cornelius Puschmann (eds.), *Twitter and Society*, ix–xxxviii. New York (u. a.): Peter Lang.

Rosa, Hartmut, David Streckere & Andrea Kottman. 2007. *Soziologische Theorien. Soziologie als Reflexion: Analyse und Diagnose der Moderne.* Stuttgart: UTB.

Schmidt-Brücken, Daniel. 2015. *Verallgemeinerung im Diskurs: Generische Wissensindizierung in kolonialem Sprachgebrauch.* Berlin: De Gruyter.

Seidenglanz, Melanie. 2014. Die Abdankungserklärung – eine Textsorte der Zäsur und Diskurselement. In Heidrun Kämper, Peter Haslinger & Thomas Raithel (eds.), *Demokratiegeschichte als Zäsurgeschichte: Diskurse der frühen Weimarer Republik*, 153–188. Berlin & Boston: De Gruyter.

Sommer, Vivienne. 2018. *Erinnern im Internet. Der Online-Diskurs um John Demjanjuk.* Wiesbaden: Springer.

Spitzmüller, Jürgen & Ingo H. Warnke. 2011. *Diskurslinguistik. Eine Einführung in Theorien und Methoden der transtextuellen Sprachanalyse.* Berlin & New York: de Gruyter.

Stöckl, Hartmut. 2004. *Die Sprache im Bild – Das Bild in der Sprache. Zur Verknüpfung von von Sprache und Bild im massenmedialen Text. Konzepte. Theorien. Analysemethoden.* (Linguistik – Impulse & Tendenzen 3). Berlin & New York: De Gruyter.

Storrer, Angelika. 2008. Hypertextlinguistik. In Nina Janich (ed.), *Textlinguistik. 15 Einführungen*, 315–331. Tübingen: Narr.

Storrer, Angelika. 2018. Web 2.0: Das Beispiel Wikipedia. In Klaus Brinker (ed.), *Handbuch Text und Gespräch*, 387–417. Berlin & Boston: De Gruyter.

Tereick, Jana. 2013. Die ‚Klimalüge' auf YouTube: Eine korpusgestützte Diskursanalyse der Aushandlung subversiver Positionen in der partizipatorischen Kultur. In Claudia Fraas, Stefan Meier & Christian Pentzold (eds.), *Online-Diskurse. Theorien und Methoden transmedialer Online-Diskursforschung*, 226–257. Köln: Herbert von Halem Verlag.

Warnke, Ingo H. 2002. Text adieu – Diskurs bienvenue? Über Sinn und Zweck einer poststrukturalistischen Entgrenzung des Textbegriffs. In Ulla Fix, Kristen Adamzik, Gerd Antos & Michael Klemm (eds.), *Brauchen wir einen neuen Textbegriff? Antworten auf eine Preisfrage*, 125–141. Frankfurt a. M. (u. a.): Peter Lang.

Warnke, Ingo H. 2013. Urbaner Diskurs und maskierter Protest – Intersektionale Feldperspektiven auf Gentrifizierungsdynamiken in Berlin Kreuzberg. In Kersten Sven Roth & Carmen Spiegel (eds.), *Angewandte Diskurslinguistik: Felder, Probleme, Perspektiven*, 189–221. Berlin: Akademie Verlag.

Warnke, Ingo H. 2019. Text und Diskurslinguistik. In Nina Janich (ed.), *15 Einführungen in die Textlinguistik*, 35–52. Tübingen: Narr.

Warnke, Ingo H., Janina Wildfeuer, Daniel Schmidt-Brücken & Wolfram Karg. 2014. Diskursgrammatik als wissensanalytische Sprachwissenschaft. In Nora Benitt, Christopher Koch, Katharina Müller, Sven Saage & Lisa Schüler (eds.), *Kommunikation Korpus Kultur. Ansätze und Konzepte einer kulturwissenschaftlichen Linguistik*, 47–67. Trier: WVT.

Wergen, Johanna. 2019. Welche Nutz- und Wirkweisen von *YouTube* durchbrechen vorherige Diskursstrukturen? In Hektor Haarkötter & Johanna Wergen (eds.), *Das YouTubiversum. Chancen und Disruptionen der Onlinevideo-Plattform in Theorie und Praxis*, 37–54. Wiesbaden: Springer VS.

Wikipedia. 2007. Version zum Artikel Burn-out vom 03.12.2007. https://de.wikipedia.org/w/index.php?title=Burn-out&diff=prev&oldid=39627227 (09.11.2021).

Wikipedia. 2008. Löschkandidaten. https://de.wikipedia.org/wiki/Wikipedia:Löschkandidaten/9._Dezember_2008#Burnout-Syndrom_.28er.2C_QS-M.29 (09.11.2021).

Wikipedia. 2021a. Burn-out. https://de.wikipedia.org/wiki/Burn-out (09.11.2021).

Wikipedia. 2021b. Diskussionsseite zu Burn-out. https://de.wikipedia.org/w/index.php?title=Burn-out&action=history (09.11.2021).

Wikipedia 2021c. https://de.wikipedia.org/wiki/Diskussion:Burn-out/Archiv/1 (09.11.2021).

Wikipedia. 2021d. Die Zerstörung der CDU. https://de.wikipedia.org/wiki/Die_Zerstörung_de https://r_CDU (19.06.2021).

Wildfeuer, Janina. 2013. Der Film als Text? Ein Definitionsversuch aus linguistischer Sicht. In John Bateman, Matthis Kepser & Markus Kuhn (eds.), *Film, Text, Kultur: Beiträge zur Textualität des Films*, 32–57. Marburg: Schüren.

Wildfeuer, Janina. 2014. *Film Discourse Interpretation. Towards a New Framework for Multimodal Film Analysis*. London & New York: Routledge.

Wildfeuer, Janina. 2018. Diskurslinguistik und Text. In Ingo H. Warnke (ed.), *Handbuch Diskurs* (Handbücher Sprache und Wissen HSW 6), 134–151. Berlin & New York: De Gruyter.

Wilk, Nicole M. 2020. *Zerstörungs- und Aufbaudiskurse. Diskursgrammatische Muster der städtischen Erinnerungskultur seit 1945*. Berlin & Boston: De Gruyter.

YouTube. 2020a. *About*. https://www.youtube.com/intl/de/about/ (19.06.2021).

YouTube. 2020b. *Ein Statement von 90+ YouTubern*. https://www.youtube.com/watch?v=https://Xpg84NjCr9c (22.06.2021)

Zappavigna, Michele. 2011. Ambient affiliation: A linguistic perspective on Twitter. *New Media & Society* 13(5). 788–806.

Thomas Gloning
Diskurse digital – Diskurse hybrid: Konzeptuelle Grundlagen und exemplarische Analysen

1 Einleitung

Mit der Entstehung und der immer breiteren Nutzung digitaler Medien stellt sich die Frage nach dem Zusammenspiel „traditioneller" und digitaler Kommunikationsangebote im Rahmen von thematisch orientierten Diskursen.[1] Man kann nicht einfach sagen, dass Diskurse nun digital geworden sind, und man kann sich auch nicht nur auf die Untersuchung der digitalen Anteile diskursiver Auseinandersetzungen beschränken, außer man interessiert sich nur für die Besonderheiten der digitalen Zweige in der Thematisierungspraxis. Die Beiträge in „traditionellen" Medien wie Zeitungen, Zeitschriften, Fernsehen oder Hörfunk tragen, auch wenn sie heute vielfach cross-medial angeboten werden, nach wie vor wesentlich mit bei zur Entfaltung von Diskursthemen. Ein häufiges Muster ist dabei, dass auch die Beiträge der „traditionellen", nicht-digitalen Medien eingehen in ein digitales Archiv und auf diese Weise verfügbar sind für den weiteren Diskursverlauf. Damit entstehen hybride Konstellationen aus digitalen, nicht-digitalen und nicht-digitalen-aber-gleichzeitig-digitalisierten Diskurs-Beiträgen.

---

[1] Ich beziehe mich dabei auf Konzeptionen, die vor allem in der germanistischen Sprachwissenschaft zentral waren und einen engen Zusammenhang von Diskursgeschichte und Sprach- bzw. Sprachgebrauchsgeschichte hervorhoben. Sie gehen vielfach auf den Beitrag von Busse und Teubert (1994) zurück und fanden im Sammelband „Kontroverse Begriffe" (Stötzel & Wengeler 1995) eine erste große Anwendung. Es ist klar, dass in anderen Disziplinen teilweise ganz andere Diskursbegriffe genutzt werden, etwa in der Soziologie, der Politikwissenschaft oder der Geschichte (z. B. Eder 2006). Hier stehen andere Zielsetzungen und Aspekte wie z. B. Macht oder Sagbarkeit im Vordergrund. Aber auch im Bereich der (interdisziplinären) Sprachwissenschaft sind die Diskursbegriffe und die Zielsetzungen von Diskursanalysen inzwischen außerordentlich vielfältig (vgl. exemplarisch Pentzold 2020 und weitere Beiträge in Bucher 2020, Dreesen & Stücheli-Herlach 2019, Gredel 2018, Gredel & Mell 2015, Busse & Teubert 2013, Beiträge in Marx, Lobin & Schmidt 2020, Fraas, Meier & Pentzold 2013, Roth & Spiegel 2013, Vogel & Deus 2020 und Wengeler & Ziem 2018).

Danksagung: Für Hinweise, kritisch-wohlwollende Lektüre und Kommentierung danke ich sehr herzlich: Gerd Fritz, Dennis Kaltwasser und Friedemann Vogel.

Open Access. © 2022 Thomas Gloning, publiziert von De Gruyter. Dieses Werk ist lizenziert unter einer Creative Commons Namensnennung - Keine Bearbeitung 4.0 International Lizenz.
https://doi.org/10.1515/9783110721447-005

Man kann diese hybride Konfiguration von Diskursen an der Thematisierung der Ereignisse in der Kölner Silvesternacht 2015/16 veranschaulichen. Mediale Thematisierungsorte waren unter anderem Tageszeitungen, Wochenzeitungen, Magazine, der Hörfunk, das Fernsehen, wissenschaftliche Literatur, Alltagsgespräche und Gespräche mit unterschiedlichem Öffentlichkeitsgrad. Hinzu kamen und kommen bis heute Beiträge in den digitalen Foren, auf Twitter, in den Kommentarbereichen von YouTube, Einträge in Wikipedia usw. Darüber hinaus gibt es viele digitale Ableger aus bzw. Parallelangebote zu den gerade genannten „traditionellen" Thematisierungsorten. Auf diese Weise entstehen hybrid strukturierte Diskurse, deren Komponenten teilweise „digital born" sind, teilweise aber auch in traditionellen Medien erstveröffentlicht werden und dann parallel oder zeitversetzt auch in den digitalen Verfügungsraum einmünden, in dem sie dann mit eigenen Zugriffsweisen findbar und argumentativ nutzbar sind.

Diese hybriden Diskurse weisen zum Teil ähnliche Eigenschaften auf wie „traditionelle" Diskurse, wie sie u. a. im Band „Kontroverse Begriffe" (Stötzel & Wengeler 1995) analysiert wurden: vor allem die Fokussierung auf ein zentrales Thema, die expliziten und impliziten Verweisungen zwischen medialen Angeboten sowie die Vernetzung mit anderen Themen zu komplexen thematischen Netzen (z. B. sexualisierte Gewalt in der Kölner Silvesternacht und #metoo-Debatte, Überfremdungsdebatte). Sie weisen aber auch Unterschiede auf, dazu gehören vor allem eine besondere Dynamik der Verfügbarkeit von medialen (traditionellen, digitalen, digitalisierten) Diskursbeiträgen und auch neue Praktiken der Vernetzung von Angeboten in einem digitalen Raum, der auch die digitalisiert verfügbaren Ressourcen aus traditionellen Medien mit umfasst (z. B. ein Hörfunk-Interview mit einer Betroffenen vom Tag nach der Kölner Silvesternacht, das damit auch über den Zeitraum der Hörfunk-Ausstrahlung verfügbar ist). Damit verbunden ist aber auch eine zunehmende Fragmentierung von Diskurseinheiten, eine gesteigerte Unübersichtlichkeit und auch große Schwankungen der Intensität und der Stabilität von Thematisierungen.

In Bezug auf die medial veränderten Bedingungen im Zeichen der Digitalisierung stellen sich deshalb eine Reihe von Fragen für die (Neu-)Konzeptualisierung von Diskursen und die darauf bezogenen Aspekte der Forschungsmethodik. Im vorliegenden Beitrag stelle ich drei Hauptfragen und Leitperspektiven in den Mittelpunkt:
(1) Wie kann man das Zusammenspiel von „traditionellen" und digitalen Medienangeboten im Rahmen der Verhandlung öffentlicher Themen systematisieren?
(2) Welche Konsequenzen haben die zunehmenden digitalen Ergänzungen, Ersetzungen und Ausweitungen für die Bestimmung des Status von Diskursen? Sind traditionelle Kriterien wie „gemeinsamer Themenbezug" oder „implizite/explizite Verweisung" in einem häufig global organisierten kom-

munikativen Kosmos überhaupt noch sinnvoll, wenn die Kommunikationsteilnehmer*innen selbst jeweils nur noch winzige Ausschnitte (Fragmente) der Diskursentwicklung zu überschauen in der Lage sind und wenn Resultate automatischer Verfahren die Strukturierung von Diskursbeiträgen mit beeinflussen?

(3) Welche Konsequenzen ergeben sich aus der Digitalisierungsdynamik für die Forschungspraxis? Dazu gehören Fragen wie z. B.: Wie kann man bearbeitbare Gegenstände abgrenzen? Welche Rolle spielt das exemplarische Prinzip? Welche Rolle können Verfahren der Digital Humanities und der Big Data-Analyse spielen? Wie können Fallstudien klug eingesetzt werden, z. B. für heuristische Zwecke, ggf. aber auch zur Kontrolle digitaler Verfahren? Was sind zeitgemäße Formen der Darstellung und der Dokumentation diskursgeschichtlicher Forschung im Zeichen der Digitalisierung, auch im Vergleich mit älteren, „klassischen" Studien etwa aus dem Umkreis der „Düsseldorfer Schule"?[2]

Bevor ich diesen konzeptionellen Fragen näher trete, möchte ich zunächst ein Beispiel geben für die Dynamik des Zusammenspiels von „traditionellen" und digitalen Medien bei der Behandlung eines Diskursthemas bzw. von unterschiedlichen Strängen miteinander verflochtener Teilthemen.

2 Fallbeispiel und Problemaufriss: Diskursive Stränge zur sog. Kölner Silvesternacht

Als Fallbeispiel wähle ich Ereignisse, die unter dem Stichwort „Kölner Silvesternacht" adressiert wurden und werden. Ich belasse es hier bei dieser diskursiven „Adressen-Angabe", weil eine weiterführende Charakterisierung sich bereits in das Gebiet der Sichtweisen und Zuschreibungen begeben müsste, die im Rahmen des Diskurses und seiner thematischen Stränge gerade umstritten waren und sind und die sich im Lauf der Ermittlungen zum Teil auch verändert haben. Die Ereignisse der Kölner Silvesternacht stellen zum einen ein eigenständiges Diskursthema dar, zum anderen ist das Thema aber auch weitläufig verflochten mit weiteren Diskursthemen und -perspektiven, z. B. „sexuelle Ge-

---

[2] Vgl. u. a. Stötzel & Wengeler 1995, Böke, Jung & Wengeler 1996, Busse & Teubert 1994 und Wengeler 2003, 2005.

walt", „Polizei in Deutschland", „Ausländer- und Flüchtlingspolitik in Deutschland", „Islam", „Muslime in Deutschland" und – wie ich später zeigen werde – vielen anderen bis hin zu einzelnen Topoi wie „Gastrecht und Delinquenz" (genauer: die Auffassung, dass straffällig gewordene Geflüchtete ihren Anspruch auf „Gastrecht" verwirkt haben und das Land verlassen müssen). Insofern könnte man mit einem gewissen Recht auch sagen, dass es gar keinen einheitlichen Diskurs zur Kölner Silvesternacht gibt, sondern dass wir es mit einem komplexen Geflecht von diskursiven Strängen zu tun haben, deren einzige Gemeinsamkeit ein Bezug zu den Ereignissen der Kölner Silvesternacht ist.

2.1 Wo wird die Kölner Silvesternacht thematisiert?

Die Ereignisse der Kölner Silvesternacht am 31.12.2015 vor dem Kölner Hauptbahnhof waren Gegenstand einer breiten Thematisierung in Tageszeitungen (z. B. der Süddeutschen Zeitung), in Wochenzeitungen (ZEIT), in Nachrichten-Magazinen (z. B. Der Spiegel), im Hörfunk (z. B. DLF), im Fernsehen (z. B. Nachrichten, im zeitlichen Abstand dann auch Talkshows wie Maischberger), sodann mit einem gewissen zeitlichen Abstand auch in der wissenschaftlichen Literatur unterschiedlicher Fachgebiete wie Medienwissenschaften (z. B. Arendt, Brosius & Hauck 2017) oder Kriminologie (z. B. Egg 2017) und nicht zuletzt auch in öffentlichen, halb-öffentlichen oder privaten Gesprächen, die teilweise medial verfügbar gemacht wurden, die zum Teil aber auch hinter verschlossenen institutionellen Türen oder im Bereich der privaten Gesprächsführung verblieben.

Auch im Internet wurden die Ereignisse thematisiert: in Foren, auf Twitter, auf YouTube, in Wikipedia-Artikeln und den darauf bezogenen Diskussionsseiten sowie in anderen „born digital"-Angeboten. Und natürlich wurden viele der oben genannten Angebote auch im Netz verfügbar gemacht.

Man sieht also, dass dieser Diskurs wie viele andere auch hybrid ist. Wichtig für die Konzeption hybrider Diskurse ist einerseits, dass „traditionelle" und digitale Medienangebote gleichermaßen zur Thematisierung beitragen, wichtig ist andererseits aber auch, dass die Beiträge in „traditionellen" Medien (Tageszeitungen, Zeitschriften, Magazine, Hörfunk, Fernsehen) in vielen Fällen zeitlich parallel oder mit zeitlichem Abstand auch auf digitalen Plattformen, z. B. dem Online-Auftritt einer Tageszeitung oder einer Podcast- oder Video-Mediathek, bereitgestellt wurden und mit Hilfe von neuen Technologien und Such- und Abfragepraktiken auch über den Zeitraum der Erstveröffentlichung hinaus im diskursiven Raum verfügbar sind. Damit sind sie auch Gegenstand neuer digitaler Verfahren der Verschlagwortung und der „Verhashtagung", mit denen neue Suchoptionen, Formen der Verlinkung und Praktiken der Konstitution neuer Diskursgegenstände per Hashtag verfügbar sind.[3] Und sie können in der digitalen Fassung auch nachträglich verändert werden.[4]

Damit entsteht im Vergleich zur traditionellen Diskursforschung, wie sie im für die germanistische Sprachwissenschaft grundlegenden Beitrag von Busse und Teubert (1994) umrissen und in zahlreichen Studien[5] umgesetzt wurde, ein grundlegend verändertes Gefüge von Ausgangsbedingungen für die kommunikative Thematisierung öffentlicher Fragen. In den folgenden beiden Unterabschnitten veranschauliche ich diese veränderten Kommunikationsbedingungen am Beispiel einer Maischberger-Talkshow und ihrer Resonanz (Abschnitt 2.2.) und am Beispiel zweier wissenschaftlicher Artikel (Abschnitt 2.3.).

2.2 Erstes Beispiel: Die Thematisierung der Kölner Silvesternacht in einer Maischberger-Talkshow und Aspekte der Resonanz dieser Talkshow

Im Mai 2016 wurden in der Talkshow von Sandra Maischberger auch die Ereignisse der Kölner Silvesternacht thematisiert. Das Thema der Sendung lautete „Mann, Muslim, Macho – Was hat das mit dem Islam zu tun?". Neben der Moderatorin Sandra Maischberger waren beteiligt (vgl. Abb. 1): Alice Schwarzer, Simone Peter, Murat Kayman, Samuel Schirmbeck und Dominik Musa Schmitz, die – gemäß den Konstruktionsprinzipien vieler Talkshows – jeweils bestimmte Positionen, Sichtweisen, Erfahrungen und/oder Formen von Expertise einbringen sollten. Diese persönlichen Profile weisen vielfach nicht nur eine Dimension auf (z. B. „Nordafrikaexperte"), sie bilden oft ein komplexes Gefüge von Standpunkten, Sichtweisen, Formen der Expertise und auch kommunikationsstrategischen Positionen, z. B. im Hinblick auf die Spielräume der Islamkritik. Neue Ereignisse werden dann gleichsam „eingebaut" in ein schon vorgängig vorhandenes persönliches Überzeugungs- und Handlungsprofil.

Die Sendung wurde am Mittwoch, 11.5.2016, im ersten deutschen Fernsehen ausgestrahlt; sie ist seither auf YouTube in mehreren Fassungen verfügbar, ob und wie lange sie in der Mediathek verfügbar war, vermag ich nicht zu sagen.

---

3 Vgl. zum Veränderungspotential von Hashtags Elter 2010 und Rambukkana 2015.
4 Vgl. den hierfür sehr anschaulichen Twitter-Bot von Gnutiez: https://twitter.com/gnutiez: „Hier werden alle Änderungen in Überschriften und Teasern der großen Onlinemedien gezwitschert." (zuletzt besucht am 27.5.2021).
5 Exemplarisch seien die Beiträge zu „Kontroverse Begriffe" (Stötzel & Wengeler 1995) genannt.

Abb. 1: Maischberger-Talkshow, „Mann, Muslim, Macho" (11.05.2016; YouTube).

Am 12.05.2016 erschien dann eine von Michael Hanfeld verfasste TV-Kritik (vgl. Abb. 2) zu dieser Sendung im FAZ-Online-Feuilleton. Dieser Beitrag perspektiviert nach der Überschrift die Stoßrichtung der Kritik: „Das Motto ist provokant: ‚Mann, Muslim, Macho – Was hat das mit dem Islam zu tun?' Die Debatte führt zu dem Punkt, an dem niemand mehr mit nichts zu tun hat. Alles wird weggeredet. Keine Verantwortung, keine Zusammenhänge, nirgends". Neben dem Bezug zum Fernsehbeitrag bietet die TV-Kritik auch einige Links, z. B. einen zur Webseite von Murat Kayman, die einen nach der Auffassung von Hanfeld „abgewürgten" Diskussionsstrang verfolgbar machen soll, indem die Äußerungen von Kayman in der Talkshow mit Äußerungen auf seiner Webseite kontrastiert werden.

Neben den Links in der TV-Kritik besteht eine weitere diskursive Verzweigung in den Kommentaren, die sich im Forum des FAZ-Online-Beitrags zum einen auf die besprochene Talkshow, zum anderen auf die TV-Kritik, zum dritten aber auch auf thematisch entferntere Punkte beziehen können (vgl. Abb. 3–5). Diese drei Grundkonstellationen können auch kombiniert oder verschränkt vorkommen. Im Beispiel in Abb. 3 aus dem Forum beziehen sich ein Beiträger und eine Beiträgerin auf Aspekte der Sendung, nicht auf die TV-Kritik. Der Beitrag von Sebastian Dieffurt enthält darüber hinaus auch ein Beispiel für die Nutzung eines „thematischen Absprungbretts" für einen thematisch entfernten Kommentar zur Stellung der Grünen in der Wählergunst und in der Politik. Schwerpunkt dieser Beiträge sind aber Teilaspekte der Fernsehsendung.

Das Beispiel in Abb. 4 aus dem Forum bezieht sich in erster Linie auf die TV-Kritik von Hanfeld (Lob, Explikation der Qualitätsstandards, die das Lob

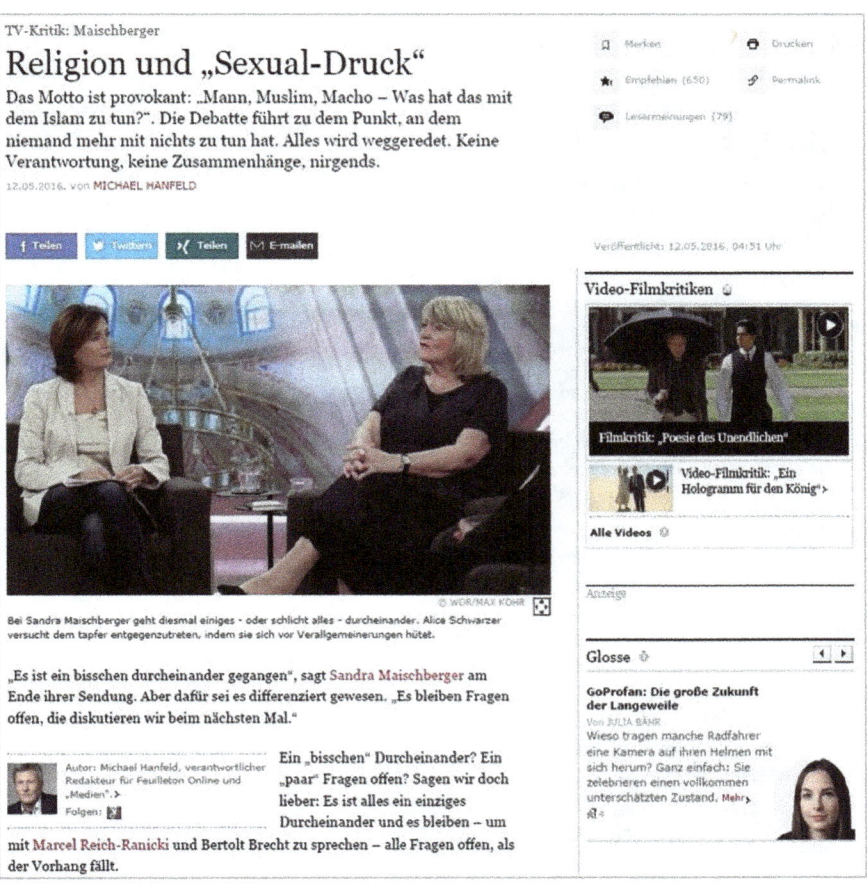

Abb. 2: Beginn der TV-Kritik zur Maischberger-Sendung, FAZ-Online-Feuilleton, 12.5.2016.

rechtfertigen). Man kann die Verweise auf weitere journalistische Beiträge zur Maischberger-Sendung und die darauf bezogenen negativen Bewertungen als Formen der Intertextualität auffassen, funktional dienen sie hier vor allem der Stützung des eigenen Lobs zum Hanfeld-Beitrag. Auch an diesem Beispiel kann man sehen, dass neben dem hauptsächlichen Bezug (vergleichendes Lob des Hanfeld-Beitrags) auch Bezüge zur Sendung selbst vorkommen, wenn davon die Rede ist, dass die Moderatorin brisante Netz-Einträge „wegmoderiert" habe oder die Sendung als „konfus" charakterisiert wird. Interessant ist auch, dass das Lob des einzelnen Beitrags in der Überschrift mit einem kritischen Seitenhieb auf die sonstige FAZ-Berichterstattung versehen ist („warum nicht immer so?"). Hier wird deutlich, dass sich Kommentator*innen mit ihren Beiträgen auch selbst verorten und in einem Spektrum von Diskurspositionen einordnen.

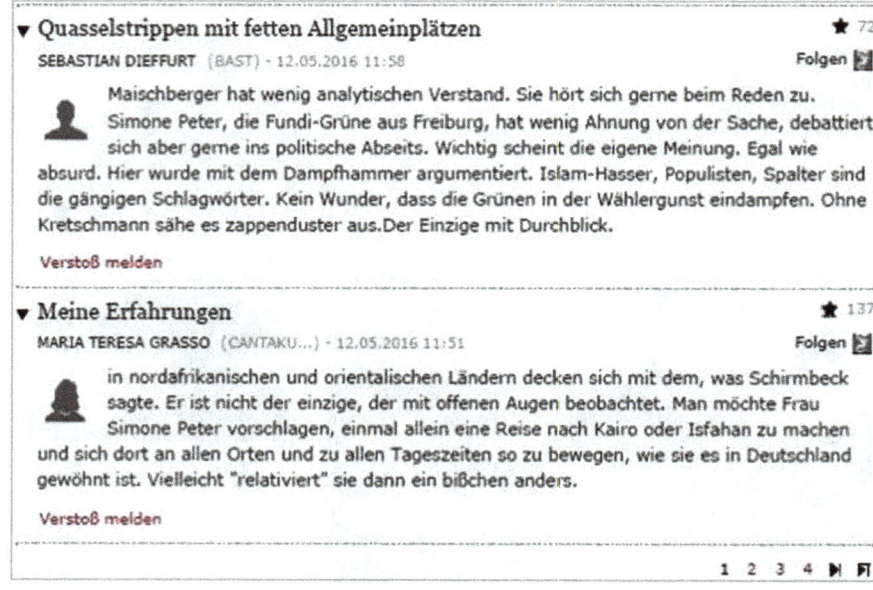

Abb. 3: Kommentare im Forum des FAZ-Online-Beitrags mit Bezug zur TV-Sendung.

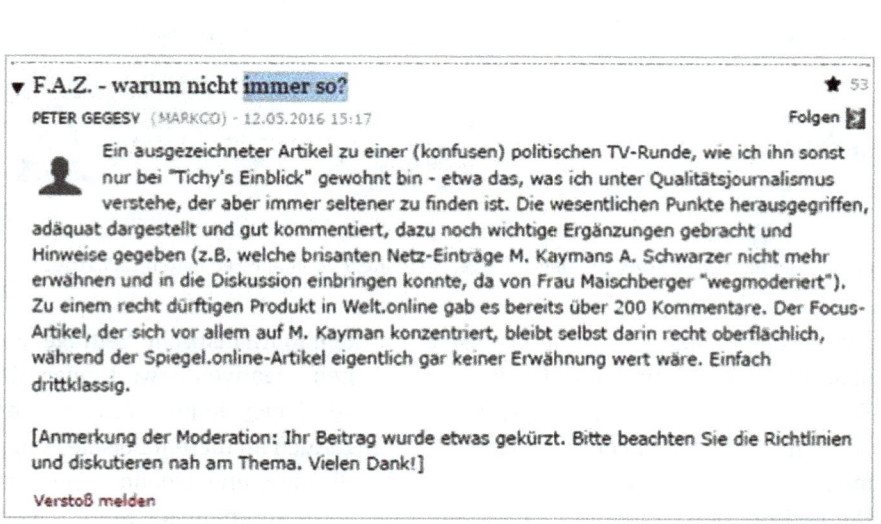

Abb. 4: Kommentar im Forum des FAZ-Online-Beitrags mit Bezug zur TV-Kritik.

Ein dritter Ausschnitt (vgl. Abb. 5) aus der Forums-Diskussion soll zeigen, wie sich Kommentare auch auf andere Kommentare beziehen können. Diese Möglichkeit ist eine wichtige Affordanz, die software-seitig programmiert und vorgesehen sein muss. Die Bezüge werden in diesem System durch räumliche Nähe, die Kennzeichnung als „Antwort" und durch Einrückung nach rechts kenntlich gemacht. Den argumentativen Gehalt des Ausgangskommentars kann man verkürzt so darstellen: Im Forumsbeitrag „Im vorletzten Spiegel ... " wird ein Bericht über einen Fall von sexueller Gewalt/Belästigung durch „Einheimische" wiedergegeben. Das weiterführende Ziel dieses Kommentars wird nicht explizit formuliert, man kann vielleicht rekonstruieren, dass sexuelle Übergriffe auch in der „einheimischen" Bevölkerung („Niederbayern") vorkommen. Die Verfasserin antizipiert dann in der Abschlussformulierung, dass ihr Beitrag vom gegnerischen Lager auch als Form der Relativierung – das wurde der Grünen-Politikerin Peters vorgeworfen – der Ereignisse in der Kölner Silvesternacht betrachtet werden könnte. Dieser Beitrag hat keinen direkten Bezug zur TV-Sendung und auch keinen zur TV-Kritik, man könnte ihn deshalb als einen freien thematischen Beitrag zum Zusammenhang von sexueller Gewalt und Personengruppen bezeichnen.

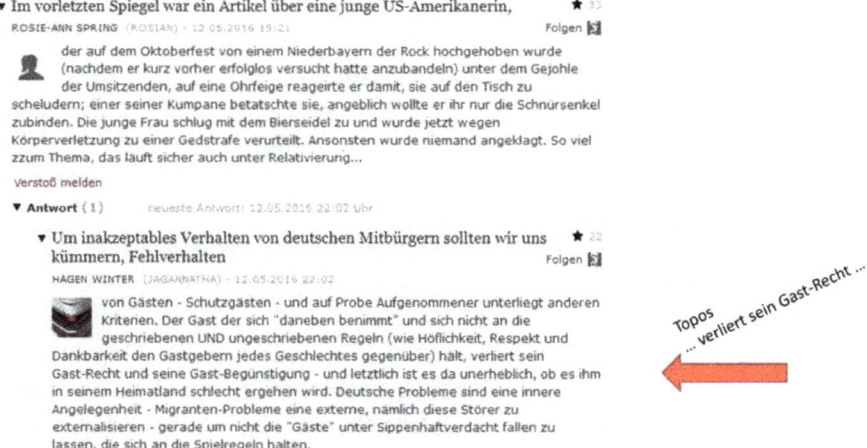

Abb. 5: Freier thematischer Kommentar im Forum des FAZ-Online-Beitrags und Antwort-Beitrag.

Der Antwort-Beitrag („Um inakzeptables Verhalten ... ") bezieht sich ebenfalls nicht direkt auf die Sendung und nicht auf die TV-Kritik, sondern auf den thematischen Gehalt des Bezugs-Kommentars. In argumentativer Hinsicht kann man hervorheben, dass zum einen der im Ausgangskommentar erwähnte Ereignisverlauf als „inakzeptables Fehlverhalten" beurteilt und anerkannt wird, um das „wir uns kümmern" müssen, wobei offen gelassen wird, was das genau beinhaltet. Der Kern besteht allerdings in einer Unterscheidung zwischen „deutschen Mitbürgern" und einer Gruppe, die als „Gäste", „Schutzgäste" und „auf

Probe Aufgenommene" bezeichnet wird und für die nach Auffassung des Verfassers andere Kriterien der Beurteilung herangezogen werden müssen. Kern des Beitrags ist ein Gastrecht-Topos, demzufolge „Gäste" ihren Schutz und ihr Aufenthaltsrecht verwirken, wenn sie gegen „Regeln" des Gastlandes verstoßen. Es ist interessant zu sehen, dass dieser Gastrecht-Topos vielfach bemüht wird, dass es andererseits aber auch eher versteckte Beiträge im Diskurskosmos gibt, in denen diese Argumentationsweise problematisiert wird, z. B. mit dem Hinweis darauf, dass „Gastrecht" kein Rechtsbegriff sei, der irgendeine belastbare gesetzliche Grundlage habe (dazu unten mehr). Mit der Nutzung bestimmter Argumentationsfiguren ist häufig eine (Selbst-)Zuordnung zu einem Diskurslager verbunden.

Was lehrt uns die kurze Betrachtung des zugegebenermaßen nur sehr eingeschränkt besprochenen Beispiels? Ich möchte vier Punkte hervorheben.

Zum einen kann man festhalten, dass ein „traditioneller" Medienbeitrag, eine Fernseh-Ausstrahlung, der Ausgangs- und Bezugspunkt ist für Formen digitaler Anschlusskommunikation. Dazu muss man natürlich sagen, dass die Sendung an eine breite Tradition der vorgängigen Thematisierung anschließt, durch die auch die Nutzung von Sendezeit legitimiert ist.

Zum anderen kann man sehen, dass der ursprünglich „traditionelle" Fernsehbeitrag langfristig in einer digitalen Version verfügbar gemacht wurde und über geeignete Suchtechniken auch gefunden werden kann. Das Wissen darüber, wo und wie man ursprünglich „traditionelle" Medienbeiträge im digitalen Kosmos findet (im Hinblick auf Fernsehbeiträge z. B. Mediatheken, YouTube, Video-Suche), gehört heute zur medialen Grundausstattung vieler, freilich nicht aller Personen.

Zum dritten sehen wir, dass intertextuelle Verweise vielgestaltig sind: Sie verlaufen z. T. aus dem digitalen Raum an andere Stellen des digitalen Raums, zum Teil aber auch zu „traditionellen" Medienangeboten. Umgekehrt kann aus einem „traditionellen" Medienangebot, der Fernsehsendung, auf ein digitales Angebot, z. B. eine Webseite, verwiesen werden, Angebote übrigens, die jeweils sehr unterschiedliche Grade der überzeitlichen Stabilität bzw. Unzuverlässigkeit aufweisen können. Die Verweise sind darüber hinaus auch funktional vielfältig, sie dienen nicht immer der Einspeisung argumentativer Substanz, sondern können, wie der Verweis auf „Tichys Einblicke" im oben genannten Beispiel, auch unspezifische Hinweise auf journalistische Präferenzen und die (Selbst-)Zuordnung zu einem bestimmten Diskurslager geben.

Und schließlich, viertens, machen schon diese wenigen Beispiele deutlich, dass von einer thematischen Fokussierung auf einen spezifischen Diskursgegenstand eigentlich nicht die Rede sein kann. Vielmehr sehen wir auch Bezüge vom diskutierten Gegenstand zu übergeordneten Themen und ein Geflecht von Teilthemen, deren Zusammenhänge in den meisten Fällen zwar verstehbar sind (z. B. der Übergang vom thematisch auf die Kölner Silvesternacht fokussierten TV-Auftritt einer Grünen-Politikerin zur Einschätzung der aktuellen Lage ihrer Partei), die aber gleichwohl das traditionelle Diskurskriterium des Bezugs zu einem „einheitlichen" Thema – einem strittigen Diskursgegenstand – nicht erfüllen.

Es zeigt sich vielmehr ein komplexer Interaktionsraum, der weder im Hinblick auf die Themen und Teilthemen, noch auf die Handlungsformen und kommunikativen Strategien und auch nicht im Hinblick auf Aspekte der intertextuellen Verweisung ein geschlossenes und fokussiertes Bild bietet. Das gilt für die Talkshow, die TV-Kritik, die Forum-Beiträge und die hierbei genutzten intertextuellen Verweise gleichermaßen. Die Perspektive, was einzelne Nutzer*innen sehen und rezipieren können, war in den Studien im Anschluss an Busse und Teubert (1994) nicht prominent, in Zeiten digitaler und hybrider Diskurse ist sie aber vital.

Vor diesem Hintergrund stellt sich die Frage, ob der Diskursbegriff weiterhin zentral sein kann und soll oder ob nicht vielmehr seine bisherigen Komponenten und ihre Konstellationen eine bessere Basis darstellen. Dazu gehören vor allem die Frage nach den Themen und thematischen Netzen, die Frage nach den komplexen interaktiven Thematisierungspraktiken (Argumentieren, Sichtweisen erzeugen und stützen, Formen der Metaphorik nutzen, Vokabular nutzen), die Frage nach den intertextuellen Verweisen, auch in inter- und cross-medialen Zusammenhängen und auch die Frage nach der Rolle von automatischen Verfahren und ihrem Beitrag zur Struktur von Thematisierungs- und Interaktionssträngen. Dabei stellt sich weiterhin die Frage nach den vielfältigen Ausprägungskonstellationen dieser Punkte in ihrem wechselseitigen Zusammenspiel. Und quer dazu muss darüber hinaus die Perspektive eingezogen werden, wie traditionelle und digitale Medienangebote in hybriden Konstellationen koordiniert genutzt werden können und wie sich diese Nutzungsweisen im zeitlichen Längsschnitt entwickeln. Schließlich ist auch die Frage, wie man die Fragmentierung diskursiver Auseinandersetzungen analytisch verankern kann.

2.3 Zweites Beispiel: Die Kölner Silvesternacht in der wissenschaftlichen Literatur

Die Ereignisse der Kölner Silvesternacht und die Medienberichterstattung darüber wurden recht früh auch in wissenschaftlichen Studien thematisiert. Dabei standen jeweils fachspezifische Perspektiven und Schwerpunkte im Vordergrund. Ich möchte dies mit zwei „frühen" Studien veranschaulichen, einer medienwissenschaftlichen und einer kriminologischen Veröffentlichung.

Der medienwissenschaftliche Beitrag von Arendt, Brosius und Hauck (2017) thematisiert die Medienberichterstattung über das „Schlüsselereignis" der Silvesternacht in Köln und die Kriminalitätsberichterstattung der darauf folgenden Monate im Hinblick auf den Gebrauch von spezifischen Attributen wie „Ausländer", „Nordafrikaner", „Asylbewerber". Neben den empirischen Befunden zur Berichterstattung diskutieren die Verfasser*innen auch die Empfehlungen des deutschen Presserats zur Kriminalitätsberichterstattung und die Frage, welche Rolle Angaben zur Nationalität von Tätern für die allgemeine Debatte über Ausländer und Asylbewerber haben können. In der Zusammenfassung des Beitrags heißt es:

> Schlüsselereignisse fesseln die Aufmerksamkeit von Medien und Bevölkerung. Studien haben bereits gezeigt, dass nicht nur über das Schlüsselereignis selbst häufig und detailliert berichtet wird, sondern auch vermehrt über ähnliche Ereignisse, die auf irgendeine Weise mit dem Schlüsselereignis in Verbindung stehen. Wir untersuchten, ob das Schlüsselereignis „Silvesternacht in Köln" eine substantielle Auswirkung auf die Kriminalitätsberichterstattung der folgenden Monate hatte. Wir vermuteten, dass spezifische **Attribute** (Ausländer, Migrationshintergrund, Nordafrikaner oder Asylbewerber) in der Kriminalitätsberichterstattung nach „Köln" häufiger vorkamen. Durch veränderte journalistische Selektionsentscheidungen könnten einerseits mehr Ereignisse mit Tätern dieser Attributkategorien in die Berichterstattung aufgenommen worden sein (Selektion von Ereignissen). Zusätzlich könnte das Schlüsselereignis Selektionsentscheidungen beeinflusst haben, die die Nennung von ausländerspezifischen Attributen begünstigten (Selektion von Ereignismerkmalen). Eine quantitative Inhaltsanalyse der Kriminalitätsberichterstattung konnte eine **Zunahme ausländerspezifischer Attribute** nachweisen. Die Befunde haben unter anderem im Kontext einer aktuellen, gesellschaftlichen Debatte Bedeutung: Der deutsche **Presserat empfiehlt**, dass in der Kriminalitätsberichterstattung nur dann die Nationalität der Täter vorkommen sollte, wenn es einen „begründeten Sachbezug" zur Tat gibt. Die Präsenz ausländerspezifischer Attribute ist bedeutsam, da die wiederholte Rezeption Vorstellungen und Einstellungen von Rezipienten über Ausländer und Asylbewerber und nachfolgend die gesellschaftliche Debatte beeinflussen kann.
>
> (Arendt, Brosius & Hauck 2017; Hervorhebung durch Fettdruck TG)

Man sieht an diesem Beispiel, dass Diskursaspekte hier reflexiv thematisiert wurden und gleichzeitig als Grundlage für Empfehlungen zur zukünftigen Thematisierungspraxis im Rahmen der Medienberichterstattung gedient haben. Der thematische Fokus sind Attribute in der Berichterstattung und mögliche Formen der (unerwünscht generalisierten) Beeinflussung von Einstellungen, die damit verbunden sind.

Ein zweiter wissenschaftlicher Beitrag (Egg 2017) ist dem Bereich „Kriminologie" zuzuordnen. Auch hier zeigt bereits die Zusammenfassung des Beitrags wesentliche Perspektiven und Schwerpunktsetzungen (Ereignisaspekte; Fragen der Erklärung):

> In der Kölner Silvesternacht 2015 wurden im öffentlichen Raum zahlreiche Straftaten, v. a. Sexual- und Eigentumsdelikte, verübt. Dieses ungewöhnliche, in dieser Form bis dahin in Deutschland unbekannte Geschehen markiert eine Zäsur der Flüchtlings- und Kriminalpolitik in Deutschland. Der Beitrag entstand vor dem Hintergrund der Analyse sämtlicher Strafanzeigen dieser Nacht, die im Auftrag eines parlamentarischen Untesuchungsausschusses des Landtags Nordrhein-Westfalen erstellt wurde. Nach der Beschreibung der Chronologie der Ereignisse folgt eine kurz gefasste Darstellung wesentlicher Untersuchungsergebnisse bezüglich der Art und der Anzahl der angezeigten Straftaten, der Tatorte und Tatzeiten sowie im Hinblick auf die primären Tatmotive und die (mögliche) Organisation der Täter. Mithilfe ausgewählter Beispiele werden auch die Erlebnisse und Reaktionen der Opfer sowie das Verhalten der Polizei skizziert. Zur kriminologischen Erklärung der Straftaten der Kölner Silvesternacht wird ein mehrdimensionaler Ansatz vorgestellt, der verschiedene allgemeine und situationsspezifische Risikofaktoren der Tätergruppe berücksichtigt. (Egg 2017)

Interessant an diesem Beispiel ist die thematische Zerlegung von Ereignisaspekten, der Quellenbezug zu Dokumenten der Justiz und der Politik sowie die Frage nach Anwendungsbezügen, vor allem Fragen der Prävention im Hinblick auf bestimmte Personengruppen.

Die beiden wissenschaftlichen Texte sind für Fragen der Diskursorganisation vor allem in zweierlei Hinsicht interessant. Zum einen zeigen sie Diskurs-Verzweigungen, die „gewöhnliche" Leser*innen normalerweise wohl nicht zu Gesicht bekommen. Sie zeigen zum anderen eine reflexive, analytische Nutzung von Text-Beiträgen im Diskurs (Medienberichterstattung; Strafanzeigen), deren Befunde dann wiederum in den Diskurs eingespeist werden, hier mit deutlichen Anwendungsbezügen (Prävention; Empfehlungen für Formen der Berichterstattung).

2.4 Thematische Aspekte der Kölner Silvesternacht: Teilthemen und Bezüge in thematischen Netzen

Die Ereignisse der Kölner Silvesternacht standen und stehen in vielfältigen thematischen Zusammenhängen, die in der folgenden Graphik in Grundzügen und ohne Anspruch auf Vollständigkeit verdeutlicht werden.

Die Abb. 6 zeigt nicht nur die Komplexität der thematischen Verzweigungen und der wechselseitig verbundenen thematischen Zusammenhänge, sie macht darüber hinaus auch deutlich, dass man eigentlich nicht ohne Weiteres von einem einheitlichen und thematisch homogenen Diskurs zum Thema „Kölner Silvesternacht" sprechen kann. Vielmehr fügen sich die Thematisierungen zu den Ereignissen der Kölner Silvesternacht ein in bereits früher bestehende Diskursstrukturen und thematische Stränge und Netze, sie tragen damit zur „Aktua-

Abb. 6: Thematische Bezüge von Aspekten der Ereignisse der Kölner Silvesternacht.

lisierung" und Akzentuierung bestimmter Diskursstränge bei, z. B. zu Teilthemen bzw. Topoi wie „kriminelle Ausländer" oder „Versagen von Regierungen".

2.5 Aspekte der Dynamik von Diskursen

Die Thematisierung der Ereignisse in der Kölner Silvesternacht weist – wie viele andere Diskurse auch – eine Reihe von Aspekten der Entwicklung und der Dynamik auf. Zu diesen dynamischen Aspekten gehören in erster Linie (a) zeitliche Aspekte, (b) Aspekte der thematischen Entwicklung, (c) Aspekte des Verhältnisses von traditionellen und digitalen Angeboten, (d) Fragen der regionalen Dynamik, (e) Frequenzerscheinungen.

(a) Im Hinblick auf Aspekte der zeitlichen Entwicklung kann man hervorheben, dass die erste Woche vor allem dem „Krisen-Management" gewidmet war. Es folgten Berichte über Aufklärungsversuche, in zeitlichem Abstand dann auch Berichte und Klagen über das enttäuschende Resultat der Aufklärungsbemühungen und der Strafverfolgung. Eine gewisse Kontinuität zeigten Beiträge zur Vergegenwärtigung des Erlebens und des Leids von Opfern.

(b) Ein weiterer Aspekt der Dynamik des Diskurses bezieht sich auf die Frage, wie sich einzelne Teilthemen und das Gefüge von Teilthemen insgesamt im Lauf der Zeit entwickelt haben. Teilthemen bzw. Teilfragen waren z. B. die Frage nach Tätergruppen, die Frage nach der „Organisiertheit" von Tätern, die Frage nach dem „verwirkten Gastrecht", die Frage nach der Rolle und den Schwächen der Polizei usw. Manche dieser Teilthemen sind wiederum eingebettet in unabhängige, selbstständige Themenstränge wie z. B. die Polizeikritik, die neben kritischen strukturellen Punkten wie „Rechtsextremismus in der Polizei" und Aspekten wie Unterbezahlung auch ereignisspezifische Diskussionspunkte mit umfasst. Die Thematisierung solcher Punkte stellt ein variables und dynamisches Gefüge von Teilthemen dar, dessen Analyse und Visualisierung eine eigene Aufgabe ist.

(c) Im Hinblick auf die Dynamik des Verhältnisses von „traditionellen" und digitalen Angeboten kann man, wie oben schon ausgeführt, festhalten, dass traditionelle Medienangebote nach wie vor wesentliche Komponenten der Behandlung und Verhandlung diskursiver Teilthemen sind und dass sie in vielen Fällen entweder als digitale Parallel-Angebote (z. B. Zeitungen) oder in Form von medialen Zweitverwertungen (z. B. Fernsehen, YouTube) auch überzeitlich verfügbar sind. Damit ändert sich die „Daten-Struktur" von Diskurs-Grundlagen in entscheidender Weise. Das gilt auch für viele Medienangebote zu den Ereignissen der Kölner Silvesternacht: Fernsehsendungen, Interviews, Hörfunkbeiträge usw. sind mit geeigneten Suchen auch lange nach der Erstveröffentlichung noch auffindbar und nutzbar.

Waren Medienangebote zu Diskursthemen auch z. B. in den 1970er Jahren schon unübersichtlich und für Einzelpersonen kaum zu überschauen, so hat sich dieses Problem mit den digitalen Medien und vor allem auch mit der Internationalisierung und Globalisierung bestimmter Themen erheblich verschärft. Man denke etwa an die weit verzweigten Diskussionen zu den thematischen Facetten des Klimawandels. Auch diese Entwicklungen sind geeignet, die Einheit „Diskurs" als zentrale Forschungseinheit zu problematisieren.

(d) Diskursthemen weisen vielfach eine regionale Verteilungsstruktur und eine darauf bezogene Entwicklungsdynamik auf. Sie kann großräumig sein wie z. B. Fragen zur Europäischen Union, einer in Europa abgestimmten Flüchtlingspolitik oder Aspekte einer international koordinierten Impf-Strategie in den Corona-Diskursen. Aber auch kleinräumigere Verhältnisse können Besonderheiten der diskursiven Entwicklung mit bedingen, wenn z. B. die schulischen Verhältnisse in einer Stadt von Schülerinnen und Schülern zum Anlass genommen werden, die Diskussion um eine stärkere, gerechtere und schnellere Digitalisierung im Bildungssektor zu intensivieren und spezifische Forderungen zu stellen und argumentativ zu untermauern, so geschehen im Februar 2021 in Marburg. Im Hinblick auf die Ereignisse der Kölner Silvesternacht waren regionale Diskussionsschwerpunkte unter anderem die Entscheidungen der Landesregierung Nordrhein-Westfalens und das Handeln der örtlichen Polizeibehörden, in der Folgezeit dann auch die Frage nach Maßnahmen der Prävention in Köln.

(e) Schließlich gehören zu den Aspekten der Diskursdynamik auch Fragen der Frequenzentwicklung, die sich auf einzelne Teilthemen, Topoi, Argumentationsformen und auch auf sprachliche Mittel beziehen lassen.[6] Solche Fragen sind im Hinblick auf den Gebrauch von Wörtern durch die Anwendung digitaler Verfahren, z. B. Wortverlaufskurven, inzwischen gut zu beantworten, aber nur dann, wenn die entsprechenden Wörter nicht polysem und wenn sie in digital verfügbaren Texten enthalten sind. Die Bezeichnung „Kölner Silvesternacht" war und ist z. B. gut verfestigt als eine Art Adress-Terminus für die Ereignisse in Köln vor dem Hauptbahnhof in der Silvesternacht 2015/16. Ein Ausdruck wie „Gastrecht" ist ebenfalls spezifisch für Diskurse um Einwanderung, Flüchtlingspolitik, Asyl usw., aber er ist nicht spezifisch für den Diskurs zu den Ereignissen der Kölner Silvesternacht. Schwieriger ist es, die Frequenz einzelner Teilthemen, Argumentationsformen und Topoi und ihre Entwicklung in einem bestimmten Zeitraum für große Datenmengen zu bestimmen. Denn die Möglichkeiten der sprachlichen Formulierung sind vielfältig und auch nicht immer in einer Weise vorhersehbar, als dass man gezielte Suchstrategien entwickeln und anwenden könnte. Ich will das am Gastrecht-verwirkt-Topos kurz veranschaulichen.

Im Forum zur TV-Kritik über die Maischberger-Sendung heißt es in einem Beitrag: „Der Gast der sich (...) nicht an die geschriebenen UND ungeschriebenen Regeln (...) hält, verliert sein Gast-Recht". Dabei wird vorausgesetzt, dass Formen der Kriminalität, wie sie in der Kölner Silvesternacht vorgekommen sind, ein Fall von „sich nicht an die Regeln halten" ist. Dieser Topos wurde in politischen Verlautbarungen früh verwendet, so z. B. am 6. Januar von der Bundeskanzlerin, später auch von Sahra Wagenknecht und anderen. Weniger häufig waren und sind demgegenüber Einsprüche gegen die Denkfigur vom verwirkten Gastrecht. So hat etwa Klaus-Peter Lehmann auf imdialog.org, einer Plattform des Evangelischen Arbeitskreises für das christlich-jüdische Gespräch in Hessen, im April 2016 einen Beitrag mit dem Titel „Gegen das populistische Gerede vom Gastrecht der Flüchtlinge. Gedanken zu Gastlichkeit und Politik"[7] veröffentlicht. Die zentrale These ist, dass „Gastrecht" kein belastbarer Rechtsbegriff sei, der in der Diskussion um Fragen der Flüchtlingspolitik herangezogen werden könne.

---

6 Vgl. dazu auch Jung 1994.
7 imdialog.org/bp2016/02/06.html (04.03.2021).

Klaus-Peter Lehmann

Gegen das populistische Gerede vom Gastrecht der Flüchtlinge. Gedanken zu Gastlichkeit und Politik

Das politische Gerede vom Gastrecht

Das Gastrecht ist in die Politik geraten, in den gesellschaftspolitischen Diskurs über den Umgang mit Flüchtlingen. Alle Politiker, von Angela Merkel bis Sara Wagenknecht, sind sich einig, dass mehr oder weniger schwer **straffällig** gewordene Asylbewerber ihr „**Gastrecht verwirkt**" hätten. Weshalb ist das Populismus und genau besehen auch schlimme Demagogie und Volksverführung? Weil mit diesem Satz die sexistische Gewalt gegen weibliche Personen in eine Gewalttat gegen Deutschland **umgedeutet** wird. Das „verwirkte Gastrecht" beinhaltet eine fast unmerkliche Verführung zu dumpfem Nationalismus, die eine **Verrohung der Debatte um die Asylpolitik** impliziert, weil sie hoch emotionalisiert **jenseits der Rechtsstaatlichkeit** und der Grundrechte geführt wird, an die unsere Politiker eigentlich gebunden sind.

Gastrecht ist kein Rechtsbegriff. Kein Paragraph der deutschen Rechtsordnung kennt ihn. (...) (April 2016; imdialog.org/bp2016/02/06.html; 04.03.2021; Herv. TG)

Ich habe diesen Beitrag gefunden, weil ich gezielt nach den beiden Stichwörtern „Gastrecht" und „verwirkt" gesucht habe. Dieses Beispiel wirft die Frage nach der kommunikativen Reichweite von Medienangeboten und nach der „Findbarkeit" von Diskursbeiträgen auf. Damit verbunden ist auch die Frage nach dem Stellenwert bestimmter Argumente und Gesichtspunkte im thematischen „Haushalt" zu bestimmten Streitfragen. Wenn man Argumente und Gegenargumente nur katalogisiert, dann wird nicht deutlich, dass sie z. T. in unterschiedlicher Frequenz und in Medien mit ganz unterschiedlicher Reichweite vorkommen können. Und auch ihre sequentielle Stellung in Diskussionszusammenhängen gerät dabei leicht aus dem Blick.

Die vorstehenden Beobachtungen zu einem kleinen Ausschnitt aus dem Diskurs zur Kölner Silvesternacht sollte eine Reihe von prinzipiellen Punkten der Strukturierung und der Entwicklungsdynamik veranschaulichen, die gleichzeitig der Ausgangspunkt für eine Reihe von prinzipiellen Überlegungen zu Strukturaspekten, zu Fragen der Entwicklungsdynamik und zu Möglichkeiten der Analyse hybrider Diskurse sein sollen, denen ich mich nun zuwende.

3 Hybride Diskurse: Strukturaspekte, Entwicklungsdynamiken, methodische Herausforderungen

Ich rekapituliere kurz den Ausgangspunkt: Thematische Diskurse sind heute mehrheitlich medial hybrid organisiert. „Traditionelle" Medienangebote (z. B. Zeitungen, Fernsehen, Hörfunk, Magazine) spielen – neben „born digital"-Angeboten – nach wie vor eine wichtige Rolle im Themenhaushalt von Diskursen. Zusätzlich zu ihrer Rolle in jeweils „aktuellen" Phasen der Themenentwicklung gehen „traditionelle" Medienangebote nach ihrer Erstveröffentlichung oft in einer parallel erschienenen digitalen oder danach digitalisierten Form (z. B. Fernsehbeitrag als YouTube-Angebot) in den „Kosmos" der digital verfügbaren Angebote ein, für den erweiterte Formen der Suche, der Zugänglichkeit, der intertextuellen Vernetzung und der Findbarkeit zur Verfügung stehen.

Eine konzeptuelle Systematisierungsaufgabe, die sich daraus ergibt, besteht u. a. darin zu bestimmen, welche Rolle die einzelnen Medienangebote und ihre Teile in spezifischen Diskursen spielen und wie das Zusammenspiel von traditionellen, digitalen und digitalisierten Medienangeboten zu bestimmten Zeitpunkten im Diskurs und im zeitlichen Längsschnitt „funktioniert". Eine nützliche Vergleichsperspektive ist dabei die Frage, was sich mit der zunehmenden Digitalisierung seit Mitte der 1990er Jahre verändert hat und welche Konsequenzen das für methodische Fragen, Analyseverfahren und Strategien der Ergebnisdarstellung und -dokumentation hat.

Thesenartig kann man folgendes Bild zeichnen, in dem der Diskursbegriff gegenüber einzelnen kommunikativen „Komponenten" in ihren unterschiedlichen Konstellationen an Gewicht verloren hat.

1. Die diskursive Verhandlung von (strittigen) Themen und Teilthemen findet in medial **hybriden** Räumen statt. „Traditionelle" und digitale Medienangebote werden gleichermaßen dafür verwendet; zur Dynamik gehört es, dass traditionelle Angebote nach ihrer Erstveröffentlichung vielfach in digitalisierter Form weiterhin angeboten und genutzt werden können.

2. Für die **Kommunikationsteilnehmer*innen** ist die gesamte Thematisierung einzelner Punkte und Teilfragen nicht zu überblicken. Was einzelne Personen wahrnehmen können, sind Ausschnitte der Thematisierung in bestimmten Medien, darüber hinaus können sie eine mehr oder weniger gute Teil-Übersicht über den Bestand von Argumenten auf den unterschiedlichen Seiten bekommen.

3. Im Hinblick auf die **Analyse** diskursiver Erscheinungen kann man (mindestens) drei Ebenen unterscheiden:
a) den **Verlauf** der Interaktionen mit unterschiedlichen Beiträgen und Medienangeboten, mit den dabei vollzogenen kommunikativen Handlungen und den dafür genutzten digitalen Techniken wie z. B. Verlinkung, Hashtags sowie der dabei entstehenden vielfach polylogen und antagonistischen Interaktions-, Koalitions- und Lagerbildungsstrukturen, die zwar auf individuellem Handeln beruhen, als Resultat aber überindividuell sind;[8]
b) die **Rekonstruktion von Strukturen und Entwicklungen** der argumentativen Substanz in ihren Grundzügen, die auf der Analyse ausgewählter Interaktionen und Medienangebote stattfinden muss;
c) die netzwerkartige Struktur von **Teilperspektiven** eines Diskursgegenstandes (z. B. Kölner Silvesternacht *und* Polizeikritik; Kölner Silvesternacht *und* straffällige Flüchtlinge; Kölner Silvesternacht *und* sexuelle Gewalt gegen Frauen), von denen jede wiederum in thematischen Bezügen zu Teilperspektiven anderer Diskursgegenstände steht (z. B. sexualisierte Gewalt gegen Frauen in unterschiedlichen Bereichen des Kulturschaffens wie der Filmindustrie, der Oper, des Ballets).

4. Man ist versucht, die thematische **Einheit eines Diskurses** als Grundbegriff ganz **aufzugeben**. An seine Stelle träte das Bild einer komplex strukturierten und in der Zeit sich entwickelnden Thematisierungs-Dynamik, bei der unterschiedliche Gegenstände (z. B. Kölner Silvesternacht), ihre Teilperspektiven und Themen-Komponenten (z. B. Polizeikritik) komplexe und sich in der Zeit „fortwälzende" und weiterentwickelnde thematische Netze bilden. Im Kern ist dies keine neue, durch die Digitalisierung hervorgerufene Eigenschaft der Diskurslandschaft, sondern eher eine andere Betrachtungsweise, die aufgrund der interaktionalen und thematischen Komplexität hybrider Diskursräume jetzt näher liegt als noch im 20. Jahrhundert.

5. Wenn unter (3a) gesagt wurde, dass Diskursstrukturen auf individuellen, interaktionalen Grundlagen beruhen, dann muss dies ergänzt werden durch den Hinweis auf **Plattform-Logiken** und jeweils spezifische mediale Möglichkeiten des kommunikativen Handelns (z. B. in Foren; vgl. Kaltwasser 2019). Hinzu kommt die Tatsache, dass z. B. Such-**Algorithmen** das kommunikative

---

8 Vgl. hierzu u. a. Marcoccia 2004; Lewiński 2011; Kaltwasser 2021.

Angebot und seine Anzeige mit strukturieren können und dass auch nichtmenschliche „Akteure" wie **Chat-Bots** interaktiv in Erscheinung treten können.[9]

6. Eine offene Frage ist auch, ob und wie hermeneutisch orientierte Formen der Interaktionsanalyse sinnvoll kombiniert werden können mit verschiedenen automatischen, quantitativen, korpuslinguistischen oder auch mit informatiknahen Verfahren, die aber „linguistisch uninformiert vorgehen" wie z. B. Verfahren des Textmining (Bubenhofer 2018, 17). Dabei ist es v. a. im Hinblick auf sog. Black Box-Verfahren eine brisante Frage, ob sie über Resultate zu bestimmten Erscheinungen (z. B. Netzwerkstrukturen) hinaus auch einen Beitrag zu unserem Verständnis des Sprachgebrauchs und der Interaktionsstrukturen in hybriden Diskursen beitragen können oder nicht (vgl. dazu Bubenhofer 2018: 24 und These 2).

7. Mit den Analyseverfahren hängen Fragen der Nutzbarkeit unterschiedlicher Darstellungsformen und ihrer Kombinierbarkeit für die Zwecke der Dokumentation von Diskursstrukturen, Interaktionszusammenhängen und -profilen, thematischen Netzwerken aus der Vogelperspektive und Formen der interaktionalen Themenentwicklung in einer Mikroperspektive, regionalen und thematischen Schwerpunkten, von Befunden zu einzelnen medialen Bereichen, zu Fragen der Entwicklungsdynamik usw. sehr eng zusammen. Es erscheint geboten, im Rahmen der Methodenreflexion auch der Frage nach unterschiedlichen Darstellungs- und Dokumentationsformen und ihrer funktionalen Reichweite großen Stellenwert einzuräumen.[10]

8. Die Frage nach dem Verhältnis einer individuellen Perspektive, die handelnde Personen im Vordergrund sieht, und einer überindividuellen Perspektive, die emergente Diskursstrukturen und -dynamiken betrachtet, führt auch zur Frage nach unterschiedlichen individuellen Strategien und Ge-

---

9 Auch Plattformen wie Foren, Suchalgorithmen wie die von Google oder Chat-Bots beruhen natürlich auf einem von Menschen entworfenen Design, ihre Wirksamkeit entfalten sie aber auch ohne die ursprünglichen Ersteller.

10 Vgl. Fritz 2016: Abschnitt 1.7. Als Vergleichsobjekt kann man auch die Studie von Fritz (2020) zu „Darstellungsformen in der historischen Semantik" heranziehen. Im Hinblick auf den Wortgebrauch in Diskursen sind neben den oben genannten Arbeiten der Düsseldorfer Schule vor allem die Arbeiten von Heidrun Kämper zu nennen, die monographische diskursgeschichtliche Analysen mit dem Format „Diskurswörterbuch" koordiniert (z. B. Kämper 2012 und 2013 zum Demokratie- bzw. Protestdiskurs der späten 1960er Jahre; vgl. auch die digitalen Fassungen der Wörterbuchkomponenten auf https://www.owid.de/).

wohnheiten der Medienrezeption und der medialen Beteiligung an der Diskussion unterschiedlicher Diskursthemen. Dabei kann man fragen:
- Wer trägt bzw. welche Personengruppen tragen als Beiträger*innen was und wie bei zu einzelnen Diskursthemen?
- Wer (Individuen, Gruppen) nutzt welche Medien und welche Nutzungsgewohnheiten sind dabei beobachtbar? Damit verbunden: Wer sieht welche Beiträge und welche Ausschnitte der diskursiven Thematisierung?
- Was sind dabei jeweils individuelle Ziele und Interessen?
- Wie hängen individuelle Sichtweisen und globalere Strukturen zusammen? Hierzu gehören auch die Erscheinungen, die unter Stichwörtern wie „Filterblasen", „Echokammern" oder „digitaler Tribalismus" diskutiert werden, aber auch grundlegende Befunde zur „Realität der Massenmedien" bzw. zur „Medienrealität" (Schulz 2011, Kap. 4) lassen sich diesem Aspekt zuordnen.

9. Zum Schluss möchte ich noch einen Aspekt erwähnen, der sich auf historische Traditionen und Verlängerungen von Diskursthemen bezieht. Themen wie z. B. Einwanderung, Migration, Integration haben eine lange Geschichte, aber sie wurden z. T. in sehr unterschiedlichen medialen Umgebungen diskutiert. Die Diskussion um die bürgerliche Emanzipation der jüdischen Bevölkerung im 19. Jahrhundert und die damit verbundenen Streitfragen der Integration und der Akkulturation fanden natürlich ohne den Hörfunk, das Fernsehen, das Internet statt, politische Magazine gab es noch nicht, das Gefüge der damals verfügbaren Darstellungsformen in den Zeitungen des 19. Jahrhunderts ist mit neueren Verhältnissen nicht zu vergleichen. Daraus erwächst die Aufgabe, die historische Entfaltung von Diskursthemen im zeitlichen Längsschnitt immer auch zu verbinden mit der Charakterisierung der medialen Landschaften und ihrer zunehmenden Anreicherung mit neuen medialen Möglichkeiten, etwa bei der Entstehung und der Verbreitung des Hörfunks in der ersten Hälfte des 20. Jahrhunderts.

4 Fazit und Ausblick

In diesem Beitrag habe ich versucht, das Konzept der Hybridität gegenwärtiger Diskurse zu erläutern und konzeptuelle und methodische Konsequenzen zu besprechen, die sich daraus ergeben. Ich bin ausgegangen von der exemplarischen Analyse eines Ausschnitts der diskursiven Thematisierung von Ereignissen in der Kölner Silvesternacht 2015/16 in einer medial hybriden Konstellation. Ich habe die Befunde dann dafür genutzt, um die „Einheit" von Diskursen zu problematisieren und stattdessen Netzwerke von Diskurs-Gegenständen, Perspektiven ihrer

Thematisierung und sich daraus ergebende Formen der thematischen Vernetzung sowie Formen der Interaktion in unterschiedlichen medialen Umgebungen in den Mittelpunkt zu stellen. Darüber hinaus spielte auch das Verhältnis von individueller Partizipation und der Entstehung überindividueller Strukturen eine wichtige Rolle. Dieses Bild ist und bleibt insofern dynamisiert, als diese Netzwerke von Diskursgegenständen, Teilthemen und Interaktionsformen sich im zeitlichen Längsschnitt entwickeln und ggf. verändern, das ist ein wesentlicher Kern auch der traditionellen Diskursforschung.

Eine wichtige Frage ist aber, inwiefern und wie sich die Formen der Dynamik unter den Bedingungen hybrider Diskurse verändert haben.

Eine zentrale Aufgabe ist es deshalb, das Zusammenspiel und die Dynamik der koordinierten Nutzung digitaler und traditioneller Medien in weiteren Fallstudien und in Bezug auf weitere Diskursthemen zu analysieren und zu beschreiben.

Literatur

Arendt, Florian, Hans-Bernd Brosius & Patricia Hauck. 2017. Die Auswirkung des Schlüsselereignisses „Silvesternacht in Köln" auf die Kriminalitätsberichterstattung. *Publizistik* 62(2). 135–152. DOI: 10.1007/s11616-017-0322-z.

Böke, Karin, Matthias Jung & Martin Wengeler (eds). 1996. *Öffentlicher Sprachgebrauch. Praktische, theoretische und historische Perspektiven; Georg Stötzel zum 60. Geburtstag. Unter Mitarbeit von Georg Stötzel*. Opladen: Westdeutscher Verlag.

Bubenhofer, Noah. 2018. Wenn „Linguistik" in „Korpuslinguistik" bedeutungslos wird. Vier Thesen zur Zukunft der Korpuslinguistik. *Osnabrücker Beiträge zur Sprachtheorie* (OBST) 92. 17–30.

Bucher, Hans-Jürgen (ed.). *Medienkritik*. Köln: Herbert von Halem Verlag.

Busse, Dietrich & Wolfgang Teubert. 1994. Diskurs ein sprachwissenschaftliches Objekt? Zur Methodenfrage der historischen Semantik. In Dietrich Busse, Fritz Hermanns & Wolfgang Teubert (eds.), *Begriffsgeschichte und Diskursgeschichte. Methodenfragen und Forschungsergebnisse der historischen Semantik*, 10–28. Opladen: Westdeutscher Verlag.

Busse, Dietrich & Wolfgang Teubert. 2013. *Linguistische Diskursanalyse: neue Perspektiven*. Wiesbaden: Springer VS (Interdisziplinäre Diskursforschung).

Dreesen, Philipp & Peter Stücheli-Herlach. 2019. Diskurslinguistik in Anwendung. Ein transdisziplinäres Forschungsdesign für korpuszentrierte Analysen zu öffentlicher Kommunikation. *Zeitschrift für Diskursforschung* 2(2019). 123–162.

Eder, Franz. 2006. *Historische Diskursanalysen. Genealogie, Theorie, Anwendungen*. Wiesbaden: VS Verlag für Sozialwissenschaften.

Egg, Rudolf. 2017. Kölner Silvesternacht 2015. *Forensische Psychiatrie, Psychologie, Kriminologie* 11(4). 296–303. DOI: 10.1007/s11757-017-0439-y.

Elter, Andreas. 2010. *Bierzelt oder Blog? Politik im digitalen Zeitalter*. Hamburg: Hamburger Ed.

Fraas, Claudia, Stefan Meier & Christian Pentzold (eds.). 2013. *Online-Diskurse. Theorien und Methoden transmedialer Online-Diskursforschung*. Köln: Herbert von Halem Verlag (Neue Schriften zur Online-Forschung 10).

Fritz, Gerd. 2016. Zur linguistischen Analyse von Diskursen. Eine handlungstheoretische Perspektive. *Beiträge zur Texttheorie und Diskursanalyse* (Linguistische Untersuchungen, 09). Gießen: Universitätsbibliothek. 7–44. Online verfügbar unter: http://geb.uni-giessen.de/geb/volltexte/2016/12024/.

Fritz, Gerd. 2020. *Darstellungsformen in der historischen Semantik*. Gießen: Universitätsbibliothek (Linguistische Untersuchungen, 14). Online verfügbar unter: http://geb.uni-giessen.de/geb/volltexte/2020/15084/.

Gredel, Eva. 2018. *Digitale Diskurse und Wikipedia. Wie das Social Web Interaktion im digitalen Zeitalter verwandelt*. Tübingen: Narr Francke Attempto (Dialoge).

Gredel, Eva & Ruth M. Mell. 2015. Digitale Ressourcen und ihr Potential für korpuslinguistisch informierte Diskursanalysen. *Zeitschrift für germanistische Linguistik* 43(2). 352–357. DOI: 10.1515/zgl-2015-0018.

Jung, Matthias. 1994. *Öffentlichkeit und Sprachwandel. Zur Geschichte des Diskurses über die Atomenergie*. Wiesbaden: VS Verlag für Sozialwissenschaften.

Kämper, Heidrun. 2012. *Aspekte des Demokratiediskurses der späten 1960er Jahre*. Berlin & Boston: De Gruyter.

Kämper, Heidrun. 2013. *Wörterbuch zum Demokratiediskurs 1967/68*. Berlin & Boston: Akademie Verlag/De Gruyter.

Kaltwasser, Dennis. 2019. *Forenkommunikation in Onlinezeitungen – Pressekommunikation im medialen Wandel*. Gießen: Universitätsbibliothek (Linguistische Untersuchungen, 13). Online verfügbar unter http://geb.uni-giessen.de/geb/volltexte/2019/14812/.

Kaltwasser, Dennis. 2021. Kommunikationsanalytische Ansätze zur Beschreibung diskursiver Lagerbildung in der Corona-Krise. *Lublin Studies in Modern Languages and Literature* 45 (2). 39–51. DOI:10.17951/lsmll.2021.45.1.39-51

Lewiński, Marcin. 2011. The Collective Antagonist. Multiple Criticism in Informal Online Deliberation. In Frans van Eemeren, Bart Garssen, David Godden & Gordon Mitchell (eds.), *The Seventh Conference of the International Society for the Study of Argumentation*, 1089–1101. Amsterdam: SicSat.

Marcoccia, Michel. 2004. On-line polylogues: conversation structure and participation framework in internet newsgroups. *Journal of Pragmatics* 36(1). 115–145. DOI: 10.1016/S0378-2166(03)00038-9.

Marx, Konstanze, Henning Lobin & Axel Schmidt (eds.). 2020. *Deutsch in Sozialen Medien. Interaktiv, multimodal, vielfältig*. Berlin: De Gruyter (Jahrbuch des Instituts für Deutsche Sprache 2019).

Pentzold, Christian. 2020. Mediendiskursanalyse: Programm und Perspektive der Critical Discourse Analysis. In Hans-Jürgen Bucher (ed.), *Medienkritik*, 21–38. Köln: Herbert von Halem Verlag.

Rambukkana, Nathan. 2015. *Hashtag publics. The power and politics of discursive networks*. New York: Peter Lang (Digital formations 103).

Roth, Kersten Sven & Carmen Spiegel (eds.). 2013. *Angewandte Diskurslinguistik. Felder, Probleme, Perspektiven*. Berlin: Akademie Verlag (Diskursmuster – Discourse patterns 2).

Schulz, Winfried. 2011. *Politische Kommunikation*. Wiesbaden: VS Verlag für Sozialwissenschaften.

Stötzel, Georg & Martin Wengeler (eds.). 1995. *Kontroverse Begriffe*. Berlin: De Gruyter.

Vogel, Friedemann & Fabian Deus (eds.). 2020. *Diskursintervention. Normativer Maßstab der Kritik und praktische Perspektive zur Kultivierung öffentlicher Diskurse*. Wiesbaden: Springer VS.

Wengeler, Martin. 2003. *Topos und Diskurs. Begründung einer argumentationsanalytischen Methode und ihre Anwendung auf den Migrationsdiskurs (1960–1985)*. Tübingen: Niemeyer.

Wengeler, Martin. 2005. *Sprachgeschichte als Zeitgeschichte*. Hildesheim: Georg Olms (Germanistische Linguistik 180/181).

Wengeler, Martin & Alexander Ziem (eds.). 2018. *Diskurs, Wissen, Sprache. Linguistische Annäherungen an kulturwissenschaftliche Fragen*. Berlin & Boston: De Gruyter (Sprache und Wissen 29)

Teil II: **Ethische und rechtliche Aspekte**

Janine Luth, Konstanze Marx, Christian Pentzold
Ethische und rechtliche Aspekte der Analyse von digitalen Diskursen

1 Einleitung: Digitale Diskursanalyse in normativ-regulativer Perspektive

Die Beschäftigung mit digitalen Diskursen operiert in vielgestaltigen medialen Sphären und greift auf Material aus sehr diversen kommunikativen Konstellationen zu. Die für sie relevanten Korpora generieren sich aus Diskursfragmenten, die sich im Grad ihrer Öffentlichkeit und Zugänglichkeit, ihres professionellen oder partizipativen Entstehungszusammenhangs, ihrer politischen Relevanz oder sozialen Akzeptabilität unterscheiden. Eine solche Ausgangslage wirft unweigerlich rechtliche und ethische Aspekte der Analyse digitaler Diskurse auf, die in diesem Kapitel diskutiert werden. Dazu werden zunächst die grundlegenden juristischen Aspekte und ethischen Axiome identifiziert. Im Anschluss werden forschungspraktische Handlungsoptionen und Entscheidungswege für ausgewählte digitale vernetzte Kommunikationsformen skizziert. Das Kapitel schließt mit Empfehlungen für eine rechtlich und ethisch reflektierte Datenerhebung.

In den vorangegangenen Kapiteln wurde deutlich, dass die Erforschung digitaler Gegenstände mit entsprechend dafür entwickelten neuen oder angepassten bestehenden Methoden mit ethischen und rechtlichen Fragen unweigerlich verknüpft ist. Die Thematisierung dieser Fragen ist insofern von besonderer Bedeutung, als dass Diskursen bei der Vermittlung zwischen rechtlichen und ethischen Fragen eine Schlüsselrolle zukommt. Diskurse sind die Aushandlungsinstanz für die Verzahnung von Recht und Ethik. Sichtbar- und Zugänglichkeit des digitalen Diskurses (siehe zu den Eigenschaften zusammenfassend etwa Meier-Vieracker in diesem Band) sind Bedingungen für diese Aushandlungsprozesse.

In diesem Kapitel stehen wir nun aber vor der Aufgabe, die Untersuchung dieses digitalen Diskurses wiederum unter rechtlichen und ethischen Aspekten in den Blick zu nehmen, blenden also die auf der Objektebene konstatierte Funktion für die Aushandlungen von Recht und Ethik zugunsten einer Betrachtung auf der Metaebene aus analytischen Gründen aus.

Rechtliche Aspekte kommen z. B. immer dann ins Spiel, wenn Bild- und Schriftzeichen (oder ggf. auch Tondokumente) als Belege angeführt werden sollen, ohne dass die urhebenden Personen um ihr Einverständnis gebeten werden können. Soweit dies über das wissenschaftliche Zitat zunächst noch recht unkompliziert abgedeckt zu sein scheint, stellt sich dann aber auch die Frage, ob es ethisch vertretbar ist, Personen in einen wissenschaftlichen Rezeptionskreislauf zu setzen, den sie weder gewünscht noch erwartet haben. Weitere Fragen stehen an, wenn es um den Korpusaufbau mit digitalen oder digitalisierten Daten geht. Welche Daten dürfen zu einem solchen Korpus zusammengeführt werden? Wo, für wen und unter welchen Bedingungen sollte es zugänglich gemacht werden? Ethische und rechtliche Fragestellungen beziehen sich also auch auf die Bereiche Datenspeicherung, Datennutzbarkeit und Datentransparenz.

Im Blick auf dieses Problemfeld hat das Kapitel zum Ziel, ethische und rechtliche Fragen zu bündeln und zu diskutieren, anhand digitaler vernetzter Kommunikationsformen beispielhaft darzustellen und Vorschläge zu unterbreiten, wie mit spezifischen ethisch-rechtlichen Problemstellungen konkret umgegangen werden kann.

Die Beschäftigung mit den rechtlichen und ethischen Herausforderungen der Analyse digitaler Diskurse steht vor einem Dilemma: Auf der einen Seite gibt es das berechtigte Interesse, so konkret und aktuell wie möglich Antworten auf die Frage zu finden, wie juristisch konform und ethisch integer agiert werden kann. Auf der anderen Seite macht es die Dynamik sowohl der technologischen Entwicklung als auch von Rechtsprechung bzw. Rechtsetzung unmöglich, längerfristig passgenaue Handreichungen oder Entscheidungsvorlagen anzubieten. Allzu schnell kann eine einmal gefundene Praxis veraltet sein und eine Neubewertung der Situation und ihres normativen wie regulativen Kontexts erforderlich machen.

Die Diskussion dieses Kapitels navigiert folglich zwischen Konkretion hinsichtlich daten- und plattformenindizierter Spezifika und Abstraktion im Sinne allgemein anwendbarer Heuristiken. Dabei sind die Veränderbarkeit und Kontextgebundenheit rechtlicher und ethischer Bewertungen und Entscheidungen natürlich anzuerkennen. Diese Bewertungen und Entscheidungen stehen in der Spannung von axiomatischen Forderungen und deren stets prekären – weil diskutier- und revidierbaren – Einlösung. Die entsprechenden normativen, als universell angesehenen Prinzipien umfassen allgemeine Menschenrechte, den Schutz der Menschenwürde, das Recht auf (informationelle) Selbstbestimmung sowie die Sicherheit und Schutzwürdigkeit der Person (Ess 2009 und Hudson & Bruckman 2004). Sie bilden das ethisch-rechtliche Grundvokabular, welches stets unter den vorliegenden Bedingungen einer Studie forschungspraktisch ausbuchstabiert werden muss. Dazu bestehen institutionelle Vorkehrungen und Mechanismen, etwa in Form von Ethikkommissionen und *institutional review boards* (Buchanan & Ess 2009 und Eynon, Fry & Schroeder 2008). Sie orientieren sich in ihrer Arbeit neben akademischen Statuten und Empfehlungen wissenschaftlicher Kommissionen an Rechtsordnungen wie dem Persönlichkeitsrecht, dem Urheberrecht und Datenschutzrechten. In dem Ansinnen, Forschungsvorhaben gemäß der angesetzten Standards und Verfahren zu prüfen und so deren juristische Konformität und ethische Plausibilität abzusichern, laufen diese Institutionen Gefahr, entweder zu überdeterminiert oder zu unterdeterminiert zu sein. Das heißt, die Vorgaben und Festlegungen können entweder zu starr ausfallen und damit die Offenheit des Forschungsprozesses über Gebühr beschneiden oder sie sind zu wenig bestimmt und liefern keine Orientierung, was genau getan und was nicht getan werden kann. Konkrete Orientierung liefern hier methodische Gütekriterien, mittels derer forschungsethische Überlegungen adressiert werden. Diese betreffen etwa die Objektivität und Integrität des wissenschaftlichen Prozesses und seiner Ergebnisse sowie die Berücksichtigung der informierten Einwilligung und Freiwilligkeit, der Nicht-Schädigung v. a. durch Zusicherung und Einhaltung von Anonymität und Vertraulichkeit (Hopf 2005).

2 Rechtliche Problemstellungen digitaler Diskursanalysen

Intuitiv ist bei der wissenschaftlichen Beschäftigung mit Datensammlungen bereits klar, dass Aspekte des Speicherns, des Weitergebens und vor allem auch des Veröffentlichens rechtliche Implikationen haben. Dennoch erscheinen rechtliche Aspekte bei der Erforschung von Daten aus Social-Media-Kommunikation (Nutzer*innen schreiben, ohne sich bewusst zu sein, dass sie wissenschaftliches Forschungsobjekt werden können, in einer öffentlichen Sphäre) sowie von digitalisierten Daten, die über einen längeren Zeitraum vorgehalten werden sollen, nicht erst seit dem Data-Mining-Paragraphen (UrhG § 60d) in Deutschland in gewisser Weise wie ein Störfaktor. Man könnte also überlegen, ob die Forschung zunächst durchgeführt und eine rechtliche Absicherung im Nachhinein herbeigeführt werden kann. Dies wäre ein gangbarer, aber rechtlich und ethisch fragwürdiger Weg, der den Forschungsaspekt in den Vordergrund rückt. Es ist ein Weg, der Gatto (2014: 64) zufolge allerdings lange überwiegend praktiziert wurde mit der Einschränkung, die gesammelten Daten zwar zu erforschen, aber nicht zu verbreiten.

Allerdings ist für viele Projekte mittlerweile Voraussetzung, dass die Datenspeicherung und Nachnutzbarkeit rechtlich abgesichert steht (Knuchel & Luth 2018). Folgende Fragen sind dabei zu klären: Was ist öffentlich? Wann müssen Daten anonymisiert werden? Inwiefern ist die Anonymisierung auch eine unzulässige Veränderung des Datums, etwa bei Bildern? Wer sind die Urheber*innen der Daten? Wer hat die Rechte an den Daten? Welche rechtlichen Konsequenzen können auf die Wissenschaftler*innen zukommen, wenn sie die Daten erheben, ohne die Urheber*innen in Kenntnis zu setzen? Wann genau sind die Urheber*innen in Kenntnis zu setzen und wie? Wofür können Wissenschaftler*innen haftbar gemacht werden? Welche Rechtsansprüche müssen erfüllt sein? Wo ist die jeweils zutreffende Rechtsgrundlage zu finden?

Knuchel und Luth (2018) schlagen vor, diese allgemeinen Fragen bei der digitalen Korpusanalyse in drei Leitfragen zu gliedern und sich diese vor Forschungsbeginn zu beantworten: 1.) Mit welchen Daten darf gearbeitet werden? 2.) Wie können Daten nachhaltig bereitgehalten werden? 3.) Soll überhaupt mit diesen Daten gearbeitet werden (oder stehen ethische Gründe dagegen und lassen sich andere, weniger sensible Daten finden)?

Die Basis, auf der rechtliche Fragen bei der Erhebung, Bearbeitung und Archivierung digitaler Daten relevant werden, sind die Urheberschaft und das Nutzungsrecht. Ein Text – ob gedruckt oder digital im Netz – hat eine*n oder mehrere Urheber*innen. Diese Urheber*innen haben ein unveräußerliches Urheberrecht an ihren Werken und können an diesen ein Nutzungsrecht einräumen. Das Urheberrecht hat zunächst eine natürliche Person inne. Das Nutzungsrecht wiederum könnte auch bereits auf eine juristische Person übergegangen sein, beispielsweise an ein Unternehmen. Es wäre demnach zu klären, ob zum Zeitpunkt der Datenerhebung das Nutzungsrecht bereits auf eine andere natürliche oder juristische Person übergegangen ist. Unter Umständen besteht die Möglichkeit, mit dem*der Rechteinhaber*in einen Vertrag über die Nutzung der Daten zu schließen. Hierbei lohnt sich ein Blick in das Data Mining Gesetz aus § 60d UrhG und der daraus erwachsenen Diskussion, ggf. ist die Form der Datenerhebung und Datennutzung bereits darüber gedeckt. Weiterer Spielraum könnte sich für Wissenschaftler*innen aus Art. 5 Abs. 3 GG, der Forschungsfreiheit ergeben (Rolfes & Wendel 2018). Schließlich wird auch die Frage der Nachnutzbarkeit juristisch verhandelt: Unter welchen Voraussetzungen dürfen Datenbanken, bestehend aus digitalen Daten, veröffentlicht und für andere Wissenschaftler*innen nutzbar gemacht werden? Letzteres wird in den meisten Fällen im Sinne der Nachhaltigkeit sogar als Anforderung an Forschungsprojekte formuliert.

Es handelt sich hier nicht um grundsätzlich neue Fragen, auch in der Arbeit mit traditionellen Printmedien oder belletristischer Literatur sind sie natürlich relevant. Für digitale Daten stellen sie sich insofern neu, als dass bei Social-Media-Plattformen, wie Instagram, Twitter, Facebook, Foren und der Wikipedia, die Nutzungsrechte vielfach nicht mehr bei der einzelnen schreibenden Person liegen, sondern bei den Unternehmen. So beschreiben de la Durantaye und Raue, dass in der analogen Welt die Kernfragen „oder Zugangsfragen im Urheberrecht" – wer darf ein Werk unter welchen Umständen nutzen? – „in der analogen Welt [...] selten problematisiert" wurden (2020: 83). Es muss auch bedacht werden, dass digitale Texte Ergebnisse kollaborativer Arbeitsprozesse sein können. Ein klassisches

Beispiel hierfür sind Wikipedia-Artikel, die von mehreren Autor*innen geschrieben und immer wieder, u. U. auch von neu dazukommenden Schreiber*innen, modifiziert werden.

Eine wichtige Bezugsgröße für die hier gestellten Fragen ist im deutschen Recht das Gesetz zur Angleichung des Urheberrechts an die aktuellen Erfordernisse der Wissensgesellschaft (§ 60d UrhG – Text und Data Mining für Zwecke der wissenschaftlichen Forschung), welches am 1. März 2018 in Kraft trat und zum 7. Juni 2021 in einer Neufassung in Kraft getreten ist (de la Durantaye & Raue 2020: 85). Das Gesetz ist im Zusammenhang mit § 44b UrhG-E zu sehen, welches bestimmt, wann das Mining zu kommerziellen Zwecken erlaubt ist (vgl. Heesen & Jüngels 2021: 45). Der Gesetzgeber hat sich entschieden, die kommerzielle und die wissenschaftliche Nutzung auseinanderzuziehen, was sowohl aus rechtlicher Perspektive als auch aus Sicht der wissenschaftlich Betroffenen sinnvoll erscheint (vgl. Heesen & Jüngels 2021: 45). Der Gesetzestext aus § 60d UrhG, der für die digitale Korpusanalyse relevant ist, lautet wie folgt:

(1) Vervielfältigungen für Text und Data Mining (§ 44b Absatz 1 und 2 Satz 1) sind für Zwecke der wissenschaftlichen Forschung nach Maßgabe der nachfolgenden Bestimmungen zulässig.

(2) Zu Vervielfältigungen berechtigt sind Forschungsorganisationen. Forschungsorganisationen sind Hochschulen, Forschungsinstitute oder sonstige Einrichtungen, die wissenschaftliche Forschung betreiben, sofern sie
   1. nicht kommerzielle Zwecke verfolgen,
   2. sämtliche Gewinne in die wissenschaftliche Forschung reinvestieren oder
   3. im Rahmen eines staatlich anerkannten Auftrags im öffentlichen Interesse tätig sind.

Nicht nach Satz 1 berechtigt sind Forschungsorganisationen, die mit einem privaten Unternehmen zusammenarbeiten, das einen bestimmenden Einfluss auf die Forschungsorganisation und einen bevorzugten Zugang zu den Ergebnissen der wissenschaftlichen Forschung hat.

(3) Zu Vervielfältigungen berechtigt sind ferner
   1. Bibliotheken und Museen, sofern sie öffentlich zugänglich sind, sowie Archive und Einrichtungen im Bereich des Film- oder Tonerbes (Kulturerbe-Einrichtungen),
   2. einzelne Forscher, sofern sie nicht kommerzielle Zwecke verfolgen.

(4) Berechtigte nach den Absätzen 2 und 3, die nicht kommerzielle Zwecke verfolgen, dürfen Vervielfältigungen nach Absatz 1 folgenden Personen öffentlich zugänglich machen:

1. einem bestimmt abgegrenzten Kreis von Personen für deren gemeinsame wissenschaftliche Forschung sowie
2. einzelnen Dritten zur Überprüfung der Qualität wissenschaftlicher Forschung.
3. Sobald die gemeinsame wissenschaftliche Forschung oder die Überprüfung der Qualität wissenschaftlicher Forschung abgeschlossen ist, ist die öffentliche Zugänglichmachung zu beenden.

(5) Berechtigte nach den Absätzen 2 und 3 Nummer 1 dürfen Vervielfältigungen nach Absatz 1 mit angemessenen Sicherheitsvorkehrungen gegen unbefugte Benutzung aufbewahren, solange sie für Zwecke der wissenschaftlichen Forschung oder zur Überprüfung wissenschaftlicher Erkenntnisse erforderlich sind.

(6) Rechtsinhaber sind befugt, erforderliche Maßnahmen zu ergreifen, um zu verhindern, dass die Sicherheit und Integrität ihrer Netze und Datenbanken durch Vervielfältigungen nach Absatz 1 gefährdet werden.

De la Durantaye und Raue (2020: 85) folgern, dass nach dem § 60d UrhG für die automatisierte Auswertung einer Vielzahl von Texten das Ursprungsmaterial automatisiert und systematisch vervielfältigt und das dabei entstehende Korpus öffentlich (unter bestimmten Voraussetzungen) zugänglich gemacht werden dürfen. Mit der Neufassung des § 60d UrhG erlaubt der Gesetzgeber auch die Aufbewahrung durch die Wissenschaftler*innen, solange wie die Daten benötigt werden. „Bisher müssen die Forscherinnen und Forscher alle Vervielfältigungen und das Korpus nach Abschluss der Forschungsarbeiten löschen. Zulässig ist jedoch eine Übermittlung an die Gedächtnisorganisationen aus §§ 60e und 60f UrhG, die die Korpora dann dauerhaft aufbewahren dürfen. Eine solche dauerhafte Aufbewahrung soll es nach dem Regierungsentwurf nicht geben. Die zur Forschung Berechtigten (mit Ausnahme der Einzelforscherinnen und -forscher) sollen in Zukunft ihre Korpora selbst aufbewahren dürfen. Allerdings gilt das nur solange, wie es zum Zweck der wissenschaftlichen Forschung oder der Überprüfung der Ergebnisse notwendig ist" (Heesen & Jüngels 2021: 48).

Heesen und Jüngels (2021: 50) kritisieren jedoch, dass der deutsche Gesetzgeber hinter den Möglichkeiten zurückbleibt, die sich durch das europäische Recht eröffnen (§ 60d UrhG ist eine Umsetzung der Richtlinie (EU) 2019/790 des Europäischen Parlaments und des Rates): „Es wird vertreten, dass ‚eine Überprüfung wissenschaftlicher Erkenntnisse' dauerhaft erforderlich sei. Ob sich so im Wege einer wörtlichen und teleologischen Auslegung argumentieren ließe, dass § 60d V UrhG-E eine dauerhafte Aufbewahrung gestattet, ist zweifelhaft." Die Aufbewahrenden sähen sich also weiterhin einer Rechtsunsicherheit gegenüber, so die beiden Autor*innen.

Neben dem Wunsch nach Sicherheit im Arbeiten mit den digitalen Daten stehen auch ethisch-rechtlich wichtige Frage nach Anonymisierungsvorgängen im Raum. Mit dieser Form hat man es zu tun, wenn Usernamen auftreten. Einen digital veröffentlichten Post zu anonymisieren, ist ein zweischneidiges Schwert: Zwar schützt dies die Person, weil Name und Profilbild nicht in einer wissenschaftlichen Publikation sichtbar sind, jedoch ist die Veröffentlichung des Posts dann unter Umständen nicht mehr durch das Zitationsrecht gedeckt, da in das Wort-Bild-Zitat eingegriffen wurde. Rechtlich wäre demnach zu empfehlen, keine Anpassungen in einem solchen Kommunikat vorzunehmen (vgl. auch Münch in Vorbereitung). Da darüber hinaus auch immer mehr Drittmittelgeber fordern, dass die Korpora nach Projektablauf langfristig archiviert werden, um eine weitere Nutzung auch durch Dritte sicherzustellen, wird ein Datenmanagement erforderlich und sollte ebenfalls rechtzeitig bei der Projektplanung bedacht werden (vgl. Apel, Föhles & Kratzke 2017).

Der rechtliche Rahmen scheint somit durch das Data Mining-Gesetz gute Möglichkeiten zur Forschung zu eröffnen, die jedoch in Teilen noch immer nicht die Rechtssicherheit bieten, die von den Forscher*innen gewünscht wird. Zudem scheinen die Nutzungsbedingungen der hier untersuchten Plattformen dieser grundsätzlichen Offenheit teilweise entgegenzustehen.

3 Ethische Problemstellungen digitaler Diskursanalysen

Durch die rechtlichen Voraussetzungen wird der Rahmen für die Erforschung digitaler Diskurse nicht vollständig abgesteckt. Notwendig ist zudem eine ethische Einordnung unserer Forschungshandlungen gerade dort, wo zwischenmenschliche Kommunikation in den Vordergrund rückt, die nicht explizit zum Zwecke der Forschung entsteht. Nachfolgend gehen wir auf die daraus resultierenden Implikationen ein.

Digitale Diskurse eröffnen Fragen nach den Bedingungen, Berechtigungen und Grenzen, um Korpora zusammenzustellen, zu sichern, auszuwerten und zu teilen. Der Umgang mit digital zugänglichen Diskursfragmenten muss reflektieren, dass diese in ihrer Periodizität und in ihrem Grad an Zerstreutheit variieren, sodass sich keine verlässlichen Grundgesamtheiten bestimmen lassen. Immer bleiben potentielle diskursive Fragmente der zeitlich und räumlich entgrenzten „mass self-communication" (Castells 2009: 70) unberücksichtigt. Die Sichtbarkeit und Publizität von Kommunikaten gründen in sozialen Dynamiken und technologischen, algorithmisch basierten Prozessen. Verlassen sich Diskursanalysen auf diese Selektionsmechanismen, laufen sie Gefahr, gewisse Kommunikate aufgrund ihrer Präsenz, ihrer Quelle oder der Sprechenden unreflektiert zu privilegieren, während sie zugleich dazu beitragen, randständige Diskurspositionen oder -akteur*innen weiter zu marginalisieren. Der Grad an Diffusion und Vernetzung bzw. Zentralität, also Rückführbarkeit auf Leitmedien, hat auch Konsequenzen für die Überprüfbarkeit und Belegbarkeit von Aussagen. Zwar muss es nicht die Aufgabe sein, die Wahrhaftigkeit oder Korrektheit der in einem Diskurs geäußerten Positionen zu überprüfen – gerade der Eigensinn der diskursiven Zirkulation von Denksystemen und Aussagen steht vielfach im Fokus. Jedoch kann sich die Beschäftigung mit digitalen Diskursen angesichts der Konjunktur von sogenannten *Fake News* im Sinne von Desinformationen (bzw. ihrer diskursiven Neuthematisierung), medialer Hetzrede und postfaktischen Tatsachenbehauptungen nicht gänzlich dieser Herausforderung entziehen.

Ethisch relevant werden außerdem die variable Sichtbarkeit und Persistenz von Dokumenten, weshalb synchron und diachron stets nur empirische Ausschnitte aus dem möglichen Gesamtdiskurs präsent sind und es unklar bleibt, inwiefern konkrete Korpora die virtuellen Korpora repräsentieren. Realisierte Elemente eines Diskurses können aus verschiedenen Gründen nicht zugänglich sein, etwa durch geschützte Bereiche, Bezahlschranken oder De-Publikation. Sich zur Lösung dieser Probleme auf Suchmaschinen und derzeit zentrale Kommunikationsplattformen wie Facebook, Twitter und Instagram zu verlassen, hieße wiederum, deren rechtliche und technologische Entscheidungen zu akzeptieren, welcher Teil eines Diskurses sichtbar und welcher gesperrt sein soll. Damit verbunden sind ethische Fragen, inwiefern Äußerungen ohne Wissen und Zustimmung ihrer Sprechenden genutzt werden dürfen, nur weil sie unter Umständen öffentlich zugänglich sind (boyd & Crawford 2012: 673). Technische und rechtliche Hürden treten zudem eventuell bezüglich der Verarbeitung, Weitergabe oder Speicherung von Diskursfragmenten in Kraft. Wie wir oben ausgeführt haben, gelten gerade für die populären Plattformen neben der DSGVO häufig in den AGBs festgehaltene Beschränkungen für Datenbesitz und Datenweitergabe, die Forschungsvorhaben vor die Aufgabe stellen, ethisch-normative Erwartungen an Offenheit und Nachvollziehbarkeit der Analyse mit vertraglichen Bindungen auszubalancieren und ggf. auch dafür zu bezahlen. Diese Umstände und Bedingungen von digitalen Diskursen haben Auswirkungen auf die Herstellung von Öffentlichkeit sowie den Umgang mit persönlichen Informationen, welche auch eine (forschungs-)ethische Komponente in sich tragen.

(a) Öffentlichkeit(en) digitaler Diskurse

Digitale Diskurse können prinzipiell in jeder dazu verfügbaren Kommunikationsform hervorgebracht werden. Ihre situativen Merkmale und die dabei gebrauchten technisch-medialen Optionen bedingen nicht nur die kommunikativen Möglichkeiten und sozialen Beziehungsgefüge. Zugleich beeinflussen die verfügbaren Repertoires an Kodes (wie Schrift, Bild oder Bewegtbild), Zeichenmodalitäten (visuelle, auditiv usw.), Kommunikationsrichtungen (uni- oder bidirektional), Funktionsweisen (der Speicherung, Übermittlung oder auch Modulation) sowie die Zeitlichkeit (unmittelbar synchron bis stark asynchron) die Zahl und Relation der Kommunikationspartner*innen (one-to-one, one-to-some oder auch one-to-many) sowie die sozialen Rahmen auch die ethische Bewertung von digitalen Diskursen. Gerade im Blick auf digitale Diskurse vervielfachen sich somit nicht nur die Möglichkeiten, Botschaften herzustellen und zu teilen, sondern auch die ethischen Problemstellungen werden komplexer.

Besonders augenfällig wird diese Einsicht angesichts der vielgestaltigen Öffentlichkeiten in digitalen Diskursen (Bruns 2019 und Papacharissi 2010). In massenmedialen Diskursen war zumindest davon auszugehen, dass diese vornehmlich von professionellen Institutionen wie Verlagen und Medienanstalten und dort privilegiert zu Wort kommenden Kommentator*innen öffentlich angestoßen wurden und ihren Widerhall in disperser und nicht-öffentlicher Anschlusskommunikation des Publikums fanden (Neidhard 1994). Diese schon immer zu idealistische Trennung von Medienöffentlichkeit, Themen- und Encounter-Öffentlichkeit ist angesichts der Vielzahl semi-öffentlicher und sich dynamisch wandelnder Sphären und Arenen nicht mehr aufrechtzuerhalten (Eisenegger et al. 2021 und Klaus & Drüeke 2017).

Äußerungen in digitalen Diskursen haben ein potenzielles Publikum, für das eine Nachricht prinzipiell erreichbar wäre. Davon zu unterscheiden ist das schwankende, aber messbare empirische Publikum, also diejenigen, die eine Seite besuchen, einen Link klicken oder einen Kommentar hinterlassen. Von solchen potenziellen und empirischen Publika sind indessen wiederum das intendierte Publikum als die vorgestellte Leser- und Autor*innenschaft einer Botschaft sowie das mit bestimmten Aussagen adressierte Publikum zu unterscheiden. Öffentlichkeit wird in diesem Sinn zur abgestuften *publicness* von Botschaften in professionell hergestellten wie persönlichen Öffentlichkeiten. Deren Wahrnehmungschancen sind im Prinzip zwar gleich hoch, ihre empirische Rezeptionswahrscheinlichkeit sowie die intendierten und adressierten Publika variieren indessen und sind geprägt durch ungleiche Chancen, sich äußern zu können und Aufmerksamkeit zu generieren (Bennett & Pfetsch 2018).

Zusätzlich ethisch relevant wird das mehrschichtige Verhältnis von Öffentlichkeit bzw. Privatheit dadurch, dass nicht nur einzelne Botschaften, sondern auch die verwendeten Kommunikationsformen aus Sicht der Nutzenden, der Betreibenden wie der Forschenden mit einem variablen ‚sense of audience' einher gehen. Mit Nissenbaums (2011: 2) Konzept von Privatheit als „contextual integrity" zufolge unterscheiden sich Plattformen als auch einzelne darauf verfügbar gemachte Seiten und kommunikative Situationen entsprechend der jeweils zugeschriebenen

Kommunikationsnormen, der erwartbar aktiven Akteur*innen und der relevanten Informationen. Diese Zuschreibungen sind konventionalisiert, nur bleibt es schwierig, daraus pauschale Maximen abzuleiten, was in digitalen Diskursen als öffentlich und was als privat zu gelten hat (Pentzold 2015 und 2017).

Ethisch ist überdies zu berücksichtigen, dass Sprecher*innen in einem Diskurs ihre Beiträge nicht nur an verschieden große, sondern auch an verschieden zusammengesetzte Publika adressieren. Dabei kann nicht ohne Weiteres davon ausgegangen werden, dass sie hierbei auch eine (fachwissenschaftliche) Öffentlichkeit im Blick haben, wie sie Diskursanalysen häufig herstellen (Sveningsson-Elm 2009). So stellen Boellstorff et al. (2012: 135) folgenden Unterschied fest: „not only what is public versus private from an etic perspective, but also what the people we study emically perceive as public or private".

(b) Anonymität in digitalen Diskursen
Ethisch ebenso von Bedeutung sind die in digitalen Diskursen möglichen Formen der Selbstdarstellung. Um über sich selbst Identität herzustellen, bestimmte Teilidentitäten zu inszenieren und andere Akteur*innen im Netz zu identifizieren, eröffnen Kommunikationsformen verschiedene Optionen und Ressourcen (vgl. dazu auch den Beitrag von Vogel in diesem Band). Identitätsarbeit kann dabei etwa durch die Wahl eines Nicknamens oder einer E-Mail-Adresse, das Ausfüllen eines Profils, die Kommunikationsweise in einer sozialen Netzwerkplattform, die Nutzung eines Bildes bzw. einer Selbstbeschreibung im Chat oder die Gestaltung eines Charakters in einem Online-Spiel erfolgen (Baym 2010 und Fraas, Meier & Pentzold 2012: 74–76).

Jedoch sind die systemgenerierten und mitnutzerproduzierten Identitätsmarker nicht völlig kontrollierbar und können somit als Mittel zur Selbst- und Fremdbeschreibung dienen. Erstere werden von den technischen Anwendungen selbst produziert und können als Identitätsmerkmal gedeutet werden. So registriert ein Chat-Kanal die Dauer des Einloggens sowie die Zahl und den Zeitpunkt von Beiträgen, ein E-Mail-Programm gibt Auskunft darüber, wann eine Nachricht verschickt wurde, oder Facebook verzeichnet die Aktualisierung eines Profils. Zweitere umfassen alle Informationen, die von anderen über eine Person hinterlassen werden. Dies kann eine Käuferbewertung auf Ebay oder ein Kommentar zu einem Video auf YouTube sein. In diesem Sinn ermöglichen und beschränken die sozialen und technischen Bedingungen die Inszenierungs- und Identifizierungsweisen in digitalen Diskursen. Die Selbstdarstellung findet ferner in unterschiedlich anonymen Konstellationen und unter variierenden Authentizitätsnormen statt.

Gerade an dieser Stelle treten ethische, insbesondere forschungsethische Überlegungen in den Vordergrund. Neben der Frage, wie viel Raum in Kommunikationsformen dem spielerischen Ausleben und der Vervielfältigung von

Identitätsaspekten gegeben werden soll (ein Thema, das vor allem in frühen Arbeiten behandelt wurde; vgl. Bruckman 2002), geht es forschungsethisch darum, die Anonymität der Beteiligten abzusichern und Vertraulichkeit zuzusagen (Buchanan & Ess 2009, Eynon, Fry & Schroeder 2008 und Hopf 2005).

(c) Forschungsethische Problemfelder

Ausgehend von der variablen Öffentlichkeit von Diskursaussagen und der Identifizierbarkeit der Sprechenden eröffnen sich zwei forschungsethische Problemfelder: *Öffentlichkeit vs. Anonymität* und *Anonymität vs. informierte Zustimmung* (Pentzold 2015 und 2017).

Das erste Problemfeld *Öffentlichkeit vs. Anonymität* fokussiert die Konsequenzen der (bedingten) Öffentlichkeit von selbst-, fremd- oder systemgenerierten Informationen für das Gewährleisten von Anonymität. Während in Diskursanalysen üblicherweise diese Überlegungen aufgrund der bereits bestehenden Öffentlichkeit des erfassten Materials beiseitegeschoben wurden, stellen sie sich aufgrund des vielgestaltigen Verhältnisses von öffentlicher und privater Kommunikation in digitalen Diskursen. Eine forschungsethische Anforderung stellt etwa Anonymität dar. Hiermit beziehen wir uns auf Nicht-Identifizierbarkeit, also den Umstand, dass Personen untereinander ihre Identität (ihren Namen, ihr Aussehen, ihre Fähigkeiten und Ähnliches) nicht bekannt geben und diese ohne realweltlichen Eindruck auch nicht ohne Weiteres feststellbar ist. Das ist insbesondere der Fall, wenn es sich nicht um professionell erzeugte Botschaften handelt (bspw. durch Politiker*innen oder Journalist*innen). Anonymität bleibt dann nicht nur eine Möglichkeit, erwünschte oder bisher unterdrückte Selbstaspekte in Diskursen zu thematisieren bzw. auszuleben (etwa im Role Play in Online Games). Es stellt sich darüber hinaus die Frage, inwiefern die durch Forscher*innen hergestellte Anonymität nicht einem Autor*innenrecht gegenübersteht.

Hinzu kommen weitere ethische Abwägungen, etwa hinsichtlich der Brisanz von Metadaten, also systemgenerierten Informationen zu IP-Adresse, Standort, Zeitpunkt oder Browserverlauf, die mögliche Anhaltspunkte zur De-Anonymisierung und Identifikation von Personen liefern. In diesem Zusammenhang sprechen Beaulieu und Estalella (2012: 29) von einer zumindest potentiellen „traceability" von wörtlichen Zitaten oder Namen, das heißt der „possibility of locating digital data on the Internet using search engines or any other mechanism enabled by digital platforms (log files, user profiles, etc.)" (Beaulieu & Estalella 2012: 32). Dieser Umstand verkompliziert den Umgang mit Belegstellen und Diskursausschnitten, wenn Äußerungen mühelos auf Sprechende zurückgeführt werden können und somit einer „deductive disclosure", wie Boellstorff et al. (2012: 137) schreiben, dienen können. Es entsteht die für Forschende ethisch relevante Frage, ob wörtlich zitierte Belege, die die Grundlage linguistischer Analysen bilden, im Fließtext aufgeführt werden können oder welche Alternativen der Darstellung eines Untersuchungsgegenstandes es überhaupt geben könnte.

Das zweite Problemfeld *Anonymität vs. informierte Zustimmung* erfasst die Schwierigkeiten, welche die Öffentlichkeit und Anonymität bzw. Pseudonymität des Interagierens online für das Absichern von informierter Zustimmung mit sich bringen. Auf der einen Seite steht die forschungsethische Forderung nach *Anonymität der einbezogenen Personen*, auf der anderen Seite das ebenso geforderte *Einholen informierter Zustimmung* von anonym, pseudonym (mit Nutzernamen) oder mit bürgerlichem Klarnamen agierenden Autor*innen. Grundsätzlich ist es für Diskursanalysen problematisch, informierte Zustimmung einzuholen und dabei das Vorgehen und die Erwartungen der Forschenden mit den Ansprüchen der in die Untersuchung einbezogenen Personen abzugleichen. In der Praxis umfasst die Rekonstruktion von diskursiven Strukturen und diskursiver Praxis das Sammeln von Dokumenten und das retrospektive Erfassen dokumentierter Aktionen. Entsprechend können die Sprechenden häufig nur nachträglich, nicht aber im Diskursgeschehen, angesprochen werden. Indes setzen sich traditionelle Diskursanalysen selten damit auseinander, Zustimmung für die Erhebung und Analyse publizierten Materials einzuholen. Eher zum Thema wird dies in der Gesprächsanalyse, bei der die Aufzeichnung von Alltagskommunikation mit der Zustimmung der Beteiligten und der Tilgung von personenbezogenen Angaben vereinbar sein sollte (Deppermann & Hartung 2012 und Gülich & Mondada 2012). Digitale Diskurse vereinen nun Elemente von beiden Materialbereichen (vgl. dazu auch den Beitrag von Meier-Vieracker sowie Gredel & Mell in diesem Band): Sie untersuchen manifeste Wissensordnungen und ihre multimodale Realisierung, zugleich erweitern sie den Fokus auf authentische informelle Konversationen und Diskussionen jenseits massenmedialer Arenen und ihrer professionellen Sprechenden. Zusammengefasst bedeutet das, dass forschungsethische Entscheidungen in beiden Problemfeldern in mindestens viererlei Hinsicht zu treffen sind (Pentzold 2015):

1. Darf ein Dokument gesampelt werden?
2. Darf Material zitiert werden?
3. Kann die informierte Zustimmung der involvierten Akteur*innen eingeholt werden?
4. Muss informierte Zustimmung eingeholt werden?

Die Antworten auf diese Frage sind selten eindeutig. Vielmehr ist es nötig, forschungsethische Abwägungen zu treffen, die das Thema und die Brisanz des Diskurses, die Äußerungssituation und die genutzte Kommunikationsform ebenso berücksichtigen wie die bekannten Personenmerkmale (z. B. ob es sich um Minderjährige handelt) und die Möglichkeit, mit ihnen in Kontakt zu kommen. Konsequenterweise liegt das Spektrum an Optionen zwischen zwingend zu beachtenden Vorgaben für Datensammlung und Datenauswertung und optionalen Vorkehrungen.

Im Blick auf die zu treffenden forschungsethischen Entscheidungen ist demnach zu prüfen, inwiefern ein Diskursfragment aus in einem weit öffentlichen, bedingt öffentlichen, bedingt privaten und auch stark privaten Rahmen entnommen wird. Ebenso ins Gewicht fällt die namentliche bzw. anonyme Kennung der Akteur*innen, also ob sie namentlich-persönlich, pseudonym-identifizierbar, pseudonym-nicht identifizierbar und (vermeintlich) anonym agieren. Ein zusätzlicher Faktor ist der Grad an Interaktion zwischen Diskursakteur*innen und Forschenden, die synchron wechselseitig, asynchron wechselseitig, einseitig und nicht vorhanden sein kann. Eine Entscheidung mag ebenso andere Faktoren wie die potenzielle Vulnerabilität der einbezogenen Subjekte oder die Sensibilität der jeweiligen Aussage beachten (Pentzold 2015).

4 Fünf Schritte zur Adressierung forschungsethischer und rechtlicher Rahmenbedingungen

Um die forschungsethischen Vorgaben und rechtlichen Rahmenbedingungen fallweise umzusetzen bzw. korrekt zu adressieren, bietet sich eine allgemeine Heuristik der gestaffelten Konkretisierung und kommunikativen Validierung an (Ess 2009 und McKee & Porter 2008). Sie umfasst fünf Schritte.

Erstens steht an, die fallweisen Umstände und damit die mediale und kommunikative Konstellation zu bestimmen, aus deren Kontext eine diskursanalytische Studie Daten bezieht bzw. die mit den in einer Studie gebrauchten Daten identifizierbar wird. Auch bei der Nutzung bestehender Korpora ist zu eruieren, welche originären bzw. fortbestehenden oder sich gewandelten Diskurssituationen den Daten zugrunde liegen und damit für eine rechtliche und ethische Betrachtung berücksichtigt werden müssen.

Zweitens geht es darum, die in einem Fall relevanten Axiome und Regularien zu identifizieren. Dabei wird nicht die Geltung oder Verbindlichkeit von Gesetzen, Rechtsnormen oder ethischen Prinzipien in Frage gestellt, sondern andersherum geprüft, welche Rechte bzw. moralischen Grundsätze durch ein Vorhaben in besonderem Maße tangiert werden. Dies können zum Beispiel Fragen des intellektuellen Eigentums oder des Rechts am eigenen Bild sein, es kann auch Fragen der Anonymität oder der erforderlichen informierten Zustimmung betreffen.

Drittens sollte nach *best practice*-Beispielen oder Musterlösungen gesucht werden, an denen das zu bearbeitende Vorgehen geschult werden kann. Hier können auch die verschiedentlich herausgegebenen Leitfäden zum Tragen kommen, so etwa die aktuellen Ethical Guidelines der Association of Internet Researchers (AoIR 2019) bzw. die Handreichungen zum Umgang mit qualitativ, also zumeist in Text- und Bildform, bzw. quantitativ, also häufig numerisch, vorliegenden Datenbeständen (GESIS 2021 und QualiService 2021). Auch eine Orientierung an vorbildhaften Präzedenzstudien kann helfen, die relevanten Rechtsbestimmungen und ethischen Normen auf der einen und die Gegebenheiten des empirischen Feldes auf der anderen Seite überein zu bringen und somit ein akzeptables Vorgehen zu entwerfen.

Viertens ist vorgesehen, die rechtlich und ethisch reflektierten Prozedere in Datenerhebung bzw. -generierung, Datenaufbereitung, Datenauswertung, Datenpräsentation und Datensicherung sowie -verfügbarmachung kommunikativ zu validieren. Dazu dient die Konsultation mit Bezugsgruppen und gegebenenfalls den beforschten Akteurskreisen bzw. einzelnen Personen selbst. Bezugsgruppen sind neben internen Foren von Fachkolleg*innen und Kooperationspartner*innen und externen Foren, bestehend aus Ethikkommissionen, Geldgebern und anderen Disziplinen, auch weitere mögliche Akteure. Dies können politische Akteure sein oder zum Beispiel Journalist*innen, die sich für eine Studie interessieren und Fragen zu ihrem rechtlichen oder ethischen Status formulieren. Abbildung 1 veranschaulicht diese Bezüge zwischen Forschenden, forschungsethisch relevanten Bezugsgruppen und Kontextbedingungen.

Das heuristische Verfahren wird fünftens abgeschlossen mit der Festsetzung des Vorgehens, dessen Umsetzung und Darstellung. Dies muss kein starr linearer Prozess sein. Das heuristische, schrittweise Eruieren der rechtlichen und ethischen Umstände und der forschungspraktischen Umsetzung impliziert vielmehr ein unabgeschlossenes, rekursives Verfahren. Jede noch so umsichtige Prüfung kann vor dem Problem stehen, dass einmal getroffene Entscheidungen revidiert werden müssen – sei es, weil Aspekte von vornherein unberücksichtigt geblieben sind, sei es, weil sich die empirische Situation oder das Umfeld der Studie gewandelt haben.

Die ersten drei Schritte in dem skizzierten Prozedere sollen im Folgenden für prinzipiell zugängliche Social Media-Formate (wir schließen Blogs hier ein) und Messengerdienste sowie die Wikipedia im Sinne einer angewandten, auf fachspezifische Studien ausgerichteten Ethik (vgl. Giaxoglou 2017: 230) exemplarisch vollzogen und synoptisch dokumentiert werden.

Die bekanntesten Social Media-Plattformen sind neben Facebook und Instagram WhatsApp, TikTok, Snapchat, Twitter, Pinterest, aber auch Xing und LinkedIn. Wir unterscheiden hier, wie oben bereits hergeleitet, nach dem Grad der Öffentlichkeit und gruppieren daher die meistgenutzten Plattformen Facebook und

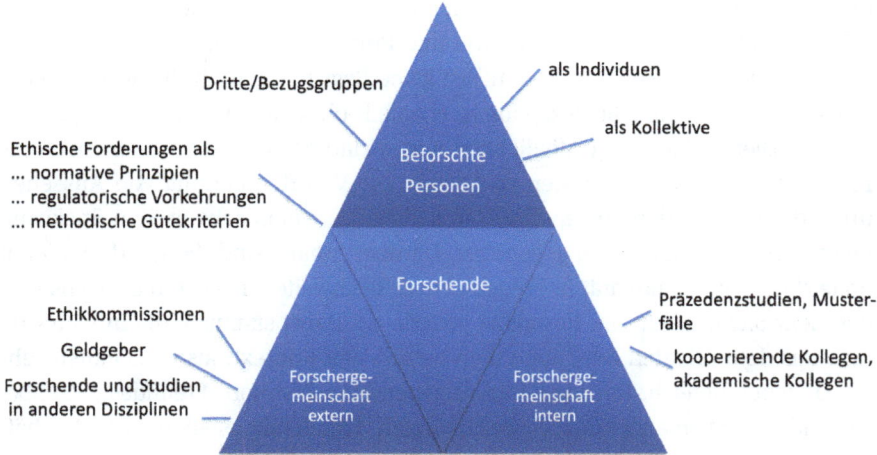

Abb. 1: Forschungsethische Bezugsgruppen. Quelle: eigene Darstellung in Anlehnung an McKee & Porter 2008: 17.

Instagram sowie TikTok, Twitter und Pinterest zu einem Fallbeispiel Social Media. Über eine gedankliche Brücke vom Mikroblogging, wie es auf Twitter geschieht, hin zum Bloggen werden in diesen Punkt auch ethisch relevante Fragen integriert, die sich für Daten auf Blogs ergeben. WhatsApp oder Snapchat sind Messengerformate, die wir für eine zweite Fallbeispielbetrachtung zusammenfassen.

Die kostenpflichtigen berufsorientierten Plattformen Xing („Facebook für den Beruf"[1]) und LinkedIn stehen aufgrund ihrer erhöhten Zugänglichkeitsbarriere nicht im Fokus der hier angestellten Überlegungen. Für diese beiden Angebote lassen sich jedoch die Überlegungen zum hier diskutierten ersten Fallbeispiel Social Media adaptieren.

4.1 Fallbeispielgruppe 1: Social Media

Fallweise und mediale Konstellation

Die oben vorgenommene Gruppierung der Plattformen Facebook, Instagram, TikTok, Twitter und Pinterest basiert auf dem Grad der Öffentlichkeit, die wir als niedrigschwellige Zugänglichkeit spezifizieren wollen. Facebook, Instagram und TikTok können nach einer Registrierung ohne App webbasiert rezipiert werden. Mit Siever

---

[1] https://www.giga.de/tipp/was-ist-xing-einfach-erklaert/.

(2015: 22) betrachten wir die Registrierung nicht als Zugänglichkeitsbeschränkung, weil diese allen offensteht. Für Twitter und Pinterest (hier mit dem Umweg über beliebige Pin-URLs oder Unterseiten[2]) ist keine Registrierung für die Rezeption der Inhalte notwendig und die Rezeption ist ebenfalls ohne App webbasiert möglich.

Alle Dienste bieten die Möglichkeit, unter Klarnamen oder Pseudonym Texte, Bilder und audiovisuelle Daten zu posten. Die Veröffentlichung von Aussehen und Stimme integrierend sehen wir uns also ggf. einem sehr breiten Spektrum persönlicher Informationen gegenüber. Darüber hinaus sind die Plattformen auf hohe Nutzer*innenaktivität in Frequenz und Reichweite angelegt, die jeweils wieder mehr Sichtbarkeit und Resonanz generieren. Dabei stammen die Inhalte vielfach aus dem privaten oder auch dem beruflichen Kontext, also aus einem sehr persönlichen Bereich. Dazu gehören Angaben über Wohnort, Freundeskreise, bestehende oder vergangene Liebesbeziehungen, Familienkonstellationen, Beschäftigungsverhältnisse, persönliche Verluste, Krankheiten oder Todesfälle, dazu gehören natürlich auch Meinungen zu unterschiedlichen (auch politischen und gesellschaftlichen) Sachverhalten. Die Vernetzung von Nutzer*innen untereinander gibt Aufschluss über soziale Konstellationen, die z. T. auch analog bestehen und über die weitere Informationen akquiriert werden können, die zu Persönlichkeitsclustern verdichtet werden können. Über die aktiv eingegebenen Informationen (in der Gestaltung der Profilseiten oder in Texten) hinaus werden Metadaten, die über spezifische Viewer ausgelesen werden können, in veröffentlichten Bildern und Videos zugänglich. Das können neben kameraspezifischen Einstellungen z. B. auch Positionsdaten sein (Welchering 2020: 22–24). Blogs sind uneingeschränkt zugänglich und bieten für die Schreiber*innen einen breiteren Gestaltungsspielraum mit Blick auf die Texte, eingebundenen Bilder oder Videos. Die Möglichkeit, Twitterfeeds auf dem Blog einzubinden, wird von vielen genutzt.

Identifikation relevanter Axiome und Regularien

Häufig wird gerade im Zusammenhang mit Sozialen Medien die Mutmaßung geäußert, dass es sich um Daten handle, die ohnehin öffentlich sind, man sie folglich zweifelsohne auch für wissenschaftliche Analysen verwenden könne. Den Nutzer*innen sei schließlich bewusst, in welchen medialen Kontexten sie interagieren. Darüber hinaus willigen sie mit ihrer Registrierung, die Bedingung für eine produktive Partizipation ist, in die Nutzungsbedingungen der jeweiligen Plattformen ein. Dieser Vorgang wird aus Sicht der Plattformbetreiber*innen

---

2 https://praxistipps.chip.de/pinterest-ohne-anmeldung-nutzen-so-gehts_38220.

als Akt des Rechtetransfers an sie behandelt, in den jeweiligen Allgemeinen Geschäftsbedingungen ist das spezifiziert. So heißt es beispielsweise bei Facebook: „Insbesondere wenn du Inhalte, die durch geistige Eigentumsrechte geschützt sind (wie Fotos oder Videos), auf oder in Verbindung mit unseren Produkten teilst, postest oder hochlädst, gewährst du uns eine nicht-exklusive, übertragbare, unterlizenzierbare und weltweite Lizenz, deine Inhalte (gemäß deinen Privatsphäre- und App- Einstellungen) zu hosten, zu verwenden, zu verbreiten, zu modifizieren, auszuführen, zu kopieren, öffentlich vorzuführen oder anzuzeigen, zu übersetzen und abgeleitete Werke davon zu erstellen"[3] (vgl. auch die gleichlautenden AGBs von Instagram[4]).

Bei Twitter heißt es ebenfalls: „Durch Übermittlung, Veröffentlichung oder Anzeigen von Inhalten auf oder über die Dienste gewähren Sie uns eine weltweite, nicht ausschließliche, unentgeltliche Lizenz (mit dem Recht zur Unterlizenzierung), diese Inhalte in sämtlichen Medien und über sämtliche Verbreitungswege, die gegenwärtig bekannt sind oder in Zukunft bekannt sein werden (zur Klarheit, diese Rechte umfassen z. B. das Kuratieren, Transformieren und Übersetzen) zu verwenden, zu vervielfältigen, zu reproduzieren, zu verarbeiten, anzupassen, abzuändern, zu veröffentlichen, zu übertragen, anzuzeigen und zu verbreiten. [...] Mit dieser Lizenz erteilen Sie uns die Erlaubnis, Ihre Inhalte weltweit verfügbar zu machen und dies auch Dritten zu ermöglichen." Darüber hinaus wird klar formuliert: „Sie haben verstanden, dass Sie durch die Nutzung der Dienste Ihre Einwilligung zur Erhebung und Nutzung (wie in der Datenschutzrichtlinie dargelegt) von diesen personenbezogenen Daten, einschließlich der Übertragung dieser Daten in die Vereinigten Staaten von Amerika, nach Irland und/oder in andere Länder für die Speicherung, Bearbeitung und Nutzung durch Twitter und seine verbundenen Unternehmen erteilt haben."[5]

Deutlich wird, dass sich Nutzer*innen im Wesentlichen mit der Weiterverwendung ihrer Inhalte durch die Plattformen einverstanden erklären. Mit Blick auf Blogs könnte die Freischaltung der Kommentarfunktion ein Indiz dafür sein, dass mit dem Schreiben eine gewisse Öffentlichkeit angestrebt werde (Meier-Vieracker 2021). Konkret ist nun zu fragen, ob die Aktivität auf einer der genannten Social-Media-Plattformen als Zustimmung zur Weiterverwendung der Daten für wissenschaftliche Zwecke gelesen werden darf. Die Antwort ist so schlicht wie ernüchternd: Der Nutzung für wissenschaftliche Studien wird durch die Akzeptanz der Nutzungsbedingungen nicht zugestimmt, wenngleich eine wissenschaft-

---

3 https://de-de.facebook.com/terms, aktualisiert am 20.12.2020.
4 https://help.instagram.com/1215086795543252?helpref=page_content, aktualisiert am 20.12.2020.
5 https://twitter.com/de/tos, aktualisiert am 18.06.2020.

liche Nutzung deutlich sensibler mit den erhobenen Daten verfahren würde, als dies in den oben zitierten Geschäftsbedingungen skizziert ist. Zudem muss immer auch berücksichtigt werden, dass die Zustimmung zu diesen Geschäftsbedingungen dann notwendig ist, wenn ein Interesse an der Nutzung der Plattform besteht, so dass eine Entscheidung dagegen immer auch mit einem Ausschluss aus dieser kommunikativen Arena einherginge. Der Entscheidungsspielraum ist also deutlich eingeschränkt, eine Voraussetzung, die so für Entscheidungsspielräume im Vorfeld von wissenschaftlichen Studien nicht gegeben ist.

Der benannte eingeschränkte Entscheidungsspielraum führt häufig dazu, dass die Geschäftsbedingungen nicht eingehend gelesen werden, was in unterschiedlichen Zusammenhängen so auch klar thematisiert wird, z. B. in der Zeit online mit Bezug auf AGB generell: „Kaum einer liest sie, noch weniger verstehen sie. Und wer die AGB beim Online-Einkauf nicht akzeptiert, wird vom Konsum ausgeschlossen" (Steuernagel, Frey & Friedrich 2017) oder im Teaser zu einem Blogbeitrag über die TikTok-AGB: „Wir alle akzeptieren sie, ohne sie vorher zu lesen. Doch was steht eigentlich in den Tik-Tok-AGB?" (Lexa 2020). Dass aus Bildern und audiovisuellen Daten weitere persönlich relevante Informationen ausgelesen werden können, ist Allgemeinen Geschäftsbedingungen nicht zu entnehmen. Diesen Kenntnisstand müssen sich Nutzer*innen selbst erarbeiten. Es gibt also durchaus Anlass zur Annahme, dass die Nutzer*innen von Sozialen Medien nicht einfach als informiert eingestuft werden können. Darüber hinaus verbietet die gute wissenschaftliche Praxis eine Haltung, in der die Bedingungen von Medienunternehmen schlicht übernommen werden.

Auch die Sensibilisierung für potenziell problematische, transportierte Inhalte unabhängig von der jeweiligen Zeichenmodalität ist ein längerer und von vielen Faktoren beeinflusster Prozess. Zu diesen Faktoren können z. B. auch technische Uninformiertheit oder Gutgläubigkeit zählen. Es ist also grundsätzlich auch angesichts der verbreiteten Inhalte nicht davon auszugehen, dass sie bewusst weder für eine Öffentlichkeit noch für die Wissenschaft produziert werden (vgl. auch Eynon, Fry & Schroeder 2008 und Giaxoglou 2017).

Als relevantes Axiom im Bereich Social Media ist also die informierte Zustimmung besonders hervorzuheben. Ein zweites wichtiges Axiom ist die Frage der Anonymität respektive ggf. notwendigen Anonymisierung. Gerade bei öffentlichen Kommunikaten stellt sich die Frage, inwieweit eine Anonymisierung im Sinne der Urheber*innen ist, die einerseits als Autor*innen Rechte an Kommunikaten (Texten, Bildern, Text-Bild-Kombinationen) geltend machen können, denen andererseits aber auch aus ethischen Gründen die Schöpfungshöhe am eigenen Produkt zugestanden sein soll. Ein drittes wichtiges Axiom betrifft den Umgang mit unterschiedlichen semiotischen Ressourcen, etwa Bildern oder audiovisuellen Kommunikaten, die ebenso wie Textelemente konstitutiv für Social Media sind. Eine im Zuge einer

Anonymisierung vorgenommene Schwärzung beispielsweise ist eine erhebliche Veränderung am Kommunikat, die zu begründen wäre.

Best Practice

Welche Möglichkeiten gibt es nun, eine informierte Zustimmung der Nutzer*innen von Social Media einzuholen? Es bietet sich hier eine direkte Kontaktaufnahme an. Je nach Anlage der Studie (qualitativ/quantitativ) ist damit ein erheblicher Aufwand verbunden, etwa mit Blick auf die Kontaktadressen-Recherche (im besten Falle E-Mail-Adressen). Abhängig von der Plattform ist auch eine Adressierung über plattformeninhärente direkte Nachrichtenkanäle denkbar. Die Rücklaufquote ist jedoch schwer im Vorhinein zu kalkulieren. Unsere Annahme ist: Je besser der*die Forschende bereits auf der Plattform vernetzt ist, desto höher ist die Chance, auch über die direkte Adressierung mit Nutzer*innen in Kontakt treten zu können. Es gibt aber weitere Faktoren, die zu berücksichtigen sind. So beschränken manche Nutzer*innen die Möglichkeiten der direkten Kontaktaufnahme. Auf Twitter gibt es die Funktion, selbst die Antwortmöglichkeiten auf Tweets einzuschränken, wenngleich eine Kontaktaufnahme sichtbar auf der Timeline ohnehin nicht ratsam ist. Zu berücksichtigen ist bei allen Versuchen der Kontaktaufnahme, dass für ein- und dieselbe Studie sehr unterschiedliche Strategien zum Einsatz kommen und dokumentiert werden müssen. Es muss sichergestellt werden, dass trotz dieser Heterogenität allen „Studienteilnehmer*innen" die gleichen Informationen zur Verfügung gestellt werden.

Beispiel 1: Verzicht
Je nach Forschungsinteresse kann die oben beschriebene Vorgehensweise durchaus auch als unverhältnismäßig eingestuft werden. Siever (2015: 24), die sich in ihrer Dissertation zu multimodaler Kommunikation im Social Web am Beispiel der Foto-Community Flickr widmet, verzichtet in ihrer produktorientierten Analyse gänzlich auf Bilder, auf denen identifizierbare Personen abgebildet sind. Im Mittelpunkt ihres Interesses steht die Praktik des Social Tagging, also Fragen zu kommunikativen Funktionen der Notizenkommunikation, zu pragmatischen Notiz-Bild-Relationen und zu Notiz-Dialogen. Es geht ihr darum, die laienhafte Dokumentation von Bildern zu untersuchen und die Einbettung von Sprache in einem multimodalen Kontext zu beschreiben. Vor diesem Hintergrund ist die Entscheidung, Personenabbildungen aus dem Untersuchungsmaterial zu exkludieren, ethisch praktikabel und wissenschaftlich nachvollziehbar.

Beispiel 2: Kontaktaufnahme
Gerade bei höchst persönlichen Texten kann der oben problematisierte Verweis auf eine prinzipiell öffentliche Zugänglichkeit keine Option sein, forschungsethische Implikationen auszublenden. In seinen Arbeiten zu Blogs von Glioblastom-Patient*innen und/oder deren Angehörigen verweist Meier-Vieracker auf die unterschiedlichen Motive für die krankheitsbegleitenden Erzählungen, die in den Texten der inzwischen verstorbenen Schreiber*innen teilweise explizit formuliert wurden: „Information von Freunden und Kollegen, [...] Unterstützung anderer Betroffener, [...] individuelle [...] Bewältigung ihrer je eigenen Krankheits- und Trauererfahrung" (Meier-Vieracker 2021: 172). Meier-Vieracker arbeitet mit einem Korpus aus 11 Blogs, für zwei Blogs ist es ihm gelungen, Kontakt mit den Autor*innen aufzunehmen und die Erlaubnis für die wissenschaftliche Analyse einzuholen. Bei den anderen neun Blogs ließen sich keine Kontaktdaten finden oder Anfragen wurden nicht beantwortet, also auch nicht ausdrücklich abgelehnt, so dass diese Daten mit Blick auf die öffentliche Verfügbarkeit in das Korpus integriert wurden. Dass ein Blog nach der Kontaktaufnahme offline ging, wurde von Meier-Vieracker als „verweigerte Zustimmung" gewertet. Entsprechend sind diese Daten aus dem Korpus extrahiert worden. In wissenschaftlichen Publikationen zu diesen Korpus-Daten wird mit Referenz auf die forschungsethisch hohen Anforderungen an den Umgang mit höchstpersönlichen Daten konsequent anonymisiert, URLs werden nicht angegeben. Die Kontaktaufnahme mit Blog-Autor*innen liegt auch den Arbeiten von Marx (2019) sowie Marx und Tienken (2021) über Pflege und Trauer zugrunde. Die Kontaktaufnahme führte nicht nur dazu, dass die Daten umfangreich linguistisch analysiert werden konnten und können, sondern auch zu Kooperationen im Bereich Lehre und Third Mission.[6]

Mit Blick auf die Frage der ggf. notwendigen Anonymisierung kann diese Frage direkt in diesem Rahmen mit den Urheber*innen thematisiert werden. Diese Vorgehensweise sollte in Publikationen transparent geschildert werden.

Beispiel 3: Spenden-Korpora
Ein eleganter Weg zur Akquise von Social-Media Daten sind sogenannte Datenspenden. Die informierte Zustimmung kann dabei geradezu klassisch sichergestellt werden, weil Proband*innen vorher über die Studienzwecke informiert werden und ihre Einwilligung aufbauend auf diesen Informationen geben können. Auf diese Weise ist z. B. das DiDi-Korpus entstanden, das aus ca. 40.000 Facebook-Texten besteht (Glaznieks & Frey 2020). Dass diese Vorgehensweise

---

[6] So waren die Autor*innen des Blogs bereits Gäste in unterschiedlichen akademischen Lehrveranstaltungen. Eine wissenschaftlich gerahmte Vernissage ist für das Jahr 2022 geplant.

auch die Erhebung von verlässlichen Metadaten wie Alter, Geschlecht, regionale Herkunft u. a. ermöglicht, ist ein willkommener Nebeneffekt. Auch für die Erhebung von nicht zugänglichen Messengerdienst-Daten ist diese Methode ein ethisch gut vertretbarer Weg. So wird die Mobile Communication Database (MoCoDa und MoCoDa2) sukzessive aus Datenspenden generiert (Beißwenger et al. 2020). Bevor Spender*innen Daten in das System einspeisen können, stimmen sie der weiteren Nutzung für die Wissenschaft aktiv zu.

Durch die Datenspenden wird die Identität der Spender*innen für Forscher*innen zu keinem Zeitpunkt zugänglich, Datenspender*innen haben selbst die Möglichkeit, die für die Analyse wichtigen Metadaten in eine Eingabemaske zu integrieren. Die Frage der Anonymisierung wird somit in diesem Verfahren umgangen.

Im Hinblick auf quantitative Zugänge zu Diskursen und natürlich auch die Bereitstellung ganzer Korpora ist Anonymisierung keine Frage der Abwägung. Ein Rechtsgutachten, das vom DFG-Netzwerk „Empirikom-Empirische Erforschung computervermittelter Kommunikation" im Zusammenhang mit der Veröffentlichung des Dortmunder Chatkorpus in der Clarin-D-Infrastruktur eingeholt wurde, ist in dieser Hinsicht sehr eindeutig. So ist nach „Ansicht der Gutachter [...] eine Personenbeziehbarkeit nach dem strengen Datenschutzverständnis erst dann nicht mehr gegeben, wenn die Herstellung des Personenbezugs einen für die jeweilige Stelle klar unverhältnismäßigen Aufwand erfordern würde, von dem nicht zu erwarten ist, dass er getrieben würde" (Beißwenger et al. 2020: 168–169). Weiterhin wird mit Bezug auf das Chatkorpus angemerkt, dass Standardmaßnahmen, wie die Randomisierung von Hostnamen; Ersetzung der Nicknames, Ortsnamen, Expertennamen; Anonymisierung, Entfernung oder Permutierung der Zeitstempel, zur Minimierung rechtlicher und ethischer Risiken durchgeführt werden sollten (Beißwenger et al. 2020: 169). Den Hinweis, dass Personen mit Zugriff auf die Originaldaten nach wie vor auch den Bezug zu Personen herstellen könnten, nehmen wir zum Anlass, auf eine „Best Practice" von Hartmann (2020) zu verweisen, der Rohdaten zwar veröffentlicht hat, diese aber aus rechtlichen und ethischen Gründen nur als bag-of-word-Listen und n-grams zugänglich macht, was eine interessante Art der Anonymisierung ist, die sich als direkte Verlängerung aus den Methoden der Analyse ergibt.

4.2 Fallbeispiel 2: Wikipedia

Fallweise und mediale Konstellation

Die Online-Enzyklopädie Wikipedia ist eine lexikonartige Sammlung von Informationen und zugleich ein laufendes soziales Projekt, um die Erstellung der Einträge zu koordinieren. Wikipedia ist also zugleich frei verfügbares Nachschlagewerk und offenes, auf Freiwilligenengagement basierendes Editier- und Schreibvorhaben. Entsprechend mehrschichtig gestaltet sich die fallweise und mediale Konstellation. Im Folgenden wird ein Ansatz vorgeschlagen, um Wikipedia zu erschließen und in ihren rechtlichen bzw. ethischen Spezifika zu reflektieren.[7]

Und zwar wird vorgeschlagen, Wikipedia als Ansammlung miteinander verbundener Stationen zu betrachten, an denen die Autor*innen in einzelnen Handlungs- bzw. Interaktionsepisoden tätig werden. Stationen sind, um mit Giddens (1997: 171) zu sprechen, Orte, „an denen sich die Routineaktivitäten verschiedener Individuen überschneiden". Stationen unterscheiden sich in ihrer Öffentlichkeit bzw. Privatheit und insbesondere die längerfristig am Projekt beteiligten User*innen teilen einen stationenweise differenzierten ‚sense of audience'. Solche Stationen sind zum Beispiel ein einzelner Artikel oder die Diskussionsseite eines Artikels, die Seite zur Diskussion von Löschkandidaten oder die Seite, auf der über Autor*innen diskutiert wird, die für eines der Ämter im Projekt kandidieren. Auch offline stattfindende Stammtische oder Hackathons können Stationen darstellen. Im Sinn von Nissenbaums (2011: 2) Konzept von Privatheit als „contextual integrity" unterschieden sich die Stationen gemäß der hier erwartbaren Akteure, der Arten von Informationen und Kommunikationsnormen. Das heißt, obwohl in Wikipedia alle Seiten ohne Zugangsschutz gleich öffentlich und auffindbar waren, hat sich im Projekt ein Verständnis von verschieden öffentlichen Bereichen mit differenzierten Aufmerksamkeitshorizonten und Leser- bzw. Teilnehmerkreisen konventionalisiert. Neben einem potentiell sehr großen Publikum, für das die Stationen also prinzipiell erreichbar sind, ist das empirische Publikum von Wiki-Seiten variabel. Von diesen potentiellen und empirischen Publika sind wiederum das intendierte Publikum, also die vorgestellte Leser- und Autorenschaft einer Seite bzw. eines dort gemachten Edits sowie das mit bestimmten Botschaften adressierte Publikum zu unterscheiden. Öffentlichkeit in Wikipedia kann dann als abgestufte *publicness* von Stationen verstanden werden, deren potentielle Wahrnehmungschancen im Prinzip zwar gleich hoch sind, ihre empirische Rezeptionswahrscheinlichkeit sowie ihre intendierten und adressierten Publika indessen variieren.[8]

---

[7] Der folgende Teil ist übertragen bzw. übernommen aus Pentzold (2015 und 2017).

[8] Die empirische Öffentlichkeit einzelner Wiki-Seiten und Botschaften ist zudem potentiell skalierbar und kann relativ zu verschiedenen Faktoren auch in kurzer Zeit stark zunehmen, etwa wenn sie in (massen-)medialen Publikationen auftauchen. Spoerris (2007) Untersuchung der Top 100 an aufgerufenen Seiten zeigte etwa, dass zwischen September 2006 und Januar 2007 25% der monatlich meist aufgerufenen Seiten auch nur in diesem Monat darunter zählten und dass nur 39 in allen Monaten prominent waren.

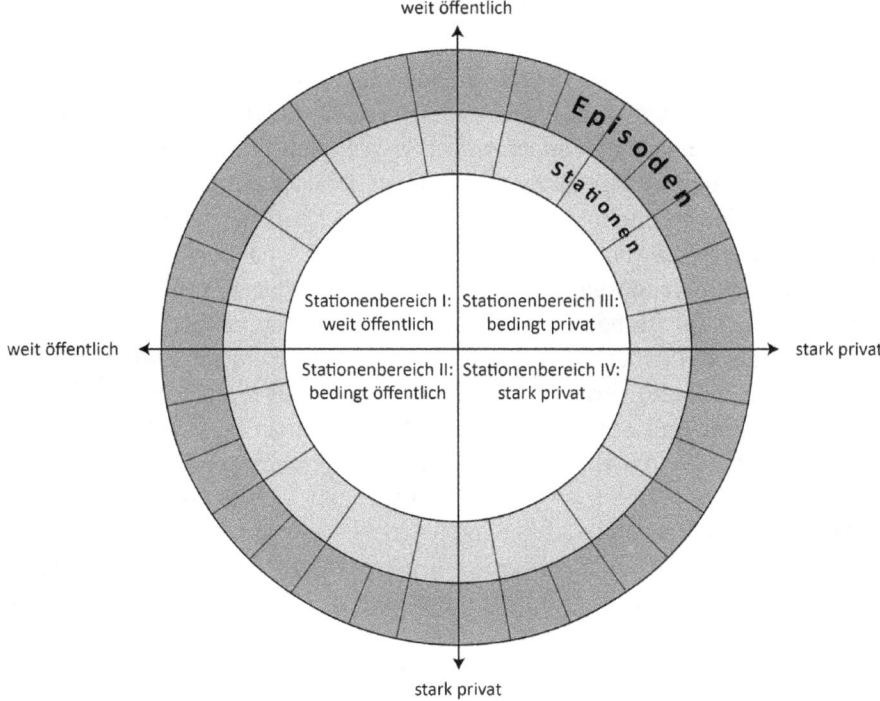

Abb. 2: Stationen in Wikipedia. Quelle: Pentzold (2015: 71).

Im Prinzip lassen sich vier Stationenbereiche entsprechend ihrer vergleichsweise großen bzw. kleinen empirischen sowie breiten oder engen intendierten und adressierten Publika trennen (Abb. 2).
(1) weit öffentliche Bereiche der Tagungen, der Wikipedia-Artikel und der Wiki-Seiten, über die das Organisieren des Projekts abläuft,
(2) öffentliche Bereiche der Workshops und Diskussionen zu Wikipedia-Artikeln,
(3) der private Bereich der Stammtische, Exkursionen, Nutzerseiten, Nutzerdiskussionsseiten und anderweitig betriebenen Webpräsenzen (z. B. Blogs, Twitter-Profile, Webseiten, andere Wiki-Projekte) und
(4) der sehr private Bereich von persönlichen Gesprächen und Mitteilungen zwischen User*innen.

Identifikation relevanter Axiome und Regularien

Das erste forschungsethisch zu reflektierende Spezifikum von Wikipedia-Stationen stellt sich bezüglich der Öffentlichkeit des Beteiligens einerseits und der Anonymität der Beteiligten andererseits (Sveningsson-Elm 2009).[9] Forschungspraktisch ist die in Wikipedia gewährleistete freie Zugänglichkeit der Daten, also das Fehlen technologisch implementierter Zugriffsbarrieren und Vertraulichkeitsreglements, von Vorteil. Wikipedia ist zum einen ein öffentliches und selbstdokumentierendes Projekt und daher der überwiegende Teil der Wiki-Seiten mit enzyklopädischen Inhalten, Aktivitätsaufzeichnungen, Diskussionen und Selbstauskünften ohne Hindernisse auch unangemeldeten Besucher*innen zugänglich. Zum anderen geht ein Teil der hochaktiven Nutzenden offen mit ihrer Teilnahme und Autorenschaft um. Manche Autor*innen geben auf ihren Benutzerseiten an, bei welchen Artikeln sie mitgewirkt hatten, Nutzernamen werden aus dem Projekt herausgetragen und tauchen beispielsweise in der journalistischen Berichterstattung und in online-medialen Publikationen auf.

Die meisten Beiträge in Wikipedia liegen archiviert vor und sind in der internen Wiki-Suche als auch in externen Suchmaschinen referenziert. Selbst wenn daher Pseudonyme oder IP-Adressen nochmals maskiert werden würden, können wörtliche Zitate über Suchfunktionen ohne Weiteres auf die jeweiligen angemeldeten User*innen bzw. die in der Datenbank abgespeicherte IP-Adresse rückgeführt, mit anderen Daten kombiniert und eventuell zu anderen als den mit der Studie verfolgten Zwecken ausgewertet werden (Tilley & Woodthorpe 2011). Darüber hinaus ist die öffentliche Dokumentation, welcher Account welchen Edit getätigt hat, gemäß der auf der Plattform gültigen Auslegung der Creative-Commons-Attribution-ShareAlike 3.0 Unported (CC-BY-SA) eine lizenzrechtliche Verpflichtung. Entsprechend wurden die Editor*innen in den Nutzungsbedingungen der Wikimedia Foundation (WMF) als US-amerikanischer Trägerorganisation der Plattform darauf hingewiesen, dass lizenzkonform Nennung ihres Nutzernamens bzw. ihrer IP-Adresse

i „Durch einen Hyperlink auf die Seite(n) (sofern möglich) oder die Angabe der URL der Seite(n), die Sie weiternutzen (da jede Seite über eine Versionsgeschichte verfügt, in der sämtliche Autoren und Bearbeiter aufgeführt sind);
ii Durch Hyperlink (sofern möglich) oder URL auf eine andere, stabile Online-Kopie, die frei zugänglich ist, die Lizenz erfüllt und die die Namensnennung der Autoren auf eine Weise gewährleistet, die gleichwertig zu der auf den Projekt-Webseiten ist; oder

---

9 Dieser Abschnitt ist übernommen und z. T. übertragen aus Pentzold (2015: 73–79).

iii Durch eine Liste aller Autoren (bitte beachten Sie allerdings, dass jede Liste von Autoren gefiltert werden kann, um sie um sehr kleine oder irrelevante Beiträge zu bereinigen)."

erfolgen müsste (WMF:Terms of Use 2021).[10]

Forschungsethisch ist indessen zu reflektieren, dass den Beitragenden versichert wird, sie haben ein Recht auf Anonymität. Ungeachtet der codegemäß nivellierten Zugänglichkeit und der an die Editierenden herangetragenen Hinweise über die Öffentlichkeit und Zurechenbarkeit ihrer Tätigkeiten kann forschungsethisch nicht übergangen werden, dass die User*innen ihre Beiträge pro Station an verschieden große und verschieden zusammengesetzte Publika adressieren und nicht ohne Weiteres davon auszugehen ist, dass sie hierbei zum Beispiel auch eine (fachwissenschaftliche) Öffentlichkeit im Blick haben (Hudson & Bruckman 2004).

Hinzu kommt, dass Wikipedia neben der Option, per IP-Adresse oder pseudonym tätig zu werden, Verfahren bereitstellt, um Klarnamen zu löschen und Pseudonyme von bürgerlichen Namen zu trennen. So können Administrator*innen einzelne kritische Versionen entfernen lassen und Oversighter Edits, also einzelne gespeicherte Eingriffe in das Wiki verbergen; außerdem können mit einer IP registrierte Eingriffe nachträglich Benutzernamen zugeordnet werden und für das unerlaubte ‚Outing' verantwortlich gemachte Nutzer*innen können gesperrt werden; Unterlassungs- und Schadenersatzklagen wurden bereits angedroht. Mit ihrer 2008 vom *Board of Trustees* erlassenen, inzwischen aber in dieser Form widerrufenen, *Data Retention Policy* erklärte die WMF zudem, nur „the least amount of personally identifiable information consistent with maintenance of its services, with its privacy policy, or as required by state or federal legal provisions under United States of America law" (WMF:Data Retention Policy 2008) von den Nutzer*innen erheben zu wollen.

Das Gewährleisten informationeller Selbstbestimmung der Wikipedia-Autor*innen umfasst somit auf der Plattform das Aufklären der Nutzenden über ihre datenschutzrelevanten öffentlichen Aktionen und das Zusichern von Anonymität unter der

---

10 In der Privacy Policy der WMF war dahingehend zu lesen: „All Projects of the Wikimedia Foundation are collaboratively developed by its users using the MediaWiki software. Anyone with Internet access (and not otherwise restricted from doing so) may edit the publicly editable pages of these sites with or without logging in as a registered user. By doing this, editors create a published document, and a public record of every word added, subtracted, or changed. This is a public act, and editors are identified publicly as the author of such changes. All contributions made to a Project, and all publicly available information about those contributions, are irrevocably licensed and may be freely copied, quoted, reused and adapted by third parties with few restrictions." WMF:Privacy Policy (2011).

Erwartung, dass die Nutzer*innen kompetent von ihren Persönlichkeitsrechten Gebrauch machen (Schmidt 2012). Der erlangte bzw. beibehaltene Grad an Anonymität steht so gesehen in der Verfügung der einzelnen Beitragenden.[11]

Aufbauend auf den forschungspraktischen Möglichkeiten der freien Zugänglichkeit der Inhalte und der forschungsethischen Forderung nach Anonymität der Autor*innen betrifft die zweite forschungsethische Schwierigkeit das Einholen informierter Zustimmung von anonym bzw. pseudonym agierenden Nutzer*innen, die Beiträge auf der Plattform leisten und die dabei unzuverlässig über ihre individuelle Nutzerseite erreichbar sind.

Grundsätzlich problematisch ist dabei, dass informierte Zustimmung forschungsethisch plausibel als Aushandlung stattfinden soll, in der das Vorgehen und die Erwartungen der Forschenden mit den Ansprüchen der in die Untersuchung einbezogenen Personen im Fortgang der Studie abzugleichen sind. Auf diese Weise ist der Prozesshaftigkeit des methodischen Erkenntnisvorgangs Rechnung getragen und zugleich die Freiwilligkeit der Teilnahme und die angemessene Fundierung der Entscheidung der studierten Akteure, fortwährend teilzunehmen, berücksichtigt (Hopf 2005: 592). In der Praxis ist dies vor allem im Sammeln von Dokumenten und dem retrospektiven Beobachten dokumentierter Aktionen nur bedingt möglich. In beiden Fällen können die betroffenen anonymen oder pseudonymen Editor*innen nur nachträglich vermittels ihrer möglicherweise vorhandenen Nutzerseite angefragt und um Zustimmung gebeten werden, wobei diese Kontaktaufnahme dann wiederum nicht privat bleibt, sondern in ihrer Form öffentlich ist, Öffentlichkeit für die erfolgte bzw. eventuell zu erfolgende Beobachtung und Analyse herstellt und so bereits eine Verbindung zwischen der Studie und den Nutzer*innen schafft. Erschwert wird der Vorgang noch dadurch, dass die Nutzenden dynamischer IP-Adressen keinen dauerhaften Zugriff auf ihre Benutzer- und ihre Benutzerdiskussionsseite haben, dass Autor*innen unter statischen IP-Adressen ihre Diskussionsseite häufig nicht verfolgen und viele der einmal aktiven Accounts verwaist sind. In allen drei Fällen bleiben die Anfragen erwartungsgemäß unbeantwortet.

---

[11] Die WMF Privacy Policy machte Einschränkungen dieser Zusicherung bzgl. der Nutzung von E-Mails, Mailinglisten und dem Open Ticket Request System (OTRS), mit dem Anfragen an das Projekt organisiert wurden.

Best Practice

In der Mitte der Studie, deren forschungsethische Kasuistik hier skizziert wird, stand die Frage nach den Praktiken und den institutionellen Bedingungen online-medialen, gelingenden und produktiven, also das Generieren informationeller Güter bezweckenden, Zusammenarbeitens.[12] Diese wurde exemplarisch und exponiert am Beispiel der freien Gemeingüterproduktion studiert, genauer gesagt am Fall der Online-Enzyklopädie Wikipedia (Pentzold 2016). Die kontrastive Erhebung kombinierte mehr oder minder öffentliche Stationen gemäß den verfügbaren Zahlenwerten zu Besucher*innen, Editierenden und Edits mit im Projekt ausgebildeten und an neue Nutzer*innen weitergegebenen Überzeugungen, welche Stationen stark oder schwach in der Aufmerksamkeit der Wikipedia-internen und der Wikipedia-externen Öffentlichkeit ständen. Heuristisch konnte über das quantitative Bestimmen unterschiedlich großer empirischer Wikipedia-Öffentlichkeiten hinaus das Gruppieren der Stationen in softwareseitig und funktional getrennte Namensräume und der damit zusammenhängenden vagen Einteilung verschieden öffentlicher, weil unterschiedlich intensiv editierter und von User*innen aufgerufener, Stationen eingesetzt werden. Die fallweisen Entscheidungsraster orientieren sich an McKee und Porter (2008).

Im Blick auf die forschungsethischen Entscheidungen, um Anonymität wenn möglich zu wahren – Darf eine Situation beobachtet werden bzw. darf ein Dokument gesampelt werden? Darf das Material zitiert werden? –, waren hier pro Stationenbereich die Öffentlichkeitsdimensionen zwischen weit öffentlich, bedingt öffentlich, bedingt privat und stark privat sowie die namentliche bzw. anonyme Kennung der Akteure zwischen namentlich-persönlich, pseudonym-identifizierbar, pseudonym-nicht identifizierbar und anonym heuristisch zu bestimmen. Darüber hinaus war als zusätzlicher Faktor der Grad an Interaktion von Feld und Beobachter*in zwischen synchron wechselseitig, asynchron wechselseitig, einseitig und nicht vorhanden einzustufen.

Unberücksichtigt blieben in diesem Entscheidungsraster und im folgenden Entscheidungsraster somit andere mögliche Faktoren wie die potenzielle Vulnerabilität der einbezogenen Subjekte oder die Sensibilität der jeweiligen Episode, da diese nicht für Stationenbereiche generell bestimmt werden konnten. Das Entscheidungsraster und die Entscheidungsheuristik, exemplarisch für den weit öffentlichen Stationenbereich, gestaltete sich folglich wie in Abb. 3 dargestellt. Ein Beispiel für diesen Stationenbereich wäre die Episode einer Wikipedia-internen Reviewdiskussion, bei der ein*e Autor*in einen für gewöhnlich hauptsächlich

---

12 Dieser Teil ist übernommen und z. T. übertragen aus Pentzold (2015: 65–66, 75–76 u. 77–79).

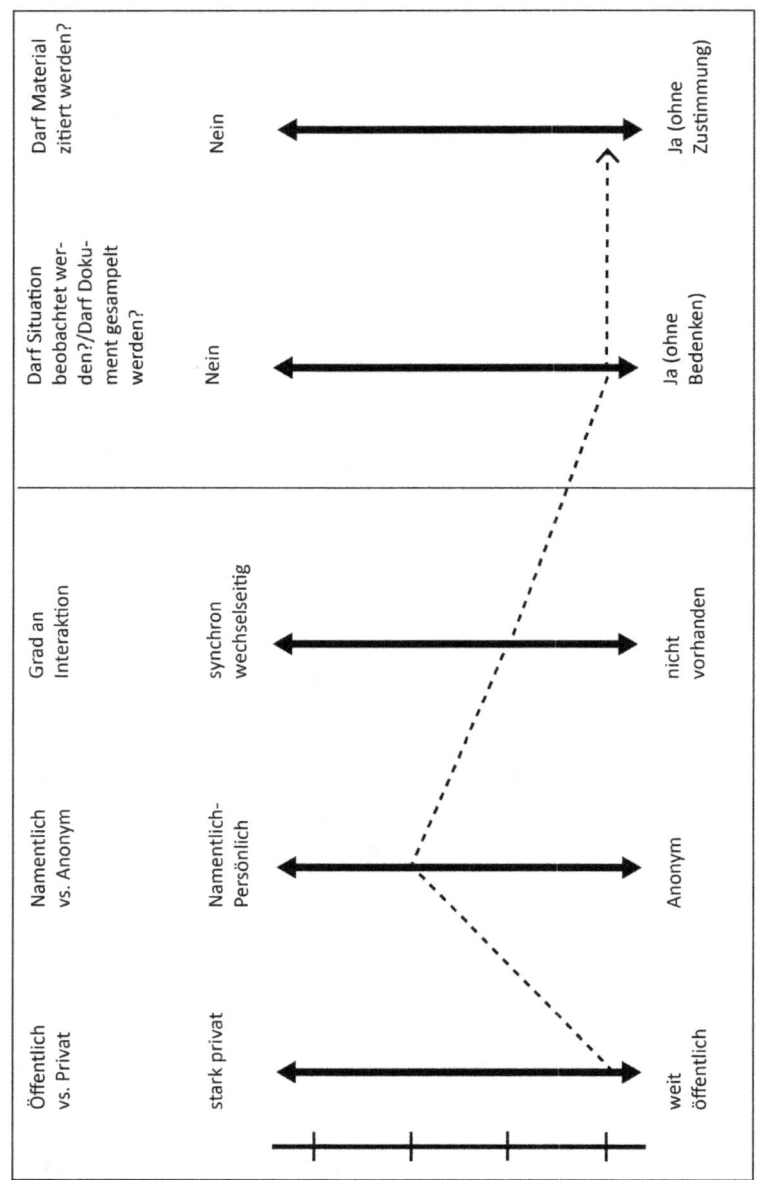

Abb. 3: Entscheidungsraster Öffentlichkeit vs. Anonymität. Quelle: Pentzold (2015: 76).

von ihm editierten Artikel auf der Station einer eigens dafür eingerichteten Wiki-Seite zur Diskussion stellt, um so Feedback von anderen Autor*innen einzuholen und den Artikel zu verbessern.

Zusammenfassend wurden folgende forschungsethische Entscheidungen getroffen: Es wurden wörtliche Belegstellen in der Ergebnisdarstellung ohne Zustimmung nur aus den beiden Stationenbereichen zitiert, die von den Nutzer*innen als stark bis bedingt öffentlich eingestuft wurden. Konkret wurde also darauf verzichtet, ohne Zustimmung Zitate aus den Benutzer- und Benutzerdiskussion-Namensräumen, den Stammtischen und anderen plattformenunabhängigen Webpräsenzen anzuführen, wenn diese erkennbar von den jeweiligen Benutzer*innen nicht für größere (Wikipedia-)Publika längerfristig öffentlich gehalten wurden. Das von der Lizenz geforderte Nennen der jeweiligen Autor*innen wurde dadurch abgegolten, dass im Forschungsbericht ein Link auf die jeweilige zitierte Wiki-Seite angegeben wurde.

Das Verfahren zur Sicherung von informierter Zustimmung erfolgte analog: Hinsichtlich der forschungsethischen Entscheidungen, um informierte Zustimmung wenn nötig zu gewähren – Kann im teilnehmenden Beobachten informierte Zustimmung eingeholt werden? Muss sie eingeholt werden? –, waren hier ebenso wie im obigen Entscheidungsraster pro Stationenbereich die Öffentlichkeitsdimensionen zwischen weit öffentlich, bedingt öffentlich, bedingt privat und stark privat sowie die namentliche bzw. anonyme Kennung der Akteure zwischen namentlich-persönlich, pseudonym- identifizierbar, pseudonym-nicht identifizierbar und anonym heuristisch zu bestimmen.

Darüber hinaus war als zusätzlicher Faktor der Grad an Interaktion von Feld und Beobachter*in zwischen synchron wechselseitig, asynchron wechselseitig, einseitig und nicht vorhanden einzustufen. Das Entscheidungsraster und die Entscheidungsheuristik, exemplarisch für den bedingt privaten Stationenbereich, gestaltete sich entsprechend wie in Abb. 4 dargestellt. Ein Beispiel für diesen Stationenbereich wäre die Episode einer Wikipedia-internen Diskussion, bei der angemeldete und unangemeldete Autor*innen die Station der Diskussionsseite eines*r Autors*in gebrauchten, um die Berechtigung einer Benutzersperre wegen des Vorwurfs, ein*e Editor*in habe Einträge vandalisiert, zu debattieren.

Zusammenfassend wurden folgende forschungsethische Entscheidungen getroffen: Es wurde eine offene Beobachtung durchgeführt, insoweit die Plattform ein Offenbaren des beobachtenden Teilnehmens und seiner Ziele zuließ. Das hieß, als Pseudonym wurde der Klarname gewählt und auf der entsprechend verlinkten Nutzerseite fanden sich Information zu dem Forschungsvorhaben und es wurde die Möglichkeit gegeben, per E-Mail auch außerhalb von Wikipedia in Kontakt zu treten. Jeder Beitrag in Wikipedia wurde angemeldet getätigt und jeder Beitrag zu Diskussionsseiten signiert, sodass die Aktivitäten des Accounts nachverfolgt werden konnten. Wenn Interaktionen mit angemel-

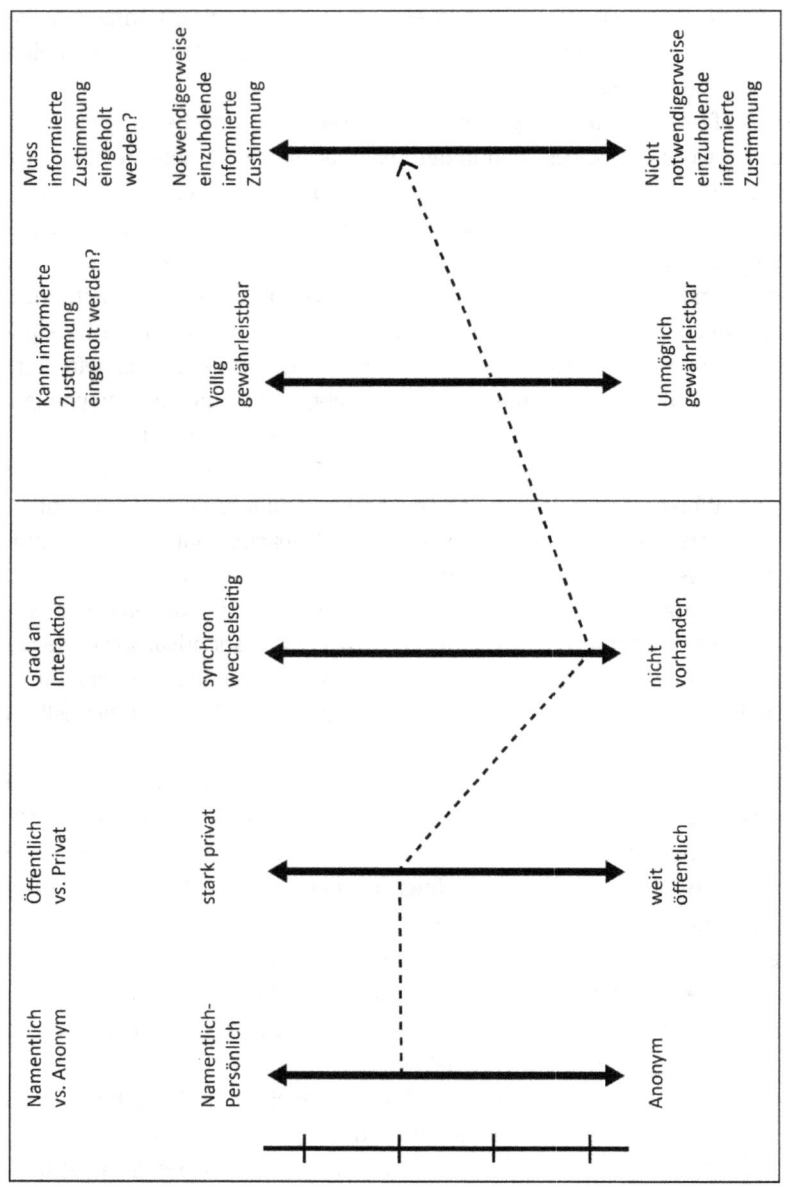

Abb. 4: Entscheidungsraster Anonymität vs. Informierte Zustimmung. Quelle: Pentzold (2015: 78).

deten Nutzer*innen stattfanden, wurden diese auf das Forschungsvorhaben aufmerksam gemacht und den angefragten Autor*innen wurde das Angebot gemacht, den Kontakt per Mail oder Telefon fortzusetzen.

5 Fazit

Unsere Ausführungen setzen an einem Dilemma an, dem die Analyse digitaler Diskurse gegenübersteht: Es gibt das berechtigte Interesse, bei der Datenerhebung und Datenanalyse juristisch konform und ethisch integer zu agieren. Gleichzeitig ist unser Forschungsgegenstand so dynamisch, dass es kaum möglich ist, längerfristige Handreichungen und Entscheidungsvorlagen zu geben. Vielmehr ist die Adressierung rechtlicher und ethischer Fragen an Ableitungen geknüpft, ggf. auch von gesetzlichen Grundlagen, die nicht dezidiert unseren Gegenstand regeln, aber Approximationen ermöglichen. Vergleichbar verhält es sich auch mit ethischen Fragen. Wir empfehlen, diese Aspekte transparent zu dokumentieren und potenziellen Forschungsteilnehmer*innen und Urheber*innen mit größtmöglicher Zugewandtheit zu begegnen, ggf. ethische Fragen mit ihnen gemeinsam abzuwägen und im Zweifelsfall selbstverständlich so zu handeln, dass ihre Persönlichkeit geschützt bleibt, selbst wenn rechtliche Vorgaben eine Veröffentlichung legitimieren. In diesem Vorgehen zeigt sich einmal mehr die Besonderheit bei der linguistischen Arbeit an digitalen Diskursen: Die Vorgehensweise von Nutzer*innen und die Vorgehensweise von Forschenden können in gewinnbringender Weise miteinander verschränkt und sogar verwoben werden.

Literatur

AoIR. 2019. *Association of Internet Researchers. Ethical Guidelines 3.0.* https://aoir.org/reports/ethics3.pdf. (18 June, 2021.)

Apel, Jochen, Nils Föhles & Jonas Kratzke. 2017. *Forschungdatenmanagement. Workshop.* https://doi.org/10.11588/heidok.00023215. (18 June, 2021.)

Baym, Nancy. 2010. *Personal Connections in the Digital Age.* Cambridge: Polity.

Beaulieu, Anne & Adolfo Estalella. 2012. Rethinking research ethics for mediated settings. *Information, Communication & Society* 15(1). 23–42.

Beißwenger, Michael, Evelyn Ziegler, Marcel Fladrich & Wolfgang Imo. 2020. Mobile Communication Database 2 (MoCoDa2). In *Netzwerktag: Digitalisierung in den Geisteswissenschaften: Digital forschen / Digitales erforschen / Lehre digital gestalten.* https://duepublico2.uni-due.de/receive/duepublico_mods_00071353. (18 June, 2021.)

Bennett, Lance & Barbara Pfetsch. 2018. Rethinking Political Communication in a Time of Disrupted Public Spheres. *Journal of Communication* 2(68). 243–253.
Boellstorff, Tom, Bonnie Nardi, Cathy Pearce & T.L. Taylor (2012): *Ethnography and Virtual Worlds. A Handbook of Method*. Princeton: Princeton University Press.
boyd, danah & Kate Crawford. 2012. Critical Questions for Big Data. *Information, Communication & Society* 15(5). 662–679.
Bruckman, Amay. 2002. Studying the amateur artist. *Ethics and Information Technology* 4(3). 217–231.
Bruns, Axel. 2019. *Are Filter Bubbles Real?* Cambridge: Polity.
Buchanan, Elizabeth & Charles Ess. 2009. Internet Research Ethics and the Institutional Review Board: Current practices and issues. *Computers and Society* 39(3). 43–49.
Castells, Manuel. 2009. *Communication Power*. Oxford: Oxford University Press.
De la Durantaye, Katharina & Benjamin Raue. 2020. Urheberrecht und Zugang in einer digitalen Welt – Urheberrechtliche Fragestellungen des Zugangs für Gedächtnisinstitutionen und die Digital Humanities. *Recht und Zugang* 1(1). 83–107.
Deppermann, Arnulf & Martin Hartung. 2012. Was gehört in ein nationales Gesprächskorpus? Kriterien, Probleme und Prioritäten der Stratifikation des „Forschungs- und Lehrkorpus Gesprochenes Deutsch" (FOLK) am Institut für Deutsche Sprache (Mannheim). In Ekkehard Felder, Marcus Müller & Friedemann Vogel (eds.), *Korpuspragmatik*, 414–450. Berlin: De Gruyter.
Eisenegger, Mark, Marlis Prinzing, Patrick Ettinger, & Roger Blum (eds.). 2021. *Digitaler Strukturwandel der Öffentlichkeit*. Wiesbaden: Springer VS.
Ess, Charles. 2009. *Digital Media Ethics*. Cambridge: Polity.
Eynon, Rebecca, Jenny Fry & Ralph Schroeder. 2008. The Ethics of Internet Research. In Nigel Fielding, Raymond M. Lee & Grant Blank (eds.), *The SAGE Handbook of Online Research Methods*, 23–41. Los Angeles et al.: Sage.
Fraas, Claudia, Stefan Meier & Christian Pentzold. 2012. *Online-Kommunikation*. München: Oldenbourg.
Gatto, Maristella. 2014. *Web as Corpus. Theory and Practice*. London: Bloomsbury.
Glaznieks, Aivars & Jennifer-Carmen Frey. 2020. Das DiDi-Korpus: Internetbasierte Kommunikation aus Südtirol. In Konstanze Marx, Henning Lobin & Axel Schmidt (eds.), *Deutsch in Sozialen Medien. Interaktiv – multimodal – vielfältig*, 353–354. Berlin et al.: De Gruyter.
GESIS. 2021. *Datenarchiv für Sozialwissenschaften*. https://www.gesis.org/institut/abteilungen/datenarchiv-fuer-sozialwissenschaften. (18 June, 2021.)
Giaxoglou, Korina. 2017. Reflections on internet research ethics from language-focused research on web-based mourning: revisiting the private/public distinction as a language ideology of differentiation. *Applied Linguistics Review* 8 (2–3). 229–250.
Giddens, Anthony. 1997. *Die Konstitution der Gesellschaft. Grundzüge einer Theorie der Strukturierung*. Frankfurt a. M. & New York: Campus.
Gülich, Elisabeth & Lorenza Mondada. 2012. *Konversationsanalyse. Eine Einführung am Beispiel des Französischen*. Tübingen: Niemeyer.
Hartmann, Stefan. 2020. Identifying discourse patterns in online comments on „politically correct" language use. *Yearbook of the German Cognitive Linguistics Association* 8(1). 27–44.
Heesen, Hendrik & Leonie Jüngels. 2021. Der Regierungsentwurf der Text und Data Mining-Schranken (§§ 44b, 60d UrhG-E). *Recht und Zugang* 1(2). 45–55.

Hopf, Christel. 2005. Forschungsethik und qualitative Forschung. In Uwe Flick, Ernst von Kardoff & Ines Steinke (eds.), *Qualitative Forschung. Ein Handbuch*, 589–600. Reinbek b. Hamburg: Rowohlt.

Hudson, James & Amy Bruckman. 2004. „Go away": Participant objections to being studied and the ethics of chatroom research. *The Information Society* 20. 127–139.

Klaus, Elisabeth & Ricarda Drüeke (eds.). 2017. *Öffentlichkeiten und gesellschaftliche Aushandlungsprozesse*. Bielefeld: transcript.

Knuchel, Daniel & Janine Luth. 2018. Zugängliche Daten im Netz. Herausforderungen beim Korpusaufbau mit besonderer Berücksichtigung rechtlicher und ethischer Aspekte. *Osnabrücker Beiträge zur Sprachtheorie* (OBST) 92. 31–44.

Lexa, Carsten. 2020. Durchgelesen: Das steht in den AGB von Tik Tok. Blogeintrag *Basic Thinking* vom 23. Juli 2020 https://www.basicthinking.de/blog/2020/07/23/tik-tok-agb-analyse/. (18 June, 2021.)

Marx, Konstanze. 2019. Von #Gänsehaut bis #esreicht – Wie lässt sich ein Territorium neuer Sagbarkeit konturieren? Ein phänomenologischer Zugang. In Ludwig Eichinger & Albrecht Plewnia, A. (eds.), *Neues vom heutigen Deutsch. Empirisch-methodisch-theoretisch*. Jahrbuch 2018, 245–264. Berlin & New York: De Gruyter.

Marx, Konstanze & Susanne Tienken. 2021. Trost und Trösten. In Christian Braun (ed.), *Sprache des Sterbens, Sprache des Todes*,141–164. Berlin & Boston: De Gruyter.

McKee, Heidi & James Porter. 2008. The Ethics of Digital Writing Research: A Rhetorical Approach. New York: Peter Lang.

Meier-Vieracker, Simon. 2021. „Ach, heute wurde mir zum ersten Mal ein Sitzplatz angeboten im Tram" – Musterhaftigkeiten in digitalen Sterbenarrationen. In Christian Braun (ed.), *Sprache des Sterbens, Sprache des Todes*, 165–184. Berlin & Boston: De Gruyter.

Meier-Vieracker, Simon. I. Dr. immer noch chemo – Zeitlichkeit in digitalen Krankheitserzählungen. In Marina Iakushevich, Marina & Yvonne Ilg & Theresa Schnedermann (eds.), *Linguistik und Medizin*. Berlin & Boston: De Gruyter (= Linguistik – Impulse & Tendenzen).

Münch, Vanessa. (Dissertation in Vorbereitung): Multimodale Analyse metapragmatischer Positionierung in sozialen Medien. Ein Vergleich des deutschen und französischen Körperdiskurses.

Neidhard, Friedhelm. 1994. Öffentlichkeit, öffentliche Meinung und soziale Bewegungen. *Kölner Zeitschrift für Soziologie und Sozialpsychologie*, Sonderheft 34. Opladen: Westdeutscher Verlag.

Nissenbaum, Helen. 2011. *Privacy in Context. Technology, Policy, and the Integrity of Social Life*. Palo Alto: Stanford University Press.

Papacharissi, Zizi. 2010. *A Private Sphere*. Cambridge: Polity.

Pentzold, Christian. 2015. Forschungsethische Prämissen und Problemfelder teilnehmenden Beobachtens auf Online-Plattformen. In Axel Maireder, Julian Ausserhofer, Christina Schumann & Monika Taddicken (eds.), *Digitale Methoden in der Kommunikationswissenschaft*, 53–77. Digital Communication Research.

Pentzold, Christian. 2016. *Zusammenarbeiten im Netz. Praktiken und Institutionen internetbasierter Kooperation*. Wiesbaden: Springer VS.

Pentzold, Christian. 2017. „What are these researchers doing in my Wikipedia?": Ethical Premises and Practical Judgment in Internet-Based Ethnography. *Ethics and Information Technology* 19(2). 143–155.

QualiService. 2021. *Leitlinien*. https://www.qualiservice.org/de/leitlinien.html. (18 June, 2021.)

Rolfes, Louis & Luisa Wendel. 2018. Die Veröffentlichung von Korpora amtlicher Werke zu Forschungszwecken aus urheber- und datenbankrechtlicher Sicht. *Zeitschrift für Urheber- und Medienrecht* 2018. 590–600.

Schmidt, Jan. 2012. Persönliche Öffentlichkeiten und informationelle Selbstbestimmung im Social Web. In Jan Schmidt & Thilo Weichert (eds.), *Datenschutz. Grundlagen, Entwicklungen und Kontroversen*, 215–225. Bonn: Bundeszentrale für politische Bildung.

Siever, Christina. 2015. *Multimodale Kommunikation im Social Web*. Frankfurt a.M.: Peter Lang.

Steuernagel, Armin, Bruno Frey & Jonas Friedrich. 2017. *Zum Lügen gezwungen*. Zeit online vom 1. März 2017, 14:13 https://www.zeit.de/wirtschaft/2017-02/allgemeine-geschaeftsbedingungen-verbraucherschutz-zertifizierung-alternativen. (18 June, 2021.)

Spoerri, Anselm. 2007. What is Popular on Wikipedia and Why? *First Monday* 12 (4). http://firstmonday.org/ojs/index.php/fm/article/view/1765/1645. (18 June, 2021.)

Sveningsson-Elm, Malin. 2009. How Do Various Notions of Privacy Influence Decisions in Qualitative Internet Research? In Annette Markham & Nancy Baym (eds.), *Internet Inquiry*, 69–87. London: Sage.

Tilley, Liz & Kate Woodthorpe. 2011. Is it the end for anonymity as we know it? A critical examination of the ethical principle of anonymity in the context of 21st century demands on the qualitative researcher. *Qualitative Research* 11(2). 197–212.

Welchering, Peter. 2020. *Journalistische Praxis: Digitale Recherche. Verifikation und Fact Checking*. Wiesbaden: Springer.

WMF Data Retention Policy. 2008. http://wikimediafoundation.org/wiki/Data_retention_policy. (12 December, 2008.)

WMF Privacy Policy. 2011. http://meta.wikimedia.org/wiki/Privacy_policy. (20 December, 2011.)

WMF:Terms of Use. 2012. http://wikimediafoundation.org/wiki/Terms_of_Use. (18 June, 2021.)

Teil III: **Methoden, Verdatung und Anwendungen**

Michael Bender, Noah Bubenhofer, Philipp Dreesen, Christopher Georgi, Jan Oliver Rüdiger, Friedemann Vogel
Techniken und Praktiken der Verdatung

1 Einleitung

Fragen der Verdatung sind Bestandteil der digitalen Diskursanalyse und keine Vorarbeiten. Die Analyse digital(isiert)er Diskurse setzt im Unterschied zur Auswertung nicht-digital repräsentierter Sprache und Kommunikation notwendig technische Verfahren und Praktiken, Algorithmen und Software voraus, die den Untersuchungsgegenstand als digitales Datum konstituieren. Die nachfolgenden Abschnitte beschreiben kurz und knapp wiederkehrende Aspekte dieser Verdatungstechniken und -praktiken, insbesondere mit Blick auf Erhebung und Transformation (Abschnitt 2), Korpuskompilierung (Abschnitt 3), Annotation (Abschnitt 4) und Wege der analytischen Datenerschließung (Abschnitt 5). Im Fazit wird die Relevanz der Verdatungsarbeit für den Analyseprozess zusammengefasst (6).

2 Datenerhebung und Datentransformation

Datenerhebung und -transformation sind wichtige Grundlagen bzw. Voraussetzungen für digitale Diskursanalysen. Digitale Daten ermöglichen im Vergleich zu analogen oder noch zu digitalisierenden Untersuchungsgegenständen automatisierte Verfahren der Datenerhebung, bringen aber auch spezifische Herausforderungen mit sich. Am Anfang jeder Datenerhebung steht dabei zunächst ein Projektplan, der die Forschungsfrage(n) sowie die für das Projekt datenseitig relevanten Aspekte hinreichend, d. h. verfahrensanleitend konkretisiert. Im Folgenden wird zu Anschauungszwecken an drei verschiedenen Projekttypen illustriert, wie eine solche Vorplanung aussehen kann und welche Entscheidungsmöglichkeiten zu berücksichtigen sind.

Drei exemplarische Untersuchungssettings (Projekte):

Projekt 1. Forschungsfrage: Ermöglicht die Analyse des Briefwechsels zwischen *A* und *B* Rückschlüsse auf Werke/Werkentscheidungen von *A* und *B*? – Material: In verschiedenen Bibliotheken wurden mehrere hundert historische Briefe von *A* und *B* gefunden (ca. 500 Seiten). Der überwiegende Teil ist mit einer Schreibmaschine verfasst – es gibt händische Anmerkungen (z. B. *A* macht Anmerkungen in Briefen von *B*). Zu vergleichbaren Untersuchungssettings siehe Neuber, Bernauer & Miller 2020, Neumann & Fauck 2008 und Rettinghaus 2021.

Projekt 2. Forschungsfragen: Wie wird das Thema *T* in einem Diskurs *D* semantisch besetzt oder (um-)gedeutet? Wie reagieren die Diskursakteure *A* und *B* auf ein Ereignis *E*? – Material: Mit Hilfe eines Web-Crawlers (siehe Weisser 2019, Suchomel & Pomikálek 2012 und Barbaresi 2021) werden massenhaft Zeitungsartikel zum Diskurs *D* gesammelt, die insbesondere (gefiltert) das Thema *T* und das Ereignis *E* repräsentieren. Zu vergleichbaren Untersuchungssettings siehe Schabus, Skowron & Trapp 2017, Korpus Berliner Zeitung 2014 und ZEIT-Korpus (ZEIT & ZEIT online) 2014.

Projekt 3. Forschungsfragen: Im Sozialen Netzwerk *N* findet die Skandalisierung eines Ereignisses *E* statt. Im Zentrum der allgemeinen Empörung stehen die Nutzerkonten *A*, *B*, *C* und *D*. Da das Soziale Netzwerk *N* nur eine begrenzte Anzahl an Zeichen pro Nachricht zulässt, greifen *A*, *B*, *C* und *D* auch auf eingebettete Grafiken, Videos und Verlinkungen zurück (zu anderen Netzwerken, Blogs, etc.). Analysiert werden soll der multimodale Diskurs zum Ereignis *E* – primär zwischen den Nutzerkonten *A*, *B*, *C* und *D* – aber auch anderen Konten, die besonders aktiv sind (Netzwerkanalyse). Zu vergleichbaren Untersuchungssettings siehe Beißwenger et al. 2021, Stark et al. 2018 und Kissling 2020.

Allen drei Projekten und auch im Wesentlichen allen Projekten mit diskurslinguistischem Fokus ist gemein, dass zunächst ein Korpus zu entwickeln ist. Unter einem Korpus versteht man „[...] eine Sammlung [authentischer] schriftlicher oder gesprochener Äußerungen in einer oder mehreren Sprachen" (Lemnitzer & Zinsmeister 2010: 40). Prinzipiell kann ein Korpus auch analog (gedruckt) vorliegen und manuell ausgewertet werden. In der empirischen Linguistik ist ein Korpus aber in der Regel ein digitales (maschinenlesbares) Korpus, das automatisiert oder teilautomatisiert (mittels Software) ausgewertet wird. Daher ist es in einem ersten Schritt notwendig, die Äußerungen in ein digitales, maschinenlesbares Format zu überführen.

Planspiel – Die erste Hürde der Datenerhebung: Die Digitalisierung

Projekt 2 hat es in diesem Fall besonders leicht, da der Web-Crawler die Zeitungsartikel direkt über die Webseiten der jeweiligen Verlage erfasst – damit liegen alle relevanten Daten vollständig digitalisiert vor. Projekt 3 profitiert ebenfalls von originär digitalen Daten. Die Daten werden über die jeweiligen sozialen Netzwerke ausgelesen –, aber (und dies gilt auch für alle anderen Projekte, die auf Audio-/Bild-/Video-Material basieren): Sollen Audio-, Bild- oder Video-Dateien ausgewertet werden, so muss ein Weg gefunden werden, der die Auswertung dieser Daten erlaubt (Bsp.: Schmidt et al. 2017 und Klessa 2020). Es muss darüber hinaus entschieden werden, wieviel Zeit und Sorgfalt für diese Prozessschritte aufgewendet werden muss und ob dieser Aufwand im Verhältnis zum erhofften Ertrag bzw. anvisierten Erkenntnisinteresse steht. Das oben angesprochene Planspiel hilft hier weiter. Wenn klar ist, dass z. B. Bilder und Videos vollständig gesammelt werden, aber die spätere Analyse nur Videos ausgewählter Beiträge betrachtet, dann kann der Aufwand vermieden werden, Videos vollständig zu transkribieren (vgl. Curtain 2021, VERBI GmbH 2021 und Provalis Research Corp. 2021). Projekt 1 schließlich erfordert eine vollständige Digitalisierung des Materials (oftmals auch als Retrokonversion bezeichnet). Hier haben sich zwei Verfahren etabliert. Beide beginnen damit, dass zunächst mittels Dokumenten-Scannern digitale Kopien (im Wesentlichen: Fotos der einzelnen Seiten) angefertigt werden. Bei beschränkten zeitlichen und finanziellen Ressourcen bietet sich der Einsatz von sogenannter Optical Character Recognition (kurz OCR) Software für die Retrokonversion an (etwa mit Hilfe von: ABBYY 2021, tesseract-Team 2021 und READ-COOP 2018). Die OCR-Software sorgt für eine automatische Konvertierung der Bild-Dateien in Text. Bevor aber mit der Umwandlung eines ganzen Korpus begonnen wird, sollte unbedingt die Ergebnis-Qualität geprüft und auch ggf. in Abstimmung mit dem Software-Handbuch optimiert werden (z. B. kann die Bild-Auflösung und Farbdarstellung bessere oder schlechtere Ergebnisse produzieren, dies ist in der Regel im Handbuch dokumentiert – ein Test unterschiedlicher Einstellungen kann sich lohnen). Manche OCR-Software eignet sich nur für bestimmte Zwecke – gedruckte Texte mit modernen Schriften werden besser erkannt als Handschriften oder Fraktur-Schriftsätze. Handschriften können ggf. mit einem Sample trainiert werden (dazu müssen 1–2 Seiten Text per Hand digitalisiert werden). Daher lohnt es sich in so einem Fall, verschiedene Software-Programme am konkreten Material zu testen, um dann fundiert zu entscheiden, welche Software am besten geeignet ist. Beim Einsatz von OCR-Software treten immer Erkennungsfehler auf – z. B. kann die gedruckte Zeichenfolge „ri" auf einem vergilbten Blatt als „n" fehlinterpretiert werden. Daher sollte ggf. auch Zeit für eine Nachkorrektur eingeplant werden. Alternativ zum OCR-Einsatz besteht die Möglichkeit, die Digitalisate an einen Dienstleister zu schicken, der dies nach Gold-Standard digitalisiert. Im sogenannten Double-Keying-Verfahren wird der Text von zwei getrennten Personen abgetippt, Unterschiede im abgetippten Dokument werden mittels spezieller Software verglichen und nachkorrigiert. Dadurch ist der Prozess aufwendig und kostenintensiv – produziert aber hochwertige Ergebnisse.

Planspiel – Wichtige Punkte für Spaß an den Daten

Wurden die Daten erfolgreich digitalisiert, stellen sich für die Datenerhebung zwei weitere wichtige Fragen: (1) Welche Daten könnten von sekundärem Interesse sein? (2) Wie werden Daten gespeichert, so dass alle folgenden (Analyse-) Prozesse darauf zugreifen können?

Primäre und sekundäre Daten

Korpora bestehen nicht nur aus Texten (den sogenannten Primärdaten), sie umfassen auch eine ganze Reihe weiterer Sekundärdaten. Im Wesentlichen handelt es sich dabei um Metadaten und Annotationen (vgl. hierzu Perkuhn, Keibel & Kupietz 2012). Metadaten sind Zusatzinformationen zu einzelnen Texten (z. B. der Titel, Autor*in, Datum, Textsorte etc.). Diese Metadaten können in der späteren Analyse genutzt werden, um etwa Akteursgruppen, Zeitfenster oder Textsorten miteinander zu vergleichen bzw. sie zueinander in Beziehung zu setzen (z. B. Vergleich von Sprachgebrauchsmustern bestimmter Autor*innen; unterschiedlicher Sprachgebrauch in zwei oder mehr definierten Zeitfenstern – vergl. hier auch Korpuskompilierung). Annotationen sind Sekundärdaten, die direkt mit dem Text verknüpft sind (vgl. auch den Abschnitt zu Annotationen unten). Annotationen können manuell erstellt oder automatisch erzeugt werden. Elektronische Korpora werden in der Regel mehrstufig automatisch annotiert. Zusätzliche manuelle Annotationen oder Nachkorrekturen der automatischen Annotation sind je nach Forschungsinteresse notwendig. Folgende automatische Prozessschritte sind weit verbreitet:
- Zerteilung der Texte in einzelne Sätze und Token,
- automatische Lemmatisierung der Token (Token: Häuser > Lemma: Haus),
- automatische Zuordnung der Wortart (Token: Berge > Wortart: Nomen),
- Annotation von Phrasen (Token: Das wundersame Fest > Phrase: Nominalphrase).

Ein so aufbereitetes Korpus erlaubt sehr komplexe Analyse- und Abfragemöglichkeiten (z. B.: Suche alle Sätze mit Nominalphrasen, die das Lemma ‚Krise' enthalten).

Daten richtig speichern und zyklische Verdatung

Primär- und Sekundärdaten sollten in einem geeigneten Format gespeichert werden. Kleinere Projekte wie z. B. Projekt 1 haben oft die Möglichkeit, Texte und Metadaten separat zu speichern (jeden Text in einer Datei, Metadaten gemeinsam in einer Tabelle) – sobald aber das Korpus eine gewisse Größe erreicht (Faustregel: ab 1000 Dokumente oder 10'000 Seiten), sollte über bessere Lösungen nachgedacht werden. Dateiformate wie XML bieten die Möglichkeit, Text und Metadaten maschinenlesbar zu speichern (hier sei insbesondere auf den de facto Standard TEI-XML verwiesen; siehe auch im nachfolgenden Abschnitt). Auch die Nutzung von Datenbanken kann sinnvoll sein. Hier sollte aber erwähnt werden, dass sich relationale Datenbanken nur bedingt für die Speicherung von Texten eignen und dass NoSQL-Datenbanken (wie z. B. ElasticSearch) zu bevorzugen sind (z. B. bessere Volltextsuche, Fuzzy-Suchen). Welches Format oder welche Datenbank gewählt wird, sollte davon abhängig gemacht werden, welche Software-Tools und Auswertungen im weiteren Planspiel-Verlauf vorgesehen sind. Ein Planspiel hilft hier, da durch die Auflistung klar wird: (1) Welche Daten benötigt werden, (2) mit welchen Software-Tools gearbeitet wird und (3) welche Ausgaben produziert werden. Während bei (1) die Anforderungen erfüllt werden müssen, die die Software in (2) stellt, fallen unter (3) neue Daten an, die erneut gespeichert werden. Dieser Prozess 1 bis 3 kann zyklisch geschehen. Ergebnisse aus (3) werden zu einer neuen Datengrundlage (1). Beispiel Projekt 1: (1) Die digitalisierten Briefe (2) werden durch eine Software automatisch mit Wortarten annotiert, (3) die annotierten Daten werden gespeichert. Die annotierten Texte sind (1) Ausgangslage, um mit einer weiteren Software (2) z. B. die häufigsten Adjektive auszuzählen (3).

Als schneller Einstieg seien auch die folgenden Programme empfohlen, da sie einen Teil der oben genannten Arbeitsschritte automatisieren: Rüdiger 2021, Hardie, Baroni & Evert 2020, Sinclair & Rockwell 2021, Lexical Computing Group 2021 und Anthony 2020.

Reflexion

Vor Projektbeginn sollte klar sein, welche Daten erhoben werden, dies umfasst sowohl Primär- als auch Sekundärdaten. Wenn andere Primärdaten als Text erhoben werden (Audio, Video, Bild), sollte auch eine Strategie zur Verdatung vorliegen (z. B. Transkription vs. Verschlagwortung). Je klarer Forschungsfragen definiert sind, umso besser lassen sich Methoden und Software-Programme finden, mit denen eine Analyse angegangen werden kann. Im Idealfall wird ein Dateiformat gewählt, das mit allen eingesetzten Software-Programmen verarbeitet werden kann und auch ggf. zur langfristigen Archivierung genutzt werden kann. Verschiedene Software-Alternativen sollten vorab gegeneinander abgewogen werden.

3 Korpuskompilierung

Diskurse sind im digitalen Raum auf verschiedenste Plattformen und Domänen zurückzuführen. Die verschiedenen medialen Erscheinungsweisen stellen dabei besondere Herausforderungen an die Korpuskompilierung, die im Folgenden dargestellt werden sollen. Außerdem werden verschiedene methodische Empfehlungen ausgesprochen, die den Umgang mit Korpora im Rahmen von digitalen Diskursen erleichtern sollen.

Repräsentativität, Ausgewogenheit und Transparenz

Für digitale Diskurse hält Bubenhofer fest, dass diese „[...] nicht zwingend durch ein klar definiertes Korpus repräsentierbar [...]" (Bubenhofer 2018: 214) sind. Grundsätzlich ist es nahezu unmöglich, alle Kommunikationsräume und -formen des zu untersuchenden Diskurses ausfindig zu machen, sodass die Ergebnisse der sich anschließenden Untersuchung repräsentativ für den vorliegenden Diskurs sind. Hinsichtlich der Auffindbarkeit sind auch technisch Grenzen gesetzt. Um transmediale multimodale Diskurse zu untersuchen, gehen Fraas und Pentzold (2015) bspw. von Suchmaschinenrecherchen auf der Basis von Schlüsselbegriffen zu „diskursrelevanten Themen und Akteuren in ihrer diskursspezifischen Darstellung" (Fraas & Pentzold 2015: 122) aus, wobei verschiedene Kommunikationsformen berücksichtigt werden. Ob tatsächlich im Zuge einer „theoretischen Sättigung des Materials" (Fraas & Pentzold 2015: 122) keine weiteren Materialien zum Diskursthema mehr ermittelt werden können, bleibt angesichts der unüberblickbaren digitalen Kommunikationsräume fraglich. Bubenhofer (2018: 215) spricht in diesem Zusammenhang die pragmatische Empfehlung aus, ein möglichst großes Textkorpus zu erstellen, das nach „Sprachdomänen, medialen Erscheinungsformen, Textsorten oder zeitlichen Perioden" geordnet ist.[1] Als vielversprechenden Ausgangspunkt für die Korpuszusammenstellung führt Bubenhofer die digitalen Archive diverser Wochenzeitschriften wie DIE ZEIT und DER SPIEGEL an, deren bisher publizierte, frei

---

[1] Auch Clear (1992: 22) spricht sich bereits für ein pragmatisches Vorgehen bei der Korpuskompilierung aus.

einsehbare Artikel sich vollständig herunterladen lassen.[2] Darüber hinaus bieten sich als Ausgangspunkt bereits öffentlich verfügbare Korpora wie das DeReKo oder das DWDS-Kernkorpus an. Anschließend kann aus der Grundgesamtheit der Zeitungsartikel ein Spezialkorpus erstellt werden, das den zu untersuchenden Diskurs möglichst umfänglich enthält. Atkins, Clear und Ostler (1991: 5) verweisen ferner darauf, dass der Prozess der Korpuskompilierung als iterativer Prozess angelegt sein sollte. Oftmals zeigen sich erst bei der Zusammenstellung und ersten explorativen Studien systematische Fehler in den Daten, die anschließend korrigiert werden können. Hinsichtlich der Repräsentativität sind grundsätzlich Eingrenzungen zu treffen. Nach Bubenhofer (2018: 215) müsse darauf verwiesen werden, dass der zugrundeliegende Diskurs etwa auf deutschsprachige Pressetexte oder Webforen-Diskussionen zu einem bestimmten Zeitpunkt beschränkt sei. Auch hinsichtlich der Einschätzung bzw. der Bewertung der Ergebnisse von Korpusstudien ist Transparenz in Bezug auf die Korpuskompilierung entscheidend. So verweisen etwa Androutsopoulos und Weidenhöffer (2015) in einer Untersuchung zum Zuschauer-Engagement auf Twitter auf die Beschränkungen der Twitter-API, mit Hilfe derer die Korpusdaten erhoben wurden. So sei die „Erfassung von max. 20 Tweets pro Sekunde" (Androutsopoulos & Weidenhöffer 2015: 31) und insgesamt nur „eine[s] Bruchteil[s] der tatsächlich gesendeten Tweets" (Androutsopoulos & Weidenhöffer 2015: 31) (kostenfrei etwa 1 Prozent) möglich. Somit kann, bezogen auf das Medium Twitter, nicht von einem repräsentativen Korpus die Rede sein, da ein Großteil der Daten (zumindest kostenfrei) nicht zugänglich ist.

Referenzkorpora

Da datengeleitete Studien überwiegend korpusvergleichend angelegt sind, sollte die Korpuskompilierung im Idealfall auch auf ein Referenzkorpus hin angelegt sein (vgl. dazu auch den Abschnitt Datenerschließung). Dieses sollte im besten Fall lediglich in einem Parameter, etwa Thema, Textsorte oder Zeitpunkt bzw. Zeitspanne, vom Untersuchungskorpus abweichen, damit die beobachteten Unterschiede auf eben diesen Parameter zurückgeführt werden können (vgl. Bubenhofer 2018: 216). Kilgariff und Grefenstette (2003: 343) weisen in diesem Kontext darauf hin, dass die Parameter und somit Kategorien eines Korpus die Ergebnisse unter Umständen beeinflussen und somit zu reflektieren sind. Im Rahmen der Korpuskompilierung sollte man sich somit bewusst sein, dass man kategorisiert

---

2 Diverse Tools wie Trafilatura (https://trafilatura.readthedocs.io/en/latest/, zuletzt aufgerufen am 27.05.21) erleichtern dabei den Download.

und Hypothesen ggf. vorwegnimmt. Die zugrundeliegenden Kategorien sollten daher in jedem Fall transparent dargestellt werden.

Strukturierung und Nachhaltigkeit

Neben den im Korpus enthaltenen Texten sind auch die Metadaten von entscheidender Bedeutung, um Spezialkorpora bilden zu können. Für die Strukturierung von Primär- und Metadaten eignet sich das XML-Format, das im Rahmen der ‚Text Encoding Initiative' eine Standardisierung erhalten hat und sich auf verschiedenste Textformen hin anwenden lässt (vgl. Abschnitt „Datenerhebung und Datentransformation" und Bubenhofer 2018: 217). Ferner kann mit Hilfe dieses Standards sichergestellt werden, dass das Korpus in beliebige andere Formate umgewandelt werden kann, oder im Sinne der Nachhaltigkeit bzw. Nachnutzbarmachung – u. U. auch in datenschutzkonformer Form – anderen Institutionen zur Verfügung gestellt werden kann. Hierbei ist zu beachten, dass der Aufwand, unstrukturierte Daten in ein XML-Format zu überführen, als hoch einzuschätzen ist (vgl. Bubenhofer 2018: 218f.). Die Plenarprotokolle des Bundestages[3] liegen bspw. ab der 19. Wahlperiode in gut strukturierten XML-Dokumenten vor, die zahlreiche Metadaten, etwa zu Sprecher*in, Fraktion oder Zwischenrufen, enthalten. Die Protokolle der vorherigen Wahlperioden werden hingegen nur als minimal strukturiertes XML von bundestag.de angeboten, das nachträglich mit Metadaten angereichert werden kann. Dies wurde für die Legislaturperioden 1–18 vollständig umgesetzt das DiscourseLab an der TU Darmstadt (Müller/Stegmeier 2018: https://discourselab.de/cqpweb/, zuletzt aufgerufen am 01.03.2022) sowie – mittlerweile auch vollständig – durch das PolMine-Projekt (Andreas Blätte, Universität Duisburg-Essen, https://github.com/PolMine/GermaParlTEI, zuletzt aufgerufen am 01.03.2022) dessen Daten auch in die IDS-Korpora integriert und dort abrufbar sind (https://www.ids-mannheim.de/digspra/kl/projekte/korpora/archiv/pp/, zuletzt aufgerufen am 01.03.2022). Auch das Berliner Open-Discourse Projekt (https://opendiscourse.de, zuletzt aufgerufen am 01.03.2022) der Limebit GmbH bietet mittlerweile eine Version mit Metadaten an.

---

[3] Abrufbar unter: https://www.bundestag.de/services/opendata (zuletzt aufgerufen am 27.05.21).

4 Annotation

Ganz allgemein formuliert bedeutet Annotieren, in einem Text bzw. Rezeptionsobjekt (z. B. Bilder, Videos, 3D-Objekte, vgl. Lordick et al. 2016: 190–192) eine bestimmte Stelle oder Passage auszuwählen, zu markieren und mit einer Anmerkung zu versehen. Diese generische Beschreibung umfasst ein facettenreiches Spektrum an verschiedenen Praktiken. Alleine in der Linguistik decken die Begriffe ‚Annotation' und ‚Annotieren' eine Bandbreite an Verfahren ab, die von der routinemäßigen Textauszeichnung bis hin zur interpretativen Kategorisierung reicht – auch in Kombination mit algorithmischen Verfahren. Die linguistische Perspektive – insbesondere bezogen auf digitale Diskurse – steht im Folgenden im Mittelpunkt.

Wenn man die Nutzung von Annotationsverfahren in anderen Zusammenhängen einbezieht, erweitert sich auch das Spektrum der Praktiken, was im Folgenden jedoch nur kurz zwecks Einordnung beschrieben wird. Als rezeptiv-kommunikative Alltagspraktik der Verschlagwortung und Indexierung etwa – auch bzw. vor allem nicht-systematisch (bspw. ‚social tagging' in sozialen Medien) – ist das Thema ebenfalls im Hinblick auf digitale Diskurse relevant (siehe z. B. den Beitrag zu Spezifika und Affordanzen digitaler Medien von Bender, Mell & Wildfeuer in diesem Band). Darauf wird hier jedoch nicht weiter eingegangen, sondern die wissenschaftliche Methode fokussiert. Der Blick auf andere wissenschaftliche Disziplinen führt ebenfalls zu weiteren Annotationspraktiken, die in der Linguistik weniger eine Rolle spielen, z. B. frei formulierte Anmerkungen, die entweder der individuellen Textarbeit dienen oder der analytischen Fachdiskussion am und über den Text (oder andere Gegenstände). Solche diskursiven Aushandlungen können Zwischenschritte in Forschungsprozessen bilden, die in die weitere Analyse einfließen, oder auch als anreichernde Mikropublikationen konzipiert sein, die z. B. editorische Kommentare enthalten oder Quellenverweise, Hypertextverknüpfungen usw. (vgl. Bradley 2012, Rapp 2017: 255–259 und Bsp. in Alscher & Bender 2016).

Eine auch in der Linguistik relevante Technik, die in manchen Kontexten als ‚Annotation' bezeichnet wird, etwa bei der Digitalisierung von Texten im Zuge der Korpusaufbereitung, ist die strukturelle Auszeichnung von digitalen Texten (bzw. Objekten) in einer bestimmten Markup-Sprache, z. B. XML nach TEI-Standard (Text Encoding Initiative). Dabei wird unterschieden zwischen lediglich darstellendem Markup, das aus typographischen Markierungen entwickelt wurde, und deklarativem Markup, das die inhaltliche Beschreibung des annotierten Textes erlaubt (vgl. Rapp 2017: 255). Beide Ebenen können allerdings je nach Forschungsperspektive bedeutungstragend und analyserelevant sein.

Am weitesten verbreitet ist der Begriff ‚Annotation' in der Linguistik nach wie vor im Sinne eines routinemäßigen Erschließungsverfahrens mit dem Ziel, automatisierte Zugriffsmöglichkeiten auf Texte zu schaffen. Diese computerlinguistisch geprägte Form der Annotation ist eine wichtige Voraussetzung für korpuslinguistische, frequenz- und distributionsorientierte Auswertungen unterschiedlicher Komplexität. Diese ist auch für die Analyse digitaler Diskurse von hoher Relevanz, weil sie Zugriff auf sprachliche Indikatoren für digital-diskursive Phänomene ermöglicht. In diesen Verfahren ist zunächst die Entwicklung eines ‚Goldstandards' das Ziel, eines geschlossenen, distinktiven und exhaustiven Tagsets mit entsprechenden Annotationsrichtlinien (Guidelines), das vor allem systemlinguistische Klassen erfasst, sowohl kategoriale (z. B. Wortarten) als auch funktionale (Satzglieder, Dependenzrelationen, Koreferenzstrukturen). Als Beispiel können Part-of-Speech-Tagsets wie das Stuttgart-Tübingen-Tagset (STTS, vgl. Schiller et al. 1999) genannt werden, für deren Goldstandard-Bildung zum einen Wortklassenmodelle diskursiv ausgehandelt werden müssen, zum anderen Kriterien für die maschinelle Erfassbarkeit an der sprachlichen Oberfläche, z. B. bei diskontinuierlichen Verbkomplexen. Zur Qualitätssicherung gehört die Prüfung des Inter-Annotator-Agreements (Artstein & Poesio 2008: 555–596), also die Messung von Übereinstimmungen und Abweichungen in Mehrfachannotationen mit demselben Kategoriensystem durch verschiedene, unabhängig voneinander arbeitende Annotierende. In der Computerlinguistik gibt es zu verschiedenen linguistischen Theorieperspektiven Ansätze der Operationalisierung in Annotationsschemata. Ziel ist dabei vor allem das maschinelle Lernen, also das Training von Algorithmen, die im Anschluss automatisiert annotieren können (vgl. Ide 2017: 15). Je nach Annotationsgegenstand von Projekten werden mehr oder weniger geschulte Annotator*innen eingesetzt. Wenn bspw. in der Annotation der alltägliche Standard-Sprachgebrauch erfasst und statistisch auf Standard-Sprecher*innen des Deutschen verallgemeinert werden soll, etwa im Hinblick auf Grammatikalität oder zur Erstellung von Wortbedeutungsinventaren, wäre die Schulung von Annotator*innen kontraproduktiv. Ein weiteres Beispiel dafür sind Crowdsourcing-Analysen, die in der Marktforschung entwickelt wurden (bspw. Amazons Mechanical Turks, https://www.mturk.com/), bei denen Annotations-Aufgaben an anonyme Crowd-Arbeiter*innen ohne spezielle Expertise vergeben werden, die durchschnittliche potenzielle Käufer*innen oder Nutzer*innen repräsentieren sollen.

Zunehmend werden in der Linguistik außerdem Ansätze des manuellen Annotierens mit dem Ziel entwickelt, auch implizite semantische und pragmatische Phänomene zu erfassen, deren Analyse Kontextwissen und expertisegeleitete Interpretation erfordert und deren Erfassung nicht ohne Weiteres automatisiert über die sprachliche Oberfläche erfolgen kann. Bspw. wurden solche Verfahren in der pragmalinguistischen Sprechaktanalyse im englischsprachigen Raum etabliert (vgl. Weisser 2018). Solche Phänomene sind auch aus diskurslinguistischer Perspektive relevant und können durch Annotation für die Erforschung digitaler Diskurse erschlossen werden (vgl. Bender 2020) – auch mit dem Blick auf Möglichkeiten der (Teil-) Automatisierung in Kombination mit maschinellem Lernen (vgl. Becker, Bender & Müller 2020).

Stärker interpretative Kategorien werden dabei einerseits deduktiv aus den theoretischen Ansätzen etwa der Semantik, Soziopragmatik und/oder Diskurslinguistik abgeleitet, andererseits induktiv datengeleitet gebildet. Dabei steht oft nicht so sehr im Mittelpunkt, einen frühen Goldstandard als Voraussetzung für die Annotation zu entwickeln. Vielmehr werden das entwickelte Annotationsschema, die dazugehörigen Guidelines und die bei der Ausdifferenzierung gewonnenen Erkenntnisse als zentrale Ergebnisdimensionen angesehen, die neben den Auswertungen auf der Basis der Annotationen eine wichtige Rolle spielen (vgl. z. B. Bender & Müller 2020). Im Zuge solcher Verfahren wird das Kategoriensystem länger für die Kategoriendifferenzierung bzw. -konsolidierung offengehalten bzw. erst sukzessive aus einer offenen, interpretierenden Kategorisierungs- bzw. Kodierungsphase zu einem kohärenten System entwickelt. Annotation ist dann ein inkrementeller und iterativer Prozess, in dem auch die abduktive Neukonstruktion oder Umkonfigurierung von Kategorien erfolgen kann. Wenn ein aufgefundenes Phänomen als ‚token' im Sinne eines Merkmalsbündels keiner deduktiv entwickelten Kategorie im Sinne eines ‚types' durch qualitative Induktion zugewiesen werden kann, weil es nicht mit der Merkmalskombination dieses Typus in Einklang zu bringen ist, muss ein neuer, entsprechender Typus entworfen bzw. gefunden oder umkonfiguriert werden (vgl. Reichertz 2003: 48–50).

Dieser Prozess kann zwar auch von einzelnen Forschenden individuell durchgeführt werden, muss dann aber im Sinne der Qualitätssicherung zumindest durch eine Prüfung des Inner-Annotator-Agreements (vgl. Lease 2011: 97–99) gestützt werden, d. h. bspw. eine stichprobenartige zweite Annotation derselben Daten zu zwei verschiedenen Zeitpunkten. Darüber hinaus ist eine intersubjektiv nachvollziehbare Dokumentation hier besonders wichtig, etwa durch die Explizierung von Abgrenzungsentscheidungen in den Annotationsrichtlinien.

In kollaborativen Annotationsprojekten sind Guidelines ebenfalls von großer Bedeutung, entweder als Grundlage für die möglichst konsistente Kategorisierung nach einem Goldstandard oder als Gegenstand der diskursiven Aushandlung im Annotations-Team. Die Qualitätssicherung kann durch die Prüfung des oben erwähnten Inter-Annotator-Agreements gewährleistet werden. Dabei kann ein statistischer Reliabilitätstest durchgeführt werden (üblich ist der Cohens-Kappa-Test). Aber auch ohne statistische Berechnungen ermöglicht die Überprüfung von Übereinstimmungen und vor allem Abweichungen die Identifikation von Zweifelsfällen und die multiperspektivische Diskussion von Kategorien und Guidelines in einem kollaborativen Forschungsteam. Die abduktive Neukonstruktion bzw. Umkonfiguration von Kategorien ist dann kein rein individueller Erkenntnisprozess, sondern ein kollaborativ-diskursiver Aushandlungsprozess von ‚types' im Sinne von Kategorien in einem taxonomischen oder ontologischen System. In diesem Sinne ist Annotation nicht mehr nur als Erschließungsroutine, sondern als Methode zur (kollaborativen) Explizierung und Operationalisierung hermeneutischer Analyseprozesse anzusehen, die auf digitale Untersuchungsgegenstände angewendet werden kann – auch und insbesondere im Rahmen der digitalen Diskursanalyse. Die verschiedenen Annotationsformen und -ebenen, die hier beschrieben wurden, sind jedoch nicht als gegen- oder nebeneinanderstehende Perspektiven anzusehen, sondern als unterschiedliche Schichten, mit denen die Annotationsgegenstände angereichert werden können und die sich in der Analyse auch ergänzen bzw. in Wechselwirkung treten können. Außerdem sind Annotationsmethoden, denen auch in stark induktiv konzipierten Forschungsdesigns die mehr oder weniger interpretative Involviertheit der Annotierenden inhärent ist, mit stärker datengeleiteten Analyseverfahren kombinierbar.

5 Datenerschließung

Die vorangehenden Abschnitte haben die nötigen Arbeitsschritte der Datenerhebung/Datentransformation, Korpuskompilierung und Annotation beschrieben. Im letzten Abschnitt wird nun beschrieben, wie diese Daten ganz grundsätzlich erschlossen werden können. Dabei ist klar, dass diese Datenerschließung und die darauf aufbauende Analyse von der Forschungsfrage abhängt, weshalb an dieser Stelle ausgeführt werden soll, nach welchen Erschließungsparadigmen eine Korpusanalyse grundsätzlich erfolgen kann.

In der korpuslinguistischen Diskursanalyse wird für die Analyse meistens die Musterhaftigkeit der sprachlichen Oberfläche als Ausgangspunkt gewählt: Sprachgebrauchsmuster, also in einem (Teil-)Diskurs immer wiederkehrende Ausdrucksformen werden sowohl als Indiz für diskursive Aussagemuster als auch als diese konstituierend betrachtet (Bubenhofer 2009). Durch das Hinzufügen von Annotationsebenen werden den Wortformen ggf. zusätzliche Informationen abstrakterer Art hinzugefügt. Diese ausdrucksseitige Musterhaftigkeit ist als statistisch auffällige Korrelation von Ausdrücken zueinander und/oder zu Metadaten messbar. Daher kommt der sorgfältigen Aufbereitung der Primärdaten (z. B. vgl. den Abschnitt zu Annotation) und der Sekundärdaten (vgl. Abschnitte Datenerhebung und Datentransformation sowie Korpuskompilierung und Annotation) große Bedeutung zu.

Entscheidend ist aber auch die gewählte Datengrundlage. Um etwa die spezifische Musterhaftigkeit der sprachlichen Oberfläche zu bestimmen, sind meistens Referenzdaten notwendig. So etwa bei der Berechnung von Kollokationen oder Keywords (Bubenhofer 2017), wo immer Vergleichsdaten genutzt werden, etwa Kontexte, in denen der Ausdruck von Interesse *nicht* verwendet wird (Kollokationen) oder Daten, mit denen die eigentlich zu untersuchenden Daten aus synchroner oder diachroner Perspektive verglichen werden können (Keywords).

Daraus ergeben sich nun verschiedene Optionen, wie welche Daten mit welchen Analyseperspektiven genutzt werden können:
- Primärdaten: Welche Primärdaten müssen zur Verfügung stehen, um die Analysen zu ermöglichen?
- Sekundärdaten: Welche Rolle spielen Annotationen zu den Primärdaten und welche Metadaten stehen zur Verfügung und wie sollen sie genutzt werden?
- Analyseperspektive: Wird eine deutlich korpusbasierte (corpus based) oder eine stärker korpus-/datengeleitete (corpus driven) Perspektive eingenommen? Oder wird eine Methodentriangulation (mixed methods) vorgenommen?

Die Wahl dieser Optionen sollte nicht opportunistisch und pragmatisch aus den verfügbaren Daten oder anderen Zwängen heraus gewählt werden, sondern vom theoretisch-methodologischen Interesse der Forschungsfrage abhängig gemacht werden. Denn die unterschiedlichen Optionen führen zu gänzlich unterschiedlichen Analysen: Eine stark hypothesengeleitete Perspektive, die bereits vorliegende Metadaten nutzt, bewegt sich in einem kontrollierten Setting von Daten und Analyse und kann zu validen Aussagen zur Hypothese führen – jedoch nur zur getesteten Hypothese. Eine stärker explorierende, datengeleitete Perspektive, die nur wenige Metadaten in die Analyse integriert, stellt ein weniger kontrolliertes Setting dar, eignet sich dafür besser zur Hypothesengenerierung. Beide Perspektiven haben ihre Vor- und Nachteile und die Entscheidung für die eine oder andere muss deshalb gut reflektiert und begründet werden.

Im Folgenden werden nun die drei Analyseperspektiven 1) korpusbasiert, 2) datengeleitet und 3) Mixed Methods kurz mit Beispielen erläutert.

Korpusbasierte Perspektive (corpus based)

Ausgangspunkt einer korpusbasierten Perspektive ist eine Fragestellung, verbunden mit einer oder mehreren Hypothesen. Bspw. könnte die Fragestellung der Semantisierung des Ausdrucks „Maske" vor und während der Corona-Pandemie untersucht werden, verbunden mit den Hypothesen, dass 1) sich die Semantik von „Maske" in den Jahren 2020 und 2021 im Vergleich zu vorher verändert hat und 2) in Online-Foren von Corona-Skeptiker*innen und -Kritiker*innen der Ausdruck „Maske" deutlich negativer und als Stigmawort (Spitzmüller & Warnke 2011: 201) verwendet wird.

Um diese Hypothesen zu untersuchen, müssen sie operationalisiert werden, d. h. es muss entschieden werden, wie die Semantik des Ausdrucks gemessen wird. Hierzu bietet es sich z. B. an, Kollokationsanalysen vorzunehmen und auf der Basis unterschiedlicher Daten zu vergleichen. Die zu vergleichenden Daten müssten damit eine bestimmte Zeit (z. B. 2018/19 und 2020/21) und Ausschnitte aus dem Corona-Diskurs (z. B. Zeitungstexte und Kommentare aus einer bestimmten Region und die Beiträge einer Auswahl von Online-Foren) umfassen. Es sind demnach viele Entscheidungen zu treffen (vgl. Abschnitt Korpuskompilierung) und zu begründen und jede Entscheidung engt die Aussagekraft der Analyse ein, macht das Ergebnis dafür konkreter.

Mit den Ergebnissen der Analyse wird es möglich sein, sehr detailliert zu beschreiben, ob und wie sich die Semantik des Ausdrucks im untersuchten Material verändert hat und wo die Unterschiede zwischen der Verwendung bei den untersuchten Akteuren, sofern die untersuchten Texte für sie repräsentativ sind, liegen. Je nach Datengrundlage kann die Analyse ggf. über die eigentlich untersuchten Daten hinaus bis zu einem gewissen Grad generalisiert werden. Wird bspw. die Semantisierung in Zeitungstexten von den reichweitenstärksten Online-Medien Deutschlands untersucht, können die Ergebnisse nur bis zu einem gewissen Grad als repräsentativ für alle deutschsprachigen Gebiete angesehen werden, da zu vermuten ist, dass die Sprachgebrauchsmuster und der Corona-Diskurs sehr stark nationalstaatlich ausgeprägt sind.

Datengeleitete Perspektive (corpus driven)

Bleiben wir für ein Beispiel für eine datengeleitete Perspektive beim Corona-Diskurs: Datengeleitete Perspektiven sind meistens von breiteren und auch vageren Fragestellungen geprägt, bei denen zudem meistens keine genauen Hypothesen formuliert werden. Vielmehr besteht das Ziel darin, Daten zu explorieren, um neue Hypothesen zu formulieren, die anschließend wiederum durch andere Methoden getestet werden können.

Die ausgeweitete Fragestellung zum Corona-Diskurs könnte lauten: Welche sprachlichen Muster kennzeichnen während der Corona-Pandemie den öffentlichen Diskurs? Welche Semantisierungen sind zu beobachten und welche Aussagemuster hängen damit zusammen? Auch für diese Fragestellung muss eine Datengrundlage definiert werden, die die Aussagekraft der Analyse genauso einschränkt wie bei der korpusbasierten Perspektive. Ebenfalls ist eine Art der Operationalisierung notwendig, um sprachliche Muster überhaupt messen zu können. Auch eine datengeleitete Perspektive ist also nicht frei von Prämissen. Allerdings fällt die Operationalisierung meist grundlegender und dafür offener aus: Musterhafter Sprachgebrauch könnte als Menge aller Wort-n-Gramme von n zwischen 1 und 5 verstanden werden, die in den untersuchten Daten während der Pandemie statistisch signifikant häufiger vorkommen als in der Zeit davor. Mit dieser Berechnung ist die Analyse jedoch noch längst nicht abgeschlossen – ein wichtiger Teil der Analyse ist die weitere Arbeit mit den quantitativ erzeugten Zwischenergebnissen.

Bei dieser Analyse können bspw. Methoden der Grounded Theory (Breuer 2010 und Glaser & Strauss 1967) eingesetzt werden, mit denen über offenes Kodieren Analysekategorien aus den Daten heraus entwickelt werden. Damit werden quantitative, korpuslinguistische Verfahren mit qualitativen Analyseschritten, theoretisch begründet, verknüpft (Bubenhofer 2013 und Scharloth 2018).

Im Beispiel des Corona-Diskurses wurden etwa Methoden wie Topic Modeling und distributionelle Semantik (Word Embeddings) eingesetzt, um die Themendynamik und den semantischen Raum des Diskurses anhand von User Generated Content bei Online-Newsartikeln zu untersuchen (Bubenhofer 2021 und Bubenhofer et al. 2020). Bei Letzterem zeigte sich dabei bspw., welche anderen Ausdrücke zu „Maske" ähnlich verwendet werden und bei diesem Diskurs eine Rolle spielen (z. B. ‚FFP1', ‚FFP3', ‚Stoffmaske', ‚Gesichtsmaske', ‚Schutzbrille', ‚Einwegmaske' etc.). Es zeigte sich aber auch, dass neben den erwartbaren Konzepten und ihren Verbalisierungen bestimmte Praktiken wie die des Maskentragens oder des draußen Versammelns in der Freizeit durch bestimmte sprachliche Muster konstruiert werden. So zeigt sich bspw. ein Cluster von ähnlich verwendeten Ausdrücken wie ‚runterziehen', ‚niesst', ‚ungewaschen', ‚Schweiß', ‚eklig', ‚unhygienisch' – bzw. ein weiteres Cluster mit ‚zusammenhocken', ‚Menschenkontakt', ‚wimmeln' oder ‚Ostertag' (vgl. Tab. 1 und 2 unten aus Bubenhofer 2021):

Die Ausdrücke im ersten Cluster werden verwendet, um verschiedene Praktiken des Maskentragens zu kritisieren – etwa nachlässiges oder unhygienisches Tragen – und ebensolche Praktiken werden damit auch konstruiert, da sie charakterisierbar und benennbar werden. Auch beim zweiten Cluster ist dieser Effekt sichtbar: Verschiedene Formen des gesellschaftlichen Zusammenkommens im Freien werden thematisiert – und kritisiert.

Mit datengeleiteten Verfahren können also explorierende, strukturentdeckende Perspektiven eingenommen werden, um neue Hypothesen zu gewinnen.

Mixed Methods und Triangulation

Bereits die Ausführungen zu den datengeleiteten Methoden zeigt, dass quantitative und qualitative Methoden Hand in Hand angewandt werden können, um eine diskursanalytische Fragestellung zu bearbeiten. Mit den Mixed Methods (Kuckartz 2014) steht ein Paradigma bereit, das verschiedene Methoden für diese Kombination von unterschiedlichen Ansätzen zur gleichen Forschungsfrage theoretisiert und ausführt. Einen Schritt weiter geht jedoch die Idee der

Tab. 1 und 2: Datengeleitet berechnete Cluster von semantisch ähnlichen Ausdrücken in Kommentaren zu Corona-Artikeln (aus: Bubenhofer 2021).

ID 671 | runterziehen, niesst, ungewaschen
Brillenträger, Gestank, Gummi, Gurt, Helm, Innenseite, Lappe|Lappen, Maskenträger, Nacken, Schweiß, Spucke, Unterhose, Windel, anhaben, beschlagen, bohren, eklig, langen, Maske, mund, niesst, rumlaufen, rumrennen, runterziehen, schwirren, schwitzen, trägst, ungewaschen, unhygienisch

ID 244 | zusammenhocken, Unlogisch, Menschenkontakt
@Lääser, Auslandferien, Barbesuch, Bergsteigen, Chillen, Clubbesuch, Clubbesucher, Clubgänger, Gastgeber, Grenchen, Grillfest, Interessieren, Kaffeekränzchen, Kiddies, Kindergartenkind, Kindergärtnerin, Laufende, Liebespaar, Maskierte, Meiden, Menschenkontakt, Ostertag, Pandemietreiber, Passant, Pfadi, Samstagmorgen, Schweizer/in, Sicherheitsleute, Spreader, Tagesablauf, Tessinern, Trainieren, Töff-, Unlogisch, alkoholisiert, feiernd, gefahrlos, gestresst, harmonisch, herumtreiben, hinbringen, intim, jeder/jede, maskenfrei, mitgehen, mitkommen, nal, nütz, rumtreiben, scharenweise, schlitteln, umschauen, unverheiratet, verabreden, vorsichtshalber, wimmeln, woh, x-beliebig, zbsp, zurückreisen, zusammenhocken, zusammenwohnen, Ähnliche

Methodentriangulation. Sie geht davon aus, dass die Anwendung einer Methode den Untersuchungsgegenstand immer mitkonstituiert und dass es deshalb unumgänglich ist, verschiedene Perspektiven, verschiedene Methoden und verschiedene Datensorten miteinander in Beziehung zu setzen:

> Triangulation beinhaltet die Einnahme unterschiedlicher Perspektiven [...] bei der Beantwortung von Forschungsfragen. Diese Perspektiven können sich in unterschiedlichen Methoden, die angewandt werden, und/oder unterschiedlichen gewählten theoretischen Zugängen konkretisieren, wobei beides wiederum mit einander in Zusammenhang steht bzw. verknüpft werden sollte. Weiterhin bezieht sie sich auf die Kombination unterschiedlicher Datensorten jeweils vor dem Hintergrund der auf die Daten jeweils eingenommenen theoretischen Perspektiven. Diese Perspektiven sollten so weit als möglich gleichberechtigt und gleichermaßen konsequent behandelt und umgesetzt werden. Durch die Triangulation

(etwa verschiedener Methoden oder verschiedener Datensorten) sollte ein prinzipieller Erkenntniszuwachs möglich sein, dass also bspw. Erkenntnisse auf unterschiedlichen Ebenen gewonnen werden, die damit weiter reichen, als es mit einem Zugang möglich wäre.

(Flick 2011: 12)

Unsere Ausführungen zu den korpusbasierten und datengeleiteten Methoden haben das Problem der mit jeder Methode verbundenen Prämissen bereits benannt. Deren Reflexion in die eigene diskurslinguistische Arbeit zu integrieren, wird deshalb als Desiderat erkannt und mit einer generellen „Reflexion über den Forschungsprozess als Teil von dessen Methodologie" (Dreesen & Stücheli-Herlach 2019: 137) verbunden.

Dreesen und Stüchli-Herlach schlagen mit DIA Diskurslinguistik in Anwendung eine Methodologie vor, die als Grundlage eine Triangulation auf vier Ebenen vorsieht (Dreesen & Stücheli-Herlach 2019: 138 ff.):

- Forscher*innen-Triangulation: Gemeinsame Auswertungen durch verschiedene Personen mit verschiedenen Hintergründen sollen zu differenzierten Deutungsangeboten führen.
- Daten-Triangulation: Verschiedene Datensorten sollen (unbewusste) Annahmen über den Diskurs verhindern.
- Theorien-Triangulation: Unterschiedliche Theorien, so lange sie nicht fundamental unterschiedlichen Denkstilen oder Paradigmen angehören, führen zu verschiedenen Methoden.
- Methoden-Triangulation: Über den klassischen Mixed Methods-Ansatz hinaus geht es nicht bloß um die Kombination von quantitativen und qualitativen Methoden, sondern auch darum, sie in Konkurrenz zueinander einzusetzen. Mit Qualitätsmaßstäben (Intersubjektivität, Reliabilität) können die Methoden bewertet und in Beziehung zueinander gesetzt werden.

Anhand des oben bereits mehrfach genannten Beispiels der Analyse des Corona-Diskurses lässt es sich leicht vorstellen, wie die Analyse im Sinne einer Triangulation weiterentwickelt werden kann. So könnten ethnographische Untersuchungen z. B. von Corona-Demonstrationen durchgeführt und nach der Parallelität zwischen den Äußerungen in sozialen Medien und Online-Foren gefragt werden. Damit würden eine andere Theorie und damit verbundene Methode, aber auch andere Datensorten in den Blick genommen. Die Ergebnisse könnten dann mit den (datengeleiteten und korpusbasierten) Analysen abgeglichen werden.

Gerade vor dem Hintergrund von Überlegungen, ob es heute überhaupt einen „analogen Diskurs" neben dem Digitalen gibt (vgl. den Beitrag von Bubenhofer & Dreesen zu Individualisierungs- und Kollektivierungseffekten in diesem Band), sind solche datensortenübergreifenden Analysen sinnvoll. Die Semantisierung der Maske im Corona-Diskurs oder auch die damit verbundenen Praktiken zeigen nämlich, wie der Corona-Diskurs eben nicht nur in verbalen Aussagen durchscheint, sondern z. B. auch darin, wer wann und vor allem wie eine Maske trägt und inwiefern dieses Maskentragen wiederum als Zeichen gedeutet wird. So steckt natürlich in der Weigerung des ehemaligen US-Präsidenten Donald Trump, eine Maske zu tragen, nicht einfach eine Nachlässigkeit. Vielmehr wird dies als Zeichen gelesen; ein Foto davon wird z. B. als Meme in den sozialen Medien geteilt und rekontextualisiert (vgl. den Beitrag von Bender & Meier-Vieracker zu Rekontextualisierung in diesem Band).

6 Fazit und Ausblick

Als Fazit lässt sich in Hinblick auf Techniken und Praktiken festhalten: Wichtiger als der Datentyp oder die Aufbereitungssoftware ist es zunächst, ein Verständnis für den Verdatungsprozess an sich zu bekommen. Das Verständnis der einzelnen Schritte und ihrer Funktionen im gesamten Verdatungsprozess erlaubt es dann, richtungsweisende Entscheidungen im jeweiligen Forschungsvorhaben treffen zu können, etwa zur geeigneten Annotation oder zu Erschließungsperspektiven. Weil die Auseinandersetzung mit Verdatung am Anfang des digitaldiskursanalytischen Forschungsprozesses steht, liegen darin sowohl Gefahren als auch Möglichkeiten: Wer sich in der Verdatung auskennt, kann bereits vor oder während der Datenerschließung relevante Erkenntnisse über den Untersuchungsgegenstand erhalten (z. B. Zusammensetzung, Lücken, Verteilung); zugleich ist zu berücksichtigen, dass die weiteren Analysen und auch die Interpretationen im Forschungsprozess wesentlich von der gewissenhaften Durchführung (z. B. von Datenerhebung und Annotation) abhängen. Die Triangulation kann hier dabei helfen, mögliche Probleme zu entdecken und Anpassungen vorzunehmen.

Literatur

ABBYY. 2021. *Abbyy FineReader*. [SOFTWARE]. https://abbyy.com/.
Alscher, Stefan & Michael Bender. 2016. Auf der Suche nach dem „goldnen Baum". Digitale Annotation als Erkenntnisprozess und ‚tertium comparationis' – am Beispiel der Auszeichnung des Metaphernbegriffs in Poetiken. *Zeitschrift für digitale Geisteswissenschaften*. DOI: 10.17175/2016_004
Androutsopoulos, Jannis & Jessica Weidenhöffer. 2015. Zuschauer-Engagement auf Twitter: Handlungskategorien der rezeptionsbegleitenden Kommunikation am Beispiel von #tatort. *Zeitschrift für angewandte Linguistik* 62(1). 23–59.

Anthony, Laurence. 2020. *AntConc*. [SOFTWARE]. https://www.laurenceanthony.net/software/antconc/.
Artstein, Ron & Massimo Poesio. 2008. Inter-Coder-Agreement for Computational Linguistics. *Computational Linguistics* 34(4). 555–596. DOI: https://doi.org/10.1162/coli.07-034-R2
Atkins, Sue, Jeremy Clear & Nicholas Ostler. 1991. Corpus Design Criteria. *Literary & Linguistic Computing* 7(1). 1–16.
Barbaresi, Adrien. 2021. *trafilatura*. [SOFTWARE]. https://github.com/adbar/trafilatura.
Becker, Maria, Michael Bender & Marcus Müller. 2020. Classifying Heuristic Textual Practices in Academic Discourse. A Deep Learning Approach to Pragmatics. *International Journal of Corpus Linguistics* 25(4). 426–460.
Beißwenger, Michael, Marcel Fladrich, Katharina König, Evelyn Ziegler & Wolfgang Imo. 2021. Mobile Communication Database 2.
Bender, Michael. 2020. Annotation als Methode der digitalen Diskurslinguistik. *Diskurse digital. Theorien – Methoden – Fallstudien*. Band 2, Heft 1/2020: 1–35. DOI: https://doi.org/10.25521/diskurse-digital.2020.140.
Bender, Michael & Marcus Müller. 2020. Heuristische Textpraktiken in den Wissenschaften. Eine kollaborative Annotationsstudie zum akademischen Diskurs. *Zeitschrift für Germanistische Linguistik* (ZGL) 48(01). 1–46.
Berliner Zeitung. 2014. Korpus Berliner Zeitung. Berlin-Brandenburg Academy of Sciences and Humanities
Blätte, Andreas. 2017. GermaParl. Corpus of Plenary Protocols of the German Bundestag. TEI files, availables at: https://github.com/PolMine/GermaParlTEI. (zuletzt abgerufen am 01.03.2022).
Bradley, John. 2012. Towards a richer sense of digital annotation: Moving beyond a »Media« orientation of the annotation of digital objects. *Digital Humanities Quarterly* 6(2). http://www.digitalhumanities.org/dhq/vol/6/2/000121/000121.html.
Breuer, Franz. 2010. *Reflexive Grounded Theory: Eine Einführung für die Forschungspraxis*. Wiesbaden: VS Verlag für Sozialwissenschaften.
Bubenhofer, Noah. 2009. *Sprachgebrauchsmuster. Korpuslinguistik als Methode der Diskurs- und Kulturanalyse* (Sprache und Wissen 4). Berlin & New York: De Gruyter.
Bubenhofer, Noah. 2013. Quantitativ informierte qualitative Diskursanalyse. Korpuslinguistische Zugänge zu Einzeltexten und Serien. In Kersten Sven Roth & Carmen Spiegel (eds.), *Angewandte Diskurslinguistik. Felder, Probleme, Perspektiven* (Diskursmuster – Discourse Patterns 2), 109–134. Berlin: Akademie-Verlag.
Bubenhofer, Noah. 2017. Kollokationen, n-Gramme, Mehrworteinheiten. In Kersten Sven Roth, Martin Wengeler & Alexander Ziem (eds.), *Handbuch Sprache in Politik und Gesellschaft* (Handbücher Sprachwissen 19), 69–93. Berlin & Boston: De Gruyter. DOI: 10.1515/9783110296310-004.
Bubenhofer, Noah. 2018. Diskurslinguistik und Korpora. In Ingo H. Warnke (ed.), *Handbuch Diskurs*, 208–241. Berlin & Boston: De Gruyter.
Bubenhofer, Noah. 2021. Masken und Küsschen: Korpuslinguistische Exploration des Corona-Diskurses in der Deutschschweiz. *Mitteilungen des Deutschen Germanistenverbandes*. 68(2).
Bubenhofer, Noah, Daniel Knuchel, Livia Sutter, Maaike Kellenberger & Niclas Bodenmann. 2020. Von Grenzen und Welten: Eine korpuspragmatische COVID-19-Diskursanalyse. *Aptum. Zeitschrift für Sprachkritik und Sprachkultur*. 02/03(16). 156–165.
Curtain, Colin. 2021. QualCoder. [SOFTWARE]. https://github.com/ccbogel/QualCoder/.

Dreesen, Philipp & Peter Stücheli-Herlach. 2019. Diskurslinguistik in Anwendung: Ein transdisziplinäres Forschungsdesign für korpuszentrierte Analysen zu öffentlicher Kommunikation. *Zeitschrift für Diskursforschung* 7(2). 123–162.

Flick, Uwe. 2011. *Triangulation: Eine Einführung*. 3rd edn. VS Verlag für Sozialwissenschaften (Qualitative Sozialforschung).

Fraas, Claudia & Christian Pentzold. 2015. Big Data vs. Slow Understanding? Voraussetzungen und Vorgehen computerunterstützter Analyse transmedialer multimodaler Diskurse. *Zeitschrift für Germanistische Linguistik* (ZGL) 43(1). 112–133.

Glaser, Barney G. & Anselm L. Strauss. 1967. *The discovery of grounded theory: strategies for qualitative research*. New Brunswick: Aldine.

Hardie, Andrew, Marco Baroni & Stefan Evert. 2020. *IMS Open Corpus Workbench*. [SOFTWARE]. http://cwb.sourceforge.net.

Ide, Nancy. 2017. Introduction: The Handbook of Linguistic Annotation. In Nancy Ide & James Pustejovsky (eds.), *Handbook of Linguistic Annotation*, 1–18. Vol. I. Dordrecht: Springer.

Kilgarriff, Adam & Gregory Grefenstette. 2003. Introduction to the Special Issue on the Web as Corpus. *Computational Linguistics* 29(3). 333–347.

Kissling, Jürg. 2020. Posts of German PC Games Online Forum.

Klessa, Katarzyna. 2020. *AnnotationPro*. [SOFTWARE]. http://annotationpro.org/.

Kuckartz, Udo. 2014. *Mixed Methods: Methodologie, Forschungsdesigns und Analyseverfahren*. Wiesbaden: Springer VS.

Lease, Matthew. 2011. On Quality Control and Machine Learning in Crowd Sourcing. *Human Computation: Papers from the 2011 AAAI Workshop*. San Francisco. 97–102.

Lemnitzer, Lothar & Heike Zinsmeister. 2010. *Korpuslinguistik. Eine Einführung*. Tübingen: Narr.

Lexical Computing Group. 2021. *SketchEngine*. [SOFTWARE]. https://www.sketchengine.eu/.

Limebit GmbH. 2021. Open Discourse - Analyse der Plenarprotokolle des Deutschen Bundestages seit 1949. Berlin. https://opendiscourse.de/ (zuletzt aufgerufen am 01.03.2022).

Lordick, Harald, Rainer Becker, Michael Bender, Luise Borek, Canan Hastik, Thomas Kollatz, Beata Mache, Andrea Rapp, Ruth Reiche & Niels-Oliver Walkowski. 2016. Digitale Annotationen in der geisteswissenschaftlichen Praxis. *Bibliothek Forschung und Praxis* 40 (2). Berlin & Boston: De Gruyter. 186–199.

Müller, Marcus & Jörn Stegmeier (eds.). 2018. Korpus der Plenarprotokolle des deutschen Bundestags. Legislaturperiode 1 -18. CQPWeb-Edition. Discourse Lab. Darmstadt. https://discourselab.de/cqpweb/, (zuletzt aufgerufen am 1.3.2022).

Neuber, Frederike, Markus Bernauer & Norbert Miller. 2020. Daten der Edition „Jean Paul – Sämtliche Briefe digital". Zenodo. DOI:10.5281/zenodo.4109518.

Neumann, Gerald & Daniela Fauck. 2008. *Post nach drüben – Briefe aus dem DDR-Corpus*. Berlin-Brandenburgische Akademie der Wissenschaften.

Provalis Research Corp. 2021. *QdaMiner*. [SOFTWARE]. https://provalisresearch.com/products/qualitative-data-analysis-software/.

Rapp, Andrea. 2017. Manuelle und automatische Annotation. In Fotis Jannidis, Hubertus Kohle & Malte Rehbein (eds.), *Digital Humanities. Eine Einführung*, 253–267. Stuttgart: Springer.

READ-COOP. 2018. *Transkribus*. [SOFTWARE]. https://readcoop.eu/de/transkribus/.

Reichertz, Jo. 2003. *Die Abduktion in der qualitativen Sozialforschung*. Opladen: Leske und Budrich.

Rüdiger, Jan Oliver. 2021. *CorpusExplorer*. [SOFTWARE]. http://corpusexplorer.de.
Perkuhn, Rainer, Holger Keibel & Marc Kupietz. 2012. *Korpuslinguistik* (UTB Sprachwissenschaft 3433). Paderborn: Fink.
Rettinghaus, Klaus. 2021. Briefe der Bach-Familie. *Zenodo*. DOI:10.5281/zenodo.4412192.
Schabus, Dietmar, Marcin Skowron & Martin Trapp. 2017. One Million Posts: A Data Set of German Online Discussions. *Proceedings of the 40th International ACM SIGIR Conference on Research and Development in Information Retrieval* (SIGIR). Tokyo, Japan. 1241–1244. DOI:10.1145/3077136.3080711.
Scharloth, Joachim. 2018. Korpuslinguistik für sozial- und kulturanalytische Fragestellungen. Grounded Theory im datengeleiteten Paradigma. In Marc Kupietz & Thomas Schmidt (eds.), *Korpuslinguistik*, 61–80. Berlin & New York: De Gruyter.
Schiller, Anne, Simone Teufel, Christine Stöckert & Christine Thielen. 1999. *Guidelines für das Tagging deutscher Textkorpora mit STTS (Kleines und großes Tagset)*. Stuttgart & Tübingen. http://www.sfs.uni-tuebingen.de/resources/stts-1999.pdf.
Schmidt, Thomas, Kai Wörner, Timm Lehmberg & Hanna Hedeland. 2017. *EXMARaLDA*. [SOFTWARE]. https://exmaralda.org/.
Sinclair, Stéfan & Geoffrey Rockwell. 2021. *Voyant Tools*. [SOFTWARE]. https://voyant-tools.org/.
Spitzmüller, Jürgen & Ingo H. Warnke. 2011. *Diskurslinguistik: eine Einführung in Theorien und Methoden der transtextuellen Sprachanalyse*. Berlin & New York: De Gruyter.
Stark, Elisabeth, Christa Dürscheid, Crispin Thurlow, Silvia Natale, Federica Diémoz & Beat Siebenhaar. 2018. What's up, Switzerland?
Suchomel, Vít & Jan Pomikálek. 2012. *SpiderLing*. Lyon. [SOFTWARE]. http://corpus.tools/wiki/SpiderLing.
tesseract-Team. 2021. *tesseract*. [SOFTWARE. https://github.com/tesseract-ocr/tesseract.
VERBI GmbH. 2021. *MaxQDA*. Berlin. [SOFTWARE]. https://www.maxqda.de/.
Weisser, Martin. 2018. *How to Do Corpus Pragmatics on Pragmatically Annotated Data*. Amsterdam & Philadelphia: John Benjamins.
Weisser, Martin. 2019. *ICEweb2*. [SOFTWARE]. https://varieng.helsinki.fi/series/volumes/20/weisser/.
ZEIT. 2014. *ZEIT-Korpus* (ZEIT & ZEIT online). Berlin-Brandenburg Academy of Sciences and Humanities.

Fabian Klinker
Aktualitätsdispositive

1 Einleitung

Soziale Medien, Suchmaschinen, News- und Videoportale dienen einem Großteil der Bevölkerung als Vermittler von jenen Informationen, deren Verbreitung vor einigen Jahren noch Medien wie dem Radio, dem TV oder der Zeitung vorbehalten war (vgl. Lischka & Stöcker 2017: 8). Der Vorteil digitaler Medien liegt dabei auf der Hand: Die Informationen sind von überall aus, jederzeit abrufbar, für jeden zugänglich und ermöglichen, unmittelbar über neue Meldungen unterrichtet zu werden. Es ist weniger notwendig geworden, sich regelmäßig über das aktuelle Geschehen zu informieren, da relevante Neuigkeiten in den meisten Fällen als Eilmeldung per Push-Benachrichtigung von Nachrichten-Apps oder von FreundInnen und Bekannten in sozialen Medien geteilt werden. Doch ist diese Form der digitalen Vermittlung auch mit erheblichen Herausforderungen in ihrer Nutzung verbunden, da algorithmische Prozesse in die unzähligen Kommunikationsformen des Netzes eingreifen und damit den aktuellen gesellschaftlichen Diskurs beeinflussen. In sozialen Netzwerken wie Twitter, Facebook oder YouTube werden bestimmte Mitteilungen für die NutzerInnen kaum nachvollziehbar priorisiert, wodurch die Relevanzeinschätzung der Öffentlichkeit verzerrt werden kann – denjenigen Inhalten, die besonders häufig in einem Feed auftauchen, kommentiert oder geteilt werden, wird eine besondere diskursive Aktualität zugeschrieben. Nicht nur in sozialen Medien, sondern auch in digitalen Zeitungen wie *ZEIT Online* oder *Spiegel Online* findet sich der Einfluss algorithmischer Prozesse: Während die Startseite zwar redaktionell kuratiert ist, findet sich auch hier ein Ranking der „meistgelesenen/meistkommentierten/meistgeteilten" Artikel. Die Anordnung der angezeigten Beiträge insbesondere in sozialen Medien ist also nicht mehr primär durch Zeitlichkeit und Redaktionsarbeit beeinflusst, vielmehr werden sie durch Algorithmen interpretiert und strukturiert, die menschliche Interaktionen als Kennzeichen für besondere Relevanz verstehen. Durch derartige algorithmische Entscheidungsprozesse entsteht das Risiko, dass die interaktive Popularität eines Artikels, einer Mitteilung oder eines Kommentars potenziert oder auch annulliert wird und damit ein technisches Zerrbild von diskursiver Aktualität und Relevanz entsteht. Dies gilt es aus diskurstheoretischer Sicht zu beleuchten und methodisch einzuhegen.

2 Theoretische Rahmung und methodische Zugänge

Warum ist in diesem Zusammenhang nun von Aktualitätsdispositiven die Rede? Der Begriff des Dispositivs wird als Erweiterung des Diskursverständnisses gerade im Kontext des digitalen Medienwandels (vgl. Dreesen, Kumięga & Spieß 2012: 10) gebraucht und beschreibt nach Foucault ein

> entschieden heterogenes Ensemble, das Diskurse, Institutionen, architekturale Einrichtungen, reglementierende Entscheidungen, Gesetze, administrative Maßnahmen, wissenschaftliche Aussagen, philosophische, moralische oder philanthropische Lehrsätze, kurz: Gesagtes ebenso wohl wie Ungesagtes umfasst. Soweit die Elemente des Dispositivs. Das Dispositiv selbst ist das Netz, das zwischen diesen Elementen geknüpft werden kann.
> (Foucault 1978: 119f.)

Unter das Dispositiv, das digitale Diskurse umgibt, können demnach sämtliche auch außersprachliche Umstände subsumiert werden, die deren Strukturen, Funktionsweisen, Routinen, Wahrnehmungen und Effekte maßgeblich beeinflussen. Im Falle sozialer Medien, die hier besonders in den Blick genommen werden, sind dies u. a.: Reichweite, Marktanteile, Nutzungsbedingungen, gesetzliche Vorgaben, soziale, politische oder ökonomische Trends und Stimmungen, technische Innovationen, neue Konfigurationen multimodaler, interaktiver Inhalte und insbesondere auch der omnipräsente Einsatz von Algorithmen in nahezu allen Bereichen digitaler Interaktion. Um bei Foucault zu bleiben, könnte man das Entstehen von Korrelationen derartiger Faktoren – das Dispositiv – als Reaktion „auf einen Notstand (urgence)" oder besser: eine Dringlichkeit „zu einem gegebenen historischen Zeitpunkt" (Foucault 1978: 120) zurückführen, der sich im digitalen Wandel in seiner globalgesellschaftlichen Wirkmacht ausdrückt. Etliche Prämissen klassisch linguistischer Diskursanalyse sind aufgrund digital erweiterter Spielregeln bereits seit Jahren im Begriff der Reformulierung. Beispielsweise plädieren Scharloth, Eugster und Bubenhofer (vgl. 2013: 349) in Anbetracht großer verfügbarer Datenmengen und maschineller datengeleiteter Analysen für eine Überwindung der seit Busse und Teubert (vgl. 1994: 14) wesentlichen Diskurskategorie der *Thematizität* (vgl. auch Spieß 2011: 112). Auch die diskurstheoretische Basiskategorie der *Intertextualität* steht stetig auf dem Prüfstand und wird im Hinblick auf die Potenzialitäten digitaler Medien, multimodaler Bezüge und vielseitiger Kommunikationsangebote fortwährend neu reflektiert (z. B. Fraas & Klemm 2005, Opiłowski 2012 und Meier, Simon 2016). Damit eng verbunden ist auch die erste hier besprochene Dimension digitaler Diskursivität. Aktualitätsdispositive umfassen also die ständige Rearrangierung, Anpassung und Neubewertung digitaler Kommunikate als Resultat hochkomplexer Algorithmen, die menschliche

Interaktion mit maschinellen Informationen kombinieren und damit kontinuierlich Aktualität suggerieren und gleichsam herstellen. Damit geraten insbesondere zwei für die Diskursanalyse elementare Prinzipien in den Blick: Zum einen betrifft dies das neuartige Selektionsverfahren, welches den Zugang zum Diskurs und die Rolle bestimmter Aussagen und AkteurInnen verändert. Zum anderen geht es um die technisch überformte Sequenzialität der Diskursbeiträge, die sich eher relevanzbasiert als sukzessiv geriert. Das dispositive Element undurchsichtiger Algorithmen greift also – z. B. in Timelines oder Kommentarspalten – in den herkömmlich diskursiven Aushandlungsprozess ein und erfordert damit diskursanalytische Anpassungen.

2.1 Selektivität

Spitzmüller und Warnke verorten in ihrer praxisbezogenen Einführung in die Diskurslinguistik die im Rahmen der Aktualitätsdispositive erste zu besprechende Kategorie diskursiver Selektionsmechanismen auf der Ebene der AkteurInnen unter dem Stichpunkt des *Text-Diskurs-Filters*. Die Analyse von AkteurInnenkonstellationen, in denen in Anlehnung an Foucault pragmalinguistisch notwendige Diskursprägungen und selektiv organisierende Diskursregeln offenbar werden, stellt demnach einen Bezug zwischen Einzeltext und Diskurs her. Ansatzpunkte zu deren Untersuchung bilden – so die Autoren weiter – die Ebenen produzenten- und rezipientenorientierter Interaktionsrollen, sozialer Diskurspositionen und die jeweilige Form der Medialität (vgl Spitzmüller & Warnke 2011: 173 ff.).

Vor dem Hintergrund algorithmenbasierter Interaktion in Aktualitätsdispositiven sozialer Medien sind alle genannten Ebenen jedoch zu ergänzen. Zunächst einmal lässt sich konstatieren, dass das Internet als hybrides Medium generell diverse kommunikativ-technische Wechselwirkungen und Konvergenzen hervorbringt, die das Analysepotenzial traditioneller Medienkategorien und einer eindeutigen Rollenverteilung in ProduzentInnen und RezipientInnen übersteigen (vgl. Androutsopoulos 2010: 422f. und Weidacher & Marx 2014: 73). Nach Jenkins lässt sich Netzkultur vielmehr als „participatory culture" begreifen:

> Rather than talking about media producers and consumers as occupying separate roles, we might now see them as participants who interact with each other according to a new set of rules that none of us fully understands. (Jenkins 2006: 3)

Zu diesem neuen eher intransparenten Regelwerk gehören neben den vielgestaltigen und variablen Formen digitaler Interaktion[1] zu einem erheblichen Maße eben auch Algorithmen, die als zusätzliche rein technische Instanz kontinuierlich kommunikative Daten auswerten und so eine neue Qualität von Diskurspositionen und -rollen hervorbringen. Diese schlagen sich auch in der von Landert (2017: 31f.) vorgeschlagenen Differenzierung von NutzerInnen-Interaktion in sozialen Medien nieder: *Interaction* beschreibt sie allgemein als „the exchange of messages between participants". *Participation* hingegen „involves a certain degree of power, which means [...] that their messages also have an effect or, more precisely, that participants have influence on social organisation and social processes". Schließlich bezeichnet *involvement* darüber hinaus „that individuals engage with content, typically in a way that affects them emotionally." Die digitalen Affordanzen (vgl. Zillien 2008), die sich aus der Verflechtung von Interaktionen unterschiedlichen Grades und algorithmischer Berechnung ergeben, wirken demnach regulatorisch und selektiv auf Diskurse ein. In partizipativen Medien können mit entsprechendem Feedback damit AkteurInnen und Aussagen eine diskursive Relevanz und Aktualität erfahren, die sie unter klassischen Medien- und Diskursbedingungen nie erhalten hätten.

2.2 Sequenzialität

Diese dynamische Selektivität hat auch grundlegenden Einfluss auf die zweite Diskursvariable, die im Rahmen der Aktualitätsdispositive erläutert werden muss: die Sequenzialität. Der zentrale Stellenwert, den diese Kategorie in einer Vielzahl (diskurs-)linguistischer Methoden einnimmt, lässt bereits darauf schließen, dass eine Veränderung ihrer Konstitution erhebliche Konsequenzen nach sich zieht. Grundsätzlich wird mit Sequenzialität hier eine Qualität bezeichnet, die je nach Kontext begrifflich ausdifferenziert wird und eine bestimmte Konfiguration und Anordnung von Aussagen als intertextuelle Verweisstruktur beschreibt. Diskurslinguistisch weist sie also eine Nähe zu den Kategorien der *Prozessualität* und *Sukzessivität* auf, die darauf hinweisen, dass ein

> Diskurs innerhalb eines bestimmten [...] Zeitraumes durch *prozessuales* und *sukzessives* Erscheinen der als Ereignis aufgefassten Texte [entsteht], die aufeinander Bezug nehmen, so dass innerhalb eines Diskurses ein polyphones Nebeneinander von Texten zu verzeichnen ist. (Spieß 2011: 112)

---

[1] z. B. (Dis-)Likes, (Re-)Posts, (Re-)Tweet, Kommentar oder Reply, Chat, Statusmeldung, Bild, Video etc.

In Kombination mit der beschriebenen algorithmisch modifizierten Selektivität sind diesbezüglich mehrere Effekte denkbar. So wird beispielsweise in Kommentarspalten sozialer Medien die diachrone Perspektive, die die Anfänge germanistischer Diskurslinguistik als *Historische Semantik* (vgl. Busse 1987) ausmacht, mehr und mehr von einer Priorisierung der interaktionalen Aktualität überblendet, die zunächst einmal nichts über einen zeitlichen Diskurseintritt eines Beitrags aussagt. Auch der Prozesscharakter von Diskursen, ihre „generelle inhaltliche Unabschließbarkeit" (Iske & Marotzki 2010: 148), wird von diesem Phänomen beeinflusst. Natürlich bleibt die Grundannahme einer prozessualen Entwicklung bestehen, dennoch sind Konstellationen möglich, in denen eine Eigendynamik der technischen Selektionsmechanismen entsteht, die eine Trägheit oder gar einen Stillstand des diskursiven Prozesses und seiner thematischen Entfaltung zur Folge hat. Echoblasen, Filterkammern und Schneeballeffekte sind die vielfach diskutierten Konsequenzen (vgl. z. B. Stark, Magin & Jürgens 2019), die auch in der Beispielanalyse oder unter der nachfolgenden Kategorie der *Kollektivierungs- und Individualisierungseffekte* (vgl. den Beitrag von Bubenhofer & Dreesen in diesem Band) noch näher behandelt werden. Die beschriebenen diskursiven Verschiebungen sind damit auch zentral für die seit langem geforderte auch analytische Erweiterung des Textbegriffs (vgl. z. B. Meier, Stefan 2016) sowie für narrative Untersuchungen (vgl. z. B. Mell & Gredel 2018 und Klinker & Obert 2019) und diskursive Gesprächs- und Interaktionsanalysen (vgl. z. B. Meier, Simon 2019).

3 Beispielanalyse

Die allgemein beschriebenen diskursiven Effekte, die sich aus den digitalen Bedingungen der *Aktualitätsdispositive* ergeben, sollen nun anhand des Kommentarbereichs des Videoportals *YouTube* genauer nachvollzogen werden. Ähnliche Diskursmechanismen ließen sich aber ebenso in anderen Online-Medienformaten (*Facebook, Twitter, Reddit* etc.) beschreiben, wenngleich die spezifischen medialen und technischen Voraussetzungen jeweils etwas variieren. Exemplarisch werden im Folgenden einerseits die algorithmisch evozierte Dynamik der Diskursstruktur diskutiert und andererseits analytische Zugänge zur Exploration sprachlich konstitutiver Diskursmuster in digitalen Medien. Als Datengrundlage dienen die Kommentare des YouTube-Videos *„Es ist ernst!" – Merkel-Ansprache zur Corona-Ausbreitung*, welches am 18.03.2020 auf dem Kanal der *tagesschau* veröffentlicht wurde.

Wie bereits festgestellt wurde, zeichnet sich die sprachliche Interaktion in YouTube-Kommentaren als *user-generated content* vor allem durch eine ihr eigene Form der Sequenzialität aus, die maßgeblich algorithmisch geprägt ist. Beispielsweise werden der/dem NutzerIn in der Standardeinstellung zunächst die sogenannten *Top-Kommentare* präsentiert; also eine Ansicht, die verschiedene für die/den UserIn nicht einsehbare Relevanz-Parameter (z. B. Anzahl der Likes, Replies in Abhängigkeit zur Uploadzeit, Aktivität des NutzerInnenaccounts) verrechnet und die Kommentare entsprechend sortiert darstellt. Für eine chronologische Kommentarspalte muss erst das entsprechende Feld *Neueste zuerst* angewählt werden. Dieser konstitutive Bestandteil von Aktualitätsdispositiven stellt gleichzeitig eine analytische Hürde dar: Es ist sehr schwierig, die maschinell suggerierte Relevanz der Top-Kommentare in einem Untersuchungskorpus abzubilden, da diese spezielle Reihenfolge weder über diverse Tools (wie z. B. die auch hier verwendeten *YouTube Data Tools*) noch im kompletten Umfang über die API (*application programming interface*) aufrufbar ist. Zwar verfügt die API über eine diesem Zweck entsprechende *relevance*-Option, der Download bricht bei einer entsprechend großen Menge an Kommentaren aufgrund einer eingebauten Zeitbegrenzung jedoch frühzeitig ab, sodass lediglich ein Bruchteil der Top-Kommentare heruntergeladen werden kann. Es bleibt also die Wahl, entweder alle Kommentare allerdings ohne Repräsentation ihrer Relevanzposition in einem Korpus zusammenzufassen oder nur auf einen Ausschnitt der Gesamtkommentare zurückzugreifen, die jedoch in der Reihenfolge der Top-Kommentare angezeigt werden.

Zunächst soll dieser zweite Ansatz verfolgt und dabei den Fragen nachgegangen werden, wie die technisch evozierte Selektion der Diskursbeiträge abläuft, ob Tendenzen auszumachen sind, welche Kommentare besonders häufig gelesen, weiterkommentiert und bewertet werden und wie hoch die Fluktuation in der Kommentarspalte ausfällt, also wie durchlässig der Relevanz-Algorithmus arbeitet. Dafür wurden mittels YouTube-API mehrere Kommentar-Korpora erstellt, die ab dem 19.03.2020 – ein Tag nach dem Upload des Beispielvideos – für eine Woche jeden Tag eine Momentaufnahme des extrem dynamischen Diskurses abbilden. Berücksichtigt wurden dabei lediglich die ersten 100 Kommentare ohne Replies, die der/dem NutzerIn in der Standardansicht präsentiert werden. Auf diese Weise sind sieben Korpora entstanden, die neben ebendieser Positionierung und dem Kommentar selbst zusätzlich Informationen zur Anzahl der Likes und Replies, zum Upload-Datum und der/dem AutorIn bereitstellen. Um die technisch-interaktionistische Aushandlung diskursiver Aktualität erfahrbar zu machen, wird hier eine Methode der *Visuellen Linguistik* (vgl. Bubenhofer 2020) gewählt, die nach Sybille Krämers (2009) Konzept der *operativen Bildlichkeit* die Sprachdaten mit den erwähnten Metadaten in Beziehung setzt, um insbesondere eine „Operativität [der Visualisierung sicherzustellen], die nicht nur Handhabbarkeit und Explorierbarkeit ermöglicht, sondern der zugleich eine ge-

genstandskonstituierende, eine generative Funktion zukommt." (Krämer 2009: 98). Es werden also Korrelationen und Abhängigkeiten sichtbar, die ohne die gewählte Form der Darstellung gar nicht erst beobachtbar wären. In diesem speziellen Fall lässt sich über eine interaktive html-basierte Grafik (Abb. 1), die in der Programmiersprache *R* mit den packages *ggplot2* und *plotly* erstellt wurde, die Entwicklung der Top-Kommentare über die erste Woche hin untersuchen. Mit dem Regler unterhalb des Diagramms kann folglich der Tag nach Videoupload (19.03.2020–25.03.2020) eingestellt werden, für den das Streudiagramm die auf der X-Achse eingetragene Relevanz-Position mit der Anzahl der Likes des jeweiligen Kommentars auf der Y-Achse in Beziehung setzt. Dieses Verhältnis wird etwas übersichtlicher in der Regressionslinie veranschaulicht. Darüber hinaus repräsentiert die Größe der Punkte die Anzahl der Replies auf den Kommentar und die Farbe deren Verfassungsdatum. Einen großen explorativen Mehrwert erhält die Grafik außerdem durch die Kontrollleiste, über die verschiedene Zoom- und Auswahloptionen bereitgestellt werden, sowie die Möglichkeit des Mouseover, der den jeweiligen Kommentar inklusive seiner Metadaten übersichtlich auflistet. Mit einem Click auf eines der Verfassungsdaten rechtsseitig können zudem einzelne Datenpunkte aus- und wieder eingeblendet werden.

Nun lassen sich mit dieser heuristischen Visualisierung schnell einige Erkenntnisse zur Dynamik der Top-Kommentare als Aktualitätsdispositiv ableiten: Zunächst fällt auf, dass an Tag 1 alle 100 Top-Kommentare auch am 19. März verfasst wurden, an Tag 2 immer noch 93. Es ist also kein Kommentar vom Tag des Videouploads am 18. März dabei und an Tag 2 lediglich sieben Kommentare vom 20. März, deren erster auch erst an Position 52 aufgelistet ist. Trotz dieser großen Überschneidung im Verfassungsdatum herrscht dennoch eine rege Fluktuation unter den Kommentaren. So finden sich bspw. 7 Kommentare, die an Tag 1 unter den Top 10 sind, an Tag 2 überhaupt nicht in den 100 Top-Kommentaren wieder, lediglich zwei sind ebenfalls in den Top 10. An Tag 3 ändert sich die Struktur noch einmal grundlegend, da zu diesem Zeitpunkt insgesamt 17 Kommentare vom 18. März als sehr relevant eingestuft werden, die allesamt vergleichsweise hohe Like- und Replywerte aufweisen und von da an in sehr stabiler Anzahl (zwischen 15 und 17) ihren Platz behaupten. Ebenso bleiben von diesem Tag an Kommentare vom 20. März annähernd konstant (zwischen 21 und 30). Diese Kommentar-Verteilung in Abhängigkeit zum Verfassungsdatum stabilisiert sich nun zunehmend. Von Tag 4 bis 7 kommen lediglich noch Kommentare vom 21. März als relevante Größe hinzu (zwischen acht und 16), ansonsten bleibt die größte Gruppe, diejenige vom 19. März, gefolgt vom 20. und 18. Aber nicht nur dieses Verhältnis wird kontinuierlich undurchlässiger, es festigt sich ebenso die konkrete Positionierung der einzelnen Top-Kommentare. Vergleicht man z. B. die Top 10-Kommentare von Tag 6 mit Tag 7, behalten acht Kommentare ihren Platz unter den ersten zehn, lediglich zwei rutschen

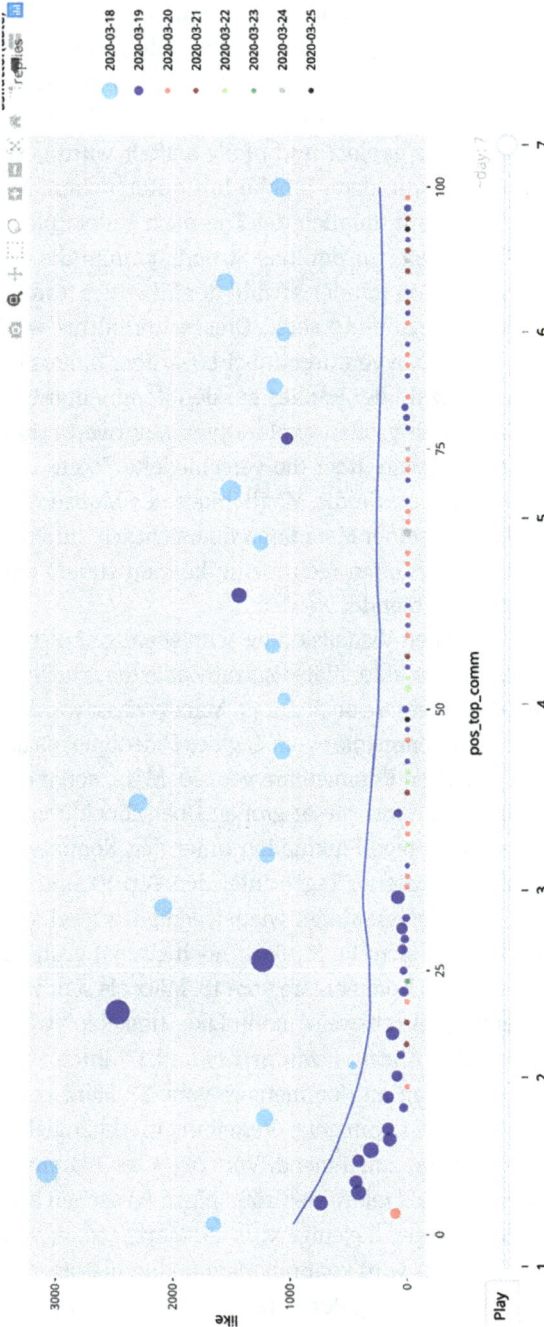

Abb. 1: Top-Kommetarverteilung des YouTube-Videos „Es ist ernst!" – Merkel-Ansprache zur Corona-Ausbreitung in der ersten Woche nach Upload. Eigene Darstellung.

demnach auf Platz 18 bzw. 26 ab. Dass sich diese Diskursstruktur bereits nach einer Woche weitestgehend gefestigt hat, zeigt auch ein Blick in die Top 10-Kommentare gut sieben Monate nach Videoupload. Noch immer finden sich dort am 23.10.2020 neun Kommentare wieder, die bereits an Tag 7 die ersten Ränge belegt haben. Über die Regressionslinie der Likes und die Größe der Datenpunkte, die den jeweiligen Replywert visualisiert, lässt sich außerdem grob feststellen, dass vor allem unter den ersten 15–20 Positionen diese Parameter durchaus eine wesentliche Rolle in der Relevanzberechnung spielen, dennoch scheinen andere Faktoren mindestens einen ebenso großen Einfluss zu nehmen. Hohe Werte in diesen beiden einsehbaren Metadaten garantieren also ebenso wenig eine besonders hohe Platzierung wie niedrige Werte eine Einstufung in die 100 Top-Kommentare gänzlich verwehren.

Bis zu diesem Zeitpunkt wurde nun die sprachliche Verfasstheit der Kommentare noch nicht näher untersucht. Welche Kommentare sind es also, die einen verhältnismäßig hohen Partizipationsgrad erlangen und damit eine einflussreiche Diskursposition einnehmen? Zum größten Teil treten die Top-Kommentare in indirekte oder auch direkte Interaktion mit dem Videoinhalt und reagieren folglich auf die allgemeine Situation in der Corona-Krise oder die Ansprache der Bundeskanzlerin Merkel selbst. Metadiskursive Kommentare zu anderen NutzerInnen finden sich relativ selten, sind aber auch eher in den jeweiligen Replies zu suchen, die hier nicht analysiert wurden. Überwiegend stößt der Videoinhalt auf Zustimmung und Wohlwollen. Durchgehend finden sich unter den allerrelevantesten Kommentaren solche, die sich dem Dank der Kanzlerin anschließen oder diesen erweitern (1), die historische Tragweite der Situation betonen (2) oder den gesellschaftlichen Einschränkungen und Umstellungen mit Ironie beziehungsweise Nachdruck begegnen (3):

(1) *„danke allen die für uns im supermarkt, in den krankenhäusern und apotheken arbeiten"*
(1) *„danke an die putzkraft! die sehr oft vergessen wird und einen der wichtigsten jobs macht! ohne sauberkeit und hygiene wäre überhaupt nichts los!"*
(2) *„das wird in 50 jahren in der schule analysiert. edit: bitte bleibt zuhause!*
(2) *„viel spaß an die zukünftigen generationen die diese rede im deutschunterricht analysieren werden"*
(3) *„schon deprimierend wenn man herausfindet das der eigene lebenstil als quarantäne bezeichnet wird:("*
(3) *„das horten von klopapier zeigt, wieviele arschlöcher es in deutschland gibt … ."*

Ablehnende Kommentare gegenüber der Ansprache sind vergleichsweise selten in den Top-Kommentaren der ersten Woche zu finden, was jedoch nicht bedeutet, dass solche nicht auch geteilt werden. Dies zeigt die zweite Teilanalyse recht deutlich, die wie oben beschrieben den Ansatz verfolgt, nunmehr alle verfassten Kommentare zu untersuchen, jedoch ohne ihre Relevanzposition zu berücksichtigen. Dieses Untersuchungskorpus, das am 23.10.2020 mittels der *YouTube Data Tools* heruntergeladen wurde, umfasst ca. 170.000 tokens und beinhaltet abzüglich der Top-Kommentar-Platzierung dieselben Metadaten wie das der ersten Teilanalyse. Auch auf dieser Grundlage wurde nun mit denselben Techniken eine interaktive Grafik (Abb. 2) erstellt, die auf der X-Achse jedoch das Verfassungsdatum statt der Relevanz-Platzierung abträgt. Farblich werden die einzelnen Datenpunkte zusätzlich in zwei Gruppen unterteilt, die einerseits Kommentare mit einem aggregierten Like- und Replywert von mindestens zehn (rot) und andererseits von weniger als zehn (türkis) repräsentieren. Auf diese Weise soll wenigstens annäherungsweise ein Zugang zur algorithmischen Relevanzverteilung veranschaulicht werden, auch wenn diese wie oben gezeigt noch weitere Parameter beinhaltet. Bei einem ersten Blick auf den Graphen fällt schnell auf, dass Kommentare, die eine höhere Partizipation hervorrufen (rot) mit lediglich zwei Ausnahmen allesamt bis zum 21. März verfasst wurden.

Dies kann als ein weiteres Indiz für einen starken Schneeball-Effekt verstanden werden, der Kommentaren, die in den ersten Tagen erstellt wurden und die schnell viele Interaktionen in Form von Likes und Replies hervorrufen, mit ihrem algorithmisch suggerierten Aktualitätsversprechen eine weitaus größere Chance einräumt, von den UserInnen weiter aufgewertet und damit stets auch aktualisiert zu werden. Betrachtet man die weniger resonanten Kommentare (türkis), die zwar auch insbesondere in der ersten Woche verfasst wurden, insgesamt jedoch eine wesentlich breitere Streuung aufweisen (bis zum 22. Oktober), bemerkt man gegenüber den Top-Kommentaren der ersten Woche eine deutlich größere Anzahl ablehnender, invektiver oder verschwörungsmythischer Beiträge:

> *„Ich finde es unbegreiflich, dass die Deutschen ein Wort glauben, das diese Frau äußert."*
> *„Ansprache einer verlogenen Massenmörderin!"*
> *„Hallo ihr glaubt alles was Merkel ihre Company sagt, da sieht das ihr blind seid"*
> *„Diese Heuchlerin sollte vor den Coro-Untersuchungsausschuss!!! Und danach in den Knast!"*
> *„In keinem Land gibt es durch Corona mehr tote als durch Influenza. Deshalb ist Corona für mich in erster Linie ein Instrument für Politiker um besser durch regieren zu können. [...]"*

Diese Ergebnisse legen nahe, dass algorithmische Selektionsverfahren maßgeblich in den Aushandlungsprozess der beteiligten Diskurspositionen eingreifen und damit auch die Themenentfaltung des Diskurses filtern. Die in den ersten Tagen gesetzte und in den Top-Kommentaren etablierte Themenstruktur ist also wenigstens in diesem Beispiel kaum mehr zu durchbrechen. Gesellschaftli-

Aktualitätsdispositive — 169

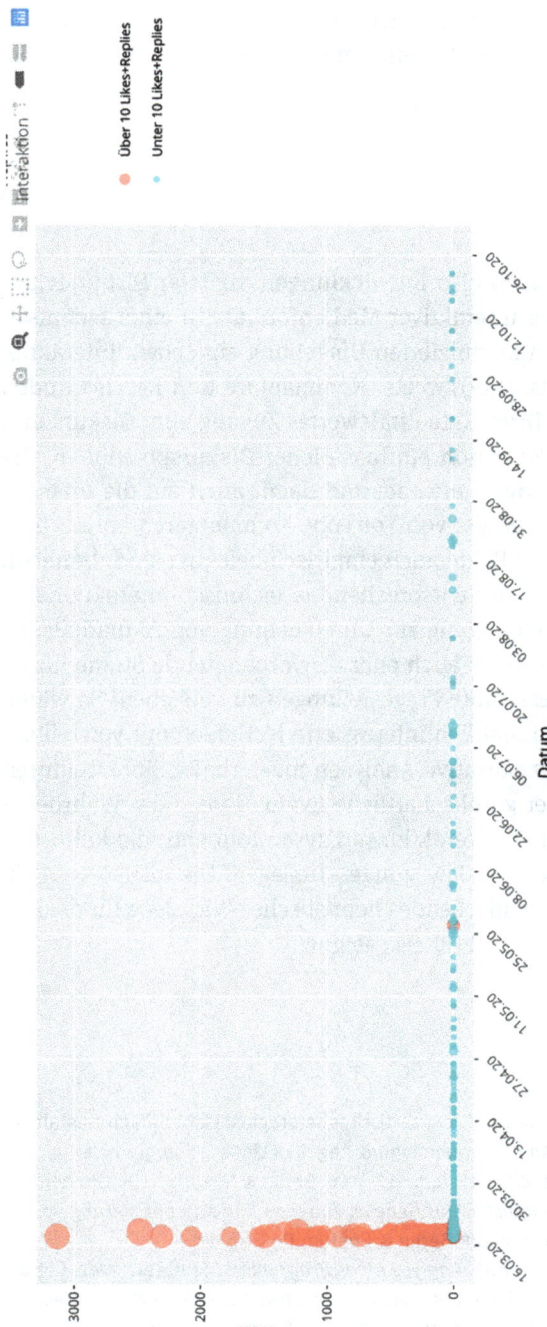

Abb. 2: Chronologische Kommentar-Verteilung des YouTube-Videos „Es ist ernst!" – Merkel-Ansprache zur Corona-Ausbreitung. Eigene Darstellung.

che Diskurshandlungen in Form von digitalen Interaktionen und deren technische Verarbeitung gehen somit eine Verbindung ein, die die allgemeine Diskursdynamik stark prägen.

4 Fazit und Ausblick

Aktualitätsdispositive beschreiben also Entwicklungen digitaler Diskursivität, die aus den Affordanzen neuer interaktiver Medienformate in einer technisch überformten und algorithmisch modifizierten Umgebung entstehen. Interaktionen wie (Dis-)Likes, (Re-)Posts, (Re-)Tweets, Kommentare und Replies finden somit in konvergenter Gestalt ihres Aktualitätswertes Zugang zum Diskurs und wirken insbesondere auf die Selektion einflussreicher Diskurspositionen, die sequenzielle Struktur des Aussagengeflechts und damit auch auf die thematische Ordnung ein. Die Beispielanalyse von YouTube-Kommentaren hat nachgewiesen, dass die beschriebenen Effekte auch empirisch belegbar sind. Dennoch zeigt sie über die Visualisierung der entsprechenden technisch-interaktionalen Parameter lediglich einen ersten Zugang zur Untersuchung von Aktualitätsdispositiven auf. In diesem Sinne ist sie auch eher als vorbereitende Studie für eigentlich diskursanalytisch interessante Fragestellungen zu verstehen. So wären daran anschließend vor allem inhaltlich interessierte Methoden gut vorstellbar. Beispielsweise ließen sich über narrative Analysen musterhafte Sinnstrukturen aufdecken, die Aufschluss über gesellschaftliche Evaluations- oder Wahrheitsroutinen geben. Ebenso scheinen Interaktionsanalysen lohnend, die kulturelle Diskussionsstrategien oder affektive Bewegungen freilegen. Die interaktiven Visualisierungen sind als strukturentdeckendes heuristisches Werkzeug für die kulturanalytische Inaugenscheinnahme bestens geeignet.

Literatur

Androutsopoulos, Jannis. 2010. Multimodal – intertextuell – heteroglossisch: Sprach-Gestalten in „Web 2.0"-Umgebungen. In Arnulf Deppermann & Angelika Linke (eds.), *Sprache intermedial. Stimme und Schrift, Bild und Ton*, 419–446. Berlin & New York: De Gruyter.

Bubenhofer, Noah. 2020. *Visuelle Linguistik: Zur Genese, Funktion und Kategorisierung von Diagrammen in der Sprachwissenschaft*. Berlin & Boston: De Gruyter.

Busse, Dietrich. 1987. *Historische Semantik. Analyse eines Programms*. Stuttgart: Klett-Cotta.

Busse, Dietrich & Wolfgang Teubert. 1994. Ist Diskurs ein sprachwissenschaftliches Objekt? Zur Methodenfrage der historischen Semantik. In Dietrich Busse, Fritz Hermanns &

Wolfgang Teubert (eds.), *Begriffsgeschichte und Diskursgeschichte. Methodenfragen und Forschungsergebnisse der historischen Semantik*, 10–28. Opladen: Westdeutscher Verlag.

Dreesen, Philipp, Łukasz Kumięga & Constanze Spieß. 2012. Diskurs und Dispositiv als Gegenstände interdisziplinärer Forschung. Zur Einführung in den Sammelband. In Philipp Dreesen, Łukasz Kumięga & Constanze Spieß (eds.), *Mediendiskursanalyse: Diskurse – Dispositive – Medien – Macht*, 9–22. Wiesbaden: VS Verlag für Sozialwissenschaften.

Foucault, Michel. 1978. *Dispositive der Macht. Über Sexualität, Wissen und Wahrheit*. Berlin: Merve.

Fraas, Claudia & Michael Klemm. 2005. Diskurse – Medien – Mediendiskurse. Begriffsklärungen und Ausgangsfragen. In Michael Klemm & Claudia Fraas (eds.), *Mediendiskurse. Bestandsaufnahme und Perspektiven*, 1–8. Frankfurt, Berlin, Bern, New York, Paris & Wien: Lang.

Iske, Stefan & Winfried Marotzki. 2010. Wikis: Reflexivität, Prozessualität und Partizipation. In Ben Bachmair (ed.), *Medienbildung in neuen Kulturräumen: Die deutschprachige und britische Diskussion*, 141–151. Wiesbaden: VS Verlag für Sozialwissenschaften.

Jenkins, Henry. 2006. *Convergence Culture: Where Old and New Media Collide*. New York: New York University Press.

Klinker, Fabian & Josephine Obert. 2019. Macht und Konflikt – Narrative Wahrheitskonstruktionen in digitalen Medien am Beispiel der Ereignisse in Chemnitz 2018. *Diskurse – digital* 1(2). 1–38.

Krämer, Sybille. 2009. Operative Bildlichkeit. Von der ‚Grammatologie' zu einer ‚Diagrammatologie'? Reflexionen über erkennendes ‚Sehen'. In Martina Heßler & Dieter Mersch (eds.), *Logik des Bildlichen*, 94–122. Bielefeld: transcript.

Landert, Daniela. 2017. Participation as user involvement. In:‚Wolfram Bublitz, Andreas H. Jucker & Klaus P. Schneider (eds.), *Handbooks of Pragmatics*, 31–60. Berlin: De Gruyter.

Lischka, Konrad & Christian Stöcker. 2017. Digitale Öffentlichkeit: Wie algorithmische Prozesse den gesellschaftlichen Diskurs beeinflussen: Arbeitspapier. *Impuls Algorithmenethik*.

Meier, Simon. 2016. Wutreden – Konstruktion einer Gattung in den digitalen Medien. *Zeitschrift für germanistische Linguistik* 44 (1). 37–68.

Meier, Simon. 2019. „Vollalimentierte Talkshowkonformisten". In Hektor Haarkötter & Johanna Wergen (eds.), *Das YouTubiversum: Chancen und Disruptionen der Onlinevideo-Plattform in Theorie und Praxis*, 69–92. Wiesbaden: Springer Fachmedien.

Meier, Stefan. 2016. Websites als multimodale digitale Texte. In Nina-Maria Klug & Hartmut Stöckl (eds.), *Handbuch Sprache im multimodalen Kontext*, 410–436. Berlin & Boston: De Gruyter.

Mell, Ruth M. & Eva Gredel (eds.). 2018. Erzählen in digitalen Diskursen: die narrative Dimension der Neuen Medien. *Online publizierte Arbeiten zur Linguistik* 2018 (2).

Opiłowski, Roman. 2012. Wie komplex ist die Fremdreferenz in der Werbung? Zur Diskursivität multimodaler Texte. In Philipp Dreesen, Łukasz Kumięga & Constanze Spieß (eds.), *Mediendiskursanalyse: Diskurse – Dispositive – Medien – Macht*, 229–250. Wiesbaden: VS Verlag für Sozialwissenschaften.

Scharloth, Joachim, David Eugster & Noah Bubenhofer. 2013. Das Wuchern der Rhizome. Linguistische Diskursanalyse und Data-driven Turn. In Dietrich Busse & Wolfgang Teubert (eds.), Linguistische Diskursanalyse: neue Perspektiven, 345–380. Wiesbaden: Springer Fachmedien.

Spieß, Constanze. 2011. *Diskurshandlungen. Theorie und Methode linguistischer Diskursanalyse am Beispiel der Bioethikdebatte*. Berlin & Boston: De Gruyter.

Spitzmüller, Jürgen & Ingo Warnke. 2011 Diskurslinguistik. Eine Einführung in Theorien und Methoden der transtextuellen Sprachanalyse. Berlin: De Gruyter.

Stark, Birgit, Melanie Magin & Pascal Jürgens. 2019. Maßlos überschätzt. Ein Überblick über theoretische Annahmen und empirische Befunde zu Filterblasen und Echokammern [Preprint]. In Mark Eisenegger, Marlis Prinzing, Patrik Ettinger & Roger Blum (eds.), *Digitaler Strukturwandel der Öffentlichkeit: Historische Verortung, Modelle und Konsequenzen*, 303–322. Wiesbaden: Springer VS.

Weidacher, Georg & Konstanze Marx. 2014. *Internetlinguistik. Ein Lehr- und Arbeitsbuch*. Tübingen: Narr.

Zillien, Nicole. 2008. Die (Wieder-)Entdeckung der Medien – Das Affordanzkonzept in der Mediensoziologie. *Sociologia Internationalis* 46(2). 161–181.

Noah Bubenhofer, Philipp Dreesen
Kollektivierungs- und Individualisierungseffekte

1 Einleitung

Die Digitalisierung der Gesellschaft verändert gleichermaßen Prozesse der Konstruktion des Selbst und der Konstruktion von Gemeinschaften. Dies zeigt sich beispielsweise darin, dass Personen sowohl eine digitale Präsenz als klassische Website des Webs 1.0 als auch eine digitale Präsenz in den Medien des Webs 2.0 unterhalten können.

Diese Konstruktion des Selbst liegt allerdings nicht ausschließlich in den Händen des jeweiligen Individuums, z. B. indem es sein Facebook-Profil aktuell hält. Die Konstruktion des Selbst geschieht auch dadurch, dass die Digitalisierung in Form von verdatetem Handeln das individuelle und gesellschaftliche Handeln komplett durchdringt, indem beispielsweise laufend Datenspuren hinterlassen werden. In diesem Sinn lässt sich von einem digitalen Selbst sprechen.

Auch die Konstruktion von Gemeinschaften verläuft in der digitalen Gesellschaft in veränderter Form: Einerseits spielen digitale Medien in traditionellen Gemeinschaften wie Familien, Freundeskreisen etc. eine zentrale Rolle bei der Vergemeinschaftung. Andererseits bieten digitale Medien neue Formen der Vergemeinschaftung, die sich in an gemeinsamen Themen orientieren (z. B. in Online-Foren) oder die sich als Ergebnis digitalen Handelns von Individuen ergeben (z. B. durch algorithmische Vernetzung).

Grund für diese Veränderungen ist nach Couldry und Hepp (2017) die „tiefgreifende Mediatisierung" („deep mediatization") der Gesellschaft. Auf Basis dieser Diagnose kann nun abgeleitet werden, welche Konsequenzen dies für die Analyse digitaler Diskurse zeitigt. Wir schlagen im Folgenden vor, Kollektivierungs- und Individualisierungseffekte als analytische Dimension aufzufassen, die zentrale Aspekte der sozialen Ausprägung von Digitalität eröffnen. Ziel ist es, die soziologische Diagnose an eine linguistisch fundierte Analyse von Diskursen anschlussfähig zu machen.

2 Mediatisierte Gesellschaft als Diskursbedingung

2.1 Verdatung und Algorithmisierung

Die tief mediatisierte Gesellschaft ist eine verdatete Gesellschaft. Mit ‚Digitalisierung' wird dieser Zustand nur ungenau beschrieben, denn digital sind Daten dann, wenn sie in einem diskreten, binären Format codiert und elektronisch gespeichert sind. Eine wahrnehmbare Ordnung von Buchstaben, Linien, Farben etc. auf einer Fläche ist im digitalen Format in 0 und 1 codiert, so dass ein Computer diese Informationen speichern und wiedergeben kann.

Mit „verdatet" meinen wir jedoch digitale Daten, die algorithmisch in Relation zueinander gebracht werden können. Während die gescannten Seiten eines Telefonbuches zwar digital sind, sind sie aber noch nicht zwingend verdatet. Verdatet sind sie, wenn die Bilddaten als Text codiert und die Struktur des Textes (Namen, Vornamen, Telefonnummern, alphabetische Ordnung etc.) ebenfalls digital codiert ist. Erst dies ermöglicht es, den Text als Liste aufzufassen, ihn algorithmisch zu transformieren (z. B. anders zu sortieren) und mit anderen Datenbeständen zu verknüpfen.[1] Mit der Verdatung werden Algorithmen wichtig: Es handelt sich bei ihnen um generische Anweisungen, die verschiedene Daten verarbeiten können. So kann ein Sortieralgorithmus beliebige Listen, die bestimmte Bedingungen erfüllen (Telefonbucheinträge z. B., die das lateinische Alphabet benutzen oder aber Zahlen enthalten), sortieren.

Der Soziologe Armin Nassehi (2019) macht darauf aufmerksam, welche Konsequenzen nun in einer Gesellschaft beobachtet werden können, in der weite Teile der Kommunikation und Information verdatet sind und wo selbstlernende Algorithmen ins Spiel kommen. Auch andere Autorinnen und Autoren machen auf die Gefahren solcher Algorithmen der Machine Learnings aufmerksam (Lanier 2014, O'Neil 2016). Nassehi macht dann auch den Vorschlag, Digitalisierung systemtheoretisch als eigenes soziales System anzuschauen, das autopoietisch mit der Codierung 0/1 operiert und damit laufend Daten zu neuen Daten prozessiert und Daten an Daten anschließt:

> Die leistungsfähige Digitaltechnik folgt demselben Muster wie die gesellschaftlichen Funktionssysteme: Sie kann ihren Formenreichtum und damit auch ihren Siegeszug in fast alle Praktiken der modernen Gesellschaft nur erreichen, weil sie strukturell ebenfalls

---

[1] Erst dann, als verdatet, wird das Telefonbuch zu einem womöglich interessanten diskurslinguistischen Gegenstand, z. B. hinsichtlich Namensordnungen und Nicht-Gesagtem unter Genderaspekten.

um das Verhältnis von Einfalt und Vielfalt aufgebaut ist. Ihre brutal einfache Codierung und Medialität in binären Mustern ist der Boden für den vielfältigen, kaum begrenzbaren Einsatz in allen Bereichen der Gesellschaft. [...] Die Digitalisierung ist also kein Fremdkörper in der Gesellschaft, sondern, wenn man so will, Fleisch vom Fleische der Gesellschaft.

(Nassehi 2019)

Damit sieht Nassehi in der Digitalisierung eine Verdopplung aller anderen sozialen Systeme, in der – dank der Verdatung – Daten sehr einfach an andere Daten anschließbar gemacht werden. So macht beispielsweise eine irgendwo von irgendwem mit einem Smartphone erstellte Videoaufnahme eines Ereignisses die Runde in einem sozialen Netzwerk: Die Aufnahme kann verteilt und bewertet werden – Handlungen, die die zunächst simple Verdatung (digitales Video mit einem Zeitstempel und den geografischen Koordinaten des Aufnahmeorts) deutlich vielschichtiger machen: Wann teilt wer das Video mit wem und bewertet es wie? Generische, ggf. selbstlernende Algorithmen werten diese Daten aus und erzeugen neue Daten, indem das Video bestimmten Personen in der Timeline angezeigt wird und die Vorlieben der Nutzenden registriert werden.

Die digitalen Interaktionen bewegen sich dabei zwischen den Polen von Selbst- und Kollektivkonstruktionen, die mit Couldry und Hepp (2017) als Symptome tiefgreifender Mediatisierung gesehen werden können, was im nächsten Abschnitt ausgeführt wird.

2.2 Das Selbst und das Kollektive

Menschliches Handeln ist heute weitgehend digital beeinflusst. Im Sinne von Nassehi führt die Verdatung zu einer Verdopplung der Gesellschaft im Digitalen. Couldry und Hepp sprechen von „digitalen Spuren" und dem „digitalen Fußabdruck", der in der verdateten Welt hinterlassen wird (2017: 147): „Therefore, in an age of deep mediatization, the self is constructed through new figurations that are highly mediated."

Das zeigt sich mit Blick auf die Sozialisation im Kinder- und Jugendalter, wo die Welt stärker als früher als digital mediatisierte Welt wahrgenommen wird. Gleichzeitig wird man als Mensch jedoch auch damit sozialisiert, dass jegliches Handeln Datenspuren hinterlässt, etwa wenn man als Kind digital fotografiert wird: Das Bild ist sofort auf der Kamera sichtbar – doch nicht nur dort, sondern ggf. nur kurze Zeit später auch im Familienchat. Damit entstehen neue Ressourcen zur Konstruktion des eigenen Selbst über digitale Medien: Ressourcen für die Selbst-Erzählung, die Selbst-Repräsentation und die Selbst-Pflege (Couldry & Hepp 2017: 163).

Aus linguistischer Sicht stellt die Analyse solcher Ressourcen einen interessanten Analysegegenstand dar, um nach den jeweiligen funktionalen Ausformungen zu fragen. Die vielfältigen Formen der Konstruktion des Selbst in digitalen Medien macht deutlich, wie ununterscheidbar ‚analoges' und ‚digitales' Selbst werden – das Selbst ist dann Konstrukt der oben eingeführten *tiefgreifenden Mediatisierung*. Nicht nur Couldry und Hepp, sondern z. B. auch Bruno Latour (2007) sehen daher in den digitalen Spuren menschlichen Handelns einen direkten Zugang zu den Prozessen sozialer Konstruktion.

Die digitale Konstruktion des Selbst kann aber nicht losgelöst von kollektiven Konstruktionen gesehen werden: Überaus deutlich wird bei sozialen Medien, dass Individuen miteinander – und mit Algorithmen – agieren. Die dadurch entstehenden Kollektive sind demnach Ensembles von Menschen und Nicht-Menschen, die eine Form von gemeinschaftlichem Handeln zeigen (Couldry & Hepp 2017: 169 mit Bezug zu Latour), wobei den menschlichen Nutzenden nicht immer ersichtlich ist, wie die Anteile menschlicher und nicht-menschlicher Handlungen verteilt sind. So ist eine Twitter-Timeline eine bei jeder Nutzerin und jedem Nutzer individuelle Ordnung, die durch ein komplexes Zusammenspiel von menschlichem und algorithmischem „Handeln" zustande gekommen ist (Bubenhofer 2019).

Couldry und Hepp unterscheiden „medienbasierte Kollektive", bei denen Medien konstitutiv sind und die nicht ohne Medien existieren könnten, z. B. Online-Gruppen. Ihre Gemeinschaft basiert auf gemeinsamen Inhalten und/oder gemeinsamen Kommunikationsräumen. Daneben gibt es aber auch „mediatisierte Kollektive", für die Medien nicht konstitutiv sind (sie existieren auch außerhalb der Medien), die aber immer häufiger durch medienvermittelte Kommunikation (mit-)konstruiert und geformt werden (Couldry & Hepp 2017: 170). Die Gemeinschaft der Familie wird beispielsweise immer stärker durch (digitale) Mediennutzung mitkonstituiert, indem etwa über gemeinsame Familien-Chatkanäle auch über Distanz Beziehung gepflegt werden kann (vgl. den Beitrag von Schnick in diesem Band).

Bei beiden Formen von Kollektiven, die in der praktischen Analyse kaum klar getrennt werden können, sind nach Couldry und Hepp drei Prinzipien zu beobachten: 1) Medieninhalte werden wichtige Ressourcen zur Definition von Kollektiven, 2) Medien sind Mittel zur Konstruktion von Kollektiven und 3) Medien lösen Dynamiken in Kollektiven aus (Couldry & Hepp 2017: 175). Kollektive sind dabei nicht einfach durch Co-Präsenz definiert, sondern über multimodale Kommunikation.

Aus linguistischer, und vor allem diskurslinguistischer Sicht, beschreiben diese drei Prinzipien die mediatisierten und medienbasierten Kollektive u.E. jedoch ungenügend. Denn es sind nicht nur Inhalte, die Kollektiven eine gemeinsame Basis geben, sondern es sind eben auch kommunikative Praktiken, die Kollektive mitkonstituieren. Ein Klassen- oder Familienchat, eine Twitter- oder Wikipediacommunity zeichnen sich gerade nicht durch gemeinsame Inhalte aus, sondern durch gemeinsame Praktiken der Beziehungspflege, der Diskussion oder der selbstauferlegten Aufgabe der Ordnung von Wissen. Es ist symptomatisch für die Disziplinen, dass die linguistische Perspektive den Fokus auf das *Wie* der Kommunikation richten kann, während die Kommunikationswissenschaft dem *Was* verhaftet bleibt. Die diskurslinguistische Perspektive bietet hier einen Vorteil, zudem kann sie die Konstitution verschiedener Kollektive, seien sie thematisch, medial oder über gemeinsame Praktiken vermittelt, als Ergebnis von Diskursprozessen sehen.

Mit Recht verweisen Couldry und Hepp auf „imaginierte Kollektive" (2017: 176), also Kollektive, die dank medialer Vermittlung sich unabhängig von sozialen Gruppen in der nicht-digitalen Welt als Kollektive konstituieren: Beispiele sind transnationale oder multilinguale Kollektive oder – überzeugender – recht vage Kollektive wie die Blogosphäre (oder die oben erwähnte Twitter- oder Wikipediacommunities). Während Couldry und Hepp diese Kollektive doch recht klassisch soziologisch als Gruppe von Menschen, die miteinander (allerdings ausschließlich medienvermittelt) interagieren, definieren, ist die Perspektive von Nassehi – und unsere eigene – komplexer: Mit Nassehi kann von Big-Data-Kollektiven gesprochen werden, die jedoch nicht mit sozialen Gruppen verwechselt werden dürfen, wie wir im nächsten Abschnitt zeigen.

Eine spezielle Rolle spielen nach Couldry und Hepp „Kollektive für Medienwandel" (2017: 180). Damit bezeichnen sie Kollektive, deren gemeinsames Interesse die digitalen Medieninfrastrukturen selbst sind. Der Chaos Computer Club CCC oder andere Hackerkulturen (Gül Erdogan 2021 und Levy 2010) sind Beispiele dafür.

Beide Formen der „imaginierten Kollektive" sind aus diskurslinguistischer Sicht von Interesse, da sie verdeutlichen, dass die klassische Vorstellung einer themenorientierten und monolingualen Quellenauswahl hier fehlschlägt. Ähnlich wie digitale Kollektive die Digitalität selbst zum Thema machen, müsste die Diskursanalyse mit digitalen Methoden die Digitalität ihrer Methoden selbst als Analyseobjekt sehen.

3 Diskurslinguistische Konsequenzen

Eine Konsequenz dieser mediatisierten Gesellschaft ist, dass wir diskursanalytisch die Frage nach Formen der digitalen Kollektivität von Individuen neu stellen sollten: Was verstehen wir darunter, dass ein Individuum Teil eines Kollektivs, d. h. eines kollektiven Diskursprozesses wird? Was verstehen wir unter dem Kollektiven, wenn wir koordinierte individuelle Kommunikation diskursiv betrachten?

Armin Nassehi greift diese Fragen produktiv auf, indem er gerade nicht auf die technisch-medialen Infrastrukturen von Messenger Diensten und Community-Plattformen eingeht (vgl. zum Folgenden Dreesen, Krasselt & Stücheli-Herlach 2021). Vielmehr umreißt er – wenn auch abstrakt, wie oben erwähnt, aus systemtheoretischer Sicht – die offensichtlichen Folgen für Kommunikation und Gemeinschaftsbildung wie folgt:

> Vielleicht erzeugt Big Data so etwas wie Kollektivität – aber letztlich nur in Form von *collected collectivities*. Big Data erzeugt keine sozialen Gruppen, sondern statistische Gruppen. Soziale Gruppen sind auch im Internet *analoge* Phänomene, also sichtbar, deutlich adressierbar, identitätsstiftend, an natürlicher Sprache und Alltagspraktiken orientiert. Big Data macht aus analogen Anwendern *digitale* Phänomene. Big Data digitalisiert die Spuren analoger Praktiken – Bewegungsprofile auf Straßen und im Netz, Kaufverhalten, Gesundheitsdaten, Freizeitverhalten, Teilnahme an social networks etc. – in der Weise, dass zum einen Daten rekombiniert werden können, die gar nicht für die Rekombination gesammelt wurden. Zum anderen entstehen dadurch *statistische Gruppen*, die in der analogen Welt so gar nicht vorkommen – etwa potenzielle Käufer bestimmter Produkte, Verdächtige in Rasterfahndungen oder gesundheits- und kreditbezogene Risikogruppen.
> (Nassehi 2019: 302, Herv. im Orig.)

Nassehi weist auf einen grundlegenden Unterschied hin, wenn er die Gruppenkohäsion (das Erleben) von der Kombinatorik (der Erzeugung) abhebt. Für das diskursanalytische Forschen bedeutet diese Unterscheidung, die digitalen Zugänge von den analogen Zugängen zu Diskursgemeinschaften getrennt betrachten zu können und auch getrennt betrachten zu müssen.

Um zu beschreiben, was mit digitalen Zugängen zu Diskursgemeinschaften gemeint ist, muss zunächst der Begriff der Digitalität, wie Nassehi ihn verwendet, klarer umrissen werden. Dies ist notwendig, um der Diskurslinguistik ein breiteres Spektrum zu eröffnen, als es die Analyse transtextueller Phänomene in digitalen Medien mit digitalen Methoden darstellen würde. Benötigt wird eine stärker selbstreflektierende Theorie der digitalen Transformation der Gesellschaft und ihrer Kommunikation. Diese Theorie muss sich zunächst von den konkreten, technisch-medial-kommerziellen Erscheinungsformen (z. B. Twitter) dieser Transformation lösen und die systemische Eigengesetzlichkeit digitaler Kommunikationssysteme erfassen können: Systemtheoretisch betrachtet, ist insbesondere die digitale Transformation ein Ausdruck von hoher Selbstreferentialität. In den algorithmischen Schleifen der Nachfrage-Steigerung, der Datensammlung und selbstlernenden Analyseprozessen, die außer ihrer Vernetzungsleistung nichts mehr repräsentieren (Luhmann 1998: 151), erkennt sich die Gesellschaft wieder. Ist die Selbstbezüglichkeit der Gesellschaft ein Merkmal der Moderne (reflexive Moderne, Beck et al. 2014), so sind die permanent steigenden Nachfragen, Datensammlungen und Analyseoptimierungen der digitalen Transformation ihr vorläufiger Endpunkt, in der die Gesellschaft sich als Gesellschaft erkennt (vgl. dazu Hacking 1990: 1–7):

> Der Siegeszug der digitalen, also zählenden, Daten rekombinierenden Selbstbeobachtung von auf den ersten Blick unsichtbaren Regelmäßigkeiten, Mustern und Clustern ist womöglich der stärkste empirische Beweis dafür, dass es so etwas wie eine Gesellschaft, eine soziale Ordnung *gibt*, die dem Verhalten der Individuen vorgeordnet ist.
> (Nassehi 2019: 50, Herv. im Orig.)

Mit Nassehis Betonung, dass der Beweis für unsere Vorstellung von Gesellschaft als Strukturierung individuellen Handelns in digital transformierter Form vorliege, können weitergehende diskurstheoretische Überlegungen angestellt werden. Denn der Beweis für unsere Vorstellung vom Diskurs wird ebenso möglich durch die besagten kommunikativen Regelmäßigkeiten, Sprachgebrauchsmuster und berechneten Cluster. Offenkundig ist somit, dass nicht nur Plattformbetreiber oder Staaten, sondern auch die Diskursforschung Teil dieser digitalen Selbstbezüglichkeit ist. Im Gegensatz zur System*theorie* ist es für die Diskurs*analyse* allerdings von Bedeutung, dass nicht die Gesellschaft als solche selbstbeobachtend wirkt, sondern dass dies Individuen und Diskursakteure tun, indem sie jeweils spezifische Aspekte beobachten und dazu sich kommunikativ äußern.

Um im Kontrast zu den dargestellten *digitalen* nun die *analogen Zugänge zur Kollektivität* nachvollziehen zu können, ist es notwendig, sich auf Nassehis Konzeption einzulassen. So liegt etwa ein analoger Zugang vor, wenn man die Praktiken des Likens und des Folgens in einem Datensatz untersucht. Zwar gibt es digitale Bedingungen und Effekte solcher Praktiken (etwa die Möglichkeit des aktuellen Netzwerkzugangs, der digitalen Adressierung oder der algorithmischen Vorschläge), doch entstammt der Wunsch nach bestätigenden Rückmeldungen, das Bedürfnis des Beobachtens und Kontakthaltens eindeutig einer analogen Vorstellung von Gemeinschaft (vgl. z. B. zu Praktiken der Adressierung, Kommentierung und Vernetzung auf Basis der entsprechenden digitalen Operatoren in den Primärdaten Krasselt, Dreesen & Stücheli-Herlach im Druck).

Zu ergänzen ist dieses Bild – Nassehis Differenzierung folgend – allerdings um die Meta-Ebene der algorithmisch gesteuerten Diskurse in Sozialen Netzwerken. Diese generieren selbst entsprechende Affordanzen zur Gemeinschaftsbildung, etwa durch Einladungen (*Triff Gleichgesinnte!*) und Versprechungen (*Finde Deine Freunde!*) und sorgen so ihrerseits für die Möglichkeit von Gemeinschaften auf Basis ähnlicher Strukturen (*Filterblasen, Echokammern*). Allerdings können bei den von solchen Angeboten hervorgerufenen Praktiken soziale Motivationen angenommen werden, so der Wunsch nach Zugehörigkeitsgefühlen, nach Austausch oder aber das Ziel von Mobbing (vgl. Marx 2017).

Zusammenfassend können wir also festhalten: Wir sollten reflektieren, ob wir es mit in einer diskurslinguistischen Analyse durch Datenkombinatorik gleichsam erst erzeugten Kollektivität oder ob wir es mit der psychisch-sozialen Seite der Gruppenkohäsion zu tun haben.

3.1 Individualisierungseffekte

Auch in den drei großen Medienepochen vor der Digitalisierung (*Medienepoche 4.0*, Baecker 2018) hat es Individualisierungs- und Kollektivierungseffekte gegeben, wir denken bloß i.d.R. kaum über sie nach: Der Einfluss der Entstehung von gesprochener Sprache auf die humane Gemeinschaftsbildung ist kaum differenziert zu betrachten, weil sie mit der Entstehung des Menschen in eins fällt (vgl. Borst 1995 und Borsche 1981). Die beiden epochalen Veränderungen Schriftlichkeit und Buchdruck sind uns vertrauter, sodass wir differenziert über Effekte auf Einzelne und die Gemeinschaft nachdenken können: Schriftlichkeit (verkürzt: Lesen und Schreiben) sind anders als die primär dialogische Funktion des Sprechens einerseits individuelle Praktiken; andererseits haben sie als Speicher und Überlieferung enorme Auswirkungen etwa auf die Entstehung von Religionsgemeinschaften und Bildungsinstitutionen (vgl. Assmann 1997 und Kittler 2003). Vor dem Hintergrund dieser gewaltigen medialen Umbrüche können die folgend genannten Aspekte und Beispiele lediglich die gegenwärtig beginnenden Auswirkungen andeuten.

Zu bedenken ist grundsätzlich, dass jede Form von Individualisierung mindestens das Gegenüber, meist die als Gruppe empfundene Mehrheit voraussetzt, zu der man sich verhält (konkret z. B. indem man die Kommunikation der anderen beobachtet, Reaktionen antizipiert oder erwartet, dass Anspielungen verstanden werden). Wenn wir von Individualisierungs- und Kollektivierungseffekten sprechen, dann ist das in einem relationalen, sich gegenseitig bedingendem Sinn gemeint. Deutlich wird das, wenn wir den bereits oben angesprochenen Aufwand für die Selbst-Erzählung (z. B. auf Instagram als *Instagram Story*), die Selbst-Repräsentation (z. B. ausgewählte Tweets auf Twitter zu teilen) und die Selbst-Pflege (Management und Pflege verschiedener Online-Präsenzen) (Couldry & Hepp 2017: 163) betrachten. Das Aufrechterhalten vom digitalen Selbst ist gerade deshalb so ressourcenaufwändig, weil es auf permanente schnelle Veränderungen in der digitalen Gemeinschaft reagieren muss, ohne die gewachsene Identität zu gefährden; zugleich ist das bereits Verfasste (z. B. ein Video, ein Post) und sind die abgeschlossenen Praktiken (z. B. ein Like, ein Kommentar) gespeichert und weiterhin sichtbar.

Die Digitalisierung hat nicht nur Auswirkungen auf die Ausgestaltung des singulären Selbst, sondern angesichts unbegrenzter Webseiten, Plattformen, Kanälen etc. und ihrer Möglichkeiten auch auf die Anzahl von Selbsts. Die Entscheidung zu einem oder mehreren Profilen auf einer Social Media Plattform unterliegt vermutlich nicht selten disparater diskursiver Funktionen wie offenem Kommunizieren und geheimen Suchen nach Bekannten oder Überwachen von Profilen. Die Vervielfältigung des Selbsts unterliegt womöglich psychischen Bedürfnissen, vermutlich aber auch ökonomischer Strategie.

In Bezug auf die Social Media Plattformen spricht José van Dijck (2013) von der *Culture of Connectivity*. Van Dijck macht deutlich, dass der soziale Wert des Verbundenseins mit anderen Personen durch die Verdatung einen ökonomisierten Wert erhält. Diskurslinguistisch interessant an der Konnektivität ist, dass sie einem psychischen Bedürfnis nach Verbundenheit im Sinne der phatischen Kommunikation (vgl. Malinowski 1923 und Olsen 2009) entspricht. Die Ausbildung von Netzwerken aus ‚Freunden' und dem Kontakthalten von selbst entfernten Bekannten durch minimalen kommunikativen Aufwand entspricht dabei selbst einem rational-ökonomischen Prinzip.

Weiterführend kann unter Individualisierungseffekt auch der digitale Einfluss auf die psychische Gesundheit verstanden werden. Der psychische Effekt, sich vereinsamt zu fühlen inmitten der digitalen Vergemeinschaftung (vgl. z. B. Primack et al. 2017), wäre dann die Kehrseite der allgegenwärtigen Verfügbarkeit aller sozialer Kontakte. Das analoge Individuum und das verdatete Individuum fallen in diesem Punkt also nicht zusammen.

Noch stärker als Rationalisierung von Kommunikation ist der Einsatz von mehreren parallelen individuell auftretenden Profilen zu bewerten, wie etwa in Form von den vielen individuell erscheinenden Stimmen von Social Bots (vgl. den Beitrag von Dreesen & Krasselt zu Bots in diesem Band). Der Einsatz von sog. *Social Bots* mag allerdings diskursanalytisch vor allem vor dem Hintergrund einer angenommenen „Ökonomie der Macht" (Foucault 2016 und 1978) von Interesse sein, also einer ressourcenschonenden Kontrolle von Verhalten im Diskurs unterhalb der Anreizung zum Widerstand (vgl. Dreesen 2015: 67–68).

Der Einfluss der digitalen Transformation auf unsere individuelle Medienrezeption ist feststellbar in der individuellen Timeline sowie in personalisierter Werbung. Die unter dem Schlagwort *Filterblase* zu subsumierenden Effekte algorithmischer Selektion dessen, was das Individuum an ‚relevanter' Information angezeigt bekommt, sind diskursiv bedeutsam: Die Transformation der schwindenden Medienbindung (vgl. Reitze & Ridder 2011) verschärft durch die algorithmisierte Zusammenstellung die Fragen zum angenommenen Wissen in einer Gesellschaft. Wenn es um klassische diskurslinguistische Fragestellungen geht, sind massenmediale Korpora noch immer die verbreitetste Datenbasis, um etwa Wissensordnungen oder Sagbarkeitsregeln nachweisen zu können. Mit der fortschreitenden Individualisierung von Nachrichten könnte dieser Weg sich künftig ändern müssen.

3.2 Kollektivierungseffekte

Unter Kollektivierungseffekten verstehen wir die Auswirkungen digital-diskursiver Bedingungen auf die Formung von Gemeinschaftlichkeit. Wie oben skizziert, können wir mit Nassehi (2019: 50) zunächst konstatieren, dass uns die Digitalisierung in breiter Empirie aufzeigt, dass es überindividuelle Strukturen z. B. der Kommunikation und des Verhaltens gibt. Hiervon ausgehend, ergeben sich zwei Perspektiven. Die erste Perspektive öffnet den Blick auf Diskursordnungen, die wahrnehmbare Gemeinschaftlichkeit hervorbringen; mit der zweiten Perspektive blickt man auf die Bedingungen, die kaum wahrgenommene oder wahrnehmbare Gemeinschaften bilden, jedoch diskursiv ebenfalls wirkmächtig werden.

Anders als die Neuen Sozialen Bewegungen etwa der 70er Jahre kann in der digitalen Gesellschaft Partizipation, Protest und Widerstand online ausgeübt werden (vgl. z. B. Dreesen 2015 und Dang-Anh 2019). Das meint nicht nur, dass etwa sich politische Kritik in Videos im WWW schnell verbreiten lässt. Vor allem meint es, dass, indem in sprachlichen und sozialen Mustern kommuniziert wird, eine Gemeinschaft von Ähnlichdenkenden entstehen kann. So sind große Teile des sog. *Arabischen Frühlings* maßgeblich durch Social Media befördert worden (vgl. Wolfsfeld, Segev & Sheafer 2013 und Maataoui 2018). Doch Ähnlichdenkende müssen zunächst überhaupt Kenntnis voneinander nehmen, um sich koordinieren zu können. Das Erkennen als politisch nahestehende Person muss dabei nicht explizit erfolgen (etwa durch eindeutige politische Formulierungen oder einen einschlägigen Hashtag), denn als verdatete Kommunikation reichen Sprachgebrauch, Meta-Daten (z. B. Ort, Zeit, Kanal) und Rezeptionsverhalten aus, um von Algorithmen als ähnliche Profile registriert zu werden. Selbstredend gilt im Umkehrschluss, dass auch die Überwachung von gruppenkonstituierenden Prozessen durch die Verdatung einfacher geworden ist (vgl. z. B. O'Neil 2016 und vgl. den Beitrag von Vogel in diesem Band).

Am offensichtlichsten sind Kollektivierungseffekte in der Nutzung von Webseiten, Blogs, Foren, Wikis und Social Media zu beobachten: Der (anonyme) Zugang zu Wissen, Erfahrungen, Hilfe und Kontakten im Bereich special interest (etwa Technik, Sport, Hobbys) ist hier ebenso zu nennen wie von Betroffenen (z. B. Krankheit, Missbrauch) und Minderheiten (z. B. sexuelle Orientierung, sprachliche Minderheit). Kollektivität entsteht dabei nicht nur durch aktive digitale Teilhabe, also etwa Posts zu kommentieren oder Bilder zu teilen, sondern auch durch die psychische Wirkung: Es ist gemeinschaftsbildend, wenn wir erfahren, dass auch andere Personen sich mit Gegenständen befassen, die uns beschäftigen. Dies funktioniert auch in anonymen Darknet-Foren (Dreesen/D'Agostino 2021).

An der Kommunikation von etwa special interest-Gruppen können sich klassische Fragen der Soziolinguistik (z. B. Ammon et al. 2004) anschließen. Im Speziellen ist im weiteren Interesse an Kollektivierungseffekten diskurslinguistisch bedeutsam, welche analogen Gemeinschaftsgefühle im Digitalen imitiert werden und ob dort Reflexionen (Meta-Diskurse) zum Verhältnis von Ich und Wir in der digitalen Transformation stattfinden.

Die zweite Perspektive gilt den kaum wahrgenommenen oder auch wahrnehmbaren Kollektivitäten. Man könnte diskutieren, inwiefern es sich überhaupt um eine Form von Gemeinschaft handelt, wenn Amazon einem mitteilt *Kunden, die diesen Artikel gekauft haben, kauften auch* und dann eine Reihe von Artikeln vorschlägt. Dafür spricht, dass es sich zunächst um einen sehr ähnlichen Vorgang wie bei der Gemeinschaftskonstituierung von Social Media Profilen handelt, also in beiden Fällen um statistische Gruppen nach Nassehi (2019: 302). Ein maßgeblicher Unterschied besteht technisch und sozial darin, dass man der Gruppe der anderen Amazon-Kundinnen und -Kunden mit ähnlichem Büchergeschmack nicht beitreten kann. Sie ist lediglich Ausdruck der ‚statistischen Gruppe', nicht Einladung zur Gestaltung analoger Gruppenaktivität. Während diese Form von Kollektivierungseffekt einem lediglich den als individuell betrachteten Literaturgeschmack als sozialen Habitus (Bourdieu 2018) bewusst macht, sind vollständig verdeckte Einordnungen von Personen in soziale Gruppen hochproblematisch: Die Rede ist von der den meisten Menschen nicht bewussten Einordnung in beispielsweise (finanzielle) Risikogruppen beim Versuch, eine Wohnung zu mieten, einen Kredit zu bekommen oder eine Versicherung abzuschließen (vgl. O'Neil 2016). Die Einordnung in eine solche Gruppe wirkt sich letztlich auf eine Einzelperson aus, die zum *finanziellen Risiko* oder unter Aspekten öffentlicher Sicherheit zum *Gefährder* erklärt wird. Diskursiv betrachtet, finden solche Entscheidungen in einer Black Box statt, gegen die man als betroffene Person nicht argumentieren kann. Anders als bei den oben erwähnten Protestgruppen kann das eigene verdatete Verhalten nicht genutzt werden, um sich mit anderen Betroffenen zu vernetzen und zu solidarisieren.

Allerdings ergibt sich über die kollektive Erfahrung von Datenmustern und den Nachweis von statistischen Gruppen auch ein aufklärerisches Moment: Kaufentscheidungen, Kommunikationsformen oder Mobilitätsverhalten beispielsweise können soziale Strukturen bewusst machen und somit grundsätzlich durch Handlungen auch verändert werden (vgl. Giddens 1984: 153). Dieser Weg des Bewusstwerdens von bestimmten sozialen Strukturen (Klassen, Schichten, Milieus) und damit der *Strukturierung als Gesellschaft* beruht dann auf dem oben beschriebenen Prinzip der Verdatung.

4 Methodologische Konsequenzen

Aus den theoretischen Darlegungen zu Kollektivierungs- und Individualisierungseffekten ergeben sich für die diskurslinguistische Forschung einige methodologische Konsequenzen. Das Ziel digital-diskurslinguistischer Ansätze mit dem oben vorgestellten Fokus sollte sein, die sozialwissenschaftliche Fundierung von ‚Gesellschaft' in der digitalen Transformation für das diskurslinguistische Erkenntnisinteresse produktiv zu nutzen. Je nach Untersuchungsgegenstand und Bearbeitungsmethode werden unterschiedliche Aspekte hinsichtlich des Zusammenhangs zwischen der Digitalität der Kommunikation und der Emergenz von Gemeinschaft wichtig. In jedem Fall sollte sich dabei die Frage gestellt werden, wie das Digitale und das Gemeinschaftliche sich gegenseitig bedingen und inwiefern dies mit dem gewählten Untersuchungsdesign hinreichend berücksichtigt ist. Die nachfolgenden Aspekte vertiefen dies in zwei Konsequenzen.

4.1 Daten und Methoden als Analysegegenstand

Da die Verdatung und die Algorithmen, mit denen die Daten weiter verarbeitet und miteinander verknüpft werden, zentral für digitale Diskurse sind, ergibt sich daraus eine analytische Konsequenz: Daten *und Methoden* sind gleichermaßen Analysegegenstand.

Das traditionelle Verständnis diskurslinguistischer Analysen geht davon aus, dass Sprachhandlungen zu Daten führen, die analysiert werden können. Mit der Entwicklung und Verbreitung von digitalen Methoden, der Computer- und Korpuslinguistik und dem Textmining ergeben sich neue Analysemöglichkeiten: Die Daten können digitalisiert werden – oder sind bereits digital – und können dann mit digitalen Methoden analysiert werden.

Wenn wir mit Nassehi allerdings davon ausgehen, dass Digitalisierung ein eigenes soziales System ist, das Daten autopoietisch prozessiert, sind die Algorithmen und Methoden dieses digitalen Systems nicht trennbar von den Daten und sind ebenfalls Gegenstand der diskurslinguistischen Analyse. Denn die oben beschriebenen Individualisierungs- und Kollektivierungseffekte kommen, wie erwähnt, auch dank der Verdatung und den damit möglich gewordenen Algorithmen zustande: „An Daten kann man nur mit Daten anschließen" (Nassehi 2019: 168).

Obwohl wir an dieser Stelle uns auf den Systemtheoretiker Nassehi berufen, ist es nicht zwingend, eine systemtheoretische Sicht einzunehmen. So fordern etwa aus kommunikationswissenschaftlicher Sicht Hepp, Loosen und Hasebrink (2021: 10), dass eine digitale Methodologie darauf abzielen muss, „digitale Medien und deren Infrastrukturen selbst zum Instrument der Datenerhebung zu machen":

> Digitale Methoden stehen demnach für einen methodischen Zugang, der digitale Kommunikation mit ihren eigenen Mitteln analysieren und verstehen will. Der Kern einer so verstandenen digitalen Methodologie besteht also darin, dass es zu ihrem Grundverständnis gehört, mit digitalen Methoden die Konstruktionsprinzipien der Medien und Kommunikationsformen zu erfassen, auf denen sie aufsetzen. (Hepp, Loosen & Hasebrink 2021: 10)

Beispiele für solche Analysen finden sich in der Netzwerkforschung (Stegbauer 2010, Frank-Job, Mehler & Sutter 2013 und am Beispiel einer Analyse eines Shitstorms Stegbauer 2020). Die Methoden der Netzwerkanalyse sind nicht nur wissenschaftliches Analyseinstrument, sondern ebenso dem Marketing dienende Methode der Unternehmen, die soziale Plattformen unterhalten.

Ähnlich verhält es sich mit Methoden der Sentiment-Analyse: Die automatische Kategorisierung von Texten bezüglich ihrer „Stimmung" ist von großem Interesse für viele Unternehmen, die z. B. mit Produktbewertungen zu tun haben. Viele dieser Methoden wurden auch genau für diesen Zweck entwickelt. Ihnen ist damit aber eine bestimmte „Forschungslogik" eingeschrieben (Bubenhofer & Knuchel in Vorb.): Während beispielsweise aus linguistischer Sicht „Bewerten" und „Stimmungen" höchst komplexe und theoretisch umstrittene Kategorien sind, misst sich die Analyse menschlicher Produktbewertungen an einer einfacheren Logik von „positiv", „negativ" und ggf. „neutral" o. ä.

Wenn Methoden der Sentiment-Analyse für diskurslinguistische Zwecke eingesetzt werden, muss mit reflektiert werden, welche Typen von Sentiment-Analyse im digitalen System wie einer Plattform, einem sozialen Netzwerk o. ä. verwendet werden und welche Auswirkungen auf die Datentransformationen und Datenordnungen damit verbunden sind. Gleichzeitig kann analytisch mit den verschiedenen Ansätzen der Sentiment-Analyse experimentiert und z. B. verglichen werden, wie die gleichen Datensätze unterschiedlich ausgewertet werden, je nachdem, welcher methodische Ansatz gewählt wird.

4.2 Triangulation

Analysieren wir in digitalen Diskursen bloß das Produkt von algorithmischer Datenkombinatorik oder lassen sich Spuren dieses gesellschaftlichen Handelns außerhalb des digitalen Systems finden? Und repräsentieren die zu analysierenden diskursiven Spuren ein (imaginiertes) Kollektiv oder ein individuelles Selbst – oder gar ein diskursiv und algorithmisch konstruiertes, temporäres Selbst?

Um die mitunter komplexe Gemengelage digitaler Diskurse zu analysieren, ist eine Triangulation auf Ebene der Methoden, theoretischen Ansätze, Daten und der Forschenden notwendig (vgl. dazu ausführlich den Abschnitt „Datenerschließung" im Beitrag von Bender et al. und den Beitrag von Vogel in diesem Band sowie Dreesen & Stücheli-Herlach 2019). So ist es einerseits sinnvoll, quantitativ mit Methoden der Korpuslinguistik und des Text-Minings Daten zu analysieren, solche Analysen jedoch auch mit qualitativen Methoden zu kombinieren. Und bereits die quantitativen Ansätze unterscheiden sich stark bezüglich ihrer theoretischen Prämissen und Untersuchungsziele: Netzwerkanalysen mit Daten sozialer Netzwerke nutzen normalerweise technisch vorgegebene Metadaten und Elemente wie Autorinnen/Autoren, Hashtags, Information über das Teilen etc., um daraus Vernetzungsstrukturen herauszuarbeiten. Dies sind Informationen, die von den Betreiberfirmen der Plattformen selber ebenfalls genutzt werden und beispielsweise algorithmisch ausgewertet werden, um die Informationen zugeschnitten auf die Rezipientinnen und Rezipienten anzuordnen. Um dieser medieninhärenten Logik eine andere Logik und damit mögliche Lektüre ‚gegen den Strich' entgegenzusetzen, kann beispielsweise eine korpuslinguistische Analyse ähnliche sprachliche Muster in Nachrichten identifizieren, die ansonsten keine Verbindung über Metadaten aufweisen. Im Kontrast ermöglichen die unterschiedlichen Herangehensweisen herauszuarbeiten, welche Lesarten des Diskurses entstehen können.

Aufgrund der Bedeutung der Algorithmen und der Software bei digitalen Diskursen bieten die Software Studies eine lohnenswerte Perspektive, die auf die kulturelle Verfasstheit von Software aufmerksam machen (Fuller 2003 und Mackenzie 2006). Die Verdatung erfordert die Speicherung der Daten in bestimmten Strukturen, beispielsweise als Datenbanken. Die Struktur dieser Datenordnungen steht in Abhängigkeit kultureller Übereinkünfte zu Wissenspräsentationen (Dourish 2014 und Manovich 2002). Die Art, wie Fotos in sozialen Netzen verwendet werden – und welche Fotos –, ist bestimmt durch die technischen Interfaces und die Algorithmen der Bildanalyse und Verdatung und gleichzeitig ein Spiegel kulturellen Handelns (Hochman & Manovich 2013). Deshalb sollten nicht nur die Software, mit der digital interagiert wird, kritisch analysiert werden, sondern der Code und die Programmierpraktiken selbst sollten Gegenstand von Diskursanalysen sein. Sie nehmen „Coding Cultures" (Bubenhofer 2020: 121) in den Blick (etwa Hackerkulturen wie Levy 2010; Gül Erdogan 2021), um Programmierpraktiken und die damit entstehenden Algorithmen und Softwarelogiken analysieren zu können.

Mit einer Triangulation verschiedener Ansätze kann der Komplexität digitaler Diskurse eher begegnet werden. Und es ist möglich, sowohl Daten als auch Algorithmen und ihre Interaktionen in den Blick zu nehmen.

5 Fazit und Ausblick

Die methodologischen Konsequenzen bei der Analyse von Individualisierungs- und Kollektivierungseffekten zeigen, dass eine hohe technische Kompetenz nötig ist, um eine digitale Diskursanalyse verfolgen zu können. Gleichzeitig ist ein Verständnis der (diskurs-)linguistischen Theorien wichtig, um Methoden auf ihre (impliziten) Prämissen und Forschungslogiken untersuchen zu können.

Eine noch größere Herausforderung stellen jedoch die rechtlichen und ethischen Aspekte dar: Große Teile öffentlicher Diskurse finden auf kommerziellen und proprietären Plattformen statt, die mehr oder weniger abgeschlossene Systeme sind, deren Funktionsweisen nicht transparent sind. Die Firmen sehen die Funktionsweise ihrer Software als Betriebsgeheimnis; es handelt sich für die Wissenschaft um Black Boxes. Und selbst wenn ein Zugang zu Daten und Einblick in die zur Anwendung kommenden Algorithmen möglich ist, etwa gegen Bezahlung, stellen sich forschungsethische Fragen (vgl. den Beitrag von Luth, Marx & Pentzold in diesem Band).

Ein Ausweg besteht darin, die wissenschaftliche Position darin zu sehen, die Funktionsweise der Plattformen nicht direkt zu untersuchen, sondern zu antizipieren. Die Frage ist also nicht: Wie funktionieren die Plattformen? Sondern: Welche Annahmen über ihre Funktionsweisen kann man treffen? Mit Bezug auf die oben im Kapitel ausgeführte Kombination von system- und diskursanalytischer Perspektive könnte die Frage reformuliert werden als: Welche Erwartungen der Diskursakteure an die diskursiven Bedingungen der Kommunikation kann man erwarten?

Die Annahmen über die Funktionsweisen digitaler Systeme ergeben sich dabei auch aus diskurslinguistischen Analysen: Durch die Erkenntnisse, die über Individualisierungs- und Kollektivierungseffekte gewonnen werden, können Annahmen über die Funktionsweisen der Plattformen selbst abgeleitet werden. Dieses Wissen wiederum birgt das Potenzial, die Individualisierungs- und Kollektivierungseffekte selbst zu beeinflussen. Akteure wie der Chaos Computer Club, Netzpolitik.org oder die Piratenpartei sensibilisierten die Gesellschaft verschiedentlich für Gefahren der Digitalisierung. Basis für diese Stimmen sind eine Mischung von technischen und wissenschaftlichen Expertisen, zu denen auch die Diskurslinguistik beitragen kann.

Literatur

Ammon, Ulrich, Norbert Dittmar, Klaus J. Mattheier & Peter Trudgill (eds.). 2004. *Sociolinguistics: An International Handbook of the Science of Language and Society*. 2. Bd. 1/2. 3 Bde. Berlin & New York: De Gruyter. doi:10.1515/9783110141894.1.

Assmann, Jan. 1997. *Das kulturelle Gedächtnis: Schrift, Erinnerung und politische Identität in frühen Hochkulturen*. 2nd edn. München: C.H. Beck.

Baecker, Dirk. 2018. *4.0 oder Die Lücke die der Rechner lässt*. Leipzig: Merve Verlag.

Beck, Ulrich, Anthony Giddens & Scott Lash (eds.). 2014. *Reflexive Modernisierung: eine Kontroverse*. 6. Auflage. Frankfurt a. M.: Suhrkamp (Edition Suhrkamp, 1705 = N.F., 705).

Borsche, Tilman. 1981. *Sprachansichten: der Begriff der menschlichen Rede in der Sprachphilosophie Wilhelm von Humboldts* (Deutscher Idealismus 1). Stuttgart: Klett-Cotta.

Borst, Arno. 1995. *Der Turmbau von Babel: Geschichte der Meinungen über Ursprung und Vielfalt der Sprachen und Völker*. 4 Bde. München: Deutscher Taschenbuch Verlag.

Bourdieu, Pierre. 2018. *Die feinen Unterschiede: Kritik der gesellschaftlichen Urteilskraft* (stw 658). 26th edn. Frankfurt am Main: Suhrkamp.

Bubenhofer, Noah. 2019. Social Media und der Iconic Turn: Diagrammatische Ordnungen im Web 2.0. *Diskurse – digital* 1. 114–135.

Bubenhofer, Noah. 2020. *Visuelle Linguistik: Zur Genese, Funktion und Kategorisierung von Diagrammen in der Sprachwissenschaft* (Impulse und Tendenzen 90). Berlin u. a.: De Gruyter.

Bubenhofer, Noah & Knuchel, Daniel in Vorb. Topic modeling beyond topical structures – experiments with analyzing evaluative language patterns on communication about recipies and dishes on chefkoch.de. *Cultural Analytics*.

Couldry, Nick & Andreas Hepp. 2017. *The mediated construction of reality*. Cambridge, UK & Malden, MA: Polity Press.

Dang-Anh, Mark. 2019. *Protest twittern: Eine medienlinguistische Untersuchung von Straßenprotesten*. Bielefeld: transcript Verlag. doi:10.14361/9783839448366.

Dijck, José van. 2013. *The Culture of Connectivity: A Critical History of Social Media*. Oxford: University Press. DOI:10.1093/acprof:oso/9780199970773.001.0001.

Dourish, Paul. 2014. No SQL: The Shifting Materialities of Database Technology: Computational Culture. *Computational Culture. A Journal of Software Studies* (4).

Dreesen, Philipp. 2015. *Diskursgrenzen: Typen und Funktionen sprachlichen Widerstands auf den Strassen der DDR*. Berlin & Boston: De Gruyter.

Dreesen, Philipp & Dario D'Agostino. 2021. Darknet und Diskurs. Tabu eines Ortes und Ort für Tabus? *Aptum. Zeitschrift für Sprachkritik und Sprachkultur* 17(2). 173–191.

Dreesen, Philipp, Julia Krasselt & Peter Stücheli-Herlach. 2021. Diskursgemeinschaften in der digitalen Transformation. Begriffsbestimmungen, Zugänge und Ziele. *Lublin Studies in Modern Languages and Literature* 45(2). 13–25. doi: http://dx.doi.org/10.17951/lsmll.2021.45.2.13-25.

Dreesen, Philipp & Peter Stücheli-Herlach. 2019. Diskurslinguistik in Anwendung: Ein transdisziplinäres Forschungsdesign für korpuszentrierte Analysen zu öffentlicher Kommunikation. *Zeitschrift für Diskursforschung* 7(2). 123–162.

Foucault, Michel. 1978. *Dispositive der Macht: über Sexualität, Wissen und Wahrheit* (IMD 77). Berlin: Merve Verlag.

Foucault, Michel. 2016. *Überwachen und Strafen: die Geburt des Gefängnisses* (stw 2271). 16th edn. Frankfurt am Main: Suhrkamp.
Frank-Job, Barbara, Alexander Mehler & Tilmann Sutter (eds.). 2013. *Die Dynamik sozialer und sprachlicher Netzwerke. Konzepte, Methoden und empirische Untersuchungen am Beispiel des WWW*. Wiesbaden: Springer.
Fuller, Matthew. 2003. *Behind the blip: essays on the culture of software*. New York: Autonomedia.
Giddens, Anthony. 1984. *Interpretative Soziologie: eine kritische Einführung* (Campus-Studium 557). Frankfurt am Main: Campus Verlag.
Gül Erdogan, Julia. 2021. *Avantgarde der Computernutzung Hackerkulturen der Bundesrepublik und DDR* (Geschichte der Gegenwart 24). Göttingen: Wallstein Verlag.
Hacking, Ian. 1990. *The taming of chance*. Cambridge & New York: Cambridge University Press.
Hepp, Andreas, Wiebke Loosen & Uwe Hasebrink. 2021. Jenseits des Computational Turn: Methodenentwicklung und Forschungssoftware in der Kommunikations- und Medienwissenschaft – zur Einführung in das Themenheft. *Medien & Kommunikationswissenschaft* 69(1). 3–24. doi:10.5771/1615-634X-2021-1-3-1.
Hochman, Nadav & Lev Manovich. 2013. Zooming into an Instagram City: Reading the local through social media. *First Monday* 18(7). doi:10.5210/fm.v18i7.4711.
Kittler, Friedrich A. 2003. *Aufschreibesysteme 1800–1900*. 4th edn. München: Fink.
Krasselt, Julia, Philipp Dreesen & Peter Stücheli-Herlach. Im Druck. Digitalisierung des Schlagworts mittels Hashtags. Eine Fallstudie zum deutschsprachigen Klima- und energiepolitischen Diskurs. In Laurent Gautier & Sascha Michel (eds.), *Linguistik des Hashtags*. Berlin & Boston: De Gruyter.
Lanier, Jaron. 2014. *Wem gehört die Zukunft? du bist nicht der Kunde der Internetkonzerne, du bist ihr Produkt*. (Trans.) Dagmar Mallett & Heike Schlatterer 9th edn. Hamburg: Hoffmann und Campe.
Latour, Bruno. 2007. Beware, your imagination leaves digital traces. *Times Higher Literary Supplement*.
Levy, Steven. 2010. *Hackers: Heroes of the Computer Revolution*. Sebastopol, CA: O'Reilly and Associates.
Luhmann, Niklas. 1998. *Die Gesellschaft der Gesellschaft*. Frankfurt am Main: Suhrkamp.
Maataoui, Moez. 2018. Partizipation im tunesischen Transformationskontext als Fortsetzung der Revolution von 2010/211. In Bettina M. Bock & Philipp Dreesen (eds.), *Sprache und Partizipation in Geschichte und Gegenwart* (Sprache – Politik – Gesellschaft 25), 257–275. Bremen: Hempen.
Mackenzie, Adrian. 2006. *Cutting Code: Software And Sociality (Digital Formations)*. New York & Washington: Peter Lang Publishing.
Malinowski, Bronisław. 1923. The Problem of Meaning in Primitive Languages. In Charles K. Ogden & Ian A. Richards (eds.), *The Meaning of Meaning*, 296–336. London: Kegan Paul, Trench and Trubner.
Manovich, Lev. 2002. *The Language of New Media*. Cambridge, Mass.: The MIT Press.
Marx, Konstanze. 2017. *Diskursphänomen Cybermobbing: ein internetlinguistischer Zugang zu [digitaler] Gewalt* (Diskursmuster Band 17). Berlin & Boston: De Gruyter.
Nassehi, Armin. 2019. *Muster: Theorie der digitalen Gesellschaft*. München: C.H. Beck.
Makice, Kevin. 2009. Phatics and the Design of Community *CHI '09 Extended Abstracts on Human Factors in Computing Systems*. 3133–3136. doi: 10.1145/1520340.1520445

Olsen, Dan R. 2009. *Phatics and the Design of Community*. Boston, USA.
O'Neil, Cathy. 2016. *Weapons of math destruction: how big data increases inequality and threatens democracy*. New York: Crown.
Primack, Brian A., Ariel Shensa, César G. Escobar-Viera, Erica L. Barrett, Jaime E. Sidani, Jason B. Colditz & A. Everette James. 2017. Use of multiple social media platforms and symptoms of depression and anxiety: A nationally-representative study among U. S. young adults. *Computers in Human Behavior* 69. 1–9. doi:10.1016/j.chb.2016.11.013.
Reitze, Helmut & Christa-Maria Ridder (eds.). 2011. *Massenkommunikation VIII: Eine Langzeitstudie zur Mediennutzung und Medienbewertung 1964–2010* (Massenkommunikation 8). Baden-Baden: Nomos.
Stegbauer, Christian. 2010. *Netzwerkanalyse und Netzwerktheorie: Ein neues Paradigma in den Sozialwissenschaften* (Netzwerkforschung). 2nd edn. Wiesbaden: VS Verlag für Sozialwissenschaften.
Stegbauer, Christian. 2020. Soziologische Aspekte sozialer Netzwerke mit Blick auf Relationen in der digitalen Welt. In Konstanze Marx, Henning Lobin & Axel Schmidt (eds.), *Deutsch in Sozialen Medien*, 163–184. Berlin & Boston: De Gruyter. doi:10.1515/9783110679885-009.
Wolfsfeld, Gadi, Elad Segev & Tamir Sheafer. 2013. Social Media and the Arab Spring: Politics Comes First. *The International Journal of Press/Politics* 18(2). 115–137. DOI:10.1177/1940161212471716.

Friedemann Vogel
Identifizierung und Authentifizierung in digitalen Diskursen

1 Einleitung

Identifizierung und Authentifizierung, Wiedererkennen und Zugangskontrolle zählen zu den anthropologischen Grundprinzipien sozialer Selbstregulation. Auf dieser in Vogel (2020a) entwickelten These aufbauend geht der vorliegende Beitrag der Frage nach, wie sich die damit verbundenen zeichenvermittelten Praktiken im Kontext digitaler Kommunikationsmedien gestalten, welche Effekte sie für die diskursive Reproduktion von Wissen und Herrschaftsstrukturen haben können und welche methodischen Herausforderungen sich daraus für die wissenschaftliche Untersuchung von digitalen Diskursen ergeben. Um die globale Relevanz dieses Themas zu umreißen, beginne ich aber mit einem kurzen Exkurs zur jüngeren Geschichte der (Verfassungs-)Rechtsdogmatik, einer Domäne, der sich DiskursanalytikerInnen (leider) bislang nur selten zuwenden:

Im Jahr 2008 entwickelte das Bundesverfassungsgericht in einem viel beachteten Urteil das allgemeine Persönlichkeitsrecht (Art. 2 Abs. 1 i.V.m. Art. 1 Abs. 1 GG) weiter und deklarierte das „Grundrecht auf Gewährleistung der Vertraulichkeit und Integrität informationstechnischer Systeme" (BVerfGE 120: 274; in den Medien wurde es oft verkürzt als *Computergrundrecht* bezeichnet). Das Urteil stärkte alle Menschen der Bundesrepublik Deutschland in ihrem grundrechtlich verbrieften Anspruch, auch in der ungleich leichter zugänglichen digitalen Welt nicht leichtfertig Gegenstand von Überwachung oder Ausforschung durch staatliche oder auch private Akteure zu werden. Anlass zu diesem Urteil waren Klagen gegen die Novellierung von Polizeigesetzen, die – so die Begründung der staatlichen Behörden – analog zur physischen Hausdurchsuchung (§ 102 ff. StPO) in besonderen Fällen auch eine „Online-Durchsuchung" (von KritikerInnen oft als „Staatstrojaner" kritisiert), also eine digitale und vor allem verdeckte Ausforschung von personenbezogenen Computersystemen wie Personal Computer, Smartphones u.ä. zulassen sollten.[1] Das *Computergrundrecht* erneuerte auch das 1983 im sog. „Volkszählungsurteil" (BVerfGE 65: 1) entwickelte „Grundrecht auf informationelle Selbstbestimmung", dem Recht des/der Einzelnen darüber zu entscheiden, welche personenbezogenen Informationen dem Staat zugänglich werden sollten. Der Staat sollte damals in Form von BeamtInnen nicht un-

---

[1] Zur rechtslinguistisch rekapitulierten Diskursgeschichte um die Entwicklung der Online-Durchsuchung vgl. Vogel (2012).

Open Access. © 2022 Friedemann Vogel, publiziert von De Gruyter. Dieses Werk ist lizenziert unter einer Creative Commons Namensnennung - Keine Bearbeitung 4.0 International Lizenz.
https://doi.org/10.1515/9783110721447-010

gefragt von Tür zu Tür gehen und verschiedene Personendaten erheben und auswerten. Diese „jüngeren" Meilensteine des Datenschutzes, der in der Zwischenzeit durch eine Ausweitung von Ermittlungsbefugnissen teilweise normativ[2] und praktisch[3] erheblich ausgehöhlt wurde und wird, sind letztlich motiviert durch die Erfahrungen mit dem Dritten Reich, einem Regime, dessen globale Macht maßgeblich durch eine total(itär)e und bürokratisch durchorganisierte Identifizierung und Kontrolle aller Individuen und sozialer Netzwerke beruhte und dem Millionen verfolgter Menschen zum Opfer fielen. Der langen Geschichte der bürokratisch geformten Verfolgung in totalitären Herrschaftssystemen gegenüber steht die moderne digital(isiert)e Welt des 21. Jahrhunderts, die nicht nur Behörden, ressourcenstarken Unternehmen und spezialisierten IT-Kriminellen, sondern auch dem/der ‚OttonormalbürgerIn' völlig neue und vor allem niedrigschwellige Techniken und Praktiken der medialen, zeit- und raumübergreifenden Selbst- und Fremdauthentifizierung erlaubt.

Im Folgenden werde ich zunächst den Begriff der Authentifizierung als einen Oberbegriff für den Zusammenhang von Identifizierung und Ressourcenkontrolle erläutern (Abschnitt 2) und im Anschluss anhand von Beispielen der Frage nachgehen, wie sich Authentifizierungspraktiken in digital(isiert)en Diskursen ausformen und welche Effekte sie auf die diskursiven Verhältnisse selbst – also auf die (Re)Produktion von kollektivem Wissen und gesellschaftlicher Asymmetrien – haben können (Abschnitt 3). Im letzten Abschnitt fasse ich resultativ zusammen, welche methodischen Implikationen die veränderten Authentifizierungspraktiken im digitalen Raum für Diskursanalysen mit sich bringen (Abschnitt 4).

2 Authentifizierung: Praktiken der Identifizierung und Zugangskontrolle

Ausgangspunkt einer Theorie der Authentifizierungspraktiken ist die These, dass sich im Grunde alle Aktivitäten menschlicher Interaktion anthropologisch auf zwei elementare Grundprinzipien zurückführen lassen, nämlich der Identi-

---

[2] Die verdeckte Online-Durchsuchung ist trotz massiver Grundrechtsbedenken heute in zahlreichen Polizeigesetzen und seit 2017 sogar in der Strafprozessordnung (§ 100b StPO) verankert.

[3] Es ist ein offenes Geheimnis, dass etwa der Richtervorbehalt – also der Einsatz von grundrechtsverletzenden Maßnahmen nur nach richterlicher Anordnung – in der Praxis aus verschiedenen Gründen oftmals keine wirksame Kontrollinstanz darstellt (vgl. etwa Brüning 2006).

fizierung und der Zugangskontrolle. Der Ansatz schließt an Ansätze der Sozialsemiotik und Positionierungstheorie (etwa Lacoste et al. 2014 und Spitzmüller et al. 2017) sowie an die Praxeologie und Lebensstilstudien Bourdieus (2005) an. Im Fokus steht dabei ein prozessuales, dynamisches Verständnis von sozialer Selbst- und Fremdverortung, das Begriffe wie „Identität" oder „Authentizität" als Praktiken der wechselseitigen, kommunikativen Aushandlung von sozialen Positionen und ihren Geltungsansprüchen in Interaktionen oder transsituativ konstituierten Diskursen reformuliert. Dieses Verständnis manifestiert sich insb. in soziolinguistischen und gesprächsanalytischen Arbeiten seit der Jahrtausendwende auch terminologisch in der Wendung „from authenticity to authentication" (Bucholtz 2003: 407). Bourdieu zeigt in seinen Studien schon deutlich früher – zwar sprachsensibilisiert (Bourdieu & Beister 2005), jedoch alle Modi sozialer Repräsentationsformen einbeziehend –, wie soziale (Gruppen-)Positionen durch von den Gesellschaftsmitgliedern objektivierbare Lebensstile reproduziert werden. Im Vordergrund stehen jedoch nicht die symbolischen Repräsentationen, Zeichen und Praktiken von Personen und Gruppen selbst, sie sind vielmehr analytisches Vehikel zur Entwicklung einer praxeologisch fundierten Sozialtheorie und zum Verständnis der Reproduktion gesellschaftlicher Klassen und ihrer Kämpfe um Kapital.

Der hier vertretene Ansatz setzt nun genau diese Zeichen und Praktiken der sozialen Selbst- und Fremdkategorisierung ins Zentrum der Untersuchung und fragt nach den historischen, kulturellen, modalen wie medialen Realisierungsmustern und ihren situativen wie transsituativen Funktionen. Vor diesem Hintergrund verstehe ich hier unter „Authentifizierung" (oftmals ritualisierte) kommunikative Praktiken und anthropologisch gedachte Kulturtechniken,

> die den Zweck haben, erstens den oder die Sprecher [bzw. Kommunikanten, FV] zu identifizieren – das heißt als ‚Den- oder Dieselben' mit bestimmten Eigenschaften wiederzuerkennen und kontinuierlich zu verifizieren; und zweitens in Abhängigkeit von dieser Identifizierung Zugangsrechte bei der ökonomischen, sozialen, kulturellen und symbolischen Ressourcenverteilung einzuräumen oder zu verwehren (Authentisierung und Autorisierung).
> (Vogel 2020a: 49)

Der Begriff der „Identifizierung" verweist auf alle Formen, Muster und Verfahren der Hervorbringung, Rezeption und Löschung reziproker Sichtbarkeit von sozialer Zugehörigkeit. Damit gemeint sind erstens automatisierte Prozesse unseres Wahrnehmungsapparates und dessen Fähigkeit, durch inferenzbasierte Verarbeitung von Sinneseindrücken die uns so begegnende Welt und ihre Wesen als Elemente sozialer Kategorien einordnen zu können; wie etwa verändern sich auf Identifizierung zielende Praktiken, wenn Bestandteile der Perzeption (z. B. partielle oder dauerhafte Blindheit, Gehörverlust, oder auch Beeinträchtigung des Geruchssinns) oder Kognition (z. B. Gedächtnisverlust) blockiert werden? Die automatischen perzeptuell-kognitiven Prozesse werden zweitens überformt durch unterschiedliche Kulturtechniken, die das Individuum als Teil von bestimmten Gruppen markieren und wiedererkennbar machen. Diese Kulturtechniken können unterschiedlich komplex ausfallen, verschiedene Zeichenmodalitäten und Medien einbeziehen, zeitlich und räumlich strukturiert sein usw. Identifizierung kann komplett oder teilweise fehlschlagen und muss dann durch kompensierende Praktiken ‚repariert' werden. Beispiele ließen sich vielfältig anführen. In der Linguistik wurden Praktiken der Identifizierung etwa gesprächsanalytisch beim Telefon untersucht (Schegloff 1979; Lindström 1994), einem Kommunikationsmedium, bei dem die Interaktanten sich durch auditive ‚Stimmproben', Benennungen, Nachfragen oder durch das Explizitmachen und Spiegeln von gemeinsamen Kommunikationserfahrungen gegenseitig ausweisen. Bei einem anderen markanten Beispiel – der forensischen Linguistik (Fobbe 2011) – werden vielfach Annahmen der Varietätenlinguistik zu gruppensprachlichen Sozialmarkern gezielt als ‚Raster' eingesetzt, um bei der kriminologischen Einordnung von AutorInnen (z. B. von Erpresserbriefen) oder SprecherInnen (z. B. Morddrohung auf Tonband) zu unterstützen. Beide Beispiele zeigen jedoch nur bei näherem Hinsehen, dass es nicht allein um Identifizierung von Personen oder Gruppen geht. Identifizierung und kontinuierliche gegenseitige Verifizierung am Telefon ist mit der Frage verbunden, welche Information (schon beginnend mit der Stimmprobe nach Abnahme des Hörers) als Auszug meiner sozialsemiotisch lesbaren Körperrepräsentation ich bereit bin, dem anderen Ende der Leitung zur Wahrnehmung zu überlassen. Die forensische Identifizierung von Sprecher/SchreiberInnen erschöpft sich ebenso nicht in der erfolgreichen oder erfolglosen Einordnung; vielmehr dient das Verfahren dazu, die ggf. betroffenen Personen vom Zugang zu bestimmten Ressourcen abzuschneiden oder bestehende Ressourcen umzuverteilen (partieller Rechteentzug, Inhaftierung, Bußgeld, Entschädigungszahlungen usw.). Mit anderen Worten: Identifizierung als elementare Aufgabe menschlicher Kommunikation macht nur Sinn, wenn man sie mit der ebenso anthropologischen Aufgabe der Ressourcenverteilung und also der Ressourcenzugangskontrolle innerhalb von sozialen Kollektiven verknüpft sieht.

Der Begriff der „Authentifizierung" versucht genau diesem Zusammenhang gerecht zu werden, indem er die vielfach in der Forschung aufgeworfene Frage nach (der sozialsemiotischen und medialen Konstruktion von) „Identität(en)" und „Authentizität" stets verbindet mit der Frage danach, in welche sozialhistorisch situierten, gesellschaftlichen Kontrollmechanismen diese Identitäts- und Authentizitätskonstrukte eingebunden sind. Entlang dieser beiden konstitutiven Prinzipien von Authentifizierungspraktiken lassen sich weitere strukturelle Unterscheidungen treffen:

- **Authentifizierungszeichen** an sich: alle sinnlich wahrnehmbaren Formen und Strukturmuster, die innerhalb eines sozialen Kollektivs und dessen

kollektiven Gedächtnisses eine Identifizierung (Abgrenzung) des so selbst- oder fremdmarkierten Individuums bzw. Teilkollektivs erlauben und damit zugleich auch das abgrenzende Kollektiv semiotisch reproduzieren.
- **Praktiken zur Produktion, Instanziierung und Distribution von Authentifizierungszeichen**, also Verfahren und Praktiken, die eine beliebige wahrnehmbare Form mit einer Signal- bzw. Stigmatisierungsfunktion verknüpft, die im kollektiven Gedächtnis (d. h. auch mit zeitlich, lokal, sozial usw. beschränkter Gültigkeit) verankert und in unmittelbarer Interaktion zwischen Kommunikanten durch Antizipation reziprok wirksam werden: z. B. die erkennbare Deformation des Körpers (Schandmale wie Schlitzohr, Brandzeichen, Gravierungen) und das Bekanntmachen durch mündliche Weitergabe; die private Herstellung, massenmediale Verbreitung (d. h. diskursive Reproduktion) und markenrechtlich verankerte Mode; das staatlich-institutionell bewehrte Gestalten, amtliche Verteilen und Erklären (z. B. in der Schule) von Personalausweisen oder Aufenthaltsgenehmigungen usw. An den Beispielen ist schnell ersichtlich, dass die Produktion und Distribution von Authentifizierungszeichen nicht lediglich eine Frage der materiellen Herstellung ist, sondern vor allem die epistemische Frage, wie das notwendige Wissen über die zugangssteuernde Funktion von ausgewählten Zeichen (und das schließt auch Wissen über Erkennbarkeit, Abgrenzung gegenüber falschen Duplikaten usw. mit ein) in den Zielkollektiven verteilt werden kann. Oft, aber nicht immer wird darum mit dem Wissen um die Signal- bzw. Stigmatisierungsfunktion eines Zeichens zugleich auch das Wissen um die Ressource vermittelt, zu deren Zugangs- oder Verteilungskontrolle das Authentifizierungszeichen dient. So finden sich etwa auf Führerscheinen sprachliche und ikonische Zeichen, die das zugangsberechtigte Bewegungsmittel illustrieren, und auf Beförderungsscheinen (Bus- oder Bahnticket) stehen üblicherweise Angaben zur Geltungszeit und zum Geltungsraum, in dem uns die Ressource ‚Mobilität' zur Verfügung steht.
- **Praktiken der Authentifizierungsblockade und Löschung von (gültigen) Authentifizierungszeichen**: Wie schon eingangs kurz angedeutet, sind (grund-)rechtlich verankerte Datenschutzansprüche nichts anderes als eine kulturtechnische Antwort auf die Gefahr einer ungewollten, verdeckten Identifizierung und Zugangskontrolle (d. h. meist Ressourcenverwehrung und sozialer Ausschluss). Was in den öffentlichen und privaten Diskursen des 21. Jahrhundert heute oft übersehen wird: an der Frage eines effektiven Datenschutzes entscheidet sich letztlich der soziale und demokratische Rechtsstaat. Da staatlicher Schutz vor ungewollter Authentifizierung weder früher noch heute de facto immer greift, finden sich zahlreiche Praktiken, die eine Identifizierung durch Dritte verhindern sollen: Pseudonymisierung durch Chiffren in Kontaktanzeigen; Maskierungen auf

Demonstrationen; Versuch der Verschleierung von Autorschaft durch Imitation fremdstigmatisierender Varietätsmerkmale in Erpresserbriefen usw. Schließlich müssen Authentifizierungszeichen regelmäßig für ungültig erklärt, also aus dem kollektiven Gedächtnis gelöscht bzw. im Sinne der Transkriptivitätstheorie (Jäger 2003) überschrieben werden: situativ etwa durch „Entwertung" (z. B. Einreißen, Stempeln) einer Eintrittskarte; durch Einziehung eines Reisepasses; oder durch das Ausstellen eines Totenscheins (der nichts anderes ist als die amtliche/öffentliche Feststellung der Ungültigkeit eines einem Individuum zurechenbaren Körper(zeichen)s) und das Verteilen der Todesnachricht früher mündlich durch Totenfrauen (Stöhr 2015) und später durch Todesanzeigen in Zeitungen.

Im Folgenden möchte ich anhand von Beispielen diskutieren, welche Folgen digital(isiert)e Diskurse für Authentifizierungspraktiken haben (können) und umgekehrt wie neue bzw. durch ihre digitale Prozessierung veränderte Authentifizierungspraktiken ihrerseits zur Strukturierung von öffentlichen Diskursen beitragen.

3 Authentifizierung im digitalen Raum

Das auch im Alltag gebräuchliche Konzept der „Authentizität", also die Frage, wer oder was denn „echt" sei, hat sich durch digitale (bzw. hier konkreter: internetbasierte) Diskurse teilweise grundlegend verändert. Grund sind vor allem die veränderten semiotischen und medientechnischen Ressourcen, die konfligierenden Akteuren zur Konstitution von Selbst- und Fremdbildern sowie zur Konstruktion von Wahrheit(sansprüchen) zur Verfügung stehen. Die veränderten Bedingungen sorgten in der Anfangszeit sozialer Medien zunächst für Euphorie mit Blick auf die Möglichkeit des freieren, spielerisch erprobbaren Rollentausches (quasi ‚digitales Kleidertauschen'). Mit zunehmender Übernahme von Plattformen als Grundlage digitaler Diskursoperationen durch wirtschaftlich-profitorientierte, staatlich-behördliche sowie kriminelle Aktivitäten ist diese Euphorie nicht gänzlich, aber doch in Teilen der öffentlichen Debatte der Vorstellung von einer eher dystopischen Welt der Flames, des Mobbings, der Fake News und Diskursmanipulation gewichen, einer Dystopie, die sich erst durch die Möglichkeit, sich (aus Sicht von Betroffenen) drohender Authentifizierung und damit normalisierender (Selbst-)Kontrolle entziehen zu können, habe entfalten können. Das ist so nicht ganz richtig, aber auch nicht ganz falsch. Tatsächlich ist aus der Gemengelage ein komplexes, hier nur im Ansatz nachzeichenbares Geflecht kon- und divergierender sozialer wie auch medientechnisch sedimentierter (algorithmisierter) Authentifizierungspraktiken hervorgegangen, mit denen die konkurrierenden Gruppen den Zugang zu Ressourcen (weiterhin) zu kontrollieren versuchen. Die Folgen bzw. Effekte dieser Entwicklung, so hier die These, sind aber zunehmende Fragmentierung, Polarisierung und „Abkühlung" sozialer Beziehungen in bzw. Rückzug aus digitalen Diskursen.

3.1 Semiotische und mediale Ressourcen digitaler Authentifizierung

Authentifizierungspraktiken konstituieren sich im digitalen, zumal computergestützten und internetbasierten Raum unter anderen Bedingungen als im ‚analogen' Raum. Der wichtigste Grund hierfür ist meines Erachtens die Möglichkeit, mithilfe medienvermittelter (räumlicher) Distanzkommunikation die habituell geprägten, in den Körper (als Hexis) physisch eingeschriebenen Authentifizierungsmerkmale[4] in Form, Umfang und Geltungskraft zu relativieren oder gar weitestgehend zu neutralisieren. Dies beginnt mit der Abwesenheit bzw. gezielten Abblendung bestimmter Zeichenmodalitäten je nach medienhistorischem und kommunikativem Setting (z. B. meist fehlender olfaktorischer, haptischer usw. Modus; Nutzung schriftbasierter Kommunikation oder bewusstes Abschalten der Webcam in einer Videokonferenz) bis hin zur Möglichkeit, einzelne Modi mithilfe niedrigschwelliger Software (Text-, Bild- und Videobearbeitung) zu manipulieren[5]. Textbausteine lassen sich etwa aus anderen Plattformen kopieren (ohne dass der Vorgang des Kopierens offensichtlich würde) und als die eigenen einsetzen; viele soziale Medien befördern den kreativen Umgang mit Userprofilen und Avataren; Deepfake-Videos lassen sich schon mithilfe einfacher Apps realisieren usw. Selbst der in der analogen Welt zumindest teilweise fixierte Personenname lässt sich in der internetbasierten Kommunikation mithilfe freier (Nick-)Namenswahl weitestgehend umgehen. Mit der Beschreibung dieser Unterschiede zwischen analogem und digitalem Raum soll mitnichten eine Bewertung erfolgen – die internetbasierten bzw. generell medienvermittelten Authentisierungsmög-

---

4 „Es scheint durchaus, als würden die mit bestimmten sozialen Verhältnissen gegebenen Konditionierungsprozesse das Verhältnis zur sozialen Welt in ein dauerhaftes und allgemeines Verhältnis zum eigenen Leib festschreiben – in eine ganz bestimmte Weise, seinen Körper zu halten und zu bewegen, ihn vorzuzeigen, ihm Platz zu schaffen, kurz: ihm soziales Profil zu verleihen. Die körperliche Hexis, eine Grunddimension des sozialen Orientierungssinns, stellt eine praktische Weise der Erfahrung und Äußerung des eigenen gesellschaftlichen Stellenwerts dar [...]" (Bourdieu 2005: 739).
5 Den Ausdruck „Manipulation" verwende ich deskriptiv im Sinne der ‚strategisch geleiteten manuell-händischen Veränderung'.

lichkeiten und Selbst-Konstruktionen sind nicht besser oder schlechter als die ‚analogen', körper- und raumgebundenen Realisierungsmöglichkeiten, sie sind einfach nur anders und das hat Folgen für die Geltungskraft sämtlicher Erscheinungsformen von Authentifizierungszeichen: Mit zunehmender Verbreitung von (passiven oder auch aktiven) Kenntnissen über die Manipulierbarkeit von Text, Ton, Bild, Bewegtbild wird der Wahrheitsanspruch dieser Modi verändert.

Die Abstinenz von physischen Authentifizierungszeichen und/oder die Manipulierbarkeit im digitalen Medium hat entsprechend natürlich Folgen für die Praktiken der Kontrolle zugangsbeschränkter Ressourcen. Ein Fingerabdruck als Authentifizierungszeichen ist am Smartphone nur solange zuverlässig, bis der Chaos Computer Club illustriert, wie man sich damit als Wolfgang Schäuble ausweisen kann.[6] Die Möglichkeit selbst für technisch Unversierte, sich im digitalen Raum jederzeit mehrfach gebrauchte Authentifizierungszeichen anzueignen, sie selbst zu konstruieren, zu adaptieren oder zu kopieren, provoziert insbesondere organisationelle Akteure zur Entwicklung immer neuer Techniken zur Identifizierung (3.2). Aber auch für PrivatanwenderInnen ist digitale Identifizierung zumindest heute keine Hürde mehr: Nie war es leichter, dem/der NachbarIn mithilfe von Google 3D-Maps in den Garten zu sehen; nie war es leichter selbst für Internet-Novizen, mit wenigen Klicks via Google oder Facebook höchstpersönliche Informationen über eine Zielperson oder -gruppe zusammenzutragen und aus dem sich daraus ergebenden Wahrnehmungsprofil Entscheidungen über deren Ressourcenzugang abzuleiten. Es ist ein offenes Geheimnis, dass ArbeitgeberInnen sich regelmäßig über Internetrecherchen schlau machen, um ihre BewerberInnen schon bei erster Aktendurchsicht und noch vor dem Bewerbungsgespräch – bei dem ggf. Informationen auch historisch-situativ kontextualisiert werden – näher einordnen zu können[7].

Dieses Beispiel verweist schließlich noch auf ein weiteres medientechnisches Dispositiv im digitalen Raum: nämlich die Resistenz einmal eingebrachter Zeichen gegen Löschung. Wenngleich heute eine Binsenweisheit („Das Netz vergisst nie!"), hat diese Tatsache bislang nur zu wenig Umdenken beim Umgang mit personenbezogenen Daten im digital-öffentlichen Raum geführt. Wer (noch) nicht von Mobbing, imageschädigendem Identitätsklau o. ä. direkt oder im engeren Freundes- und Familienkreis betroffen war, unterschätzt in der

---

[6] Siehe etwa der CCC 2008: https://www.ccc.de/updates/2008/schaubles-finger?language=de (01.05.2021).

[7] Vgl. etwa den Metadiskurs dazu: https://arbeitgeber.careerbuilder.de/news/arbeitgeber-ue berpruefen-social-media-profile-von-bewerbern (26.05.2021) und die damit verbundene juristische Auseinandersetzung (https://www.lto.de/recht/hintergruende/h/bewerbung-facebook-check-arbeitgeber-background, 26.05.2021).

Regel die systematische, plattform- und medienübergreifende Sammlung und aggregierende Verdatung von personenbezogenen Informationen in riesigen Datenarchiven und deren Weiterverwendung im Zweifel bis über den Tod hinaus.

Für die Konstruktion von Personen- und Gruppenprofilen und damit die Konstitution von Authentifizierungszeichen bedeutet die Löschungsresistenz vor allem eine Tendenz zur Dehistorisierung, also temporal-situativer Kontextabstraktion (siehe auch 3.3 und 4). Mit anderen Worten: Selbst- und fremdgruppenbezogene attributive Zeichen, die ihre Gültigkeit in unterschiedlichen sozialhistorischen Momenten hatten und Teil verschiedener situativer Authentisierungsversuche waren, werden bei einer späteren Autorisierungsprüfung in einen Zusammenhang miteinander gebracht. Besonders problematisch ist dieser Umstand vor allem bei rein algorithmisierten, automatisierten Authentifizierungsprozeduren, deren Ergebnis auf statistischen (Kurz-)Schlüssen basieren und im Zweifel immer gegen etwaige Risiken entscheiden (etwa bei Versicherungen, Kreditinstituten u.ä.). Aber auch googelnde ArbeitgeberInnen differenzieren qualitativ nicht immer, irgendetwas bleibt immer hängen.

3.2 Praktiken digitaler Authentifizierung

Welche Folgen haben die veränderten semiotischen und medialen Konstitutionsbedingungen für Authentifizierungspraktiken im digitalen Raum? Zunächst erlaubt der digitale Raum heute (noch) mit vergleichsweise geringen Voraussetzungen, nicht nur das eigene Selbstbild zu variieren, durch Anpassung von Profilinhalten Attribute (und damit assoziierte Erwartungen) zu verstärken oder zu unterdrücken, oder jenseits der Körper-Befangenheit gleich (und zugleich) gänzlich unterschiedliche Rollen einzunehmen und Authentifizierungspraktiken aus der nicht-digitalen Welt spielerisch zu erproben. Spielerische Erprobung ist dabei sowohl im übertragenen Sinne (als generelles Austesten: z. B. mit einer potentiell älteren oder anders-/gleichgeschlechtlichen Person im Chat zu flirten) als auch wörtlich gemeint im Sinne der Game Studies: Natürlich können manche Rollenbilder („mal wie ein Ritter sein' oder ‚wie ein Höhlenmensch hausen') durch ein lebendiges Vorstellungsvermögen und einen geschickten, kreativen Umgang mit Maskierungstechniken (Kostüme, Schminke etc.) in Rollenspielen (Games) kohärent inszeniert werden. Im Unterschied zu Rollenspielen in computergestützten Games bleibt das Gestaltungsspektrum aber ungleich kleiner. An die Stelle körperlicher Dispositive treten allerdings plattformspezifische Gestaltungsgrenzen: im Community-Bereich der Wikipedia etwa dominieren schriftsprachliche Praktiken der Selbst- und Fremdreferenzierung, die zudem von der Wiki-Technologie (Versionierung, Vernetzung, administrative Rollen und Aufgaben usw.) gerahmt werden (Vogel

2016). In dreidimensional virtualisierten Gestaltungswelten – z. B. World of Warcraft 3 (Stertkamp 2017 und Collister 2014) oder Second Life (Frohwein et al. 2008) – treten dagegen auch multimodale Formen der Avatargestaltung und sozialsemiotischen Gruppenkontrolle in den Vordergrund. Oft werden bei der Verhandlung von Selbst- und Fremdgruppe soziale Kommunikationshandlungen verknüpft mit algorithmisch produzierten, messbaren Einheiten: In der Wikipedia – vereinfacht formuliert – definieren sich legitime Insider über eine hohe Anzahl an Artikelbearbeitungen (Edits); in World of Warcraft und anderen MMORPGs[8] sind es Erfahrungsstufen und andere Punkteskalen, die einem den Zugang zu bestimmten Gruppen („Gilden") erleichtern oder erschweren. Dies führt mich zu einem zweiten Punkt:

Wir finden allerorten – sowohl innerhalb digitaler Medien als auch außerhalb – eine Zunahme an automatischen Authentifizierungsprozeduren, also solchen Praktiken, die einen Großteil der Identifizierungs- und Zugangskontrollpraktiken an Sensoren- und Verdatungstechnologien delegiert haben bzw., kulturanthropologisch gedacht, die in diesen Technologien selbst aufgegangen sind. Dies gilt nicht nur für die automatische Verbindungsherstellung zwischen Endgeräten und Internetnetzwerk (z. B. über einen WLAN-Router, dessen Zugangssicherheitsschlüssel in der Regel zuvor einmalig durch soziale, kommunikative Aktivitäten erfahren und eingegeben werden müssen) oder einfache Passwortabfragen beim Zugang zu Inhalten sozialer Medien nach vorheriger manueller Registrierung und Schlüsselhinterlegung. Wenn es – wie im Falle des mittlerweile eingestellten Start-Ups „Precire" – möglich erscheint (das heißt mitnichten, dass es auch funktionieren würde, sondern nur *dass* es eingesetzt wird), dass anstelle von Aktenarbeit und Personalgespräch ein Algorithmus lediglich auf Basis eines aufgezeichneten Bot-Interviews und mithilfe maschinellen Lernens die eignungsdiagnostische Personalauswahl betreibt, dann wird McLuhans Diktum „the Medium is the message" (McLuhan et al. 2014 [1967]) gleich in zweifacher Hinsicht virulent: Nicht nur wird Sprachgebrauch im Verdatungsprozess dekontextualisiert zum vermeintlich neutralen Medium kognitiver Eigenschaften und damit zum sprachlichen „Fingerabdruck" simplifiziert[9], die Maschine soll die Arbeit menschlicher Selektionsleistung und sozialer Kontrolle auch verlängern, verstärken, ersetzen. Treibende Kräfte für eine Zunahme an Authentifizierungsprozeduren sind – so zumindest vorläufige Beobachtungen – meistens Rationalisierungs-, d. h. Kostenreduktionserwägungen und/oder die Hoffnung, damit Sicherheitsrisiken

---

8 Das Akronym steht für "Massive Multiplayer Online Role-Playing Game" (Online-Rollenspiele).
9 https://www.consulting.de/hintergruende/fachartikel/einzelansicht/fingerabdruck-fuer-die-sprache/ vom 29.03.2017 (02.05.2021); vgl. dagegen die kritischen Beiträge von Joachim Scharloth in seinem Blog „surveillance and security" (http://www.security-informatics.de/blog/?cat=22, 26.05.2021).

verringern zu können. Besonders deutlich tritt das zu Tage, wo menschliche KommunikationspartnerInnen ausschließlich eine Gatekeeper-Funktion (‚Türsteher'-Funktion) und/oder wiederkehrende Aufgaben (Beratung, Dateneingabe, Überweisungen u.ä.) erfüllen und dann durch technische Anlagen (z. B. Pin-basierte Zugangskontrolle zu Ressourcen via Automat, Kundenonlineportal oder Chatbot) ersetzt werden.

Das Bedürfnis, das individuelle oder gruppenbezogene Selbstbild in digitalen Diskursen durch strategische Zeichenoperationen zu prägen und unerwünschte Authentifizierung (gar über die Grenzen der digitalen Diskurswelt hinweg) zu vermeiden, steht zunehmend im Konflikt mit einer auf kalkulierbare Identifizierung und Selektion angewiesenen Ökonomie und (auch rechts-) staatlichen Verwaltung von Gesellschaft. Entsprechend suchen Ökonomie und Verwaltung kontinuierlich nach technischen oder auch rechtlichen (d. h. sanktionsbewehrten) Wegen, eine Verknüpfung zwischen körpergebundenen und digitalen Selbstrepräsentationen, oder aber zumindest eine crossmediale Beziehung zwischen verschiedenen sozialsemiotischen Repräsentationen innerhalb digital(isiert)er Diskurse herstellen zu können. Die Privatwirtschaft arbeitet mit komplexen, oft verdeckten Tracking-Verfahren, um User-Verhalten auch über verschiedene Plattformen und Endgeräte hinweg einem Benutzerprofil zuordnen und daraus weitreichende Rückschlüsse auf Interessen, Bedürfnisse oder Ängste der beobachteten Akteure ziehen zu können (Roesner et al. 2012, Mayer & Mitchell 2012 und Arp et al. 2017). Regierungen führen zunehmend Befugnisse in ihre Rechtsordnungen ein, vergleichbare Deanonymisierungstechnologien für Strafverfolgungs- sowie auch präventive Überwachungszwecke einsetzen zu können. Gruppen, die sich dagegen der Verteidigung von Persönlichkeitsrechten im digitalen Raum verschrieben haben (IT-Sicherheitsforschung, Hacking-Kultur u.ä.), entwickeln kontinuierlich neue Verfahren, um das individualisierte Nachverfolgen von Datenströmen und sozialsemiotischen Spuren im Netz zu blockieren oder zumindest bis zur Unrentabilität zu verschleiern und zu stören. Erfolgreich sind diese technischen Lösungsansätze allerdings nur in Kombination mit einer manuellen Selbstkontrolle, das heißt eine disziplinierte datenseitige Anonymisierung bis hin zur ‚digitalen Enthaltsamkeit', Abmeldung oder gar nicht erst Nutzung von öffentlichen sozialen Medien (wie Facebook u.ä.)[10].

Doch nicht nur staatliche, wirtschaftliche und kriminelle Identifizierung und Selektion prägen den öffentlichen (Meta-)Diskurs. Vielleicht sogar noch stärker in der Diskussion sind Praktiken des privaten Ausforschens im digitalen

---

[10] Zur Mediengeschichte des Identifizierens bzw. Registrierens und gegenläufiger Praktiken vgl. Gießmann (2020).

Abb. 1: Metadiskurs und Ratgeber zur Identifizierung von falschen LiebhaberInnen im Netz (hier: Techbook: https://www.techbook.de/apps/so-erkennen-sie-ein-fake-profil-bei-tinder vom 07.08.2020; 02.05.2021).

Raum, sei es das Sammeln und ggf. pejorative Rekontextualisieren von Informationen über unliebsame Nachbarn, Schulkameraden oder politische Gegner, oder sei es das Nachverfolgen digitaler Aktivitäten von Idolen zum Zwecke der Annäherung –; die technische wie soziale Hemmschwelle für solcherlei Praktiken ist durch die Möglichkeit ihrer Verschleierung und damit dem Entzug vor sozialer Sanktionierung kontinuierlich gesunken. Auf der anderen Seite steht ebenso oft die Verunsicherung über die Zuverlässigkeit von im digitalen Raum (insb. Dating-Apps und -plattformen) angebandelten sozialen Beziehungen, eine Frage, zu der sich wiederum ein Metadiskurs zur Identifizierung von Dating-Bots, Heiratsschwindlern und falschen Administratoren (Spam, Phishing-Mails u.ä.) entwickelt hat (vgl. Abb. 1).

3.3 Diskurseffekte digital(isiert)er Authentifizierungspraktiken

Welche weitergehenden Diskurseffekte lassen sich infolge digitaler Authentifizierungspraktiken beobachten? Eine kohärente empirische Forschungsbasis gibt es als Antwort auf diese Frage bislang nicht. Gleichwohl können Beobachtungen aus bisherigen Metadiskursen mögliche Ansätze liefern:

- Die multiplen Möglichkeiten der Identifizierung und daraus resultierende Gefahr einer sozialen Kontrolle können nicht nur bei technisch-informierten Akteuren oder von Sanktionserfahrungen direkt betroffenen Gruppen zu verstärkter „Selbstzensur" in digitalen Diskursen führen. Denkbar ist durchaus auch eine kontinuierliche, in gewisser Weise schleichende Passivierung, ein allgemeiner Rückzug breiterer gesellschaftlicher Gruppen aus digitalen Diskursen bzw. eine Zunahme an (der Demonstration von) konformistischen Haltungen in öffentlichen Debatten. Dieser zuweilen als „social cooling" oder „Klickangst"[11] bezeichnete Effekt wird abgeleitet aus Erfahrungen mit historischen staatlichen Kontroll- und Überwachungssystemen und ist eine durchaus plausible und ernstzunehmende Gefahr für eine demokratische Diskurskultur (vgl. etwa die eindringliche, den Effekt explizit auf drohende Selektion beziehende Kampagnenseite: https://www.socialcooling.com, 02.05.2021).
- Umgekehrt lässt sich in digitalen Diskursen aber auch eine zunehmende Verrohung beobachten, das heißt eine polarisierende, teilweise aggressivere, weniger Face-Work betreibende Interaktion vor allem in sozialen Medien (Vogel 2020b und 2018). Ob diese Tatsache auch schon für nicht-digitale Diskurse galt und jetzt nur lediglich sensibler in der Öffentlichkeit wahrgenommen und diskutiert wird, steht auf einem anderen Blatt, entscheidend ist die leichtere Sichtbarkeit dieser Interaktionsmodi. Mein Eindruck ist dabei, dass die Hemmschwelle sowohl für herabsetzende Stigmatisierungs- und Ausgrenzungspraktiken in den letzten 10 Jahren online sukzessive abgenommen hat, ohne dass es sich bei den Agierenden durchgehend um einen rechtsnationalistischen, gewaltbereiten Mob handelte (dies überraschte zum Beispiel auch die Grünen-Politikerin Renate Künast, die ihre Online-Angreifer in der analog-physischen Welt konfrontierte und dabei zuweilen auf für sie durchschnittliche Sozialmilieus stieß). Grund hierfür kann dann nur sein, dass die Gefahr von Identifizierung und Anschlusssanktionen nicht bewusst ist (die Akteure sich also in anonymisierter Sicherheit wägen, vgl. Kaspar 2017) oder aber ein Stück weit in Kauf genommen wird.
- Tatsächlich ist die Nachverfolgbarkeit und sanktionsbewehrte Einhegung verbaler Angriffe und Herabsetzungen auf digitalen Plattformen zuweilen technisch (Verschleierungstechnologien) wie rechtlich voraussetzungsreich. Unter anderem diese Tatsache befördert in regelmäßigen Abständen Forderungen nach einer stärkeren Regulierung von digitalen Diskursen, etwa durch Haftbarmachung von Plattformbetreibern (etwa mit dem Netzwerkdurchsetzungs-

---

11 Vgl. https://www.heise.de/newsticker/meldung/34C3-Daten-kontra-Freiheit-3928458.html (02.05.2021).

gesetz 2017), erweiterten staatlichen Ermittlungs- und Eingriffsbefugnissen und/oder eine Pflicht aller BürgerInnen zur Deanonymisierung (Fahnenwörter aus jüngerer Zeit sind etwa *Klarnamenpflicht* oder *digitales Vermummungsverbot* u.ä.).
- Demokratietheorie und Partizipationsbewegungen feierten in der frühen Internet- und Web 2.0-Ära der 1990er und 2020er Jahre die neuen, globalen Freiheiten zur sozialen Vernetzung und politischen Artikulation jenseits der großen medialen Gatekeeper. Politische und ökonomische Eliten haben die daraus resultierende Gefahr für etablierte Machtstrukturen alsbald erkannt, zuweilen auch durch Beobachtung erfolgreicher internetgestützter Herrschaftsumbrüche (z. B. im sog. „Arabischen Frühling"; Baringhorst 2009 und Rilling 1998). Generell deutet daher vieles darauf hin, die digital repräsentierten sozialen (Diskurs-)Praktiken immer stärker mit außer-digitalen Repräsentationsformen zu verknüpfen, ‚Online-Identitäten' also mit ‚Offline-Identitäten' identifizier- und damit kontrollierbar(er) zu machen. Die Verfolgung von Hate-Speech, Kinderpornographie oder Extremismus wird hierfür regelmäßig als (auch moralisch aufgeladener) Topos ins Feld geführt. Nicht alles aber, was aus kriminalistischer Sicht nützlich wäre, ist in demokratietheoretischer Perspektive auch angemessen.

Aus diesen Überlegungen heraus möchte ich im abschließenden vierten Teil andiskutieren, welchen methodischen Herausforderungen sich Analysen digitaler Diskurse stellen müssen, wenn sie der Rolle von Authentifizierungspraktiken nachgehen und/oder den möglichen Gefahren von ungewollter Authentifizierung infolge eigener Forschungsergebnisse Rechnung tragen möchten.

4 Methodische Implikationen für die Untersuchung digitaler Diskurse

Die zuvor kursorisch genannten Bedingungen und Effekte von Authentifizierungspraktiken im durch digitale Medien geprägten Sozialraum haben verschiedene Implikationen für die Untersuchung digitaler Diskurse generell sowie ebendieser Praktiken im Besonderen:

(1) Forschungsethische Aspekte zur Vermeidung von Deanonymisierung

Allem voran stellt sich die Frage nach einem datenschutzsensiblen Umgang mit erhobenen bzw. aggregierten Informationen und (der Publikation von) wissenschaftlichen Erkenntnissen in zugespitzter Weise. Nicht nur der Zugang und damit die leichte(re) Objektivierbarkeit von direkt personenbezogen Daten (z. B. Erhebung und Auswertung von durch die User selbst erstellten Personenprofilen in den Metaangaben von Twitter, YouTube oder Facebook), auch das Sammeln und Auswerten unterschiedlicher sprachlicher Ressourcen selbst in streng pseudonymisierter Form können oftmals eine nachträgliche Identifizierung der davon betroffenen Personen und Gruppen nicht verhindern. Das gilt zum einen für einzelne Informationen und sprachliche Belege, die (zumal digital) publiziert schnell mithilfe von Suchmaschinen personenbezogen dekodiert werden können; das gilt zum anderen für größere Datensammlungen (sprachliche Primär- wie auch anonymisierte Metadaten in Korpora), die aus sich heraus und/oder in Kombination mit anderen frei zugänglichen bzw. erwerbbaren Datensammlungen durch eine aggregierende Auswertung eine Deanonymisierung und damit eine spätere (ungewollte) Authentifizierung ermöglichen. Aufgrund der Tatsache, dass viele Daten noch Jahre oder Jahrzehnte später in digitalen Medien leicht auffindbar sind und/oder früher oder später in Datenarchive eingehen, ergeben sich durch (digitale wie auch digitalisierte) Diskursanalysen so Verfolgungs- und Ausschlussrisiken für Personen und Gruppen, die selbst bei sorgfältiger Einbeziehung aktueller Authentifizierungstechniken zum Zeitpunkt der Analyse nicht hinreichend absehbar sein können.

Die einzige Möglichkeit, diese Risiken zu minimieren, ist im Zweifel der generelle Verzicht auf Publikation von größeren Datenmengen wie kompromittierbaren Einzelbelegen. Damit allerdings wird nicht nur die Replikation der Ergebnisse erschwert (wenn nicht unmöglich gemacht), auch Forschung insgesamt wird ineffizient, weil zuvor kostspielig aufgesetzte Korpora kaum nachnutzbar sind und also immer wieder aufs Neue produziert werden müssen. Alternativ kann die Publikation von Forschungsdaten systematisch beschränkt werden, zum Beispiel:

- in Form einer qualitativen, durch das Forschungsergebnis geleiteten Auswahl von Texten (kontrollierte Samples), die das beobachtete Phänomen prototypisch repräsentieren (im Sinne der Repräsentanz, nicht der statistischen Repräsentativität);

- als randomisierte Datenrekompositionen, d. h. die nachträgliche Erzeugung und Publikation eines Datenformats, das ursprüngliche Satz- und Textgrenzen und damit letztlich Kohärenzstrukturen verwischt (weitreichende Schlüsse werden damit erheblich erschwert);
- in Form von Datenaggregierungen, das heißt Veröffentlichung nur von kotext-isolierten Ausdrucks-Frequenzdaten, aus denen die Originaltexte nicht wiederhergestellt werden können (vgl. etwa das CAL^{2}Lab, das diesen Weg zur Vermeidung urheberrechtlicher Probleme gewählt hat[12]).

Auch eine Publikation dezidiert im nicht-digitalen Raum (nur Printveröffentlichung) ist eine Möglichkeit zur Vermeidung von Deanonymisierung: Denn oftmals genügt es schon, die eigenen Daten in eine Form zu bringen, die für eine automatisierte Weiterverwertung etwa für ökonomische, kriminelle oder staatliche Verfolgungszwecke einen nicht-vertretbaren Aufwand erforderte. Das gleiche gilt nicht nur für Analysedaten, sondern auch für etwaige Algorithmen, die zur Datenverarbeitung, analytischen Profilbildung oder zum Nachvollzug ethnomethodischer Profilbildungsverfahren entwickelt und eingesetzt werden. Anders als bei Beobachtungsdaten ist im Falle von Algorithmen eine Publikation z. B. in Form von Programmcode der Nicht-Veröffentlichung m. E. regelmäßig vorzuziehen. Nur so kann die Debatte auch über sicherheitstechnische Gegenmaßnahmen informiert und in einem emanzipatorischen Sinne vorangebracht werden.

Zur Orientierung bei all diesen Fragen können Ethikcodices sicherlich hilfreich sein; eine fallspezifische Risikenantizipation ist aber im Grunde nur realistisch im Rahmen von interdisziplinär aufgestellten Sicherheitsaudits (Ethikkommissionen, die die aktuelle Diskurslage sowohl medientechnologisch als auch semiotischkommunikativ einzuordnen wissen). In extremen Fällen könnte auch der einzige Ausweg die Nicht-Objektivierbarkeit mancher verdateter Untersuchungsgegenstände sein, also der Verzicht auf bestimmte Forschungsvorhaben.

(2) Forschungspraktische Aspekte bei der Analyse von Authentifizierungspraktiken

Neben der forschungsethischen Frage nach der Gewährleistung eines effektiven Persönlichkeitsschutzes gegenüber späterer, ungewollter Identifizierung stellen sich für die Analyse von Authentifizierungspraktiken in digitalen Diskursen ihrerseits weitere Herausforderungen:

---

12 https://cal2lab.diskurslinguistik.net (28.05.2021).

Will man den Verfahren und Praktiken des kommunikativen Identifizierens und Zugangskontrollierens analytisch gerecht werden, reicht es in der Regel nicht, sich allein auf die im digitalen Raum beobachtbaren Datenspuren zu konzentrieren. Vielmehr muss regelmäßig durch triangulierende Verfahren (v. a. durch Einbezug digitaler wie ‚analoger' Ethnographie: längerfristige Beobachtungen und auch Befragungen) eruiert werden, welche Anteile von Authentifizierungspraktiken originär im digitalen Kommunikationsraum und welche Anteile außerhalb digitaler Medien konstitutiv sind. Dabei ist auch zu berücksichtigen, dass manche (Teil-)Praktiken innerhalb digitaler Medien über verschiedene Plattformen verteilt strukturiert sein können (Ketten von Authentifizierungspraktiken). Denn was organisationelle Player im großen Stil vermögen, ist ‚im Kleinen' individuell möglich: etwa die Deanonymisierung von Akteursprofilen in der Wikipedia durch Verfolgung und Kontextualisierung über Nickname (Vogel & Jacob 2014) oder andere Textspuren auf verschiedenen Plattformen (Foren, Twitter usw.). Das Erfassen der Komplexität solcher Praktiken ist essentiell, will man sie angemessen verstehen und bereits bestehende mögliche Risiken in der öffentlichen Kommunikation antizipieren. Dabei reicht es in der Regel nicht, die Analyse allein auf die kommunikativen Zeichen selbst zu fokussieren, sondern es bedarf auch einer intensiven Auseinandersetzung mit der medientechnischen Funktionsweise der verschiedenen Plattformen und Algorithmen. Ein Beispiel: Als *Checkuser*-Abfrage (abgekürzt: *CU*)[13] bezeichnet man in der Wikipedia-Community das Verfahren, mit Hilfe administrativer Sonderrechte die IP-Adresse(n) eines User-Profils abzufragen und damit zum Beispiel verschiedene Benutzerprofile einem Internetanschluss und über diese Behelfsbrücke einer Person zuzuordnen, sie also – in der Regel zu Sanktionszwecken (Aussperrung) – zu deanonymisieren. Diese Anfragen kommen zum Einsatz, wenn der Vorwurf im Raum steht, Schreibrechte in der Wikipedia missbräuchlich zu nutzen (Werbung, Propaganda, Manipulation von Diskussionsverläufen u.ä.). Checkuser-Abfragen stellen damit einen starken Eingriff in die Integrität von Wikipedia-Benutzern dar und stehen meist am Ende einer längeren Kette von algorithmisch gestützten Identifizierungspraktiken. Will man diese Zusammenhänge verstehen, ist es notwendig, diese Algorithmen zumindest im Ansatz nachzuvollziehen: die Funktionslogik von Wikis (bzw. Mediawikis im Besonderen), des Internet-Protokolls (IP), die Rolle automatischer Datenverarbeitungsprozesse (in der Wikipedia spielen „Bots" eine große Rolle bei der automatischen Verdatung, intertextuellen Verknüpfung, Kategorisierung usw.[14]).

---

13 https://de.wikipedia.org/wiki/Wikipedia:Checkuser (28.05.2021).
14 https://de.wikipedia.org/wiki/Wikipedia:Bots (28.05.2021).

Für ein Verständnis von Algorithmen (auch unbekannten bzw. nicht offensichtlichen Programmen) ist es in der Regel notwendig oder zumindest hilfreich, rudimentäre Programmierkenntnisse zu besitzen und/oder die betroffenen Medien selbst aktiv, explorativ bzw. teilnehmend-beobachtend auszutesten. Solche digital-ethnographischen Verfahren bringen zumal in einer verdeckten Form wiederum neue, auch ethische Fragen mit sich, denn sie stellen natürlich einen Eingriff ins Feld dar, der – es geht hier schließlich um das Ausforschen von (Zugangs-)Kontrollpraktiken! – auch zum Ausschluss aus dem Feld führen kann (Androutsopoulos 2008; zu Risiken verdeckter Ethnographie unter Türstehern vgl. Calvey 2018). Hier ist also besondere Behutsamkeit bei der Feld-Annäherung gefragt. Zum Studium von (zumindest frei verfügbaren) Medientechnologien ist es schließlich auch möglich, die jeweiligen Plattformprogramme in einer lokalen „Sandbox", also auf einem separaten Rechnersystem zu installieren und dort geschützt auszutesten. Im Falle der Wikipedia etwa ist es möglich, das gesamte System des Mediawikis (inkl. Plugins und auch Daten) in einer lokalen Umgebung zu reproduzieren.

Zur angemessenen Einordnung ethnomethodischer Authentifizierungspraktiken gehört schließlich auch, die hierfür zu erhebenden digitalen Daten in ihrem jeweiligen historischen Erscheinungskontext adäquat einzuordnen: Nicht immer sind sozialsemiotische Spuren mit zuverlässigen Zeitangaben verknüpft, so dass die Analyse ahistorisch zu verflachen droht – eine Gefahr, die generell bei quantifizierender Auswertung leicht unterschätzt wird. So können etwa über die Wikipedia-API oder mithilfe von Foren-Crawlern leicht User-bezogene Sprach- und Textprofile erzeugt und anschließend korpuslinguistisch ausgewertet werden; mit Blick auf Authentifizierungspraktiken der User ist dabei allerdings problematisch, wenn sich über die Zeit oft wandelnde sprachliche Selbstpositionierungen zu einem abstrakten Profil aggregiert werden.

5 Fazit und Ausblick

Der vorliegende Beitrag geht den besonderen sozialsemiotischen Konstitutionsbedingungen von Praktiken des Identifizierens und der Ressourcen-Zugangskontrolle (Authentifizierungspraktiken) in digitalen Diskursen nach und diskutiert damit verbundene methodische Implikationen, will man Authentifizierung in der digital(isiert)en Welt forschend nachspüren. Im Ergebnis ergibt sich das Bild einer Diskurswelt, die durch immer weiter zunehmende automatische wie auch semi-automatische Verdatung allen menschlichen Tuns und Lassens ihre Akteure einer kontinuierlichen (Selbst-)Kontrolle ausliefern könnte. Im Raum steht dann die allgegenwärtige und latente Gefahr, dass wir als Individuen jederzeit und allerorten

Gegenstand (d. h. auch im verfassungsrechtlichen Sinne: „Objekt") einer verdeckten Fremd-Identifizierung und potentiellen Ressourcenverwehrung ausgesetzt sind. Plattform- und sogar Endgeräte-übergreifendes Tracking hebeln Praktiken des Sich-Unsichtbar-Machens (Authentifizierungsblockaden: Anonymisierung, Maskierung u.ä.) aus und in der dehistorisierenden Aggregation von personenbezogenen Daten droht der Mensch mangels Löschung zum kontextabstrahierten, einmal kategorisierten (stigmatisierten) „Profil" zu sklerotisieren. Die möglichen Folgen für demokratische Gesellschaften könnten vor allem in Staatskrisen verheerend sein, wenn größere Bevölkerungsteile beginnen, ihre digitalen Profile zu pflegen, allgegenwärtige Kontrolle antizipierend, normalisierend, massenkonform. Soweit sind wir noch nicht – aber auch jetzt schon trifft es in westlichen Kulturen (ohnehin bereits) benachteiligte Gruppen, wenn etwa Schätz-Algorithmen des „Predictive Policing" oder automatischer Gesichtserkennung in den USA vor allem Dunkelhäutige ohne jeden Anlass als potentielle Verbrecher diskriminieren und löschungsresistent in handlungsleitenden Listen abspeichern (vgl. Belina 2020 und Meyer 2021: 20 ff.). Und während ich diese abschließenden Zeilen noch formuliere, veröffentlicht die DFG ein Informationspapier mit dem Titel „Datentracking in der Wissenschaft: Aggregation und Verwendung bzw. Verkauf von Nutzungsdaten durch Wissenschaftsverlage"[15], in dem der Ausschuss für Wissenschaftliche Bibliotheken und Informationssysteme der DFG warnt:

> Seit einiger Zeit verändern die großen wissenschaftlichen Verlage ihr Geschäftsmodell grundlegend mit erheblichen Auswirkungen auf die Wissenschaften: Die Aggregation und die Weiterverwendung bzw. der Weiterverkauf von Nutzerspuren werden relevante Aspekte der Verlagstätigkeit. Verlage verstehen sich jetzt teilweise ausdrücklich als Unternehmen für Informationsanalysen. Das Geschäftsmodell der Verlage wandelt sich damit von Content Providern hin zu einem Data Analytics Business. Dabei werden die Daten von Wissenschaftlerinnen und Wissenschaftlern (das heißt personalisierte Profile, Zugriffs- und Nutzungsdaten, Verweildauern bei Informationsquellen usw.) bei der Nutzung von Informationsdiensten wie z. B. der Literaturrecherche getrackt, das heißt festgehalten und gespeichert. Wissenschaftstracking erfolgt durch ein Ensemble an Werkzeugen, die vom Nachverfolgen von Seitenbesuchen über Authentifizierungssysteme bis zu detaillierten Echtzeitdaten über das Informationsverhalten von Einzelnen und Institutionen reichen. [...] Diese Entwicklung kann möglicherweise erheblich in die datenschutzrechtlich grundsätzlich gewährleistete Anonymität der Wissenschaftlerinnen und Wissenschaftler eingreifen und wissenschaftliche Institutionen zu Mitverantwortlichen für die Verletzung des Rechts auf informationelle Selbstbestimmung machen. Das Datentracking leistet potenziell auch dem Datenmissbrauch und der Wissenschaftsspionage Vorschub

---

15 https://www.dfg.de/download/pdf/foerderung/programme/lis/datentracking_papier_de.pdf, erschienen am 20.05.2021 (28.05.2021).

und kann zur persönlichen Diskriminierung von Wissenschaftlerinnen und Wissenschaftlern führen. [...] Der Skalierung der Wissenschaftsnachverfolgung dienen Trojaner, die Bibliotheken im Zusammenhang mit Rabatten für andere Leistungen angeboten werden. Die in den Bibliotheken zu installierende Zusatzsoftware sammelt biometrische Daten wie Tippgeschwindigkeit oder Art der Mausbewegung, um auf diese Weise Nutzer trotz des Einsatzes von Proxy-Servern und VPN-Tunneln personalisieren zu können. Die von Elsevier und Springer Nature gegründete Scholarly Networks Security Initiative (SNSI) dient diesem Zweck und argumentiert auch in Verbindung mit Firmen wie PSI damit, mit solcher Zusatzsoftware Nutzerinnen und Nutzer von „Schattenbibliotheken" identifizieren und rechtlich verfolgen zu können. Diese Trojaner hebeln die Sicherheit von Hochschulnetzen aus und setzen die Hochschulen potenziell Angriffen aller Art aus. (DFG 2021: 3 ff.)

Diese Entwicklung ist alarmierend. Sie zeigt, wie notwendig eine versierte Beschäftigung der Diskursforschung mit Authentifizierungspraktiken im digitalen Raum ist, und wie sensibel die Forschungspraxis ihrerseits mit dem Umgang eigener Datensammlungen verfahren muss.

Literatur

Androutsopoulos, Jannis. 2008. Potentials and Limitations of Discourse-Centred Online Ethnography. *Language@Internet*, http://nbn-resolving.de/urn:nbn:de:0009-7-16100. (3 October, 2017).

Arp, Daniel, Erwin Quiring, Christian Wressnegger & Konrad Rieck. 2017. Privacy Threats through Ultrasonic Side Channels on Mobile Devices. *2017 IEEE European Symposium on Security and Privacy (EuroS&P), Security and Privacy (EuroS&P), 2017 IEEE European Symposium on, EUROS-P*.

Ausschuss für Wissenschaftliche Bibliotheken und Informationssysteme der Deutschen Forschungsgemeinschaft (DFG). 2021. Datentracking in der Wissenschaft: Aggregation und Verwendung bzw. Verkauf von Nutzungsdaten durch Wissenschaftsverlage, https://www.dfg.de/download/pdf/foerderung/programme/lis/datentracking_papier_de.pdf (14 February, 2022).

Baringhorst, Sigrid. 2009. Politischer Protest im Netz – Möglichkeiten und Grenzen der Mobilisierung transnationaler Öffentlichkeit im Zeichen digitaler Kommunikation. *Politische Vierteljahreszeitschrift* 42. 609–635.

Belina, Bernd. 2020. Predictive Policing: dubioses Geschäftsmodell und diskriminierende Tendenzen. In Felix Bode & Kai Seidensticker (eds.), *Predictive Policing. Eine Bestandsaufnahme für den deutschsprachigen Raum*, 15–20. Frankfurt (Main): Verlag für Polizeiwissenschaft.

Bourdieu, Pierre. 2005. *Die feinen Unterschiede: Kritik der gesellschaftlichen Urteilskraft*. Frankfurt am Main: Suhrkamp.

Bourdieu, Pierre & Hella Beister. 2005. *Was heißt sprechen?: Zur Ökonomie des sprachlichen Tausches*, 2nd edn. Wien: Braumüller.

Brüning, Janique. 2006. Der Richtervorbehalt – ein zahnloser Tiger?: Über die verfassungsrechtliche Notwendigkeit des Richtervorbehalts und seine Ineffizienz in der Praxis. *Zeitschrift für Internationale Strafrechtsdogmatik* (1). 29–35.

Bucholtz, Mary. 2003. Sociolinguistic nostalgia and the authentication of identity. *Journal of Sociolinguistics* 7(3). 398–416.

Calvey, David. 2018. The everyday world of bouncers: A rehabilitated role for covert ethnography. *Qualitative Research* 25(1). 146879411876978.

Collister, Lauren B. 2014. Surveillance and Community: Language Policing and Empowerment in a World of Warcraft Guild. *Surveillance & Society* 12, http://d-scholarship.pitt.edu/22515/.

Fobbe, Eilika. 2011. *Forensische Linguistik: Eine Einführung* (Narr-Studienbücher). Tübingen: Narr.

Frohwein, Stefan, Christof Goldhammer & Anna Eggers. 2008. Sprache und Kommunikation in Second Life. http://www.mediensprache.net/archiv/pubs/4074.pdf. (5 September, 2016.)

Gießmann, Sebastian. 2020. *Identifizieren: Theorie und Geschichte einer Medienpraktik* (WORKING PAPER SERIES | NO. 17 | SEPTEMBER 2020). Universitätsbibliothek Siegen.

Jäger, Ludwig. 2003. Transkription – zu einem medialen Verfahren an den Schnittstellen des kulturellen Gedächtnisses. http://www.inst.at/trans/15Nr/06_2/jaeger15.htm. (5 October, 2012.)

Kaspar, Kai. 2017. Hassreden im Internet – Ein besonderes Phänomen computervermittelter Kommunikation? In Kai Kaspar, Lars Gräßer & Aycha Riffi (eds.), *Online Hate Speech: Perspektiven auf eine neue Form des Hasses* (Schriftenreihe zur digitalen Gesellschaft NRWBand 4), 63–70. Düsseldorf, München: Kopaed.

Lacoste, Véronique, Jakob Leimgruber & Thiemo Breyer (eds.). 2014. *Indexing Authenticity: Sociolinguistic Perspectives* (linguae & litterae 39). Berlin: De Gruyter.

Lindström, Anna. 1994. Identification and Recognition in Swedish Telephone Conversation Openings. *Language in Society* 23(2). 231–252.

Mayer, Jonathan R. & John C. Mitchell. 2012. Third-Party Web Tracking: Policy and Technology. 413–427.

McLuhan, Marshall, Quentin Fiore & Jerome Agel. 2014 [1967]. *Das Medium ist die Massage: Ein Inventar medialer Effekte*, 3rd edn. (Tropen-Sachbuch). Stuttgart: Tropen.

Meyer, Roland. 2021. *Gesichtserkennung: Vernetzte Bilder, körperlose Masken* (Digitale Bildkulturen). Berlin: Verlag Klaus Wagenbach.

Rilling, Rainer. 1998. Marktvermittelt oder selbstorganisiert?: Zu den Strukturen von Ungleichheit im Netz. In Claus Leggewie & Christa Maar (eds.), *Internet & Politik: Von der Zuschauer- zur Beteiligungsdemokratie?*, 366–380. Köln: Bollmann.

Roesner, Franziska, Tadayoshi Kohno & David Wetherall. 2012. Detecting and Defending Against Third-Party Tracking on the Web. 155–168.

Schegloff, Emanuel A. 1979. Identification and recognition in telephone conversation openings. In George Psathas (ed.), *Everyday language: Studies in ethnomethodology*, 23–78. New York, NY: Irvington.

Spitzmüller, Jürgen, Christian Bendl & Mi-Cha Flubacher. 2017. Soziale Positionierung: Praxis und Praktik. Einführung in das Themenheft. *Wiener Linguistische Gazette* (81). 1–18.

Stertkamp, Wolf. 2017. *Sprache und Kommunikation in Online-Computerspielen*. Gießen: Justus-Liebig-Universität Dissertation.

Stöhr, Anna. 2015. *Die Todesanzeige im Wandel: Gattungsspezifische Analyse eines Kommunikationsmittels*. Diplomica Verlag GmbH.

Vogel, Friedemann. 2012. *Linguistik rechtlicher Normgenese: Theorie der Rechtsnormdiskursivität am Beispiel der Online-Durchsuchung* (Sprache und Wissen 9). Berlin [u. a.]: De Gruyter.

Vogel, Friedemann. 2016. Konflikte in der Internetkommunikation. In Friedemann Vogel, Janine Luth & Stefaniya Ptashnyk (eds.), *Linguistische Zugänge zu Konflikten in europäischen Sprachräumen. Korpus – Pragmatik – kontrovers*, 165–200. Heidelberg: Winter.

Vogel, Friedemann. 2018. Jenseits des Sagbaren – Zum stigmatisierenden und ausgrenzenden Gebrauch des Ausdrucks Verschwörungstheorie in der deutschsprachigen Wikipedia. *Aptum. Zeitschrift für Sprachkritik und Sprachkultur* 14(3). 259–288.

Vogel, Friedemann. 2020a. Authentifizierung – Grundlagen einer Theorie zu sozialsymbolischen Praktiken der Identifizierung und Zugangskontrolle. *Linguistik online* 105(5). 43–67.

Vogel, Friedemann. 2020b. „Wenn Virologen alle paar Tage ihre Meinung ändern, müssen wir in der Politik dagegenhalten": Thesen zur politischen Sprache und (strategischen) Kommunikation im Pandemie-Krisendiskurs. *Sprachreport* 36, https://ids-pub.bsz-bw.de/frontdoor/deliver/index/docId/10043/file/Vogel_Thesen_zur_politischen_Sprache_und_Kommunikation_im_Krisendiskurs_2020.pdf. (27 October, 2020.)

Vogel, Friedemann & Katharina Jacob. 2014. Sprachkritik im Internet: Aushandlungsprozesse und Spracheinstellungen auf den Diskussionsseiten der deutschsprachigen Wikipedia. *Aptum* (1). 1–32.

Janja Polajnar, Joachim Scharloth, Tanja Škerlavaj
Intertextualität und (digitale) Diskurse

1 Einleitung

Schon in frühen Formulierungen des Programms einer linguistischen Diskursanalyse wurden Diskurse forschungspraktisch als thematisch bestimmte Korpora von Einzeltexten definiert, deren Besonderheit darin besteht, dass die in ihnen versammelten Texte intertextuell aufeinander Bezug nehmen (vgl. Teubert 1998: 148). Intertextualität wurde so zu einem Bestimmungsmerkmal von Diskursen. In der Forschungspraxis wurde freilich wegen der Vielzahl an Korpustexten und der aufwändigen qualitativen Methoden zumeist auf den expliziten Nachweis intertextueller Bezüge verzichtet. Die intertextuellen Bezugnahmen der Korpustexte blieb eher ein Interpretament, das mit dem Hinweis auf die thematische Verknüpftheit notdürftig mit Evidenz versehen wurde.

Diskurse in digitalen Medien ermöglichen nun einen neuen Zugang zur intertextuellen Verknüpftheit und zwar auf zwei Ebenen. Zum einen auf der Ebene der medialen Konstitutionsbedingungen: Diskurse in digitalen Medien enthalten häufig technisch erzeugte Spuren intertextueller Referenz und die Analyse dieser Spuren kann für die Rekonstruktion der Genese eines Diskurses fruchtbar gemacht werden. Zum anderen auf der methodischen Ebene: Datengeleitete maschinelle Verfahren zur Aufdeckung latenter semantischer Strukturen und zur Erkennung von Paraphrasen eröffnen auch für große Textmengen die Möglichkeit der Identifizierung intertextueller Bezugnahmen.

Nach einer kurzen Einführung in unterschiedliche Konzeptualisierungen von Intertextualität (Abschnitt 2) nehmen die folgenden Teile (in Abschnitt 3) unterschiedliche Ebenen und Formen von Intertextualität in den Blick, die für die Analyse von Diskursen im Medium des Digitalen, darüber hinaus aber auch in medial hybriden Diskursen relevant sein können. Diese liegen sowohl im Bereich der latenten semantischen Bezüge (diskurssemantische Grundfiguren, Topoi, Paraphrasen) sowie der expliziten wie impliziten, teils medial-technischen Verknüpfungen (Zitat, Link, Mention, Aggregation etc.). Letztere werden anhand von Beispielen aus öffentlichen Diskursen erläutert. Ansätze der digitalen Diskursanalyse zur Aufdeckung latenter Textbezüge werden anhand zweier datengeleiteter Methoden illustriert (Abschnitt 4).

2 Intertextualität: Deskriptive vs. ontologische Bestimmung

Die Vielzahl der Ansätze zur Bestimmung des Phänomens der Intertextualität lässt sich grob in deskriptive und ontologische Theorien gliedern.

Deskriptive Intertextualitätstheorien fassen nur solche Beziehungen zwischen Texten als Intertextualitätsphänomene, die sich als intentionale Referenzen eines Autors/ einer Autorin auf einen vorgängigen Text deuten lassen. Für die Verfechter dieser Theorierichtung sind Zitat, Übersetzung und Anspielung, Parodie und Travestie sowie der Kommentar, die Interpretation und die Kritik typische Formen deskriptiver Intertextualität (vgl. etwa Stierle 1984: 147). Abhängig vom Einfluss des intertextuellen Bezugs auf die Gestaltung des bezugnehmenden Textes unterscheiden deskriptive Intertextualitätstheorien eine Produktions- und Rezeptionsintertextualität. Während bei letzterer zwar die Sinnkonstitution latent beeinflusst, die Oberfläche jedoch nicht maßgeblich mitgeprägt wird (etwa durch Verweise), wird bei der ersteren die Textoberfläche von der intentionalen Bezugnahme mitstrukturiert.

Ontologische Intertextualitätstheorien modellieren intertextuelle Bezüge auf einer abstrakteren Ebene. Sie gehen von der Einsicht aus, dass sich in sprachliche Ausdrücke „Gebrauchswerte" eingeschrieben haben, d. h. Bedeutungsdimensionen, die sich aus den historischen Verwendungsweisen in konkreten Kontexten ergeben, wie es Michail Bachtin in seiner Theorie der Dialogizität fomulierte:

> Jedes Mitglied eines Sprechkollektivs findet das Wort nicht als ein neutrales Wort der Sprache vor, das von fremden Bestrebungen und Bewertungen frei ist, dem keine fremden Stimmen innewohnen. Nein, es empfängt das Wort von einer fremden Stimme, angefüllt mit dieser fremden Stimme. In seinen Kontext kommt das Wort aus einem anderen Kontext, durchwirkt von fremden Sinngebungen. Sein eigener Gedanke findet das Wort bereits besiedelt. (Bachtin 1990: 130)

Sprechen ist damit nicht ein intentionaler Akt autonomer Sinnproduktion im Medium der Sprache, sondern ein Dialog mit früheren Verwendungen des sprachlichen Materials und den durch sie mitgeprägten Verstehenshorizonten der Adressatinnen und Adressaten. Auf Basis dieser Überlegungen entwickelte die französische Literaturwissenschaftlerin Julia Kristeva ihren Begriff der Intertextualität. So wie bei Bachtin Sprache bereits sozial geprägt ist, so ist Intertextualität die Seinsform von Texten und nicht nur die intendierte Bezugnahme auf einen Prätext: „[...] jeder Text baut sich als Mosaik von Zitaten auf, jeder Text ist Absorption und Transformation eines anderen Textes" (Kristeva 1978: 391).

Der ontologische Intertextualitätsbegriff fügt sich dem Programm der poststrukturalen Literaturwissenschaft insofern ein, als er die Vorstellung von Subjektautonomie und auktorialer Intentionalität als Quelle der Bedeutung eines Textes obsolet macht. Dies sind Eigenschaften, die er mit dem diskursanalytischen Textbegriff teilt, weswegen der ontologische Intertextualitätsbegriff für die Diskursanalyse von besonderer Relevanz ist.

Die Diskursanalyse hat unterschiedliche Kategorien entwickelt, mit der sie ontologisch-intertextuelle Bezüge analytisch erschließbar machen will, von denen im Folgenden die wichtigsten prototypisch vorgestellt werden sollen. Die mit ihnen erfassten intertextuellen Bezüge sind teilweise ein Effekt des Medienwandels (etwa im Fall von Link oder Aggregat), teilweise sind sie durch Methoden der digitalen Diskursanalyse erst maschinell erschließbar geworden (diskurssemantische Grundfiguren, Paraphrasen).

3 Dimensionen von Intertextualität in der (digitalen) Diskursanalyse

3.1 Diskurssemantische Grundfiguren

Für die Analyse der grundlegenden, kategorial-epistemischen Dimensionen der Intertextualität hat Dietrich Busse die Kategorie der diskurssemantischen Grundfiguren vorgeschlagen. Diese bestimmt er einerseits hinsichtlich ihrer Funktion für die Konstitution eines Diskurses, andererseits auch hinsichtlich ihrer Repräsentation in Texten. Diskurssemantische Grundfiguren sind nicht an einen Diskurs gebunden, sondern können in unterschiedlichen Diskursen auftreten. In funktionaler Perspektive ordnen sie

> textinhaltliche Elemente, steuern u. U. ihr Auftreten an bestimmten Punkten des Diskurses, bestimmen eine innere Struktur des Diskurses, die nicht mit der thematischen Struktur der Texte, in denen sie auftauchen, identisch sein muß, und bilden ein Raster, das selbst wieder als Grundstruktur diskursübergreifender epistemischer Zusammenhänge wirksam werden kann. (Busse 1997: 20)

Bei ihnen kann es sich um Präsuppositionen im Sinn der linguistischen Pragmatik oder um durch Inferenzen zu erschließende Teile des Implizierten handeln, sie können als semantische Merkmale auftreten oder auch zur lexikalischen Bedeutung von Wörtern gehören (vgl. Busse 2003: 30). Diskurssemantische Grundfiguren sind Teil der epistemisch-kognitiven Grundausstattung der Textproduzenten (vgl. Busse 1997: 19) und stiften so intertextuelle Homologien. Beispiele sind etwa die Unterscheidung „natürlich" vs. „gekünstelt" in der Ästhetik des 18. Jahrhunderts oder „kommerziell" vs. „authentisch" in populärkulturellen Diskursen bis in die Gegenwart. Als Wahrnehmungsschemata sind sie grundlegende Elemente der Organisation des umfassenden semantischen Systems, in dem Aussagen überhaupt erst sinnhaft werden (vgl. Scharloth 2005). Sie lassen sich je nach Granularität mit Verfahren der distributionellen Semantik (vgl. Abschnitt 4) in einer digitalen Diskursanalyse erschließen.

3.2 Topoi

In digitalen massenmedialen Diskursen beteiligen sich Akteure (noch mehr als im Fall „klassischer" Diskurse) an den Diskussionen oft aktiv, indem sie beispielsweise in Form von Kommentaren zu Online-Zeitungsartikeln oder zu Posts in Foren oder auf sozialen Netzwerken für oder gegen das im Ausgangstext Genannte argumentieren. Dies tun sie gezielt und strategisch, „um von ihren Positionen zu überzeugen, diese im Meinungskampf durchzusetzen und ihre Ziele zu erreichen" (Spieß 2011: 524). Im Rahmen einer Topos-Analyse, die auf Überlegungen von Kienpointner (1992), Kopperschmidt (1989) und Wengeler (2003) zurückführt, geht man davon aus, dass diese Grundpositionen mit ihren Argumenten die sog. wesentlichen Argumentationsstränge darstellen, „auf die innerhalb des Diskurses immer wieder rekurriert wird" (Spieß 2011: 465). Solche komplexen Argumentationen manifestieren sich sprachlich in Form wiederkehrender Muster, der sog. Argumentationstopoi.

Die Toposanalyse gehört nach Spitzmüller und Warnke (2011: 191) zu den zentralen und erfolgreichen Konzepten der transtextuell (aber auch – wie weiter unten gezeigt wird – der transnational sowie der multimodal) orientierten Linguistik. Da in digitalen Diskursen aufgrund des Merkmals der Partizipation (vgl. Androutsopoulos 2010: 421) also noch mehr argumentiert wird als in „klassischen" Diskursen und da sich in solchen argumentativen Mustern gesellschaftliches Wissen einer Zeit verdichtet (vgl. Ziem 2005: 321), stellt die Toposanalyse einen wichtigen Bestandteil der Analyse digitaler Diskurse dar.

Bei Topoi als Ausdruck der Intertextualität handelt es sich somit, ähnlich wie bei diskurssemantischen Grundfiguren, nicht um explizite intertextuelle Bezüge auf einen Referenztext im Sinne von Gattungsreferenzen oder Einzelextreferenzen (vgl. Pfister 1985 sowie Holthuis 1993); vielmehr sind Topoi – im Sinne einer ontologischen Intertextualitätsauffassung – als intertextuelle Bezüge auf einer abstrakteren Ebene zu verstehen. Solche Argumentationsmuster, die zwar oft kontextspezifisch[1] sind, können nämlich aus anderen Kontexten übernommen werden, d. h. sie können in unterschiedlichen Diskursen vorkommen. So kann z. B. der Topos vom ökonomischen Nutzen bzw. der sog. Ökonomie-Topos sowohl im Migrationsdiskurs als auch beispielsweise im Bologna-Diskurs vorkommen. Dieser Topos lautet: *Weil eine Handlung unter wirtschaftlichen Gründen einen Nutzen bzw. Schaden erbringt, soll sie ausgeführt/ nicht ausgeführt werden* (vgl. Wengeler 2003: 316 sowie Polajnar & Škerlavaj 2018a: 203). So argumentiert z. B. der folgende User/ die folgende Userin in seinem/ ihrem Kommentar zu einem Online-Artikel über Zuwanderer-Mythen mit dem Topos vom ökonomischen Nutzen gegen die Zuwanderung:

(1) **Digitalis.purpurea1**
#16 – 18. August 2015, 18:08 Uhr
Das ist natürlich stichhaltig ... nicht
Nur mal um zwei Beispiele rauszugreifen:
5. Die Flüchtlinge nehmen uns die Arbeitsplätze weg
   Wir müssen in Deutschland sogar weniger werden! Es werden gut 20 Millionen Arbeitsplätze wegfallen: http://www.ingenieur.de/Them ... .
   Genau in Bezug auf Arbeitsplätze muss die die Bevölkerung schrumpfen. Und komme bitte keiner damit, dass da Ärzte, Krankenschwestern und Ingenieure einwandern. Die meisten sind noch chancenloser als die Bildungsversager hier, wegen der mangelnden Deutschkenntnisse.
8. Wer vom Balkan kommt, ist sowieso ein Wirtschaftsflüchtling
   Die Auskünfte von Lobbyisten wie Pro Asyl sind natürlich auch sehr vertrauenswürdig ...
   Ich könnte den ganzen Artikel auf die Art und Weise zerlegen, da reiht sich eine Propaganda an die nächste.
   (Kommentar zum Artikel *Haben wir wirklich keinen Platz mehr in Deutschland?*, Zeit Online, 18. August 2015)

Die Autorin/ der Autor des obigen Kommentars ist also der Meinung, neue Zuwanderer*innen könnten den Deutschen noch diejenigen Arbeitsplätze wegnehmen, die es noch gibt, und unterstützt ihre/ seine Argumentation mit einem Zitat bzw. der Angabe eines Hyperlinks, der die Leserin/ den Leser zu einem Online-Artikel über die vierte industrielle Revolution weiterleitet.[2]

Während der Topos vom wirtschaftlichen Nutzen (als Argumentationsmuster pro bzw. contra Zuwanderung) bereits seit dem Anfang der 60er Jahre im deut-

---
[1] Das bedeutet, sie sind an bestimmte Diskurse und damit an bestimmte Themen gebunden (vgl. Spieß 2011: 2019).
[2] Mehr zu Hyperlinks siehe Abschnitt 3.1 (Explizite Verknüpfungen).

schen Migrationsdiskurs beobachtet wird (vgl. Wengeler 2003: 346f.), lässt sich dieser spätestens seit dem Jahr 1999[3] auch im sogenannten Bologna-Diskurs konstatieren. Im folgenden Kommentar zu einem Online-Artikel über Verantwortliche für die Mängel der Bologna-Reform argumentiert die Userin/ der User (unter anderem) mit dem Topos vom ökonomischen Nutzen gegen die Reform – ihrer/ seiner Meinung nach sind Bachelorabsolventinnen und -absolventen „halbfertige Akademiker", die auf dem Arbeitsmarkt „schlechte Karten haben":

(2) ofx83
#2 – 24. November 2009, 19:59 Uhr
Der Sparzwang ist Schuld an der Misere
Der Bachelor wurde als Möglichkeit genutzt, die Kosten für Bildung zu senken.
 Statt wie bisher in 8–9 Semestern, soll ein Student jetzt in 6 Semestern die Hochschulen verlassen.
 Folge: Oberflächlicher Stoff, keine Zeit für Praktika und/oder Nebenjobs. Eine wertige akademische Ausbildung ist in 3 Jahren nicht vermittelbar. Den Master möchte man nicht mehr für alle anbieten um Geld zu sparen. Die Folge sind halbfertige Akademiker die auf dem Arbeitsmarkt schlechte Karten haben. Wir haben in Deutschland das System der dualen Berufsausbildung, einen Bachelor braucht in Deutschland kein Mensch.
 Der Master sollte weiterhin der Regelabschluss sein, das kostet jedoch Geld (warum auch in Bildung investieren?). Man hat Geld für Autoabwrackprämien, Shuttleservices für Politiker, Banken, Militär etc. doch für Bildung scheint kein Platz zu sein.
 Master für Alle oder Bachelor verlängern (8–9 Semester) ...
 (Kommentar zum Artikel *Studentenproteste: Uni-Rektoren geben Ländern die Schuld an Bachelor-Chaos*, Zeit Online, 24. November 2009)

Da ein und derselbe Topos (wie hier etwa der Topos vom ökonomischen Nutzen) in verschiedenen Diskursen verwendet werden kann, kann hierbei von Intertextualität im weiteren Sinne gesprochen werden.

Ein weiterer interessanter Aspekt ist, dass Topoi nicht nur aus anderen Kontexten übernommen werden und somit in verschiedenen Diskursen vorkommen können, vielmehr sind diese oft auch als sprach- und kulturübergreifend zu verstehen. Nach Gür-Şeker (2012: 305) verfügen Diskurse nämlich über die Eigenschaft

---

[3] Im Juni 1999 wurde in Bologna von 29 europäischen Bildungsministern eine Erklärung unterschrieben, in der die Schaffung eines *Europäischen Hochschulraums* bzw. eines international wettbewerbsfähigen *Europas des Wissens* bis zum Jahr 2010 vereinbart wurde. Ob die Umsetzung der Bologna-Erklärung sinnvoll erfolgte, ist seitdem Gegenstand zahlreicher Diskussionen in den öffentlichen Medien, die den sogenannten Bologna-Diskurs konstituieren (vgl. Polajnar & Škerlavaj 2018a und 2018b).

„Transnationalisierung", die unter anderem auch durch Diskursphänomene wie etwa Topoi konstituiert werden kann.[4] So wird beispielsweise mit dem Topos vom ökonomischen Nutzen nicht nur im Deutschen, sondern auch in anderen Sprachen für oder gegen den Bologna-Prozess und seine Ziele sowie Maßnamen argumentiert.[5] Topoi in solchen global geführten Diskursen (wie etwa im Migrationsdiskurs, Bologna-Diskurs oder Corona-Diskurs) können zudem für kultur-kontrastive Analysen fruchtbar gemacht werden: Indem thematisch und zeitlich ähnliche Diskurse aus zwei oder mehreren Sprach- und Kulturgemeinschaften z. B. im Hinblick auf Argumentationsmuster miteinander verglichen werden, können wichtige Konvergenzen und Divergenzen in Denkstilen verschiedener Kulturen konstatiert werden.

Schließlich soll darauf hingewiesen werden, dass die aus bestimmten Topoi schöpfenden Argumente nicht an die semiotische Ressource „Sprache" gebunden sind. Vielmehr können Topoi „auch durch Argumente anderer Zeichenmodalitäten, z. B. in Form von Bildargumenten, realisiert werden" (Klug 2016: 180). So argumentieren beispielsweise im aktuellen Corona-Diskurs verschiedene Akteure (z. B. Wissenschaftler*innen, Politiker*innen, Verschwörungstheoretiker*innen usw.) mit sprachlichen, sprachlich-visuellen oder rein visuellen Argumenten für oder gegen die Covid-19-Pandemie und die damit verbundenen Schutzmaßnahmen. Im folgenden Facebook-Post der slowenischen Gruppe „Corona – največja prevara stoletja" („Corona – der größte Betrug des Jahrhunderts", T.Š.) argumentieren beispielsweise die Corona-Skeptiker*innen mit einer Gegenüberstellung von zwei betitelten Bildern dafür, dass es sich im Fall von Covid-19 um keine richtige Pandemie handelt (vgl. Abb. 1):

---

4 Mehr zum Phänomen der Transnationalisierung und die sie prägenden Konstituenten siehe im Abschnitt 2.4 (Zitate). Vgl. dazu auch den Beitrag von Gredel & Mell in diesem Band.
5 Für eine ausführlichere Auseinandersetzung mit Topoi im deutschen und slowenischen Bologna-Diskurs siehe Polajnar & Škerlavaj 2018a, Polajnar & Škerlavaj 2018b, Polajnar 2017 sowie Škerlavaj 2017.

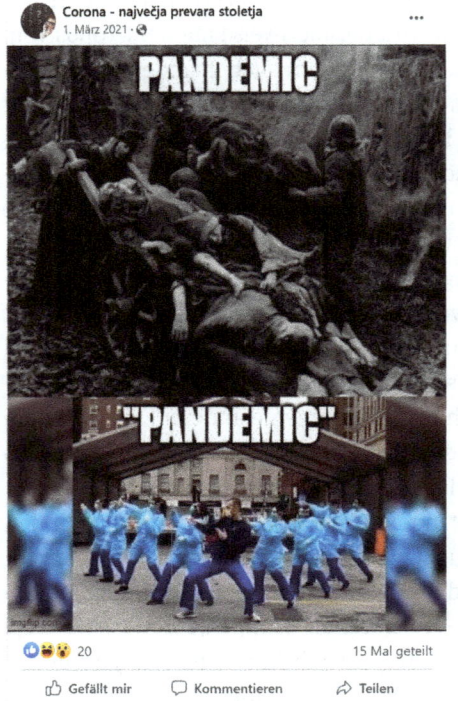

Abb. 1: Visuelle Argumentation; FB-Gruppe „Corona – največja prevara stoletja" („Corona – der größte Betrug des Jahrhunderts").

Die Kern-Botschaft über die nicht existierende Pandemie wird im obigen Post durch ein visuell-verbales Argument gestützt (vgl. Klug 2016: 181), das seine Schlusskraft aus dem sogenannten Topos der Widerspruchsfreiheit (Wengeler 2003: 320 f.) gewinnt. Dieser Topos, der zu den Gegensatzschemata gehört, und zwar zu den Versionen, in denen mit Gegensätzen argumentiert wird, „um einen Widerspruch nachzuweisen" (Kienpointner 1996: 116, vgl. auch Wengeler 2003: 320), lautet: *Weil in der Vergangenheit eine Gruppe oder Person in einer Situation/ einem Zustand bestimmte Handlungen ausgeführt hat bzw. bestimmte Handlungen stattgefunden sind, sollten in vergleichbaren Situationen/ Zuständen auch aktuell diese Handlungen ausgeführt werden bzw. stattfinden.*

Im obigen Facebook-Post, der slowenischen Verschwörungstheoretiker*innen zuzuordnen ist, wird dem Bild mit der Überschrift *Pandemic*, das in seiner apokalyptischen Bildsprache auf eine Pandemie als ein Ereignis verweist, bei dem so viele Menschen den Tod finden, dass man sie nicht mehr einzeln bestatten kann, ein Bild aus einer vermeintlichen Gegenwart gegenübergestellt, auf welchem medizinische Fachangestellte mit Mundschutzmasken tanzen und dabei offensichtlich viel Spaß haben. Die Überschrift des zweiten Bildes, im Gegensatz zum oberen Bild in bunten Farben und nicht schwarzweiß dargestellt, lautet ebenfalls „*Pandemic*" – das Wort *Pandemic* ist allerdings in Anführungszeichen gesetzt, was darauf hindeuten soll, dass die Bedeutung des Wortes nicht wörtlich zu nehmen ist. Die zu entschlüsselnde Aussage des Posts ergibt sich also aus dem Zusammenspiel zwischen beiden Texten und Bildern und lässt sich folgendermaßen ausformulieren: „*In einer wahren Pandemie sterben und nicht tanzen die Menschen, daher ist Covid-19 keine Pandemie*".[6]

Solche visuellen Argumentationen kommen in digitalen Diskursen wie etwa in Memes, GIFs und anderen viralen multimodalen Kommunikaten auf sozialen Netzwerken, aber auch in Kommentaren zu Online-Zeitungsartikeln sowie in Foren- und Blogbeiträgen besonders häufig vor.

3.3 Paraphrasen

Im Gegensatz zu diskurssemantischen Grundfiguren und Topoi werden Paraphrasen gemeinhin als Phänomen der Einzeltextreferenz bestimmt. Ganz gleich, ob man Paraphrasen als intentionale und zumindest implizit markierte Reformulierungen im Sinne deskriptiver Intertextualität (Pfister 1985: 23) oder als rein sprachliche Homologien konzeptualisiert (Steyer 1997), so kommen die Definitionen des Paraphrasenbegriffs doch darin überein, dass der Bezug auf die Transformierbarkeit von Teilen des Referenztextes in die Paraphrase ein konstitutives Merkmal von Paraphrasen ist (vgl. hierzu ausführlicher Scharloth et al. 2019).

Kathrin Steyer etwa fordert für die linguistische Intertextualitätsforschung eine Fokussierung auf die sprachproduktbezogene Intertextualität. Eine analytische Beschreibung müsse „auch ohne Instrumentarien der Psychologie, kognivistischer Theorien oder gar der Literaturwissenschaft geleistet werden" können (Steyer 1997: 86). Daher müsse das Augenmerk der Distribution textueller Muster in größeren Korpora und ihrer diachronen Entwicklung gelten. Der Musterbegriff impliziert dabei, dass Referenztext und Paraphrase auf dieselbe abstrakte Repräsentation zurückgeführt werden können und diese abstrakte Repräsentation als das Vehikel ihrer wechselseitigen Transformation gedacht werden kann.

---

6 Dabei ist davon auszugehen, dass die Botschaft des Posts unter der Voraussetzung bestimmter Allgemeinkenntnisse bei der Rezipientin/ dem Rezipienten (über die Covid-19-Pandemie) auch nur anhand der Bilder, d. h. ohne den sprachlichen Teil verständlich wäre.

Verfahren der Identifizierung von Paraphrasenkandidaten kommen etwa bei der Plagiatserkennung, der Alignierung von Korpora und der Textklassifikation zum Einsatz. In diskursanalytischer Sicht richtet sich die Paraphrasenforschung auf ein den Referenztext (und mit ihm die Paraphrase) strukturierendes System von Topoi, Aussagen, Motiven oder Codes. Anders als in der traditionellen, vor allem mit qualitativen Methoden arbeitenden Diskursanalyse wird dieses System allerdings nicht als bloßes Postulat universeller Intertextualität gedacht. Die Methoden der digitalen Diskursanalyse (vgl. Abschnitt 4) zielen vielmehr darauf ab, Diskurse, verstanden als Texte strukturierende Systeme, in den sprachlichen Oberflächen- oder Tiefenstrukturen eben dieser Texte empirisch nachweisbar zu machen.

3.4 Zitate

Zitate stellen das prototypische Beispiel der textoberflächenstrukturellen Einzeltextreferenz (vgl. Pfister 1985, Janich 2019) bzw. der Text-Text-Beziehungen (vgl. Holthuis 1993, Fix 2000) dar. Darunter sind vollständige, syntaktisch und lexikalisch identische Übernahmen von Referenztext(teil)en zu verstehen, die im Phänotext[7] entweder (un)vollständig markiert oder unmarkiert vorkommen (vgl. Janich 2019). Die Funktion von Einzeltextreferenzen ist im Allgemeinen darin zu sehen, einen „sachbezogenen Bezug zu Vortexten" (z. B. eine Online-Rezension zum Buch) oder „Texten-in-Relation" (z. B. Kommentarforum zu einem Online-Zeitungstext) herzustellen, um dadurch die Bedeutung des Phänotextes zu erweitern. Die gewählten Beispiele zeigen eindrucksvoll, dass durch Zitate heute oft Verknüpfungen zwischen Kommunikatiosangeboten im Offline- und Online-Bereich, d. h. intermedial, hergestellt werden. Zudem stehen in digitalen Medien und Diskursen neben etablierten Zitatformen neue technisch-mediale Repräsentationen von Zitaten (z. B. zitierte Links und Hashtags) zur Verfügung, die im folgenden Kapitel (3.5.1) näher betrachtet werden. Hierbei wird Intertextualität neben Multimodalität[8] und Heteroglossie zu den „charakteristischen Diskursprozessen des Web 2.0" (Androutsopoulos 2010: 431) gezählt. Im Folgenden soll der Fokus auf einige zentrale Aspekte von Zitaten in digitalen Diskursen gerichtet werden, Mulitmoda-

---

7 Im Hinblick auf die terminologische Vielfalt in der literatur- und sprachwissenschaftlichen Intertextualitätsforschung sind in Anlehnung an Janich (2019: 178, 182) *Phänotexte* diejenigen Texte, die sich auf andere Texte beziehen, und *Referenztexte* dagegen Texte, auf die Bezug genommen wird.
8 Zur Multimodalität digitaler Diskurse siehe auch den Beitrag von Bender, Mell & Wildfeuer in diesem Band.

lität, Multilingualität, Interaktivität und Komplexität, die allerdings nicht nur im digitalen Raum vorzufinden sind.

Aus diskurslinguistischer Sicht ist zunächst die diskurskonstitutive Funktion von Zitaten hervorzuheben, denn Zitate verknüpfen einzelne Diskursfragmente miteinander und explizieren so verschiedene mediale Thematisierungsorte dieser Diskursfragmente im Offline- und Online-Bereich. Durch Zitate in Phänotexten eines thematisch orientierten Diskurses wird also angezeigt, „welche Referenztexte mit in die transtextuelle Analyse einbezogen werden müssen, um sie (be-)deutbar bzw. verstehbar zu machen" (Klug 2018: 115). Für Diskurse ist folglich „ein dichtes Netz intertextueller Bezugnahmen charakteristisch" (Klug 2018: 109), das, wie bereits erwähnt, nicht an den Grenzen des Digitalen aufhört, denn Diskurse sind heute „mehrheitlich medial hybrid organisiert" (vgl. den Beitrag von Gloning in diesem Band). Hierbei wird der digitale Raum mit seinen Zitaten aus dem Online- und Offline-Bereich nicht nur auf ein Medium für die Anschlusskommunikation reduziert, sondern spielt als eigenständiges Diskursmedium eine Rolle, denn auch seine Text(teil)e werden in den Traditionsmedien aufgegriffen. Deshalb ist bei der Beschreibung und Klassifizierung von Zitaten des Digitalen wichtig, den Ort der Referenztexte zu berücksichtigen. Obwohl Zitate in diskurslinguistischen Analysen relativ selten ins Zentrum des Forschungsinteresses rücken und der Fokus meist auf der Beschreibung semantischer Beziehungen (Metaphern, Topoi, Frames u. a.) liegt (vgl. ebd.), kommt ihnen im Zusammenhang mit Textketten und Textnetzen eine wichtige Rolle zu (vgl. Girnth 1996; Schröter 2017; Klug 2018). Klug (2018) zeigt anhand von Bild-Zitaten und weiteren Bezügen auf zwei Fotografien von Aylan Kurdis (das im September 2015 aufgefundene tote Kind am Strand in Bodrum), welche Schlüsselstellung Referenzbilder innerhalb eines hybriden Diskurses (hier des Flüchtlingsdiskurses) einnehmen können: Bilder rücken ins Zentrum des Netzes „intra- und intermodaler Bezüge" (Klug 2018: 120–127) und können einen Diskurs initiieren oder wesentlich vorantreiben. Zitierte Bilder, Videos usw. werden im digitalen Raum nicht nur gebraucht, um Texte zu ergänzen, sondern können diese ersetzen, wodurch sie Sprachhandlungscharakter erhalten (vgl. Androutsopoulos 2010: 434).

Referenztext(teil)e, -bilder und -musikstücke, die in digitalen Diskursen zitiert werden, können zudem Ausgangspunkt für (kultur-)kontrastive Diskursanalysen darstellen (vgl. Gredel 2018), denn Zitate beschränken sich in Diskursen des Digitalen oft nicht auf Einzelsprachen. Durch Zitate werden intertextuelle Bezüge nicht nur zu lokalen und nationalen, sondern auch zu globalen Referenztexten hergestellt (vgl. Androutsopolous 2010: 431). Gür-Şeker (2012: 305) führt in diesem Zusammenhang das Konzept der „Transnationalisierung" von Diskursen ein, die auch in digitalen Diskursen intertextuell durch Verlinkungen bzw. „Verweise auf fremdsprachige Quellen bzw. Medien [...] durch die Verwendung von Zitatwörtern oder zitierter Formulierungen fremdsprachiger Diskurse" (Gür-Şeker 2012: 307) aber auch durch fremdsprachige Hashtags etabliert wird. Transnationalisierung wie auch Multilingualität spielen für digitale Plattformen wie etwa die Wikipedia eine zentrale Rolle (vgl. den Beitrag von Gredel & Mell in diesem Band), indem Wikipedia-Autorinnen und -Autoren beispielsweise über Bildzitate (Abb. 2) Bezüge zwischen den Sprachversionen der Online-Eyzklopädie herstellen. Folgende Bildschirmaufnahme einer Bildinventar-Gegenüberstellung unterschiedlicher Sprachversionen eines Wikipedia-Artikels (Abb. 2), ermittelt mit dem Tool „Wikipedia Cross-Lingual Image Analysis", suggeriert die Bedeutung von Bildzitaten für transnationale Diskurse.

Abb. 2: Bildinventar-Gegenüberstellung am Beispiel deutscher (de), englischer (en) und spanischer (es) Sprachversionen des Wikipedia-Artikels „Bologna-Prozess".

Im digitalen Raum können Diskurse zudem durch interaktionsorientiertes Diskutieren in Foren, Kommentarforen unter Online-Zeitungsartikeln oder YouTube-Videos, auf Twitter usw. konstituiert werden, wo interaktionales Zitieren eine wesentliche Rolle für eine gelungene Kommunikation und somit die Fortführung des Diskurses spielt. Hierbei sind Texte nicht mehr nur unidirektional aufeinander bezogen, sondern kommunizieren „auf vielfältige Weise wechselseitig miteinander" (Berghofer 2009: 71). Gray behandelt beispielsweise die Intertextualitätsbezüge in Kommentarforen im Rahmen eines „voll interaktive[n] Intertextualitätsmodell[s]" (Gray 2006: 20 ff.). In Postings eines Kommentarforums unter Zeitungsartikeln sind nämlich neben Zitaten aus dem kommentierten Online-Artikel oder einer dritten Quelle relevante Zitate aus früheren Postings vorzufinden, die bewertet und kommentiert werden (vgl. Polajnar 2019). Auf diese Weise können mehrere Stellen in einem Referenztext bzw. -Posting oder auch in mehreren Referenztexten bzw. -Postings kommentiert werden, wodurch nicht nur sehr genaue, sondern auch sehr dichte Bezüge zwischen einzelnen Postings entstehen. Beim Zitieren bereits kommentierter Referenztexte können so komplexe Zitierstrukturen zustande kommen (Zitat im Zitat), die zur Explizierung der Referenzbezüge und zur Themenentwicklung beitragen (vgl. Polajnar 2019). Durch das Einbinden von umfangreichen Zitaten wird an exponierten Stellen von Postings zudem die Struktur der Phänopostings visuell stark beeinflusst und somit der Intertextualitätsgrad erhöht (textstrukturierende Funktion). Beispielhaft für komplexe Zitierstrukturen sind zudem Retweets, die an sich direkte Zitat-Texte darstellen, zudem aber oft noch einen im Originaltweet zitierten Hyperlink und/ oder Hashtag enthalten.

3.5 Technisch-mediale Repräsentationen von Intertextualität in Onlinediskursen

In digitalen Diskursen lassen sich aufgrund technisch-medialer Affordanzen (vgl. Pentzold, Fraas & Meier 2013 sowie den Beitrag von Bender, Mell & Wildfeuer zu Affordanzen in diesem Band) zum einen explizite Verknüpfungen (z. B. Hyperlinks, Hashtags und der @-Operator) und zum anderen implizite Verknüpfungen (wie Newsfeeds und andere Formen der Aggregation) vorfinden, die im Folgenden als Erscheinungsformen der Intertextualität näher betrachtet werden.

3.5.1 Explizite Verknüpfungen

Bei expliziten Verlinkungen, die in der computervermittelten Kommunikation typischerweise durch Hyperlinks und Hashtags realisiert werden, handelt es sich entweder um Zitate (z. B. zitierte Hyperlinks, Hashtags, @-Adressierung) oder indizierende Bezugnahmen durch verlinkte Zeichenketten. Dang-Anh, Einspänner und Thimm (2013: 140f.) zählen #, @ und http:// zu Kommunikationsoperatoren, die je spezifische operative und kommunikative Funktionalitäten erfüllen, welche allerdings „Aspekte eines gemeinsamen Vollzugs" darstellen.

Im Hinblick auf Hyperlinks können intertextuelle Verlinkungen durch zitierte Hyperlinks entstehen oder aber es werden Zeichenketten im Phänotext mit einem externen oder internen Link[9] unterlegt und auf diese Weise direkt mit dem verstehensrelevanten Referenztext verbunden. Im letzten Fall spricht

---

9 Marx und Weidacher (2014: 184–186) verweisen darauf, dass bei Texten im Internet „die Grenzen zwischen intra- und intertextuellen Verweisen nicht mehr in jedem Fall eindeutig zu ziehen" sind, denn durch die intertextuellen Hyperlinks werden bei der Rezeption die Texte eng miteinander verzahnt; die Unterschiede zwischen verlinkten Modulen innerhalb eines Textes und zwischen verschiedenen Texten verschwimmen.

Klug (2018: 120–121) von „indizierenden intertextellen Bezugnahmen". Im Phänotext selbst dienen Hyperlinks oft der argumentativen Expansion und zugleich der Textentlastung, denn auf diese Weise wird der Phänotext nicht durch längere Zitate unterbrochen. Auf der transtextuellen Ebene konstituieren sie ein Konstrukt explizit erkennbarer, diskursrelevanter Vernetzungen. Goman und Gür-Şeker (2020: 137 f.) erarbeiten anhand von thematischen Hyperlinks in themengebundenen Online-Artikeln eine 3-Ebenen-Analyse von Textsorten-in-Online-Vernetzung. Mit der Bestimmung von Link-Strukturen auf 3 Ebenen können auf jeder Ebene Textsortennetze zu Ausgangstexten identifiziert werden, die ein diskursives Gesamtkonstrukt bilden (Goman & Gür-Şeker 2020: 139). Der Link-Ansatz von Goman und Gür-Şeker ermöglicht nicht nur die verlinkten Online-Texte textsortenspezifisch zu kategorisieren und ihr Vorkommen im Zeitverlauf quantitativ zu erfassen, sondern kann auch „das Ensemble von Textsorten eines festgelegten Untersuchungszeitraums" aber auch Diskurses sichtbar machen (Goman & Gür-Şeker 2020: 142). Allerdings ist die Extraktion und Dokumentation von multimodalen Korpora mit aufbewahrten Linkstrukturen mit erheblichen methodischen Herausforderungen verbunden. Goman und Gür-Şeker schlagen vor, neben Bildschirmaufnahmen auch Videoaufnahmen analysierter Objekte zu machen, die dann mit Tools wie Maxqda annotiert und analysiert werden können. Solche umfangreichen Datenmengen werfen die Fragen des Forschungsdatenmanagements, vor allem der Langzeitarchivierung und der nachhaltigen Nutzung von Forschungsdaten auf.

Hashtags, durch ein Rautezeichen (#) eingeleitete Zeichenketten, dienen auf der technisch operativen Ebene der expliziten Verlinkung von zunächst für sich stehenden Beiträgen auf Instagram oder Twitter, die mit dem gleichen Hashtag versehen wurden. Für digitale Diskurse ist es relevant, dass durch die Vorgabe von Hashtags vonseiten eines diskursrelevanten Einzelakteurs oder einer diskursrelevanten Einzelakteurin (z. B. Eventeranstalter*in oder Argumentationslinie von Politikerinnen und Politikern usw.) oder durch Aushandlung von Hashtags durch User*innen digitale Diskurse initiiert, etabliert und konstituiert werden (vgl. Dang-Anh, Einspänner & Thimm 2013). Auf diese Weise erhöhen User*innen aber auch die Sichtbarkeit eigener Beiträge für andere User*innen, die nach aktuellen diskursrelevanten Hashtags suchen (z. B. Trending Topics bei Twitter), um Diskurse zu verfolgen. Mit getaggten Schlagwörtern werden also nicht nur themenspezifische Postings, sondern auch deren Verfasser*innen eruiert, was für die Akteursanalyse von Relevanz ist (vgl. den Beitrag von Schnick zu Näheeffekten in diesem Band). Die zitierten Hashtags lassen nämlich Rückschlüsse auf die Akteurinnen und Akteuren zu, die diese Hashtags zitieren und durch ihre individuelle Perspektive anreichern. Da ein Hashtag der Sammlung aller gleichgetaggten Beiträge zu einem diskursrelevanten Thema dient, wird durch ein Hashtag das Diskursthema symbolysiert. Bei manchen Diskursthemen werden mehrere Hashtags vorgeschlagen, die neben dem Hauptdiskurs auch weitere Themenstränge abdecken und verschiedene Aspekte eines Themas behandeln. Über Hashtags werden Diskurse also konstituiert, strukturiert sowie identifiziert. In einem Beitrag werden am Ende oft mehrerer Hashtags angehäuft, wodurch der Tweet oder der Instagram-Post zu anderen Hashtags Bezug aufnimmt. Auf diese Weise werden in einer globalisierten Welt häufig transnationale, sprachübergreifende Diskurse konstituiert; so betrachten Goman und Gür-Şeker Hashtaganhäufungen als ein „Panoramafenster für transnationale Analysen"[10] von digitalen Diskursen. Betrachtet man Hashtags wie hier als Zitate, die User*innen entweder extraponieren oder in die syntaktische Struktur eigener Beiträge einbetten können, um auf die Referenzbeiträge zu verweisen, so sind bei der Analyse ihre unterschiedlichen kommunikativen Funktionen zu berücksichtigen, z. B. argumentatierende, kommentierende, verschlagwortende Funktion oder thematische Konkretisierung (vgl. Dang-Anh, Einspänner & Thimm 2013).

Eine weitere Möglichkeit explizite Verlinkungen herzustellen erfolgt mittels des @-Zeichens, das aus der E-Mail-Kommunikation remediatisiert wurde. Auf der Nachrichtenplattform Twitter wird durch @ + Accountname beispielsweise der Adressat durch den Sprecher zunächst genannt, zugleich „wird per Verlinkung auf ihn gezeigt" (Dang-Anh 2019: 137). Eine ähnliche Funktion erfüllen im Allgemeinen auch @-replies, denn in beiden Fällen werden dadurch soziale Beziehungen hergestellt (Dang-Anh 2019: 138). Neben der explizit ausgewiesenen personen- bzw. accountgebundenen Adressierung ist es zudem möglich, einen Account per @ im Verlauf des Postings nur zu erwähnen (sog. „@-mention") (vgl. Dang-Anh 2019: 139). Letztere haben einen höheren Grad an Öffentlichkeit als @-Adressierungen oder @-replies, denn sie werden nicht nur „in den Timelines von Abonnenten beider Interaktanten" von @-Postings angezeigt (Dang-Anh 2019: 139). In digitalen Diskursen ist die Relevanz von Verlinkungen per @ vor allem im Hinblick auf die Akteursperspektive zu sehen, denn dadurch werden zwei Formen der personalen Referenz realisiert, Adressierung und Erwähnung, die auf diskursrelevante Akteure verweisen.

---

10 PowerPoint zum Votrag „Kontrastive Diskurslinguistisk und methodische Perspektivierungen auf Online-Diskurse" am 02.11.2020 im Rahmen der Ringvorlesung Diskursdynamiken an der Philosophischen Fakultät der Universität Ljubljana.

3.5.2 Implizite Verknüpfungen

Im Gegensatz zu Links und Hashtags verläuft die Verknüpfung durch **Aggregatoren** implizit, indem die digitalen Inhalte (z. B. Nachrichten, Bilder, Filme oder Musik) beispielsweise durch eine Software zu einer Liste thematisch ähnlicher (oder auf eine andere Art und Weise miteinander verbundener) Inhalte verknüpft werden. Das Sammeln und die Zusammenstellung von Inhalten kann maschinell (anhand bestimmter Algorithmen) oder manuell durch verschiedene Bearbeitungsprogramme erfolgen. Als Beispiele für Nachrichten-Aggregatoren sind etwa Google News oder Yahoo Nachrichten zu nennen, als Aggregator kann aber auch Twitter dienen (allerdings handelt es sich hier – anders als bei sogenannten **Newsfeeds** – um explizite Verknüpfungen durch Hashtags). Darüber hinaus gibt es verschiedene Aggregatoren im Bereich der Blog- und Foren-Kommunikation, der Rezensionen oder verschiedener Dienstleistung.

Einige der am meisten verbreiteten Formate, anhand von welchen das Sammeln von Inhalten in Nachrichten-Aggregatoren (Newsfeeds) erfolgt, sind beispielsweise RSS („Really Simple Syndication" bzw. „Rich Site Summary") und Atom (vgl. dazu Wittenbrink 2005). Solche Newsfeeds dienten ursprünglich als Wegweiser zu HTML-Seiten, denn sie erlauben es, „die Headlines und Inhalte einer Seite als Teaser in andere Seiten einzubauen" (Wittenbrink 2005). Heutzutage ist die Hauptfunktion von Aggregatoren, die Internetnutzer*innen über die wichtigsten Neuigkeiten auf einem bestimmten Gebiet kurz und knapp zu informieren (bzw. im Fall der Dienstleistungen: diese anzubieten, für sie zu werben) und den Usern und Userinnen zugleich Zeit zu ersparen. Im Unterschied zu Medienformaten wie etwa Newsletter, die abonniert werden können und beispielsweise per E-Mail gleichzeitig an verschiedene Rezipienten/ Rezipientinnen gesendet werden („Push-Medien"), kann der Empfänger/ die Empfängerin bei Newsfeeds als typischen „Pull-Medien" selbst entscheiden, welche Nachrichten er / sie wann abrufen will.

Das folgende Beispiel veranschaulicht das Prinzip des Newsfeeds von Google (vgl. Abb. 3):

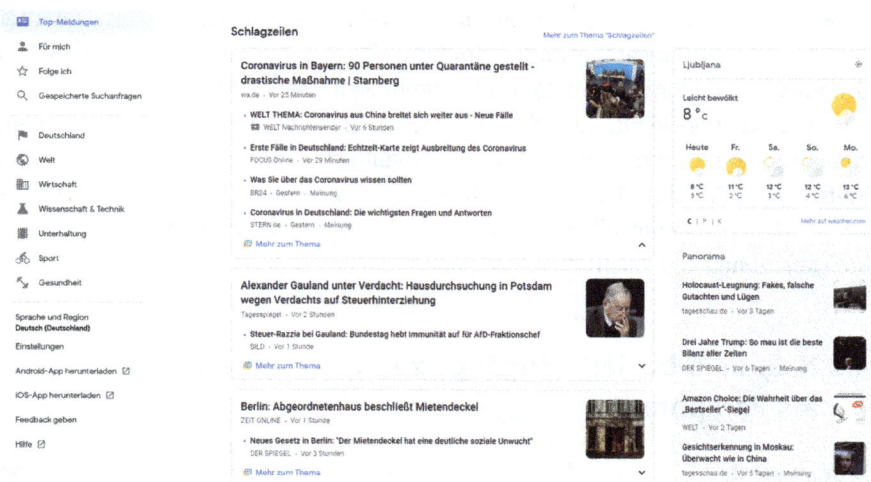

Abb. 3: Ausschnitt aus Google News.

In der Mitte befindet sich eine Zusammenstellung von Schlagzeilen mit den wichtigsten Nachrichten zu aktuellen Themen aus verschiedenen Online-Zeitungen bzw. -Portalen. Die Schlagzeilen fungieren gleichzeitig als Links – wenn man diese anklickt, gelangt man zum ursprünglichen Artikel. Auf der linken Seite befindet sich die Navigationsleiste mit verschiedenen Einstellungen und Themenbereichen („Deutschland", „Welt", „Wirtschaft" etc.), die den Nutzern/Nutzerinnen weitere „Filter" im Hinblick auf die erwünschte Thematik der Nachrichten ermöglichen. Auf der rechten Seite können sich die Nutzer*innen über das aktuelle Wetter informieren bzw. sich im Bereich „Panorama" einen Überblick über weitere, zum Teil ältere meist gelesene Beiträge verschaffen.

Dabei werden die Funktionen von Newsfeeds – wie die Funktionen digitaler Kommunikationsangebote schlechthin – nicht nur durch die Modalität „Sprache" bzw. „geschriebener Text" erfüllt, vielmehr sind solche Feeds hochgradig multimodal gestaltet: Ihr kommunikativer Sinn ergibt sich also aus dem Zusammenspiel von Schrift und anderen semiotischen Ressourcen wie etwa Layout, Typographie, Farbe und Bild.

4 Methoden

Im Folgenden sollen exemplarisch zwei methodische Zugänge zur Intertextualität vorgestellt werden, die in der computergestützten linguistischen Diskursanalyse verwendet werden. Diese kommen insbesondere bei der Aufdeckung latenter Textbezüge zum Einsatz, etwa bei der Identifizierung von diskurssemantischen Grundfiguren (vgl. Abschnitt 3.1) und Paraphrasen (vgl. Abschnitt 3.3).

Sie sind so gewählt, dass sie in doppelter Hinsicht beispielhaft sein können, einerseits indem sie die zentralen intertextualitätstheoretischen Dimensionen der System- und der Einzeltextreferenz abdecken, zum anderen intransparente Blackbox- und transparente Whitebox-Algorithmen als prototypische methodologische Konstellationen vorstellen.

4.1 N-Gramm-basierte Zugänge zur Intertextualität als Paraphrase

N-Gramme sind Einheiten, die aus n Elementen bestehen. Normalerweise werden n-Gramme als Folge von Wortformen operationalisiert. Im Rahmen einer n-Gramm-Analyse werden dann alle im Korpus vorkommenden n-Gramme berechnet, wobei vorher bestimmte Parameter wie Länge der Mehrworteinheit (aus zwei, drei oder mehr Wörtern bestehend) oder Spannweite (sind Lücken zwischen den Wörtern erlaubt?) festgelegt werden und Kennzahlen wie die Frequenz oder die Festigkeit der Verbindung der Elemente berechnet werden.

Kommt ein n-Gramm in Prä- und Folgetexten vor, ggf. in umgekehrter Reihenfolge oder anderen leichten Abwandlungen, dann kann dies als Paraphrase gedeutet werden. Eine nur Oberflächenstrukturen berücksichtigende n-Gramm-Analyse ist jedoch nur sehr bedingt für die Identifizierung von Paraphrasenkandidaten geeignet.

Um auch lexikalisch-semantische oder morphosyntaktische Abwandlungen des Referenztextes zu erfassen, müssen vielmehr einzelne oder alle Elemente eines n-Gramms durch alternative Repräsentationen (wie etwa interpretative linguistische Kategorien) ersetzbar sein (vgl. Scharloth et al. 2019). Dies können zum einen Elemente sein, die sich auf die Tokenebene beziehen und die Wortform funktional oder semantisch deuten (als Repräsentant einer Wortart oder als Teil einer semantischen Klasse). Zum anderen aber auch Elemente, die über die Tokenebene hinausgreifen, etwa das Tempus oder die Modalität einer Äußerung (direkte vs. indirekte Rede). Welche Elemente welcher interpretativer Dimensionen in die Analyse mit einbezogen werden, hängt einerseits von der jeweiligen Forschungsfrage ab, andererseits forschungspraktisch auch davon, welche Ressourcen für die Annotation des Korpus zur Verfügung stehen.

Ein Beispiel: Ein Satz wie „Angela Merkel ist die erfolgreichste Regierungschefin in Europa." kann beispielsweise maschinell mit interpretativen Kategorien auf folgenden Ebenen repräsentiert werden: Auf der Token-Ebene, also auf der Ebene von Wörtern und Satzzeichen, sind dies Informationen zum Lemma

	Angela	Merkel	ist	die	erfolgreichste	Regierungschefin	in	Europa	
Lemma	Angela	Merkel	sein	d	erfolgreich	Regierungschefin	in	Europa	.
POS	NE	NE	VAFIN	ART	ADJA	NN	APPR	NE	$.
NP	[Angela	Merkel]		[die	erfolgreichste	*Regierungschefin]	[in	*Europa]	
NER	[NE	Person]						NE Ort	
Hyperonym					gut, positiv	Regierungsbeamter, Verantwortlicher, Leiter		Erdteil, Kontinent	
Synonym					gelungen, sieghaft	Kanzler, Präsident		Abendland, Okzident	

und zur Wortart des jeweiligen Token (Tokenisierung, Lemmatisierung und POS-Annotation erfolgten mittels des Tree-Taggers), sowie unterschiedliche semantische Informationen, wie das Hyperonyme (aus der semantischen Taxonomie GermaNet) und Synonyme (aus Open Thesaurus). Tokenübergreifend stehen Informationen zu sog. *Named Entities* und ihrer Klassifikation als Ort, Organisation, Person und anderes zur Verfügung, ebenso wie eine grundlegende Gliederung des Satzes in Teil-Nominalphrasen. Die folgende Tabelle gibt einen (um der Übersichtlichkeit willen vereinfachten) Überblick über die für die jeweiligen Token zur Verfügung stehenden Informationen.

Komplexe n-Gramme lassen sich nun einerseits durch syntagmatische Parameter wie die Festlegung von Grenzen (Länge des n-Gramms) und die Möglichkeit von Auslassungen, andererseits durch paradigmatische Ersetzungen erzeugen. Ein durch die Operationen der Begrenzung, Auslassung und Ersetzung erzeugtes n-Gramm ist eine abstrakte Repräsentation des Referenztextes. Wie die n-Gramme jeweils gebildet werden sollen, wird durch die Festlegung der Parameter des Berechnungsalgorithmus gesteuert.

Wenn bei der Paraphrasensuche beispielsweise Personennamen durch die *named-entity*-Kategorie [NE Person] ersetzt werden, Verben als Wortform-Token erhalten bleiben, sämtliche Artikel und Adjektive ignoriert werden, alle Präpositionen durch ihren Part-of-Speech-Tag ersetzt werden und Substantive durch ihr Hyperonym, dann erhält man folgendes n-Gramm als Repräsentation des Referenztextes: *[NE Person] ist [Regierungsbeamter, Verantwortlicher, Leiter] [APPR] [Erdteil, Kontinent]*. Die Paraphrasensuche besteht nun darin, in potentiellen Folgetexten nach Textstellen zu suchen, deren abstrakte Repräsentation mit der des Referenztextes identisch ist. Dies wären beispielsweise Sätze wie „Putin [...] ist [...] Präsident [...] von Russland." oder „Alfons der Viertelvorzwölfte [...] ist [...] König [...] auf Lummerland." Das Beispiel zeigt, dass die gewählten Parameter den Algorithmus womöglich zu „gierig" machen, d. h. dass zahlreiche Textstellen gefunden werden, die nur schwerlich als Paraphrasen gelten können.

Der Suchalgorithmus ist freilich hochgradig konfigurierbar und transparent. In jedem Fall ist anhand der abstrakten Repräsentation von Referenztext und Paraphrasenkandidat überprüfbar, aufgrund welcher sprachlichen Transformationen zwei Textstellen als hinreichend ähnlich aufgefasst werden können, um als Paraphrase gedeutet zu werden.

4.2 Word Embeddings und Vektorähnlichkeiten

Ein zweiter Ansatz zur Identifizierung von Paraphrasenkandidaten beruht auf computerlinguistischen Techniken der Modellierung von Sprache, die in der distributionellen Semantik (vgl. Firth 1957) fußt. Wörter werden als Vektoren repräsentiert, wobei die einzelnen Werte dieser Vektoren sich aus der Distribution der sie umgebenden Wörter ergeben. Das semantische System einer Sprache oder auch nur eines Diskurses oder Diskursausschnittes wird somit als hochdimensionaler Vektorraum modelliert, in dem die Relationen zwischen den Einheiten als Vektordistanzen berechenbar sind. Ein Meilenstein für die breite Anwendbarkeit dieser Techniken ist der von Mikolov et al. (2013) entwickelte Word2Vec-Toolkit, der ein schnelleres Training der Modelle ermöglichte.

Intertextualität als semantische Ähnlichkeit von Texten oder Textabschnitten kann nun anhand der Transformierbarkeit des Referenztextes bzw. eines Teils daraus in einen potentiellen Folgetext modelliert werden. Für die Berechnung der Kosten der Transformation haben Kusner et al. (2015) die Word Mover's Distance (WMD) entwickelt. Sie ist definiert als die minimale kumulative Distanz, um die Wörter eines Referenztextes so zu überführen, dass der Phänotext entsteht.

Wendet man diese Methode nicht auf ganze Texte sondern auf Textsegmente an, so können in einem Phänotext unterschiedlichste intertextuelle Referenzen sichtbar gemacht werden, die als tiefensemantische, konzeptuelle oder topische Diskursstrukturen gedeutet werden können. Es lassen sich aber auch datengeleitet rekurrente Referenzen identifizieren, deren Co-Okkurenz als Indiz für Diskursivität gelesen werden kann. So können die skizzierten Verfahren dazu dienen, Diskurse maschinell und datengeleitet zu identifizieren.

5 Fazit und Ausblick

Die vorangegangenen Abschnitte haben gezeigt, wie Intertextualität als konstitutives Merkmal von Diskursen sich im Zuge der digitalen Transformation von Diskurs und Diskursanalyse materialisiert und vom Interpretament zu einer methodisch einholbaren Kategorie diskursanalytischer Forschung wird. Zum einen ist die Digitalität der Texte eine entscheidende Voraussetzung dafür, dass Intertextualität mittels maschineller Verfahren im für Diskursanalysen nötigen Umfang methodisch erfasst werden kann. Andererseits prägen digitale Medien den Texten im Prozess ihrer Entstehung, aber auch in Anschlusskommunikationen Spuren ein, die zumindest teilweise als intertextuelle Verknüpfungen im Sinn der Diskursanalyse gedeutet werden können. Dass beide Dimensionen insofern miteinander verknüpft sind, als Plattformen die skizzierten datengeleiteten Methoden in Aggregations- oder Vorschlagsalgorithmen zur Verknüpfung digitaler Kommunikate einsetzen, ist ein Beleg dafür, dass digitaler Diskurs und digitale Diskursanalyse nicht unabhängig voneinander gedacht werden dürfen.

Literatur

Androutsopoulos, Jannis. 2010. Multimodal – intertextuell – heteroglossisch: Sprach-Gestalten in „Web 2.0"-Umgebungen. In Arnulf Deppermann & Angelika Linke (eds.), *Sprache intermedial. Stimme und Schrift, Bild und Ton*, 419–445. Berlin & New York: De Gruyter.

Bachtin, Michail M. 1990. *Literatur und Karneval. Zur Romantheorie und Lachkultur*. Frankfurt am Main: Fischer.

Berghofer, Simon. 2009. *Dialogizität und [Inter]Textualität im Internet. Zur kommunikativen Textgenese von literarischen Blogs*. Magisterarbeit. Berlin. Freie Universität Berlin.

Busse, Dietrich. 1997. Das Eigene und das Fremde. Annotationen zu Funktion und Wirkung einer diskurssemantischen Grundfigur. In Matthias Jung, Martin Wengeler & Karin Böke (eds.), *Die Sprache des Migrationsdiskurses. Das Reden über „Ausländer" in Medien, Politik und Alltag*, 17–35. Opladen: Westdeutscher Verlag.

Busse, Dietrich. 2003. Begriffsgeschichte oder Diskursgeschichte? Zu theoretischen Grundlagen und Methodenfragen einer historisch-semantischen Epistemologie. In Carsten Dutt (ed.), *Herausforderungen der Begriffsgeschichte*, 17–38. Heidelberg: Winter.

Dang-Anh, Mark. 2019. *Protest twittern. Eine medienlinguistische Untersuchung von Straßenprotesten* (= Locating Medien/ Situierte Medien 22). Bielfeld: transcript.

Dang-Anh, Mark, Jessica Einspänner & Caja Thimm. 2013. Kontextualisierung durch Haschtags: die Mediatisierung des politischen Sprachgebrauchs im Internet. In Hajo Diekmannshenke & Thomas Niehr (eds.), *Öffentliche Wörter: Analysen zum öffentlich-medialen Sprachgebrauch*, 137–159. Stuttgart: ibidem.

Firth, John Rupert. 1957. *Papers in Linguistics, 1934–1951*. London: Oxford University Press.

Fix, Ulla. 2000. Aspekte der Intertextualität. In Klaus Brinker, Gerd Antos, Wolfgang Heinemann & Sven F. Sager, Sven F (eds.), *Text- und Gesprächslinguistik. Ein internationales Handbuch zeitgenössischer Forschung*, 449–457. Berlin & New York: De Gruyter (=Handbücher zur Sprach- und Kommunikationswissenschaft), 1. Halbband.

Fix, Ulla. 2008. *Texte und Textsorten – sprachliche, kommunikative und kulturelle Phänomene*. Leipzig: Frank & Timme.

Girnth, Heiko. 1996. Texte im politischen Diskurs. Ein Vorschlag zur diskursorientierten Beschreibung von Textsorten. *Muttersprache* 106(1). 66–80.

Goman, Helge & Derya Gür-Şeker. 2020. (Multimodale) Vernetzungsstrukturen in Online-Zeitungen. Methodische und analytische Zugänge einer digitalen Linguistik. In Derya Gür-Şeker (ed.): *Wörter, Wörterbücher, Wortschätze. (Korpus-)Linguistische Perspektiven*, 135–155. Duisburg: Universitätsverlag Rhein-Ruhr.

Gray, Jonathan. 2006. *Watching with the Simpsons. Television, parody, and intertextuality*. New York: Routledge.

Gredel, Eva. 2018. *Digitale Diskurse und Wikipedia: Wie das Social Web Interaktion im digitalen Zeitalter verwandelt*. Tübingen: Narr Francke Attempto Verlag.

Gür-Şeker, Derya. 2012. *Transnationale Diskurslinguistik: Theorie und Methodik am Beispiel des sicherheitspolitischen Diskurses über die EU-Verfassung in Deutschland, Großbritannien und der Türkei* (Sprache, Politik, Gesellschaft 6). Bremen: Hempen.

Heibach, Christiane. 2003. *Literatur im elektronischen Raum*. Frankfurt am Main: Suhrkamp.

Holthuis, Susanne. 1993. *Intertextualität. Aspekte einer rezeptionsorientierten Konzeption*. Tübingen: Stauffenburg.

Janich, Nina. 2019. Intertextualität und Text(sorten)vernetzung. In Nina Janich (ed.), *Textlinguistik. 15 Einführungen*, 177–196. 2. Aufl. Tübingen: Narr.
Kienpointer, Manfred. 1992. *Alltagslogik. Struktur und Funktion von Argumentationsmustern*. Stuttgart-Bad Cannstatt: frommann-holzboog.
Kienpointner, Manfred. 1996. *Vernünftig argumentieren. Regeln und Techniken der Diskussion*. Reinbek: Rowohlt.
Klug, Nina-Maria. 2016. Multimodale Text- und Diskurssemantik. In Nina-Maria Klug & Hartmut Stöckl (eds.), *Handbuch Sprache im multimodalen Kontext* (Handbücher Sprachwissen 7), 165–189. Berlin & Boston: de Gruyter.
Klug, Nina-Maria. 2018. Wenn Schlüsseltexte Bilder sind. Aspekte von Intertextualität in Presse und öffentlichem Raum. In: Steffen Pappert & Sascha Michel (eds.), *Multimodale Kommunikation in öffentlichen Räumen. Texte und Textsorten zwischen Tradition und Innovation* (Perspektiven germanistischer Linguistik 14), 109–131. Stuttgart: ibidem-Verlag.
Kopperschmidt, Josef. 1989. *Methodik der Argumentationsanalyse* (Problemata 119). Stuttgart-Bad Cannstatt: frommann-holzboog.
Kusner, Matt, Yu Sun, Nicholas Kolkin & Kilian Weinberger. 2015. From word embeddings to document distances. *Proceedings of the 32nd International Conference on Machine Learning* 37. 957–966.
Kristeva, Julia. 1978. Bachtin, das Wort, der Dialog und der Roman. In Dieter Hillebrandt (ed.), *Zur Struktur des Romans* (Wege der Forschung 488), 388–407. Darmstadt: Wissenschaftliche Buchgesellschaft.
Marx, Konstanze & Georg Weidacher. 2014. *Internetlinguistik. Ein Lehr- und Arbeitsbuch*. Tübinger: Narr.
Mikolov, Tomas, Ilya Sutskever, Kai Chen, G.s Corrado, Jeffrey Dean. 2013. Distributed Representations of Words and Phrases and their Compositionality. *Advances in Neural Information Processing Systems*, 26. (NIPS 2013)
Pentzold, Christian, Claudia Fraas & Stefan Meier. 2013. Online-mediale Texte: Kommunikationsformen, Affordanzen, Interfaces. *Zeitschrift für Germanistische Linguistik* 41(1),81–101.
Pfister, Manfred. 1985. Konzepte der Intertextualität. In Ulrich Broich & Manfred Pfister (eds.), *Intertextualität. Formen, Funktionen, anglistische Fallstudien* (Konzepte der Sprach- und Literaturwissenschaft 35), 1–30. Tübingen: May Niemeyer Verlag.
Polajnar, Janja. 2019. Zur Intertextualität in Postings. Eine exemplarische Analyse deutschsprachiger Postings in Kommentarforen zu Online-Zeitungsartikeln zum Bologna-Prozess. In Uršula Krevs Birk (ed.), *Wort – Text – Kultur. Studien zu Ehren von Prof. Dr. Siegfried Heusinger zum 85. Geburtstag = Beseda – besedilo – kultura: razprave v počastitev 85-letnice prof. dr. Siegfrieda Heusingerja* (Linguistica, 59), 267–285. Ljubljana: Znanstvena založba Filozofske fakultete.
Polajnar, Janja. 2017. Kultur-kontrastiver diskursanalytischer Zugang zum Bologna-Diskurs am Beispiel vom Mobilitäts-Topos in den slowenischen und deutschen Tageszeitungen. In Petra Kramberger, Irena Samide & Tanja Žigon (eds.), *Und die Brücke hat gezogen, die vom Ost zum West sich schwingt. Literarische, kulturelle und sprachliche Vernetzungen und Grenzüberschreitungen. Festschrift für Mira Miladinović Zalaznik*, 417–430. Ljubljana: Znanstvena založba Filozofske fakultete.
Polajnar, Janja & Tanja Škerlavaj. 2018a. Bologna-Prozess: Leichter Einstieg in den Beruf oder nur Studium mit Durchlaufgeschwindigkeit? Ökonomie-Topoi und der Finanzierungs-Topos zu Beginn des slowenischen und deutschen Bologna-Diskurses. *Muttersprache* 128(2),192–213.

Polajnar, Janja & Tanja Škerlavaj. 2018b. Zentrale Topoi im Bologna-Diskurs: Ein Einblick in die kultur-kontrastive Untersuchung der Argumentationsmuster im Deutschen und im Slowenischen. In Eva Gredel, Heidrun Kämper, Ruth M. Mell, Janja Polajnar (eds.), *Diskurs – kontrastiv: Diskurslinguistik als Methode zur Erfassung transnationaler und sprachübergreifender Diskursrealitäten*, 150–174. Bremen: Hempen.

Scharloth, Joachim. 2005. Die Semantik der Kulturen. Diskurssemantische Grundfiguren als Kategorien einer linguistischen Kulturanalyse. In Dietrich Busse, Thomas Niehr & Martin Wengeler (eds.), *Brisante Semantik. Neuere Konzepte und Forschungsergebnisse einer kulturwissenschaftlichen Linguistik* (RGL 259), 119–135. Tübingen: Niemeyer.

Scharloth, Joachim, Franz Keilholz, Simon Meier-Vieracker, Xiaozhou Yu & Roman Dorniok. 2019. Datengeleitete Kategorienbildung in den Digital Humanities: Paraphrasen aus korpus- und computerlinguistischer Perspektive. In Charlotte Schubert, Paul Molitor, Jörg Ritter, Joachim Scharloth & Kurt Sier (eds.): *Platon Digital: Tradition und Rezeption* (Digital Classics Books 3), 61–88.

Schröter, Melani. 2017. Texte und Textsorten. In Kersten Sven Roth, Martin Wengeler & Alexander Ziem (eds.): *Handbuch Sprache in Politik und Gesellschaft* (Handbücher Sprachwissen 19), 212–233. Berlin/ Boston: De Gruyter.

Spieß, Constanze. 2011. *Diskurshandlungen. Theorie und Methode linguistischer Diskursanalyse am Beispiel der Bioethikdebatte*. Berlin & Boston: De Gruyter.

Spitzmüller, Jürgen & Ingo H. Warnke. 2011. *Diskurslinguistik. Eine Einführung in Theorien und Methoden der transtextuellen Sprachanalyse*. Berlin & Boston: De Gruyter.

Steyer, Kathrin. 1997. Irgendwie hängt alles mit allem zusammen – Grenzen und Möglichkeiten einer linguistischen Kategorie ,Intertextualität'. In Josef Klein & Ulla Fix (eds.), *Textbeziehungen. Linguistische und literaturwissenschaftliche Beiträge zur Intertextualität*, 83–107. Tübingen: Stauffenburg.

Stierle, Kathrin. 1984. Werk und Intertextualität. In Karlheinz Stierle & Rainer Warning (eds.), *Das Gespräch* (Poetik und Hermeneutik 11), 139–150. München: Fink.

Škerlavaj, Tanja. 2017. International heißt die Devise: eine kultur-kontrastive Analyse der Globalisierungs-Topoi im deutschen und slowenischen Bologna-Diskurs. In Petra Kramberger, Irena Samide & Tanja Žigon (eds.), *„Und die Brücke hat gezogen, die vom Ost zum West sich schwingt": literarische, kulturelle und sprachliche Vernetzungen und Grenzüberschreitungen: Festschrift für Mira Miladinović Zalaznik*, 431–443. Ljubljana: Znanstvena založba Filozofske fakultete.

Teubert, Wolfgang. 1998. Korpus und Neologie. In Wolfgang Teubert (ed.), *Neologie und Korpus*, 129–170. Tübingen: Narr.

Wengeler, Martin. 2003. *Topos und Diskurs. Begründung einer argumentationsanalytischen Methode und ihre Anwendung auf den Migrationsdiskurs (1960–1985)*. Tübingen: Max Niemeyer Verlag.

Wikipedia Cross-lingual Image Analysis: https://tools.digitalmethods.net/beta/wikipediaCrosslingualImageAnalysis/ (Zugriff: 04.11.2019)

Wittenbrink, Heinz. 2005. *Newsfeeds mit RSS und Atom: Nachrichtenaustausch mit Really Simple Syndication und Atom*. Galileo Computing.

Ziem, Alexander. 2005. Begriffe, Topoi, Wissensrahmen: Perspektiven einer semantischen Analyse gesellschaftlichen Wissens. In Martin Wengeler (ed.), *Sprachgeschichte als Zeitgeschichte. Konzepte, Methoden und Forschungsergebnisse der Düsseldorfer Sprachgeschichtsschreibung für die Zeit nach 1945*, 315–348. Hildesheim & New York: Olms.

Michaela Schnick
Nähekonstitutionen und -effekte

1 Einleitung

Für die Untersuchung von Nähe in online-medialen Diskursen kann ein diskurstheoriebezogener Überblick dazu, wo und wie sich Nähe konstituiert, Orientierung geben. Das Ziel der folgenden Ausführungen besteht darin, Möglichkeitsbedingungen von Nähekonstitutionen zu rekonstruieren. Ausgehend von einer Bestimmung des Begriffs *Nähe* werden dazu unterschiedliche Perspektiven auf Nähekonstitutionen geworfen. Zunächst werden diesbezüglich Diskurs- und Korpusbegriff sowie diskursanalytisches Forschen selbst aufgegriffen, um daran anknüpfend Raum und Nähe aufeinander zu beziehen. Anschließend werden exemplarisch Näheeffekte in öffentlichen und wissenschaftlichen Diskursen des Digitalen aufgezeigt.

Ausgehend von Aspekten der Multimodalität, Materialität und Sprache wird der Fokus u. a. auf Nähekonstitutionen mittels Hashtags, Selbstbezeichnungen und in Bezug auf Positionierungen von Akteuren gelegt, um daran anknüpfend verschiedene Nähe herstellende Gemeinschaftskonfigurationen in und bezugnehmend auf online-mediale Diskurse anzuführen.

2 Nähe

Die Einträge zu *Nähe* auf Duden online und im Digitalen Wörterbuch der deutschen Sprache stimmen darin überein, dass Nähe *ex negativo* als „geringe Entfernung" paraphrasiert wird, die hinsichtlich ihrer räumlichen, zeitlichen und sozialen Konstitution konkretisiert wird.[1] Nähe setzt prototypisch wenigstens zwei zueinander in eine Äquivalenzbeziehung gesetzte Entitäten voraus, auf die bestimmte Attribute wie die oben genannten in ähnlicher Weise zutreffen. Die Entscheidung darüber, ob die Entitäten einander nahe sind oder fern, kann entweder in Abgrenzung zu einer anderen tatsächlichen oder zu einer aus etablierten Normalvorstellungen (vgl. Link 2016) abgeleiteten Äquivalenzbeziehung getroffen werden. Nähe ist also ein Relationsbegriff, mit dem nicht nur mindestens zwei Entitäten zueinander in Bezug gesetzt werden, sondern mit

---

[1] Vgl. https://www.duden.de/rechtschreibung/Naehe und https://www.dwds.de/wb/Nähe, letzter Zugriff auf beide: 30.04.2021.

∂ Open Access. © 2022 Michaela Schnick, publiziert von De Gruyter. [cc) BY-ND] Dieses Werk ist lizenziert unter einer Creative Commons Namensnennung - Keine Bearbeitung 4.0 International Lizenz.
https://doi.org/10.1515/9783110721447-012

dem diese Beziehung zusätzlich hinsichtlich einer anderen tatsächlichen oder vorgestellten Beziehung abgeglichen wird.

3 Diskurse

Nicht allein Nähe ist etwas, das sich diskursiv konstituiert. Die Diskursanalyse, die Diskurse idealerweise mit angemessener Distanz zum Untersuchungsgegenstand untersucht, ist selbst diskursiv konstituiert und beteiligt sich als wissenschaftliche Disziplin am öffentlichen Diskurrieren einer Gemeinschaft.

Dietrich Busse und Wolfgang Teubert begründen in ihrem in der deutschsprachigen Sprachwissenschaft kanonisch gewordenen Beitrag Diskurs als „sprachwissenschaftliches Objekt" (Busse & Teubert 2013). Ein zentrales Argument stellen die methodischen Gemeinsamkeiten zwischen linguistischer Diskursanalyse und sprachwissenschaftlichen Disziplinen wie Lexikologie und Semantik dar (vgl. - Busse & Teubert 2013: 28). Teubert und Busse stellen in ihrem Beitrag sprachlich also eine methodische Nähe zwischen linguistischer Diskursanalyse und den als etabliert geltenden sprachwissenschaftlichen Disziplinen her. Als Möglichkeitsbedingung von Nähekonstitutionen und ihrer diskurslinguistischen Untersuchung ist jedoch eine andere Konfiguration maßgeblich. Es handelt sich um die forschungspraktische Bestimmung von Diskursen als „virtuelle Textkorpora, deren Zusammensetzung durch im weitesten Sinne inhaltliche (bzw. semantische) Kriterien bestimmt wird" (Busse & Teubert 2013: 16). An dieser Stelle ist die Ergänzung angebracht, dass Michel Foucault folgend nicht Texte, sondern Aussagenzusammenhänge das etablieren, was als Diskurs bezeichnet wird (vgl. Foucault 1973: 156; Busse & Teubert 2013: 18). Durch diese Diskursbestimmung werden Aussagen bzw. Texte als einander inhaltlich (thematisch, semantisch) und räumlich (Korpus; man beachte auch die Raummetaphorik möglicher Kriterien zur Korpuserstellung bspw. *Zeitraum, Kommunikationsbereich*) nahe vorgestellt. Der vorausgesetzte Diskursbegriff stellt also selbst eine Nähekonfiguration dar, die den diskursanalytisch forschenden Blick von Beginn der Untersuchung an prägt (vgl. Busse & Teubert 2013: 18) und die reflexionsbedürftig ist, also eine Distanznahme der forschenden Person zum eigenen Forschen erfordert.

Juliane Schröter und Angelika Linke geben entsprechend zu bedenken, dass die „Entdeckung von Diskursen [...] bislang nicht zum diskurslinguistischen Kerngeschäft" (Linke & Schröter 2018: 454) gehört, weil ein Gros diskurslinguistischer Untersuchungen sich an thematisch bestimmten Diskursen orientiert, die der eigentlichen Diskursanalyse präkonstitutiv sind. Eine Orientierung diskurslinguistischer Untersuchungen an der Konstitution von Nähe und ihren Effekten kann zur angeregten „Entdeckung von Diskursen", die thematisch wenig vorgeprägt sind, beitragen.

4 Räume

4.1 Diskursräume

Busses und Teuberts Bestimmung von Diskursen als „virtuelle Textkorpora" lässt sich wie oben vorgeschlagen als Nähekonfiguration bestimmter Texte bzw. der daraus hervorgehenden Aussagen fassen. *Korpus* verweist zusätzlich auf Raum, insofern die in einem Korpus zusammengefassten Texte als einander so nahe stehend verstanden werden, dass sie einen Textkörper (lat. *corpus* ‚Körper') bilden, der sich dadurch auszeichnet, dass die Einzeltexte einen bestimmten Raum miteinander teilen und das Textkorpus als Einheit im Raum verortbar wird. In Busse und Teuberts Beispielanalyse des infolge der Französischen Revolution auch im Deutschen einsetzenden Diskurses des Nationalen wird abermals Raum zum Thema (vgl. Busse & Teubert 2013: 24). Einhergehend mit der Etablierung vom Diskurs des Nationalen werden u. a. Menschen und Flächen sowohl geografisch als auch kartografisch als einem Nationalstaat (nicht) zugehörig bestimmbar.

Am Beispiel des Diskurses des Nationalen zeigt sich, dass Raum zwar als etwas physisch Gegebenes vorgestellt werden kann. Aus diskursanalytischer Perspektive wird Raum jedoch zunächst als diskursiv Konstituiertes und damit bspw. sprachlich vermittelt begreifbar, was der Auffassung von Raum als realweltlicher Entität ausdrücklich nicht widerspricht. Im Zuge ihrer diskursiven Konstituierung werden Räumen bestimmte Attribute zugeschrieben, die auch die Art und Weise ihrer Wahrnehmung beeinflussen und zugleich bestimmte Umgangs- und Handlungsweisen evozieren. Mit Pierre Bourdieu lassen sich Räume entsprechend als produzierte soziale Orte bzw. als habitualisierte Formen der Praxis und Positionierung verstehen (vgl. Bourdieu 1985).

Vor dem einführend umrissenen Fokus dieses Beitrags können sowohl Raum als auch Nähe gleichermaßen als diskursiv hergestellt verstanden werden. Die Konstitution einer Äquivalenzbeziehung, die eingangs als charakteristisch für Nähe herausgestellt worden ist, lässt sich nicht außerhalb eines diskursiven Raumes denken, der zugleich Möglichkeitsbedingung und Effekt dieser Nähe ist. Diskursive Räume lassen sich neben anderem hinsichtlich ihrer Materialität und Lokalität beschreiben. Zugleich konstituieren sich in ihnen Machtverhältnisse, die bspw. Jürgen Spitzmüller am Beispiel der Anbringung von Graffiti als gegenhegemoniale Praxis, die im öffentlichen Raum angesiedelt ist, thematisiert. Spitzmüller bezieht sich auf *place* „als sozial konstituierter und regulierter Raum [...], in dem bestimmte soziale Akteure bestimmte mediale Ressourcen in einer bestimmten Art und Weise aktiv nutzen (können) und andere nicht" (Spitzmüller 2018: 526). Dieser Ansatz lässt sich auf die Konstitution von Nähe und ihre Effekte in online-medialen Diskursen übertragen.

4.2 Digitale Räume

Unter Rückgriff auf postmoderne Perspektiven wird nun konturiert, was unter digitalen Räumen verstanden werden kann. Globalisierung, Transnationalisierung, verkehrs- und medientechnische Entwicklungen und Vernetzungen sowie damit einhergehende soziale, ökologische, kulturelle und wirtschaftliche Pluralisierungsphänomene werden häufig als Gründe für gesellschaftliche Fragmentierungen und Hybridisierungen angeführt (vgl. z. B. Bachmann-Medick 2016: 17). An der zunehmenden Geschwindigkeit der weltweiten Bewegungen von Daten, Gütern oder Menschen setzt die Annahme an, dass sich die menschliche Wahrnehmung von Raum und Zeit verdichtet habe. Sie wird als „time-space compression" (vgl. Harvey 1989: 240–307) bezeichnet. Diese time-space compression wird von Foucault zugunsten des Raums ausgelegt. Im Gegensatz zum auf Geschichte ausgerichteten 19. Jahrhundert begreift Foucault seine Zeit als „Zeitalter des Raumes" (Foucault 2006: 317). Jameson konstatiert eine „spatialization of the temporal" (Jameson 1991: 156). Mit Einsetzen und Ausweitung der Digitalisierung wurden Kompression und Verräumlichung zur Implosion des Raums ausgedeutet, die sich in der Ortslosigkeit des McLuhanschen „global village" (McLuhan 1968) und im Cairncrosschen „death of distance" (Cairncross 1997) wiederfindet. Sie verbindet sich mit apokalyptischen und dystopischen Erwartungshaltungen (vgl. Döring & Thielmann 2008: 14).

Freilich ist der physische Raum nicht verschwunden, digitale Räume scheinen ihm lediglich einen Teil seiner Relevanz strittig gemacht zu haben, wenn es bspw. um das Anbahnen und Aufrechterhalten sozialer Nähe geht.[2] Die Materialität, an die auch digitale Räume gebunden sind, sollte dennoch nicht entnannt werden (vgl. Döring & Thielmann 2008: 14–15). Laptops, Smartphones, Smartwatches, Spielekonsolen, Modems und nicht zuletzt Web-Server, Kabel

---

[2] Eine eindeutige Unterscheidung zwischen digitalen und physischen Räumen ist nicht durchzuhalten. Sie wird dennoch aus Gründen der Nachvollziehbarkeit vorerst vorgenommen. Das macht sie zudem kritisierbar.

oder Satelliten sind materiell, lokalisierbar und nicht allen Menschen gleichermaßen unmittelbar zugänglich. Hinzu kommt, dass insbesondere ihre Herstellung und Entsorgung wie auch der Zugang zu ihnen ethische, rechtliche und ökologische Fragen eröffnen.

Um digitale Räume erfassen und abbilden zu können, greifen traditionelle, konventionalisierte Mittel und Techniken wie Kompass und Kartierung, die auf physische Räume ausgerichtet sind, für gewöhnlich zu kurz und werden entsprechend modifiziert oder transformiert. In der Begrenztheit der Möglichkeiten zur Abbildung digitaler Räume, der u. a. durch eine Publikation wie die vorliegende erweitert wird, liegt womöglich ein Grund für die Mutmaßung, dass Raum verschwinde. Dahinter steht die irreführende, weil auf falschen Prämissen beruhende Annahme, dass nicht ist, was sich nicht darstellen lässt. Die Annahme kann als irreführend bezeichnet werden, weil digitale Räume sich primär situativ, vermittelt durch kommunikative Handlungen konstituieren, während physischen Räumen ohne größere Umstände eine handlungsunabhängige, quasi natürliche Existenz zugesprochen wird, die jedoch ihre soziale Bedeutung und mitunter auch ihre Menschengemachtheit (z. B. Parks, Forste oder Strandpromenaden) ausblendet. Stattdessen lässt sich an der Annahme anknüpfen, dass Erkenntnis medienvermittelt ist, Medien also Welt erzeugen (vgl. Krämer 1998).

Über die Untersuchung kommunikativer Handlungen werden digitale Räume darstellbar. Dadurch mögen sie tendenziell durchlässiger, instabiler und flüchtiger als physische Räume erscheinen. Die im Digitalen Kommunizierenden werde ich im Folgenden mit Ingo Warnke und Jürgen Spitzmüller als Akteure (vgl. Warnke & Spitzmüller 2011) bezeichnen, um damit auch nicht personale Handelnde wie bspw. Institutionen oder Medien mit zu nennen. Akteure digitaler Räume sind zugleich immer auch in physischen Räumen situiert.

Entsprechend der digitalräumlichen Dynamik kann auch die darin sich konstituierende Nähe als dynamisch charakterisiert werden. Nähe ist jedoch keinesfalls essenziell durch technologische Entwicklungen bedroht, wie eine in öffentlichen und privaten Diskursen gleichermaßen prominent vertretene Annahme befürchten lässt. Stattdessen modifiziert oder transformiert sich diese Nähe zusammen mit neuen online-medialen Raumkonfigurationen (vgl. Beck 2000: 14). Nähe kann zusammengefasst als relationaler, ortsgebundener dynamischer Effekt verstanden werden, der sich zwischen Diskursakteuren einstellt, indem sie ihn aushandelnd herstellen.

Es ist anzumerken, dass vergleichbar den Wechselwirkungen zwischen physischem und digitalem Raum auch On- bzw. Offline-Diskurse aufeinander zurückwirken (vgl. den Beitrag von Gloning in diesem Band), sodass

> im massenmedialen Offline-Bereich online-spezifische Praktiken in Form von Aneignungen und Verweisen immer stärkere Berücksichtigung finden. Außerdem fungiert der Online-Bereich weiterhin als (zugegeben eigendynamischer) Resonanzraum massenmedialer Diskursthemen.
> (Meier 2018: 427)

Selbstredend betrifft die von Stefan Meier beschriebene Wechselwirkung auch personale Akteure, die Massenmedien sowohl on- als auch offline rezipieren, kommentieren und in Einzelfällen Äußerungen tätigen, die massenmedial rekontextualisiert (vgl. die Beiträge von Bender & Meier-Vieracker und von Gloning in diesem Band) werden.

Digitale und physische Räume unterscheiden sich folglich lediglich graduell hinsichtlich ihrer Dynamik bzw. Stabilität. Letztlich erscheint es auch aus diskurslinguistischer Perspektive keinen erheblichen Unterschied zu machen, „ob es der Raum selbst ist, der als beschrifteter lesbar wird, oder eine Repräsentation des Raumes, die ihn uns textförmig verfügbar macht" (Döring & Thielmann 2008: 17). Ob nun digital oder physisch, für die Untersuchung von Nähekonstitutionen und -effekten ist es maßgeblich, wie Räume hergestellt werden und welche Affordanzen (vgl. den Beitrag von Bender, Mell & Wildfeuer in diesem Band) bzw. Handlungsmöglichkeiten oder -beschränkungen sie voraussetzen.

4.3 Diskurse des Digitalen

Die mannigfaltigen Konnexionen zwischen verschiedenen Akteuren in physischen und digitalen Räumen werden metadiskursiv in Form von Hyperkonnektivitätsmetaphoriken hergestellt. Ein Beispiel dafür ist das *Rhizom* (vgl. Deleuze & Guattari 1997), das Verbindungen zwischen verschiedenartigen Akteuren verbildlicht. Es bildet unterschiedliche Zentren bzw. Schnittpunkte aus und weicht damit von der Vorstellung von einer Gesellschaft mit lediglich einer Mitte ab. In der rhizomatischen Etablierung multipler Schnittpunkte ist die Möglichkeit heterogener Nähekonstitutionen und -effekte begründet.

> Digital worlds offer new terrain for cultural inscription of space. They have given rise to discourses about how to appropriately organize digital spaces and how to interpret behaviors within them.
> (Keating 2016: 264)

Einschreibungen in digitale Räume, die Rückschlüsse auf die Wahrnehmung dieser Räume erlauben, zeigen sich in Raummetaphern wie *Cyberspace, Homepage, Chatroom* oder *Fenster* (vgl. Becker 2004). Digitalität wird in öffentlichen Diskursen des globalen Nordens zwischen den Polen *Chance* und *Gefahr* verhandelt. Dies zeigt sich musterhaft auch im historischen Rückblick auf die Etablierung älterer „neuer" Medien, die mit der Zeit naturalisiert und Teil der

Alltags- bzw. Zuschreibungspraxis vieler Menschen wurden (vgl. Spilioti 2016: 134–137). Dabei wird für gewöhnlich die *Künstlichkeit* der neuen Medien der *Natürlichkeit* bereits etablierter Medien gegenübergestellt. Dies stellt einen argumentativen Topos dar, der nicht nur in öffentlichen, sondern auch in wissenschaftlichen Diskursen resoniert. Weit verbreitet sind technologiedeterministische Annahmen, mit denen Kausalzusammenhänge zwischen der Einführung neuer Technologien und veränderten Formen zu kommunizieren behauptet werden (vgl. Georgakopoulou 2011). Diese veränderten Kommunikationsformen werden als Sprachwandel prägend und das Sozialgefüge beeinflussend vorgestellt (vgl. Androutsopoulos 2006).

Wie weiter oben bereits angedeutet worden ist, werden veränderte Kommunikations- und Sozialgefüge oft mit Ängsten vor Verfall und Verlust verbunden (vgl. Spilioti 2016: 136). Dem Digitalen wird dabei mitunter künstliche Kälte und Isolationspotenzial zugeschrieben, das der natürlichen Wärme der Face-to-Face Kommunikation gegenübergestellt wird, die als nicht vermittelt wahrgenommen wird (vgl. Spilioti 2016: 136). Ironischerweise wird durch diese trennende Unterscheidung zwischen verschiedenen Kommunikationsformen Nähe relevant gesetzt. Es kann zudem nicht davon ausgegangen werden, dass durch die analytische Trennung von digitalen und physischen Räumen eine begrenzte Anzahl von Nähebeziehungen zwischen diesen Räumen aufzuteilen wäre, wenn die Interkonnektivität dieser Räume berücksichtigt wird und Nähe als vielgestaltig und herstellungsbedürftig verstanden wird.

Neben pessimistischen Deutungen der Digitalität lassen sich aber auch optimistische Positionen in Diskursen zum Digitalen ausmachen, die Digitalität als Bereicherung für gesellschaftliche Sozialgefüge ansehen, veränderte Kommunikationsformen nicht als verfallen, sondern als verändert einordnen und neue, als kreativ und spielerisch gerahmte Arten der Näheherstellung vor- und nachzeichnen (vgl. Danet 2001). Forschung zu online-medialer Kommunikation und Diskursen widmet sich u. a. dem Unterschied zwischen populär in öffentlichen Diskursen vertretenen Annahmen über den Einfluss von Digitalität auf menschliches Handeln und Verhalten und tatsächlichen online-medialen Praxen (vgl. Spilioti 2016: 138). Eine instruktive Rekonstruktion von Diskursen über u. a. digitale Sozialität, Gerechtigkeit, Diversität und Sprache hat Tereza Spilioti vorgelegt (vgl. Spilioti 2016: 135). Alice E. Marwick betrachtet in „Status Update" die Inkorporation neoliberaler Ideologeme in Diskurse des Web 2.0 (vgl. Marwick 2013) und zeichnet damit eine diskursprägende Nähekonfiguration ideologischer Aussagen nach, die sich auch auf metadiskursive Verhandlungen von Nähe auswirkt.

5 Multimodalität und Materialität

Rückblickend lässt sich festhalten, dass Aussagennähe konstitutiv für das hier vorausgesetzte Diskursverständnis und die Ausrichtung einer konkreten Diskursanalyse ist. Dabei stellt sich auch die Frage, wie die forschende Person Nähe fasst und als Untersuchungsgegenstand herstellt. Zudem konnte im vorigen Kapitel am Beispiel aktueller öffentlicher Diskurse gezeigt werden, dass digitale Nähe metadiskursiv ausgehandelt wird.

Die von und zwischen Akteuren hergestellten Nähebeziehungen und die dadurch geprägten digitalen und physischen Räume werden sowohl den direkt Beteiligten als auch denjenigen, die es sich zum Ziel gesetzt haben, diese Nähekonstitutionen zu untersuchen, lediglich medial vermittelt zugänglich. Dass Diskurse in ihrer Multimodalität und Materialität in den Geisteswissenschaften zunehmend Betrachtung finden (vgl. den Beitrag von Bender, Mell & Wildfeuer in diesem Band), führt Spitzmüller auf die „Diskursivität von Multimodalität und Materialität" (Spitzmüller 2018: 529) und die damit einhergehende veränderte Wahrnehmungspraxis zurück. Dadurch stellt er die Wechselwirksamkeit zwischen öffentlichen Diskursen und ihrer wissenschaftlichen (Wieder-)Herstellung heraus.

Zusätzlich zur Feststellung, dass Nähekonstitutionen und -effekte unabhängig davon, ob sie in digitalen und/oder physischen Räumen auftreten, medial vermittelt zugänglich werden, sollte Gunther Kress und Theo van Leeuwen (1998: 186: "[a]ll texts are multimodal") folgend Multimodalität beachtet werden. Der Multimodalitätsbegriff bezieht sich auf das Zusammentreffen verschiedener Zeichensysteme (*modes*) (vgl. Kress & van Leeuwen 2001: 20–21). Er kann also als zeichensystembezogener Näheeffekt aufgefasst werden, der es zudem ermöglicht, Zeichenkonfigurationen hinsichtlich ihrer Herstellung zu hinterfragen. Damit stellt sich zusätzlich zur Frage nach diskursiver Sagbarkeit auch die Frage nach Zeigbarkeit (vgl. Meier 2018: 428). Die Möglichkeiten und Beschränkungen dieser Sag- bzw. Zeigbarkeiten multimodaler Handlungen und Produkte sind im Affordanzbegriff aufgefangen, der sich auch auf die Materialität bzw. Stofflichkeit der multimodal zusammentretenden Zeichensystemfragmente erstreckt. Aus sozialsemiotischer Perspektive können drei Metafunktionen multimodaler Zeichenensembles unterschieden werden: representational/ideational, interactional/interpersonal und compositional/textual function (vgl. Kress & van Leeuwen 2001). Ihre Berücksichtigung ermöglicht es, systematisch spezifische Nähekonstitutionen hinsichtlich ihrer Multimodalität zu untersuchen. Damit rücken je nach gewähltem Schwerpunkt die im untersuchten Diskursfragment miteinander verbundenen Zeichensysteme, ihre Anordnung, Rezeption und daran anknüpfende Rekontextualisierungen von Zeichenkonfigurationen in den Vordergrund der Betrachtungen. Näheeffekte lassen sich folglich zwischen Zeichen, ihrer Materialität und den Akteuren der Zeichenproduktion und -rezeption ausfindig machen.

6 Sprache, Akteure und Communities of Practice

Ein Ansetzen an Multimodalität greift das Primat von Sprache an und fasst sie als eines unter anderen Zeichensystemen. Bevor einige Schlaglichter auf mögliche Zugriffe auf sprachliche Nähekonstitutionen geworfen werden, soll das Modell von Peter Koch und Wulf Oesterreicher, die zwischen einer „Sprache der Nähe" und einer „Sprache der Distanz" unterscheiden (vgl. Koch & Oesterreicher 1994), thematisiert werden, denn es informiert auch Untersuchungen, die online-mediale Sprache zu ihrem Gegenstand machen. Grundsätzlich unterscheiden Koch und Oesterreicher zwischen einer medialen und einer konzeptionellen Ebene und legen damit eher ein Universalität beanspruchendes Modell vor als eines, das eine Untersuchung konkreter Sprachmedialitäten hinreichend stützen könnte (vgl. Fehrmann & Linz 2009: 123). Erika Linz und Gisela Fehrmann führen diesbezüglich verschiedene Kritikpunkte an (vgl. Fehrmann & Linz 2009), die auch für das gegebene Anliegen instruktiv sind und von denen hier lediglich eine Auswahl zusammengefasst wird.

Koch und Oesterreicher setzen physische und psychische Nähe und Distanz gleich (vgl. Fehrmann & Linz 2009: 125), was dem Untersuchungsgegenstand online-medialer Diskurse nicht gerecht wird. Auch ihre Setzung idealtypischer Extrempunkte, die den Raum zur Verortung spezifischer sprachlicher Realisationen abstecken, erscheint mit Blick auf online-mediale Diskurse reflexionsbedürftig. Auf die eine Seite setzen Koch und Oesterreicher die Face-to-Face-Kommunikation als Wechselrede, die mit Natürlichkeit bzw. Authentizität, Unmittelbarkeit, Ursprünglichkeit und Vertrautheit in eins gerückt wird. Auf die andere Seite setzen sie den gedruckten Text, der hingegen mit Künstlichkeit, Mittelbarkeit, Unidirektionalität, Objektivität und Öffentlichkeit kurzgeschlossen wird (vgl. Fehrmann & Linz 2009: 126–127). Es bleibt jedoch unersichtlich, was konkret die Hervorhebung und Charakterisierung der benannten Extrempunkte erforderlich macht. Die Ordnung der von Koch und Oesterreicher konstruierten Skala scheint ein Effekt vorgängiger diskursiver Wissens- und Machtverhältnisse zu sein, der sich auch in aktuelleren Untersuchungen fortschreibt, wenn sie quasi naturalisierte Hierarchisierungen in Bezug auf die Medialität von Sprache reproduzieren.

Für die Untersuchung sprachlicher Aspekte der Näheherstellung in online-medialen Diskursen bietet sich eine Orientierung an Spitzmüller und Warnkes Diskurslinguistischer Mehr-Ebenen-Analyse (DIMEAN) (vgl. Warnke & Spitzmüller 2011) an, weil sie etablierte linguistische Methoden nach diskursanalytischen Gesichtspunkten einordnet, dabei aber ergänz- und erweiterbar bleibt (vgl. den Beitrag von Gredel & Mell in diesem Band). Im Folgenden werden kursorisch einige mögliche Angriffspunkte aufgezeigt, die geeignet scheinen, Teilaspekte des DIMEAN spezifizierend zu ergänzen.

Konstitutiv für Diskursbestimmungen aus linguistischer Perspektive ist Intertextualität. In online-medialen Diskursen wird diese unterschiedlich hergestellt (vgl. den Beitrag von Polajnar, Scharloth & Skerlavaj in diesem Band), z. B. durch die Setzung von Hashtags, die Bezüge zwischen Akteuren herstellen, indem sie bestimmte Äußerungen verschlagworten und sie damit einander näherbringen. Hashtags können entsprechend auch der Erschließung von Diskursen dienlich sein. Über Hyperlinks werden hingegen einzelne Diskursfragmente miteinander verknüpft, während Erwähnungen (mentions) und Antworten (replies) in Social Media-, Messenger- und Foren-Umgebungen gebraucht werden, um andere Akteure zu adressieren, ihre Äußerungen zu rekontextualisieren und die Adressierten auf eigene Äußerungen aufmerksam zu machen.

Die Positionierung der Akteure in online-medialen Diskursen lässt sich zusätzlich über Account- oder Nutzungsnamen (z. B. Twitter-Handles) rekonstruieren. Über sie kann Nähe oder Distanz hergestellt werden (neben vielen anderen z. B. rote Punkte im Twitter-Handle als Beteiligung an der Forderung nach einem „harten Lockdown" während der Corona-Pandemie oder Hashtags, die eine Zeit lang in den eigenen Namen integriert werden wie *#TeamStrobl*).

Die DIMEAN-Ebene der Akteure sollte hinsichtlich der Rezeptionsrollen in online-medialen Diskursen überdacht werden, da insbesondere Social Media-Umgebungen wie Twitter die Ansprache multipler Akteure vorsehen. Sie stellt einen „context collapse" (Marwick & boyd 2010: 115) her, indem die heterogenen Kontexte der Angesprochenen in der Ansprache zu einem Kontext verschmelzen. Da Akteure sich in Relation zu anderen Akteuren diskursiv positionieren, können online-mediale Diskursgemeinschaften durch sich positionierende Akteure hergestellt werden. Um diese Gemeinschaften als Vergemeinschaftungen abzubilden, wird auf Netzwerke zurückgegriffen, die sich aus einer bestimmten Anzahl von Akteuren und deren Beziehungen (=Interaktionen) zueinander zusammensetzen.

Online-mediale Vergemeinschaftungen lassen sich begrifflich als „virtuelle Gemeinschaften" (Rheingold 1994), „online communities" oder „communities of practice" fassen. Gemeinsam ist den Begriffen, dass mit ihnen Vergemeinschaftungen in digitalen Räumen bezeichnet werden, die nicht notwendig einen gemeinsamen physischen Ort teilen, dies aber bspw. im Falle von Flashmobs eine kurze Zeit lang durchaus tun. Online-Communities konstituieren sich als Kommunikationsgemeinschaften mit geteilten Interessen (vgl. Licklider & Taylor 1968: 30). Sie sind gekennzeichnet durch Unverbindlichkeit, Fragilität und Dynamik. Damit ähneln sie den digitalen Räumen, an deren Hervorbringung sie diskursiv beteiligt sind. Konstrukte wie Gender, Class oder Race werden nicht nur offline, sondern auch bei der Konstitution von Online-Communities relevant gesetzt (vgl. z. B. Herring 1993; boyd 2014), was erneut auf Verknüpfungen zwischen digitalen und physischen Räumen verweist. Die Zugehörigkeit zu Online-Communities wird zusätzlich über die Verwendung bestimmter onlinesprachlicher Varietäten reguliert (vgl. Shea 1994), was auch in Offline-Communities gängig ist. Darüber wie Online-Communities sich herstellen, geben u. a. Jones (1998), Smith und Kollock (1999) Auskunft. Gemeinschaft wird traditionell soziolinguistisch entlang bestimmter Kriterien wie bspw. Alter verhandelt. Online-Communities hingegen lassen sich forschungspraktisch als Communities of Practice (CofP) konzeptualisieren (vgl. Angouri 2016: 324), die Mitgliedschaft andauernd aushandeln (vgl. Angouri 2016: 325). Das legt (ethnografische) Untersuchungen nahe, die die Herstellung von Online-Communities bottom-up rekonstruieren (vgl. boyd 2008). Dabei ist Folgendes zu bedenken: „it is practice which performs community and not the other way around" (Nicolini 2012: 94).

Das Handeln, das online Gemeinschaften konstituiert, ist allerdings nicht auf Online-Umgebungen beschränkt, sondern verbindet digitale und physische Räume miteinander, z. B. wenn in Videokonferenzen private Räume zu sehen sind oder Videos von Demonstrationen online publiziert werden. Dabei konstituiert sich Nähe nicht nur dadurch, dass bspw. das private Umfeld mit potenziell vielen anderen geteilt wird, sondern diese anderen treten damit auch in den privaten physischen Raum ein. Umgekehrt kann man z. B. durch das Bedienen eines Laptops im öffentlichen Raum sich selbst dem physischen Raum zumindest teilweise entziehen, aber auch physisch anwesende Andere können so auf Distanz gehalten werden. In Form von auf T-Shirts abgedruckten Hashtags, Plüschtier-Emojis oder durch Menschen nachgestellten Videospielsituationen, die gefilmt und in Social Media-Plattformen gestellt werden, materialisieren sich die Wechselbezüge zwischen den metadiskursiv noch immer frequent voneinander geschiedenen digitalen und physischen Räumen (vgl. Baudrillard 1978 zu Simulakra bzw. Bildern, die auf keine Realität mehr verweisen). Mit der eigenen Verortung auf digitalen Karten, etwa beim Teilen des Livestandortes oder beim Geocaching werden digitale und physische Räume miteinander verbunden, was z. B. auch auf VR-Spiele zutrifft. Die Interaktion zwischen digitalen Devices und Menschen ist ein weiterer Bereich, der eine kontinuierliche Unterscheidung zwischen physischen und digitalen Räumen fraglich werden lässt und die Relevanz von Nähekonstitutionen und -effekten in ihrer Handlungsbezogenheit, ihrer Multimodalität und Materialität hervorhebt.

7 Fazit und Ausblick

Nähe ist als Relationsbegriff eingeführt worden, der Äquivalenzbeziehungen hinsichtlich räumlicher, zeitlicher und sozialer Aspekte herstellt. Am Beispiel von Busses und Teuberts (2013) Diskursbestimmung konnte gezeigt werden, dass Nähekonstitutionen und -effekte nicht nur Thema diskurslinguistischer Arbeiten sein können, sondern dass diskurslinguistische Praxis selbst Nähen konstituiert. Weiterhin zeigte sich, dass ein Fokus auf Nähekonstitutionen und -effekte überdies das Auffinden von Diskursen, die thematisch von den Forschenden wenig vorgeprägt sind, ermöglicht.

Nähe ist als Effekt von und zwischen Akteuren vorgestellt worden, der auf die diskursive Herstellung von Räumen einwirkt und von den Räumen wiederum auf die Akteure resoniert. Es wurde argumentiert, dass digitale und physische Räume sich aus diskurslinguistischer Perspektive lediglich graduell voneinander unterscheiden lassen und letztlich ihre mediale Vermitteltheit, ihre Materialität und Multimodalität erkenntnisleitend sind. Abschließend konnten einige Anknüpfungspunkte an Spitzmüllers und Warnkes (2011) DIMEAN aufgezeigt werden, die zwar einer methodologischen Fundierung bedürfen, aber in der vorliegenden Form bereits auf verschiedene für online-mediale Diskurse charakteristische Arten von Nähekonstitutionen und -effekten hinweisen.

Literatur

Androutsopoulos, Jannis. 2006. Introduction: sociolinguistics and computer-mediated communication. *Journal of Sociolinguistics* 10(4). 419–438.

Angouri, Jo. 2016. Online communities and communities of practice. In Alexandra Georgakopoulou & Tereza Spilioti (eds.), *The Routledge Handbook of Language and Digital Communication*, 323–338. New York: Routledge.

Bachmann-Medick, Doris. 2016. *Cultural Turns. New Orientations in the Study of Culture.* Berlin, Boston: de Gruyter.

Baudrillard, Jean. 1978. *Agonie des Realen.* (Trans.) Lothar Kurzawa & Volker Schaefer. Berlin: Merve.

Beck, Stefan. 2000. media.practice@culture. In Stefan Beck (ed.), *Technogene Nähe. Ethnographische Studien zur Mediennutzung* (Berliner Blätter: Ethnographische Und Ethnologische Beiträge 3), 9–20. Münster, Hamburg, London: LIT.

Becker, Cornelia. 2004. Raum-Metaphern als Brücke zwischen Internetwahrnehmung und Internetkommunikation. In Alexandra Budke, Detlef Kanwischer & Andreas Pott (eds.), *Internetgeographien. Beobachtungen zum Verhältnis von Internet, Raum und Gesellschaft*, 109–122. Wiesbaden: Franz Steiner.

Bourdieu, Pierre. 1985. Social Space and the Genesis of Groups. *Theory and Society* 14(6). 723–744.

boyd, danah. 2008. Why youth (heart) social media sites: the role of networked publics in teenage social life. In David Buckingham (ed.), *Youth, identity, and digital media*, 119–142. Cambridge: MIT Press.

boyd, danah. 2014. *It's complicated: the social lives of networked teens*. New Haven: Yale University Press.

Busse, Dietrich & Wolfgang Teubert. 2013. Ist Diskurs ein sprachwissenschaftliches Objekt? Zur Methodenfrage der historischen Semantik. In Dietrich Busse & Wolfgang Teubert (eds.), *Linguistische Diskursanalyse: neue Perspektiven* (Interdisziplinäre Diskursforschung), 13–30. Wiesbaden: Springer VS.

Cairncross, Frances. 1997. *Death of Distance. How the Communications Revolution Will Change Our Lives*. Boston: Harvard Business School Press.

Danet, Brenda. 2001. *Cyberpl@y. Communicating online*. Oxford, New York: Berg.

Deleuze, Gilles & Félix Guattari. 1997. *Rhizom*. Berlon: Merve.

Döring, Jörg & Tristan Thielmann. 2008. Einleitung: Was lesen wir im Raume? Der Spatial Turn und das geheime Wissen der Geographen. In Jörg Döring & Tristan Thielmann (eds.), *Spatial Turn. Das Raumparadigma in den Kultur- und Sozialwissenschaften*, 7–48. Bielefeld: transcript.

Fehrmann, Gerda & Erika Linz. 2009. Eine Medientheorie ohne Medien? Zur Unterscheidung von konzeptioneller und medialer Mündlichkeit und Schriftlichkeit. In Elisabeth Birk & Jan Georg Schneider (eds.), *Philosophie der Schrift*, 123–144. Tübingen: Niemeyer.

Foucault, Michel. 1973. *Die Archäologie des Wissens*. Frankfurt am Main: Suhrkamp.

Foucault, Michel. 2006. Von anderen Räumen. In Jörg Dünne & Stephan Günzel (eds.), *Raumtheorie. Grundlagentexte aus Philosophie und Kulturwissenschaften*, 317–329. Frankfurt am Main: Suhrkamp.

Georgakopoulou, Alexandra. 2011. „On for drinkies?": email cues of participant alignments. *Language@Internet* 8.

Harvey, David. 1989. *The Condition of Postmodernity. An Enquiry into the Origins of Cultural Change*. Oxford: Blackwell.

Herring, Susan C. 1993. Gender and democracy in computer-mediated communication. *Electronic Journal of Communication* 3(2). 1–17.

Jameson, Fredric. 1991. *Postmodernism, or, The Cultural Logic of Late Capitalism*. Durham: Duke University Press.

Jones, Steven G. (ed.). 1998. *Cybersociety 2.0: Revisiting computer-mediated communication and community*. Thousand Oaks: Sage.

Keating, Elizabeth. 2016. The role of the body and space in digital multimodality. In Alexandra Georgakopoulou & Tereza Spilioti (eds.), *The Routledge Handbook of Language and Digital Communication*, 259–272. New York: Routledge.

Koch, Peter & Wulf Oesterreicher. 1994. Sprache der Nähe – Sprache der Distanz. Mündlichkeit und Schriftlichkeit im Spannungsfeld von Sprachtheorie und Sprachgeschichte. *Romanistisches Jahrbuch* 36. 15–43.

Krämer, Sybille. 1998. Das Medium als Spur und als Apparat. In Sybille Krämer (ed.), *Medien Computer Realität. Wirklichkeitsvorstellungen und Neue Medien*, 73–94. Frankfurt am Main: Suhrkamp.

Kress, Gunther & Theo van Leeuwen. 1998. Front pages. (The critical) analysis of newspaper layout. In Allan Bell & Peter Garret (eds.), *Approaches to Media Discourse*, 186–219. Oxford: Blackwell.

Kress, Gunther & Theo van Leeuwen. 2001. *Multimodal Discourse. The Modes and Media of Contemporary Communication*. London: Arnold.

Licklider, J. C. R. & Robert W. Taylor. 1968. The computer as a communication device. *Science and Technology* 76(2). 21–40.

Link, Jürgen. 2016. *Versuch über den Normalismus. Wie Normalität produziert wird*. 3., erg. überarb. und neu gestaltete Aufl. Göttingen: Vandenhoeck & Ruprecht.

Linke, Angelika & Juliane Schröter. 2018. Diskurslinguistik und Transsemiotizität. In Ingo H. Warnke (ed.), *Handbuch Diskurs*, 449–469. Berlin, Boston: de Gruyter.

Marwick, Alice E. 2013. *Status Update: Celebrity, Publicity, and Branding in the Social Media Age*. New Haven: Yale University Press.

Marwick, Alice E. & danah boyd. 2010. I tweet honestly, I tweet passionately: Twitter users, context collapse, and the imagined audience. *new media & society* 13(1). 114–133.

McLuhan, Marshall. 1968. *Die Gutenberg-Galaxis. Das Ende des Buchzeitalters*. Düsseldorf: Econ.

Meier, Stefan. 2018. Diskurslinguistik und Online-Kommunikation. In Ingo H. Warnke (ed.), *Handbuch Diskurs*, 426–448. Berlin, Boston: de Gruyter.

Nicolini, Davide. 2012. *Practice theory, work, and organization: an introduction*. Oxford: Oxford University Press.

Rheingold, Howard. 1994. *Virtuelle Gemeinschaften. Soziale Gemeinschaften im Zeitalter des Computers*. Bonn, Paris, Reading: Addison-Wesley.

Shea, Virginia. 1994. *Netiquette*. San Francisco: Albion.

Smith, Marc & Peter Kollock. 1999. *Communities in cyberspace*. London: Routledge.

Spilioti, Tereza. 2016. Digital discourses: a critical perspective. In Alexandra Georgakopoulou & Tereza Spilioti (eds.), *The Routledge Handbook of Language and Digital Communication*, 133–148. New York: Routledge.

Spitzmüller, Jürgen. 2018. Multimodalität und Materialität im Diskurs. In Ingo H. Warnke (ed.), *Handbuch Diskurs*, 521–540. Berlin, Boston: de Gruyter.

Warnke, Ingo H. & Jürgen Spitzmüller. 2011. *Diskurslinguistik. Eine Einführung in Theorien und Methoden der transtextuellen Sprachanalyse*. Berlin: de Gruyter.

Michael Bender, Simon Meier-Vieracker
Dynamische Kontexte und Rekontextualisierung in digitalen Diskursen

1 Einleitung

Zu den methodologischen Axiomen der Diskurslinguistik gehört zweifellos die Annahme einer unhintergehbaren Kontextgebundenheit von Sprache und Bedeutung. Diskursanalyse zielt in der einen oder anderen Weise darauf ab, die wechselseitige Prägung sprachlicher Äußerungen und gesellschaftlicher Wissensformationen nachvollziehbar zu machen. Bereits Foucault weist darauf hin, dass jede Aussage „in ein Aussagefeld eingetaucht ist, wo sie dann als besonderes Element erscheint" (Foucault 1981: 144). Linguistische Adaptionen wie etwa die historische Diskurssemantik haben dem Rechnung getragen – etwa durch den Fokus auf die historisch-gesellschaftlichen Bedingungen als den Deutungshorizonten für kommunikative Akte (Kämper 2018: 56) oder bereits durch die Definition von Diskursen als intertextuelle Verweiszusammenhänge (Busse & Teubert 1994). Ihre kommunikative und wissensindizierende Funktion erhalten Äußerungen und Äußerungskomplexe, die als Diskursfragmente (vgl. Gredel/Mell in diesem Band) zu beschreiben sind, also immer erst in Relation zu konkreten und historisch kontingenten Diskursformationen, die sich ihrerseits aus diskursiver Praxis sedimentiert haben. Die Situierung von Texten bzw. Diskursfragmenten in ihren – je nach Fragestellung unterschiedlich skalierten – Kontexten ist deshalb ein notwendiger Schritt und zugleich heuristisches Instrument diskursanalytischer Forschung.

Für die Analyse digitaler, also durch digitale Medienkommunikation konstituierter Diskurse ist die Annahme der prinzipiellen Kontextgebundenheit ebenfalls erkenntnisleitend und erhält hier zugleich eine besondere Prägung. Vor allem durch den spezifischen Fokus auf die medialen Rahmenbedingungen und die Affordanzen, welche im Wechselspiel von technischer Materialität und den konkreten Nutzungspraktiken emergieren (vgl. den Beitrag von Bender, Mell & Wildfeuer in diesem Band), treten hier hochdynamische Kontexteffekte auf verschiedenen Ebenen zutage. Digital repräsentierte Zeichenkomplexe mit ihren charakteristischen Eigenschaften etwa der Non-Linearität (vgl. den Beitrag von Gredel & Mell in diesem Band) stehen in besonders vielfältigen und oft auch fluiden Kontextzusammenhängen, die auch entsprechende diskursive Effekte zeitigen. Diese dynamischen Kontexteinbettungen und ihre Funktionalisierungen im Diskurs lassen sich als Prozesse der Rekontextualisierung (Meier, Viehhauser & Sahle 2020) beschreiben. Rekontextualisierung, allgemein zu definieren als „the process of transferring given elements to new contexts" (Reisigl & Wodak 2009: 90), ist zwar mitnichten an digitale Medien gebunden, wird aber durch diese in besonderem Maße begünstigt, so dass gerade für die Analyse digitaler Diskurse die Untersuchung von Rekontextualisierungen analytisch vielversprechende Zugänge ermöglicht.

Wir werden im Folgenden zunächst den Begriff der Rekontextualisierung einführen und dann die Besonderheiten digitaler Rekontextualisierung herausarbeiten und hierfür einige charakteristische Formate und Funktionen digitaler Medien vorstellen. Anhand einiger Fallbeispiele werden wir schließlich die methodischen Implikationen für die Analyse dynamischer Kontexte und Rekontextualisierungen diskutieren.

2 Rekontextualisierung

Der diskursanalytisch konturierte Begriff der Rekontextualisierung hat begriffsgeschichtlich betrachtet zwei Traditionslinien, die beide in die vordigitale Zeit zurückreichen. In Anlehnung an Bernstein, der Rekontextualisierung als „relocation of discourse" (Bernstein 1981: 363) bestimmt, werden in der Kritischen Diskursanalyse die – oft in institutionelle Kommunikationsabläufe eingebetteten – Transformationen von Äußerungen durch verschiedene Texte und Textsorten hindurch untersucht (Leeuwen & Wodak 1999). In der Linguistischen Anthropologie haben Bauman und Briggs in stärker auf mündliche Zitationspraktiken orientierter Weise Rekontextualisierung bestimmt als „the process of rendering discourse extractable, of making a stretch of linguistic production into a unit – a text – that can be lifted out of its interactional setting" (Bauman & Briggs 1990: 73). Beide Traditionslinien zusammenführend setzt schließlich Blommaert den Begriff der Rekontextualisierung für seinen (ebenfalls kritisch positionierten) Diskursbegriff zentral und ergänzt, dass im Zuge der Rekontextualisierung den Texten metadiskursive Kontexte beigefügt werden, welche auch über den ursprünglichen Produktionskontext hinaus rahmende Aussagen über diese Texte tätigen (Blommaert 2005: 47). Denn Rekontextualisierung ist nicht ein einfacher Transfer an einen anderen Ort, sondern ist als sinnkonstitutive Praxis zu verstehen, indem die Texte in Wechselwirkung mit ihren neuen medialen und situativen Kontexten neue Bedeutung erhalten (Linell 1998: 145).

Sowohl in der Kritischen Diskursanalyse als auch in der Linguistischen Anthropologie werden Ausdifferenzierungen der als Rekontextualisierung bezeichneten Transformationen vorgenommen, die zugleich als heuristische Instrumente für ihre Analyse dienen können. Muntigl, Weiss und Wodak (2000: 77) etwa beschreiben als Grundoperationen des Rekontextualisierens, die an der Textoberfläche präzise beschrieben werden können, die Umordnung, die Ergänzung, die Tilgung sowie die Ersetzung einzelner Elemente. Noch umfassender unterscheiden Bauman und Briggs zwischen verschiedenen Dimensionen der Rekontextualisierung, welche die vergleichende Analyse anleiten können. Neben den metapragmatischen Rahmungen des rekontextualisierten Materials etwa durch inquit-Formeln interessieren auch die Formen als die ausdrucksseitigen Transformationen (die bei Muntigl, Weiss & Wodak (2000) dann weiter aufgefächert werden) bei der Einpassung in neue Kontexte, die sich, insbesondere in der Redewiedergabe, auch in wechselnden indexikalischen Grundierungen zeigen können (vgl. hierzu auch Plank 1986). Weiterhin können die Funktionen beschrieben werden, die das rekontextualisierte Material in den neuen Kontexten übernimmt, und schließlich rücken bei Medienwechseln die intermedialen und intersemiotischen Übersetzungen – mit Jäger (2011) könnte man auch von Transkriptionen sprechen – in den Fokus. Bei all dem ist entscheidend, dass durch Rekontextualisierungen emergente Formen, Bedeutungen und Funktionen entstehen, die sich erst im Zusammenspiel mit den neuen Kontexten ergeben.

Als die Begriffsbestimmung schärfendes Merkmal und Differenzierungskriterium gegenüber dem Begriff der Kontextualisierung kann das Konzept des kommunikativen Bruchs angesehen werden. Vor dem Hintergrund der Kontextualisierungsforschung reflektiert Müller (2020: 52f.) dies zunächst kritisch und verweist darauf, dass Kontextualisierung grundsätzlich bedeutet, „über mentale Modelle die Typik vorangegangener Kontexte auf neue Kontexte zu übertragen", und somit im Prinzip immer auch Rekontextualisierung ist. Jeder neue Kontext ist demnach von der Serie vergangener Kontexte verschieden und diese Verschiedenheit ist ein Thema der Gradualität, nicht der Qualität. Andererseits kann mit dem zusätzlichen *Re-* eine kommunikative Praktik beschrieben werden, die – und dies sieht auch Müller als relevant an, insbesondere in digitalen Medien – vor allem auf Effekte durch den kühnen Sprung „zu einem dem erwartbaren möglichst unähnlichen Kontext" (Müller 2020: 52) ausgerichtet sind. Auf dieses Kriterium des kommunikativen Sprungs oder Bruchs in der Rekontextualisierung überträgt Bender (2020: 61) das linguistische Konzept der Markiertheit, das auch in der sequenzanalytischen Beschreibung von Äußerungspaaren angewendet wird, bezogen auf Präferenzstrukturen (vgl. Levinson 1990: 306), die als „gesprächsorganisatorisches Ordnungsprinzip" (Stukenbrock 2013: 234) angesehen werden. Als markierte Reaktion werden in diesem Zusammenhang Äußerungen bezeichnet, die nicht durch die Voräußerung, auf die Bezug genommen wird, konditional relevant gesetzt wurden und als Reaktion auch nicht erwartet bzw. präferiert sind. Dazu gehören insbesondere retrospektive Äußerungen („retro-sequences" nach Schegloff 2007: 217), die rückwirkend Voräußerungen in einem aktuell bestimmten Zusammenhang relevant setzen, also rekontextualisieren. Dieses Prinzip lässt sich von Adjazenzpaaren im synchronen Gespräch übertragen auf asynchrone oder quasi-synchrone kommunikative Praktiken. Besonders relevant ist es mit Blick auf digitale Kommunikationspraktiken, weil diese eine besondere Dynamik und Vielfalt an – auch unerwarteten bzw. dispräferierten und somit markierten – Möglichkeiten des Anschließens, Neuverknüpfens und Umordnens bieten.

3 Von analoger zu digitaler Rekontextualisierung

Rekontextualisierungspraktiken und -prozesse lassen sich schon in der analogen Kommunikation in vielfältigen Formen beobachten. Redewiedergaben zum Beispiel in massenmedialen Texten (Ekström 2001), Entscheidungsprozesse in institutionellen Kontexten (Wodak 2014), Transkriptionen mündlicher Erzählungen (Blommaert 2001) oder auch Konstruktionsübernahmen in Dialogen (Linell 1998) sind als Rekontextualisierungen beschrieben worden. In einer neueren Arbeit zeigt Bender, dass die Praxis des Kommentierens, verstanden als „Selektion eines zu kommentierenden Elements, dessen mehr oder weniger stark veränderte Reformulierung und das Hinzufügen einer neuen, perspektivierenden Aussage" (Bender 2020: 57), auch in analogen Textsorten und Gesprächen mit Gewinn als Rekontextualisierung analysiert werden kann. Zwar ist auch in diesem Zusammenhang die Unterschiedlichkeit von Kontexten nur graduell darzustellen. Insofern greift zunächst die Kontextualisierungstheorie bei der Beschreibung der Praktik des Kommentierens. Mit der Neuperspektivierung als zentraler Funktion, die als Bruch im Interaktionsablauf angesehen werden kann, ist Kommentieren jedoch als Praktik analysierbar, die auf die damit verbundenen kommunikativen Effekte ausgerichtet ist, was hier als entscheidendes Merkmal des Rekontextualisierens angesehen wird.

Auch wenn sich also Rekontextualisierungen nicht nur im Digitalen beobachten lassen, so zeichnen sich digitale Medien doch in besonderem Maße durch die in sie gleichsam eingelassenen Rekontextualisierungsmöglichkeiten aus. Schon die Verdatung als solche, also die Überführung von Zeichengestalten in binäre Daten, welche sodann die Kombination, Vernetzung und Neueinbettungen verschiedenster Medieninhalte – Bolter und Gruisin (2003: 46) sprechen von „remediation" – in den Benutzungsschnittstellen etwa des Internets erlaubt, liefert technische Ermöglichungsbedingungen für Rekontextualisierungen aller Art.

Diese, und hierauf zielt das Konzept der Affordanz (vgl. Bender, Mell & Wildfeuer in diesem Band), determinieren zwar nicht das Kommunikationsverhalten der Nutzenden, legen aber bestimmte Nutzungen nahe, indem sie Rekontextualisierungen und die Etablierung entsprechender Praktiken erleichtern:

> Digital media has introduced a new set of affordances and constraints when it comes to recontextualization, more than other medium of information, facilitating the recontextualization of information, through practices like copying, sharing, embedding, remixing, and aggregation. (Jones 2018: 252)

Dabei erscheint es sinnvoll, idealtypisch zwischen verschiedenen Ausprägungsformen digitaler Rekontextualisierung zu unterscheiden. Zum einen werden die sich im Digitalen ergebenden Möglichkeiten der Rekontextualisierung von Diskursakteuren gezielt genutzt und bedarfsbasiert bis hin zu konventionalisierten Gattungen wie etwa Memes ausgestaltet. Zum anderen werden durch die technischen Funktionen einzelner digitaler Medienplattformen, d. h. die technische Materialität der Zeichen in ihrer Vermittlung in wahrnehmbare Materialität in den Benutzungsschnittstellen, Rekontextualisierungspraktiken in einer bestimmten Weise präformiert, etwa durch hypertextuell hinterlegte Hashtags. Und schließlich finden sich Rekontextualisierungsprozesse, welche auch unabhängig vom bewussten Zugriff der Nutzenden algorithmisch generiert werden (vgl. Klinker in diesem Band).

3.1 Samplings und Mashups

In der populären Medienkultur haben digitale Medien zu einer regelrechten Konjunktur von Sampling- und Mashup-Techniken geführt (Androutsopoulos 2007: 208 und Mundhenke, Arenas & Wilke 2015), die ganz offen die Rekombination vorgefundener Artefakte zum ästhetischen Prinzip erheben und z. T. auch für politische Zwecke etwa in Protestzusammenhängen einsetzen. Das in der digitalen Bildkultur etablierte Format der Internet-Memes (Bülow, Merten & Johann 2018) bzw. präziser noch der Image Macros, in dem populärkulturelle Bildmotive um teilschematische Äußerungen zu Text-Bild-Kombinationen ergänzt werden (Osterroth 2015), ist ein eindrückliches Beispiel dafür, dass die Praxis der steten Rekontextualisierung selbst zu einer Gattung gerinnt (Krieger & Machnyk 2019). Mit TikTok konnte sich zuletzt sogar eine Social Media Plattform etablieren, auf der Nutzende kurze Videos hochladen und u. a. die Soundspuren anderer Videos mit eigenen Videos etwa in Lipsyncs kombinieren und somit visuell rekontextualisieren können. Aber auch schon auf YouTube haben Videoremixe und -montagen Tradition (Androutopoulos & Tereick 2015: 358 f.). So untersucht etwa Meier (2020) ein Video, in dem ein Talkshowauftritt einer AfD-Politikerin mit einer Videoschalte mit dem Schauspieler Til Schweiger anlässlich seines Engagements für Flüchtlinge so zusammengeschnitten wird, dass daraus der Eindruck eines Streitgesprächs entsteht, in dem Schweigers Positionen delegitimiert werden. Andere Talkshowauftritte von AfD-Politiker*innen werden auf YouTube zwar unverändert hochgeladen, aber durch die Begleittexte in Videotitel und -beschreibung neu gerahmt und – ganz im Sinne Blommaerts – metadiskursiv so angereichert, dass sie zu einem Beitrag eines offen rechts verorteten medienkritischen Diskurses umgedeutet werden.

Überhaupt werden massenmedial-redaktionelle Inhalte längst nicht mehr nur über die Disseminationskanäle der Massenmedien selbst rezipiert, sondern immer häufiger auch über den Umweg der Sozialen Medien. Insbesondere die Online-Angebote bspw. von Zeitungen können bequem etwa über Twitter geteilt werden und weben sich so in die dynamischen und fragmentierten Kontexte der Timelines der Nutzenden ein, wo sie weiter zirkulieren und laufend rekontextualisiert werden können (Carlson 2016). Längst werden darum etwa Artikeln in Online-Zeitungen Social Media-Buttons beigegeben, welche das Teilen mit nur einem Klick ermöglichen. Von den Möglichkeiten der Einbettung, ob von Videos oder von anderen digitalen Medieninhalten wie z. B. Tweets, machen umgekehrt aber auch die redaktionellen Online-Medien zunehmend Gebrauch. In Kuratierungen werden fremde Medieninhalte gesammelt und z. B. in Form von sogenannten Listicles (Pflaeging 2020) präsentiert, sodass allein durch die serielle Reihung ein intertextueller Zusammenhang hergestellt und die einzelnen Diskursfragmente so in ihrer Bedeutung präfiguriert werden (Meier 2016: 57). Für die in der massenmedialen Berichterstattung wohletablierten Formen der Redewiedergabe hat sich schließlich mit sogenannten Quote Cards ein Format entwickelt, das sich in seiner multimodalen Gestaltung an den Konventionen, den kollektivierten Nutzungspraktiken und aufmerksamkeitsökonomischen Bedingungen der Sozialen Medien orientiert und gezielt auf ‚shareability' ausgerichtet ist (Pfurtscheller 2020).

Der massenmediale Diskurs, der in früheren diskurslinguistischen Studien häufig im Fokus stand, wird sowohl durch seine Fortschreibung in den Sozialen Medien als auch durch Adaption der Social Media-typischen Formen in den journalistischen Formaten einerseits vielstimmiger. Andererseits ergeben sich hier neue Formen der Serialität und auch Erwartbarkeit, und auch die journalistischen Inszenierungsweisen solcher Vielstimmigkeit gestalten sich ausgesprochen gleichförmig. Dieses Wechselverhältnis ist für die digitale Diskursforschung ein ertragreiches Untersuchungsfeld.

3.2 Mediale Affordanzen für Rekontextualisierungspraktiken

Die bisher genannten Rekontextualisierungspraktiken bedienen sich digitaler Inhalte in ihrer technisch einfach verfügbaren Rekombinierbarkeit. Wie bereits mit Blick auf die Social Media-Buttons in Online-Zeitungen angedeutet, werden diese Rekontextualisierungspraktiken oft schon durch die technischen Funktionen der Plattformen selbst präformiert. Gerade Soziale Medien lassen sich in ihrer technischen Infrastruktur, so wie sie von den Medienanbietern konzipiert und dann in den konkreten Nutzungspraktiken aneignend ausgestaltet wird, als Rekontextualisierungsframeworks beschreiben.

Die Plattform Twitter etwa bietet gleich mehrere operative Funktionen, über die Inhalte systematisch rekontextualisiert werden können. Durch Hashtags können Tweets verschlagwortet und gezielt in einen bestimmten Diskurszusammenhang gestellt werden, den andere Nutzende über die in Hashtags hinterlegten hypertextuellen Verknüpfungen aufrufen und den Tweet auf diese Weise rekontextualisieren können (Zappavigna 2015 und Dang-Anh 2019: 146 f.). Umgekehrt wird die mit einem Hashtag versehene Stelle suchbar und stellt den sie enthaltenden Tweet in einen seriellen Kontext aller anderen Tweets mit demselben Hashtag. In Anlehnung an Gumperz (1982) lassen sich Hashtags somit als Rekontextualisierungshinweise beschreiben, die zusammen mit den Mentions über den @-Operator mehrdimensionale soziale Situationskontexte herstellen (Müller & Stegmeier 2016: 503 und Marwick & boyd 2011), in denen die Tweets erst ihre jeweilige Bedeutung erhalten.[1] Weiterhin können Tweets retweetet und dabei entweder unverändert in die eigene Timeline übernommen oder aber ergänzt um einen eigenen Tweet zitiert werden (Gruber 2017). Gerade diese letzte Funktion lässt sich als Rekontextualisierung in der von Blommaert vorgeschlagenen Lesart beschreiben, da hier dem Text ein metadiskursiver Kontext beigegeben und eine entsprechende semantische und pragmatische Rahmung vorgenommen wird, die durch die Verwendung von Hashtags ihrerseits an erweiterte Kontexte angeschlossen werden kann.

Diese Möglichkeiten und Dynamiken sind auch Nutzenden durchaus bewusst und sind Teil der Medienkompetenz. Rekontexualisierungen können antizipiert und bei der Äußerungsproduktion schon einkalkuliert und als Potenzial auch gezielt genutzt werden – bspw. mit Blick auf Viralität, die durch die Setzung von Hashtags vorgegriffen wird.

---

[1] Auch aus einer analytischen Perspektive sind Hashtags zentral, indem sie den ‚Verbundstoff' bilden, über den einzelne Tweets zu einer diskursiven Einheit für die Analyse zusammengeschlossen werden (vgl. Gredel & Mell in diesem Band).

3.3 Algorithmische Rekontextualisierung

Die soeben genannten Rekontextualisierungen werden zwar durch die algorithmische Verfasstheit und Kodierungen der Plattformen und ihrer operativen Funktionen präformiert, die Nutzenden können gleichwohl über sie verfügen und sie für ihre Zielsetzungen nutzbar machen. Gerade die Kodierung der operativen Funktionen lässt sie auch zu Zugriffsobjekten algorithmischer Steuerung werden, die den Nutzenden intransparent bleiben kann, aber dennoch ganz grundlegend die Distribution, Sortierung und Vernetzung der Inhalte beeinflusst.

Augenfällig wird dies bei allen Formen von Kommentierungen etwa in Kommentarbereichen auf YouTube oder von Online-Medien wie Zeit Online, die sich unterschiedlich sortieren lassen: Entweder nach Zeitpunkt des Verfassens („neueste zuerst)" oder nach Relevanz, Beliebtheit, d. h. nach auf algorithmischen Entscheidungsprozessen aufsitzenden und deshalb undurchsichtigen Kriterien („Top-Kommentare zuerst"). Damit entsteht im Rahmen eines für Soziale Medien charakteristischen Aktualitätsdispositivs möglicherweise ein technisches Zerrbild von Aktualität und Relevanz (vgl. Klinker in diesem Band), das aber aufgrund der visuellen Präsentation der Kommentare als sequentielle Abfolge verdeckt bleiben kann (Bubenhofer 2019). Die algorithmisch initiierte (Um-)Sortierung der einzelnen Diskursbeiträge bedingt also eine (Re-)Kontextualisierung auch jenseits des individuell bewussten Zugriffs.

Auf der Plattform Twitter öffnet die Setzung von Hashtags auch den Zugriff eines bestimmten Typs der algorithmisch gesteuerten Durchsuchung, der wiederum den Nutzenden über die Auflistung sogenannter Trending Topics dargeboten wird. Dies kann seinerseits zu hochdynamischen und rekursiven Verstärkungsschlaufen führen, indem gerade das ‚Trenden' bestimmter Hashtags auf Twitter kommentiert und damit zugleich auch weiter vorangetrieben wird:

> #Staatsversagen trendet.
> Es ist mir unerklärlich!
> Wie kommt das nur?
> (Twitter, 2021-03-04, 13:56, 7 Replies, 24 Retweets, 50 Likes)[2]

In diesem Tweet, der sich auf den politischen Umgang mit der COVID19-Pandemie bezieht, wird die Einordung des staatlichen Handelns als „Staatsversagen" als aktuell virulentes Diskursphänomen thematisiert („trendet") und zugleich

---

[2] https://twitter.com/hannovergenuss/status/1367458931304456192 (21.06.2021).

zurückgewiesen („unerklärlich"), dies aber in ironisierender Weise, so dass das Urteil letztlich doch affirmiert wird.

Schließlich sind auch Timelines auf Twitter oder auf Facebook, also die listenartigen Präsentationen der einzelnen Posts in den Apps hochgradig dynamisch. Sie unterscheiden sich zwischen den Nutzenden nicht nur je nach Auswahl der abonnierten Profile, sondern auch nach dem jeweils vorausgegangenen Nutzungsverhalten (Bubenhofer 2019: 123). Eine durchweg fragmentierte und hochdynamische Kontextualisierung und laufende Rekontextualisierung ist aus dieser Perspektive konstitutives Merkmal digitaler Diskursfragmente. Bou-Franch und Garés Conejos-Blitvich (2014: 28) sprechen treffend von Multisequenzialität, die auch mit methodischen Herausforderungen einhergeht. Denn bei der Korpuserstellung müssen die potenziell unendlichen Versionen der algorithmisch generierten Listen zwingend reduziert werden. Die empirische Basis der sich anschließenden Analysen ist ein – seinerseits rekontextualisiertes – methodisches Artefakt, dem nicht mehr sicher abgelesen werden kann, wie sich die Diskursfragmente ihren Produzierenden selbst dargestellt hatten (Beißwenger 2016: 288). Die Erhebung etwa von Zeitstempeln und des Reply-Status einzelner Beiträge, wie sie auch von den APIs der Social Media-Plattformen ausgegeben werden, und ihre Repräsentation in den Metadaten ist eine Möglichkeit, die Multisequenzialität zumindest ansatzweise analytisch zu kontrollieren.

4 Fallbeispiele und methodische Implikationen

Abschließend soll anhand von zwei Fallbeispielen im Detail gezeigt werden, welche Analysepotenziale der Begriff der Rekontextualisierung gerade für digitale Diskurse hat, welche methodischen Herausforderungen sich ergeben und welche Lösungen sich anbieten. Zum einen sollen am Beispiel eines Wissenschaftsblogs einschließlich des Kommentarbereichs und der intermedialen Verknüpfung mit Twitter Rekontextualisierungen untersucht werden, welche (analog-)massenmedialen Formen noch nahestehen, aber in den digitalen Medienumgebungen transformiert werden. Zum anderen wird mit dem Phänomen des Hashtag-Kaperns eine Rekontextualisierungsform beschrieben, die für Soziale Medien charakteristisch ist.

4.1 Fallbeispiel Wissenschaftsblog

Bei dem ersten Fallbeispiel handelt es sich um einen Beitrag des Klimaforschers Stefan Rahmstorf auf dessen Blog *Klimalounge*, der auf der vom Spektrum-Verlag betriebenen Plattform *SciLogs – Tagebücher der Wissenschaft* gehostet wird. Am 10. Juni 2020 postete Rahmstorf dort einen Eintrag mit dem Titel „Die kleine AFD-Anfrage ‚Vorhersagen über Klimaentwicklung'"[3], der wie folgt beginnt:

> Die AfD bringt gerne ihre ganz eigenen Wissenschaftsthesen in die Politik ein. So schrieb sie zum Beispiel in einen Antrag zur Klimapolitik, dass Nullemissionen von Deutschland nur 0,000653 °C Erwärmung vermeiden würden und deutsche Klimapolitik daher ‚wegen erwiesener Nutz- und Wirkungslosigkeit' einzustellen sei. Leider war <u>ein dummer Denkfehler in der Rechnung</u> und die Zahl lag trotz der Scheinpräzision mit drei Stellen um ein paar Größenordnungen zu niedrig. Tja.
>
> Nun hat die AfD in einer <u>Kleinen Anfrage</u> an die Bundesregierung einen fast zwanzig Jahre alten Ladenhüter der Klimaleugnerszene präsentiert: einen Satz auf <u>Seite 771 eines Berichts des Weltklimarates von 2001</u>, den man, aus dem Kontext gerissen und falsch ins Deutsche übersetzt, so hindrehen kann, dass er eine völlig neue Bedeutung bekommt.
>
> **Lesen hilft**
>
> Zufällig habe ich im Januar bereits <u>im Spiegel erklärt</u>, was daran falsch ist:
>
> Schon vor der ersten Frage steht das Evergreen-Argument der selbsternannten ‚Klimaskeptiker': ein angebliches Zitat aus einem alten <u>Bericht des Weltklimarats IPCC von 2001</u>, wonach ‚längerfristige Vorhersagen über die Klimaentwicklung nicht möglich' seien. Daraus folgert die Initiative, dass Klimaprognosen über einen Zeitraum von mehr als zehn Jahren hinaus ‚keinerlei Vorhersagekraft mehr innewohnt'. Problem ist nur: Das Zitat ist falsch ins Deutsche übersetzt und – wie aus dem Kontext sofort ersichtlich – vollkommen falsch interpretiert. [. . .]

Der Text kann als kritischer Kommentar zum politischen Geschehen bezeichnet werden, allerdings ist der Wechsel aus der Konstellation von Politiker*innen als Diskursakteuren hin zur öffentlichen Wissenschaftskommunikation bereits als rekontextualisierender kommunikativer Sprung anzusehen. Im Blogartikel lassen sich zunächst die schon für analoge Rekontextualisierungen typischen Grundoperationen zeigen. Die im Bezugstext, eine sogenannte ‚kleine Anfrage' an die Bundesregierung, getätigten Aussagen werden umgeordnet und auszugsweise mal paraphrasiert, mal wörtlich zitiert, wobei der Bezugstext selbst bereits Zitate aus älteren Berichten des Weltklimarates führt. In Anlehnung an Bauman

---

[3] https://scilogs.spektrum.de/klimalounge/die-kleine-afd-anfrage-vorhersagen-ueber-klimaentwicklung/ (16.05.2021).

und Briggs (1990) sind vor allem die metapragmatischen Rahmungen auffällig, mit denen die Argumente aus dem Bezugstext etwa als *Evergreen-Argument* oder die im Bezugstext zitierten Textauszüge als *Ladenhüter der Klimaleugnerszene* gewertet werden. Weiterhin werden die Zitationsweisen selbst metapragmatisch als *aus dem Kontext reißen* und *so hindrehen, dass er eine völlig neue Bedeutung bekommt* gerahmt und mithin delegitimiert. Die ursprünglich für politische Ziele eingesetzten Argumente werden also einerseits zum Gegenstand der wissenschaftlichen Kritik, aber vor allem auch der metapragmatischen Kritik bezogen auf das Aus-dem-Kontext-Reißen, Falschübersetzen und den AfD-Überzeugungen angepasste Umdeuten von Aussagen des Weltklimarates. Letzteres ist hier besonders interessant, weil Rahmstorf damit die von ihm rekontextualisierten Klimathesen der AfD wiederum als unangemessene Rekontextualisierungen entlarvt. Dies erzielt er dadurch, dass er die digital-medialen Möglichkeiten der hypertextuellen Vernetzung nutzt und die Originalkontexte wie den Bericht des Weltklimarates verlinkt, dessen Inhalte durch die AfD verfälscht wiedergegeben wurden. Und schließlich stellt Rahmstorf seine hier formulierte Kritik in einen Kontext eines eigenen, bereits früher publizierten Spiegel-Beitrags mit einem wörtlichen Selbstzitat. Insgesamt stellt der Beitrag also eine komplexe retrospektive Äußerung dar, welche die primären kommunikativen Zwecksetzungen des Bezugstextes der AfD gezielt bricht. Erzeugt wird dieser kommunikative Bruch nicht nur durch den Widerspruch und die Gegenargumentation, die seitens der AfD als Reaktion auf provokante Thesen zwar nicht unbedingt erwünscht, aber sicherlich einkalkuliert war, sondern vor allem durch die spezifisch digitale Praktik des direkten Verlinkens der die Falschdarstellung entlarvenden Belege. Das ist die entscheidende dispräferierte kommunikative Handlung.

Die verschiedenen Rekontextualisierungsformen werden in der digitalen Medienumgebung des Blogs also weiter transformiert, indem diese neue Umordnungs-, Vernetzungs- und Zugriffsmöglichkeiten bietet. Dies sind die schon genannten Verlinkungen (im Text durch Unterstreichungen markiert), über die Lesende die erwähnten Bezugstexte direkt aufrufen können. Dass Nutzende hiervon auch Gebrauch machen, wird zusätzlich gestützt durch die zahlreichen Kommentare, in denen auch die verlinkten weiter kommentiert und ergänzend weiterführende Links zusammengetragen werden. Die Nutzenden selbst konstruieren also einen ausgesprochen komplexen intertextuellen Verweiszusammenhang. Neben zahlreichen die Argumentation sachlich stützenden Beiträgen finden sich hier auch offenbar rechtspopulistisch orientierte Diskreditierungsversuche, welche das Geschehen auf dem Blog als typisches Beispiel für einen politisch motivierten und kontrollierten Diskurs kontextualisieren:

> Hallo an das Redaktionsteam:
>
> Wie viel Geld bekommen Sie dafür, dass unliebsame kritische Kommentare sofort gelöscht werden und nur die staatlich finanzierten am Steuerzahlertropf hängenden Märchenerzähler hier veröffentlichen dürfen?
>
> Und die Kritiker dieser Heiligen-Greta-Husterie [sic!] sind dann wohl der ‚rechte Abschaum'?
>
> Das also ist Meinungsfreiheit im Jahr 2020 in Deutschland. Herzlichen Glückwunsch!

In direkter Entgegnung auf diesen Vorwurf liefern andere Kommentierende jedoch umfangreiche Linklisten etwa zu crowdbasierten Lobbyregistern, welche offenbar den Vorwurf von Korruption und Zensur ihrerseits zurückspiegeln sollen.

Rahmstorf selbst verlinkt den Blogpost auch auf einem Twitterprofil, wo sich wiederum andere Nutzende über die Replies mit weiterführenden Links an der Diskussion beteiligen. Auch hier werden die lobbyistischen Aktivitäten der ursprünglichen Urheber der AfD-Anfrage thematisiert und mit Links belegt. Dies nun greift Rahmstorf selbst auf und bringt einen entsprechenden Hinweis nachträglich als P.S. in seinem Blogpost unter. Im fluiden Textformat des Blogposts (Marx & Weidacher 2020: 222) können somit auch transmediale Anschlusskommunikationen und Rekontextualisierungen rekursiv eingewoben werden.

An diesem Fallbeispiel wird auch deutlich, dass bei der Analyse solcher Rekontextualisierungszusammenhänge, die oft implizit bleiben und Kontextwissen voraussetzen, qualitativ-interpretative Methoden erforderlich sind. Bei der Datensammlung und Korpusbildung müssen die vielfältigen Bezugstexte bzw. -kommunikate und die intermedialen Verkettungen präzise erfasst und bspw. mit einem hinreichend feinen Tagset annotiert werden. Denn diese bilden den Rahmen für die zu beschreibenden Praktiken der Umdeutung, der Kontextverschiebung usw. An oberflächensprachlichen Phänomenen orientierte Analysen intertextueller Verweise wie Zitate und Paraphrasen (vgl. Polajnar/ Scharloth/ Škerlavaj in diesem Band) können Hinweise auf Rekontextualisierungen liefern und dabei helfen, ausdrucksseitige Transformationen systematisch zu erfassen, bleiben aber auf interpretative Kategorisierungen angewiesen.

4.2 Fallbeispiel Hashtag-Kapern

Die Übernahme von Schlagwörtern in unterschiedlichen Kontexten ist zwar auch analog möglich, genau wie die Nutzung von Hashtags im Analogen selbst (vgl. Marx 2019: 251). Das Rekontextualisierungsphänomen des Hashtag-Kaperns wird in seiner ganzen Dynamik aber erst durch die digitale Infrastruktur sozialer Medien ermöglicht und im größeren Maßstab und in der breiteren Öffentlichkeit der auch nicht-professionellen Nutzung etabliert.

Als Hashtag-Kapern werden typischerweise Fälle bezeichnet, in denen in Reaktion auf Twitteraktionen, welche über einen gezielt geprägten Hashtag einen Diskurs bündeln, eben dieser Hashtag in Kontexte übertragen wird, welche den eigentlichen Zielen der Aktionen zuwiderlaufen. So diskutiert Marx (2019: 258) die Kaperung des Hashtags #esreicht. Dieser sollte eigentlich entschiedene Gegenrede (Rieger, Schmitt & Frischlich 2018) gegen Hetze und Fremdenfeindlichkeit markieren und mithin auch einfordern. Der Hashtag und die mit der Aktion erregte öffentliche Aufmerksamkeit wurde jedoch auch dazu genutzt, Fremdenfeindlichkeit und typisch rechtspopulistische Rhetorik zu verbreiten. Derartige Fälle zeigen, wie das Rekontextualisierungspotenzial, welches Hashtags nicht zuletzt durch ihre hypertextuelle Verlinkung innewohnt, gleichsam zugespitzt wird. Das im Hashtag in eine griffige Formel gefasste Aufbegehren wird rekontexualisiert und für die Gegenposition argumentativ nutzbar gemacht. Dabei setzt derartiges Kapern gezielt auf den Effekt, über die Verlinkung und die entsprechende Suchbarkeit des Hashtags die neuen Kontexte und Funktionen unbemerkt in den Diskurs zu tragen; Marx (2019: 258) spricht hier treffend von Hashtags als ‚semantischen Trittbrettern'. In jüngerer Zeit ließ sich beobachten, dass im Kontext der sog. Querdenker-Proteste gegen die Maßnahmen zur Eindämmung der COVID19-Pandemie abermals der Hashtag #esreicht verwendet wurde.[4] Auch hier wird die assoziative Verknüpfung mit zivilem Ungehorsam genutzt, die durch ein vermeintliches Eintreten für Demokratie und Dialog zusätzlich gestützt wird.

Das Phänomen des Hashtag-Kaperns ist auch unter #metwo zu beobachten. Der Hashtag wurde durch den Aktivisten und Autor Ali Can mit der Intention geprägt, darunter Erfahrungen mit alltäglichem Rassismus in Deutschland zu sammeln. Das Hashtag-Element „two" soll die Vereinbarkeit zweier kultureller Prägungen bei Menschen mit Migrationshintergrund symbolisieren (vgl. Can 2019: 12–47). Die Homophonie relativ zu dem sehr bekannten Hashtag #metoo kann in gewissem Sinne auch als eine Form der Rekontextualisierung angesehen werden. Die Lautung wird wiederverwendet und inhaltlich gibt es ebenfalls Parallelen in dem Sinne, dass das öffentliche Anprangern von Diskriminierung und Misshandlung als zentrale Funktion konzipiert ist. Can stellt diesen Bezug auch explizit her. Der Kontext wird von sexueller Belästigung (#metoo) hin zu rassistischer Diskriminierung (#metwo) verschoben. Das Kapern von #metwo

---

4 Vgl. https://www.es-reicht-uns.de/, wo der Hashtag #esreicht prominent im Banner geführt wird. (16.05.2021).

als Rekontextualisierungs-Phänomen hatte damit jedoch nichts zu tun, sondern erfolgte durch Tweets, in denen AfD-nahe und andere rechtsgerichtete User*innen von vermeintlicher Alltagsdiskriminierung und Rassismus gegen Weiße bzw. Deutsche berichteten und so ebenfalls versuchten, sich das Konzept hinter dem Hashtag anzueignen, umzudrehen und für die Verbreitung der Gegenperspektive zu nutzen.

> Ja, es gibt #Rassismus, auch gegen uns Deutsche. #MeTwo #Ethnomasochismus (Junge Alternative Hessen e.V. @ja_hessen 1:23 vorm. 17. August 2018)
> [zusätzlich Abbildung mit folgendem Text:]Alltagsrassismus –
> ‚Ich bin stolzer Araber'
> sagte der Araber.
> ‚Ich bin stolzer Türke'
> sagte der Türke.
> ‚Ich bin stolzer Deutscher'
> sagte der Nazi.[5]

In den Kaper-Tweet-Texten variiert die Nähe zum Sprachgebrauch des ursprünglichen Kontexts. Im Zuge des semantischen Trittbrettfahrens werden Kaper-Tweets verfasst, in denen gezielt die Lexik der Gegenseite genutzt wird. Auf diese Weise wird versucht, den Diskurs zunächst eher unauffällig zu infiltrieren, bspw. durch die Nutzung der Begriffe ‚Rassismus' oder ‚Alltagsrassismus' wie im Beispiel oben, aber in Verbindung mit der Umdeutung im Sinne der Diskriminierung Deutscher. Aber auch sprachliche Muster, die charakteristisch für die Kapernden sind, in diesem Fall rechtspopulistische Rhetorik, werden im Zuge des Kaperns verwendet, etwa „Raus mit dem Gesindel, #Merkel hinter Gittern!" [sic][6].

Hashtag-Übernahme-Aktionen gibt es allerdings auch in umgekehrter politischer Richtung. Ein Fall mit großer internationaler und medienübergreifender Beachtung war das Kapern von #proudboys. Dieser Hashtag wurde von der gleichnamigen US-amerikanischen Gruppierung von neofaschistischen, gewaltbereiten weißen Männern ins Leben gerufen, die im Jahr 2020 vor allem medial in Erscheinung traten, weil sie „Black Lives Matter"-Demonstrationen angegriffen haben und der damalige US-Präsident Donald Trump sich im TV-Duell mit Joe Biden nicht von ihnen distanziert hat („Proud Boys, stand back and stand by."). Gekapert wurde der Hashtag, unter dem rassistische, frauenfeindliche und homophobe Äußerungen verbreitet wurden, von Seiten der Antidiskriminierungs-Bewegung der LGBTQ-Aktivist*innen (Lesbian, Gay, Bisexual, Transgender, Queer), indem vor allem eine Foto-Flut von sich küssenden oder als

---

5 https://twitter.com/ja_hessen/status/1030233520910868480 (16.05.2021).
6 https://twitter.com/Munger_Charlie/status/1030089056292614144 (16.05.2021).

glückliches Paar posierenden Homosexuellen unter dem Hashtag gepostet wurde. Die Aktion wurde auch von Prominenten international mitinitiiert und/oder unterstützt – beispielsweise von dem Schauspieler George Takei (Hikaru Sulu in „Star Trek") mit dem Tweet:

> Brad and I are #ProudBoys, legally married for 12 years now. And we're proud of all the gay folks who have stepped up to reclaim our pride in this campaign. Our community and allies answered hate with love, and what could be better than that.
> (George Takei @GeorgeTakei, 11:09 nachm. 4. Okt. 2020)[7]

Auch im deutschsprachigen Raum wurde dies aufgegriffen, etwa durch die Moderatorin Dunja Hayali, die im folgenden Beispiel das Kapern sogar explizit performativ vollzieht:

> Ich bin gerne spielverderberin und mache auch mit
>
> lassen sie uns #proudboys kapern! all right?
>
> #proudboys sind ein rein männliche, rechtsextreme, homophobe gruppe, die in den #usa beheimatet ist. Schwung hat sie zuletzt durch #trump bekommen ‚stand back and stand by'. (Dunja Hayali @dunjahayali, 2:31 nachm. 4. Okt. 2020)[8]

Diese Beispiele im Zusammenhang mit konträren Positionierungen zeigen besonders gut den Effekt des kommunikativen Bruchs bzw. Sprungs als konstitutives Merkmal von Rekontextualisierung. Mit dem Phänomen des Hashtag-Kaperns gehen aber auch methodische Implikationen einher. So sind bei der gängigen Erhebung von Twitter-Korpora mit Hashtags als Zugriffspunkten (vgl. Bender et al. zu Datenerhebung in diesem Band) Rekontextualisierungsphänomene zu reflektieren und die vielfältigen inhaltlichen Ausgestaltungs- und Deutungsmöglichkeiten zu berücksichtigen. Ansätze, bei denen tendenziell eine inhaltliche oder meinungsbezogene Einheitlichkeit bzw. Eingrenzbarkeit durch die Datenerhebung per Hashtag angenommen wird, sind entsprechend zu hinterfragen. Umgekehrt können gerade diese Überlagerungseffekte und die Inbezugsetzung einer sehr heterogenen Menge an Aussagen für diskurslinguistische Fragestellungen nutzbar gemacht werden. Wie schon in Abschnitt 4.1 thematisiert, kann Rekontextualisierung – und das Hashtag-Kapern als eine Anwendungsform – nur bedingt an der sprachlichen Oberfläche mit frequenz- und distributionsorientierten Methoden der Korpuslinguistik erfasst werden, etwa wenn charakteristische sprachliche Muster konträrer Parteien genutzt werden. Ist das nicht der Fall, ge-

---

7 https://twitter.com/GeorgeTakei/status/1312862448706351113 (16.05.2021).
8 https://twitter.com/dunjahayali/status/1312732011501621249 (16.05.2021).

rade wenn bspw. im Zuge des semantischen Trittbrettfahrens absichtlich keine kontrastiven sprachlichen Ausdrücke genutzt werden, ist eine interpretative Analyse erforderlich. Eine Möglichkeit der systematischen interpretativen Analyse wäre die Annotation verschiedener Kontext-Kategorien. In Verbindung mit maschinellem Lernen wäre auf dieser Basis auch eine Anwendung auf größere Korpora denkbar (vgl. den Beitrag von Bender et al. zu Annotation in Teil III, Kapitel 4, ab S. 145).

5 Fazit und Ausblick

Die vielfältigen Ensembles digitaler Medien mit ihren technischen Materialitäten und den sie aufgreifenden Nutzungspraktiken bedingen umfassende Rekontextualisierungsmöglichkeiten im Diskurs. Diese können sich auf verschiedenen Ebenen bewegen und reichen von gezielten und womöglich auch strategisch eingesetzten Umordnungen und Umdeutungen bis hin zu den algorithmisch bedingten und oft intransparent bleibenden Rekombinationen auf Nutzeroberflächen und in Timelines.

Für die digitale Diskursanalyse, welche Rekontextualisierungsphänomene adressieren möchte, bieten sich zum einen Zusammenstellungen von Formaten an, in denen Rekontextualisierungen besonders erwartbar oder gar, wie etwa bei Memes, für das Format konstitutiv sind. Zum anderen sind in der Zusammenstellung etwa von Social Media Korpora die bereits in die technisch-medialen Rahmenbedingungen eingelassenen Rekontextualisierungsmöglichkeiten zu reflektieren, die darauf hinweisen, dass diese Korpora gleichsam ‚Stillstellungen' (Jäger 2011: 316) eines dynamischen Geschehens sind. Und mehr noch: Im Zuge der Analyse insbesondere mit digitalen Methoden, etwa bei der Bildung von Konkordanzen, ereignen sich abermals Rekontextualisierungen, die als sinnkonstitutive Praktiken für heuristische Zwecke genutzt werden (Meier & Viehhauser 2020: 9 und Bubenhofer 2020: 193 f.). Somit ist der Begriff der Rekontextualisierung auch auf einer methodologischen Metaebene ein Leitkonzept für die Analyse digitaler Diskurse.

Literatur

Androutopoulos, Jannis K. & Jana Tereick. 2015. YouTube: Language and discourse strategies in participatory cultures. In Alexandra Georgakopoulou & Tereza Spilioti (eds.), *The Routledge Handbook of Language and Digital Communication*, 354–370. London: Routledge. https://doi.org/10.4324/9781315694344-36.

Androutsopoulos, Jannis. 2007. Bilingualism in the mass media and on the internet. In Monica Heller (ed.), *Bilingualism. A social approach*, 207–232. London: Palgrave Macmillan.

Bauman, Richard & Charles L. Briggs. 1990. Poetics and Performance as Critical Perspectives on Language and Social Life. *Annual Review of Anthropology* 19. 59–88.

Beißwenger, Michael. 2016. Praktiken in der internetbasierten Kommunikation. In *Sprachliche und kommunikative Praktiken*. Berlin & Boston: De Gruyter. https://doi.org/10.1515/9783110451542-012.

Bender, Michael. 2020. Kommentieren und Annotieren als Rekontextualisieren. In Simon Meier-Vieracker, Gabriel Viehhauser & Patrick Sahle (eds.), *Rekontextualisierung als Forschungsparadigma des Digitalen*, 55–70. Norderstedt: Books on Demand.

Bernstein, Basil. 1981. Codes, Modalities, and the Process of Cultural Reproduction: A Model. *Language in Society* 10(3). 327–363.

Blommaert, Jan. 2001. Investigating Narrative Inequality: African Asylum Seekers' Stories in Belgium. *Discourse & Society*. SAGE Publications Ltd 12(4). 413–449. https://doi.org/10.1177/0957926501012004002.

Blommaert, Jan. 2005. *Discourse. A critical introduction* (Key Topics in Sociolinguistics). Cambridge: Cambridge University Press.

Bolter, Jay David & Richard Grusin. 2003. *Remediation: understanding new media*. 6. Nachdr. Cambridge, Mass.: MIT Press.

Bou-Franch, Patricia & Pilar Garcés-Conejos Blitvich. 2014. Conflict management in massive polylogues: A case study from YouTube. *Journal of Pragmatics* (The Pragmatics of Textual Participation in the Social Media) 73. 19–36. https://doi.org/10.1016/j.pragma.2014.05.001.

Bubenhofer, Noah. 2019. Social Media und der Iconic Turn: Diagrammatische Ordnungen im Web 2.0. *Diskurse – digital* 1(2). 114–135. https://doi.org/10.25521/diskurse-digital.2019.107.

Bubenhofer, Noah. 2020. *Visuelle Linguistik. Zur Genese, Funktion und Kategorisierung von Diagrammen in der Sprachwissenschaft. Visuelle Linguistik*. Berlin & Boston: De Gruyter.

Bülow, Lars, Marie-Luis Merten & Michael Johann. 2018. Internet-Memes als Zugang zu multimodalen Konstruktionen. *Zeitschrift für Angewandte Linguistik* 2018(69). 1–32. https://doi.org/10.1515/zfal-2018-0015.

Busse, Dietrich & Wolfgang Teubert. 1994. Ist Diskurs ein sprachwissenschaftliches Objekt? Zur Methodenfrage der historischen Semantik. In Dietrich Busse, Fritz Hermanns & Wolfgang Teubert (eds.), *Begriffsgeschichte und Diskursgeschichte. Methodenfragen und Forschungsergebnisse der historische Semantik*, 10–28. Opladen: Westdeutscher Verlag.

Can, Ali. 2019. *Mehr als eine Heimat. Wie ich Deutschsein neu definiere*. Berlin: Duden Bibliographisches Institut.

Carlson, Matt. 2016. Embedded Links, Embedded Meanings: Social media commentary and news sharing as mundane media criticism. *Journalism Studies* 17(7). 915–924. https://doi.org/10.1080/1461670X.2016.1169210.

Dang-Anh, Mark. 2019. *Protest twittern. Eine medienlinguistische Untersuchung von Straßenprotesten. Protest twittern*. Bielefeld: transcript.

Ekström, Mats. 2001. Politicians Interviewed on Television News. *Discourse & Society* 12(5). 563–584. https://doi.org/10.1177/0957926501012005001.

Foucault, Michel. 1981. *Archäologie des Wissens*. Frankfurt am Main: Suhrkamp.

Gruber, Helmut. 2017. Quoting and retweeting as communicative practices in computer mediated discourse. *Discourse, Context & Media* 20. 1–9. https://doi.org/10.1016/j.dcm.2017.06.005.

Gumperz, John J. 1982. *Discourse strategies* (Studies in Interactional Sociolinguistics 1). Cambridge, New York: Cambridge University Press.

Jäger, Ludwig. 2011. Intermedialität – Intramedialität – Transkriptivität. Überlegungen zu einigen Prinzipien der kulturellen Semiosis. In Arnulf Deppermann & Angelika Linke (eds.), *Sprache intermedial. Stimme und Schrift, Bild und Ton*, 301–323. Berlin & Boston: De Gruyter. https://doi.org/10.1515/9783110223613.299.

Jones, Rodney. 2018. Surveillant media. Technology, language, and control. In Colleen Cotter & Daniel Perrin (eds.), *The Routledge handbook of language and media*. Milton Park, Abingdon, Oxon & New York, NY: Routledge.

Kämper, Heidrun. 2018. Diskurslinguistik und Zeitgeschichte. In Ingo H. Warnke (ed.), *Handbuch Diskurs*, 53–74. Berlin & Boston: De Gruyter.

Krieger, Manuela & Christina Machnyk. 2019. „Das Internet ist für uns alle Neuland." – Zur De- und Rekontextualisierung leixkalischer Einheiten in konventionalisierten Memes. In Lars Bülow & Michael Johann (eds.), *Politische Internet-Memes – Theoretische Herausforderungen und empirische Befunde*, 115–142. Berlin: Frank & Timme.

Leeuwen, Theo van & Ruth Wodak. 1999. Legitimizing Immigration Control: A Discourse-Historical Analysis. *Discourse Studies* 1(1). 83–118. https://doi.org/10.1177/1461445699001001005.

Levison, Stephen. 1990. *Pragmatik*. Tübingen: Niemeyer.

Linell, Per. 1998. Discourse across boundaries: On recontextualizations and the blending of voices in Professional discourse. *Text* 18(2). 143–158. https://doi.org/10.1515/text.1.1998.18.2.143.

Marwick, Alice E. & danah boyd. 2011. I tweet honestly, I tweet passionately: Twitter users, context collapse, and the imagined audience. *New Media & Society* 13(1). 114–133. https://doi.org/10.1177/1461444810365313.

Marx, Konstanze. 2019. Von #Gänsehaut bis #esreicht –Wie lässt sich ein Territorium neuer Sagbarkeit konturieren? Ein phänomenologischer Zugang. In Ludwig Eichinger & Albrecht Plewina (eds.): *Neues vom heutigen Deutsch*, 245–264. Berlin/Boston: De Gruyter. doi: https://doi.org/10.1515/9783110622591-012.

Marx, Konstanze & Georg Weidacher. 2020. *Internetlinguistik Ein Lehr- und Arbeitsbuch*. 2. Aufl. Tübingen: Narr.

Meier, Simon. 2016. Wutreden – Konstruktion einer Gattung in den digitalen Medien. *Zeitschrift für germanistische Linguistik* 44(1). 37–68. https://doi.org/10.1515/zgl-2016-0002.

Meier, Simon. 2020. Medienaneignung und Medienkritik auf YouTube. Korpuslinguistische und sequenzielle Analysen zu rekontextualisierten Talkshow-Auftritten der AfD. In Hans-Jürgen Bucher (ed.), *Medienkritik zwischen ideologischer Instrumentalisierung und kritischer Aufklärung*, 274–295. Köln: Herbert von Halem Verlag.

Meier, Simon & Gabriel Viehhauser. 2020. Rekontextualisierung als Forschungsparadigma des Digtalen? Einleitung in den Band. In Simon Meier, Gabriel Viehhauser & Patrick Sahle (eds.), *Rekontextualisierung als Forschungsparadigma des Digitalen* (Schriften des Instituts für Dokumentologie und Editorik 14), 1–20. Norderstedt: Books on Demand.

Meier, Simon, Gabriel Viehhauser & Patrick Sahle (eds.). 2020. *Rekontextualisierung als Forschungsparadigma des Digitalen* (Schriften des Instituts für Dokumentologie und Editorik 14). Norderstedt: Books on Demand.

Müller, Marcus. 2020. Kontextualisierung in der Re-Kontextualisierung. In Simon Meier, Gabriel Viehhauser & Patrick Sahle (eds.), *Rekontextualisierung als Forschungsparadigma des Digitalen* (Schriften des Instituts für Dokumentologie und Editorik 14), 45–54. Norderstedt: Books on Demand.

Müller, Marcus & Jörn Stegmeier. 2016. Twittern als #Alltagspraxis des Kunstpublikums. *Zeitschrift für Literaturwissenschaft und Linguistik* 46(4). 499–522. https://doi.org/10.1007/s41244-016-0036-0.

Mundhenke, Florian, Fernando Ramos Arenas & Thomas Wilke (eds.). 2015. *Mashups: Neue Praktiken und Ästhetiken in populären Medienkulturen*. Wiesbaden: VS Verlag für Sozialwissenschaften. https://doi.org/10.1007/978-3-658-05753-4.

Muntigl, Peter, Gilbert Weiss & Ruth Wodak. 2000. *European Union Discourses on Un/employment: An interdisciplinary approach to employment policy-making and organizational change* (Dialogues on Work and Innovation). Vol. 12. Amsterdam: John Benjamins Publishing Company. https://doi.org/10.1075/dowi.12.

Osterroth, Andreas. 2015. Das Internet-Meme als Sprache-Bild-Text. *IMAGE. Zeitschrift für interdisziplinäre Bildwissenschaft* 22. 26–46.

Pflaeging, Jana. 2020. Diachronic perspectives on viral online genres: From images to words, from lists to stories. In Crispin Thurlow, Christa Dürscheid & Federica Diémoz (eds.), *Visualizing Digital Discourse*, 227–244. Berlin & Boston: De Gruyter. https://doi.org/10.1515/9781501510113-012.

Pfurtscheller, Daniel. 2020. More than recycled snippets of news: Quote cards as recontextualized discourse on social media. *AILA Review* 33. 204–226. https://doi.org/10.1075/aila.00037.pfu.

Plank, Frans. 1986. Über den Personenwechsel und den anderer deiktischer Kategorien in der wiedergegebenen Rede. *Zeitschrift für germanistische Linguistik* 14(3). 284–308. https://doi.org/10.1515/zfgl.1986.14.3.284.

Reisigl, Martin & Ruth Wodak. 2009. The discourse-historical approach. In Michael Meyer & Ruth Wodak (eds.), *Methods of Critical Discourse Analysis*, 87–121. London: Sage.

Rieger, Diana, Josephine B. Schmitt & Lena Frischlich. 2018. Hate and counter-voices in the Internet: Introduction to the special issue. *Studies in Communication | Media* 7(4). 459–472. https://doi.org/10.5771/2192-4007-2018-4-459.

Schegloff, Emanuel. 2007. *Sequence Organization in Interaction. A Primer in ConversationAnalysis I*. Cambridge: Cambridge University Press.

Stukenbrock, Anja. 2013. Sprachliche Interaktion. In Peter Auer (eds.): *Sprachwissenschaft. Grammatik – Interaktion – Kognition*. Stuttgart: Metzler, 217–259.

Wodak, Ruth. 2014. *Recontextualization and the transformation of meanings: a critical discourse analysis of decision making in EU meetings about employment policies. Discourse and Social Life*. London: Routledge. https://doi.org/10.4324/9781315838502-11.

Zappavigna, Michele. 2015. Searchable talk: the linguistic functions of hashtags. *Social Semiotics*. Routledge 25(3). 274–291. https://doi.org/10.1080/10350330.2014.996948.

Philipp Dreesen, Julia Krasselt
Social Bots als Stimmen im Diskurs

1 Einleitung

Im folgenden Kapitel werden theoretische und methodologische Ansätze vorgestellt, die sich in der diskursanalytischen Auseinandersetzung mit Bots ergeben. Gegenstand des Kapitels sind Social Bots, d. h. keine Chatbots, Intelligent Personal Assistants (z. B. Siri, Alexa etc.) und auch keine reine KI-Textproduktion (z. B. GPT-3). Ausgehend von den diskursiven Bedingungen, unter denen Bots bestimmte Effekte hervorrufen können, werden diskursanalytische Fragestellungen aufgezeigt und diskutiert. Exemplarisch werden Annäherungsweisen an den Untersuchungsgegenstand Bot und Methoden aus unterschiedlichen Disziplinen vorgestellt.

Bedingungen

Jede Kommunikation ist auf Idealisierungsleistungen vonseiten der KommunikationsteilnehmerInnen angewiesen. Das bedeutet, dass im Vollzug von kommunikativen Äußerungen stets reziproke Ansprüche an Intentionalität, Verständlichkeit etc. zwischen den kommunizierenden Personen vollzogen werden (vgl. Grice 1975 und Habermas 1981). Als wesentlich wird dabei vorausgesetzt, dass in den meisten Kommunikationssituationen des Alltags eine Person über genau eine Stimme verfügt, mit der sie sich individuell äußert. Es ist offensichtlich, dass diese Stimme häufig auch im demokratischen Sinne gedacht wird (one man, one vote) sowie im weiteren Verständnis auch als Ausdruck von Partizipation (etwa im Sinne von Voice (vgl. Blommaert 2005: 68)). Die Ausübungsweisen, Beschränkungen und Verzerrungen von individuellen und überindividuellen Stimmen in privater und öffentlicher Kommunikation sowie deren diskursive Ausprägungen sind ein umstrittener und damit genuin politischer Gegenstand (soziale Integration, Gleichberechtigung, Identitätspolitik etc.).

In der (linguistischen) Analyse von Diskursen wird deutlich, dass vor allem in journalistischen Massenmedien ein prototypisches *Ich* selten vorkommt. Es sind insbesondere Eigennamen (*Joe Biden, die CDU, Bern*) und Pronomen (*er, sie, alle*), die als sprechende Subjekte in Erscheinung treten und Positionen im Diskurs besetzen. Zudem ist es auch in der Alltagskommunikation, etwa in einem Online-Kommentar möglich, von der 1. Person Singular zur 1. Person Plural zu wechseln: So kann man auf einen Einwand gegen den eigenen Standpunkt reagieren mit *Viele sind meiner Meinung* oder auch *Wir sind alle davon überzeugt*. Die Produktion einer Vielzahl von (im demokratischen Sinne) Stimmen mit einer einzelnen Stimme ist eine verbreitete Praktik des Argumentierens. Diese im freien Gebrauch der Grammatik liegende Option ist zu unterscheiden von der physiologischen Begrenzung (vgl. Keller & Klinger 2019: 172) einer individuellen Polyphonie: In der Regel ist ein Individuum phonetisch auf eine Sprechstimme begrenzt und auch die Textproduktion ist in der Regel auf eine Handlung pro Zeiteinheit beschränkt.

Mit dem Gebrauch von Bots in der digitalen Kommunikation ändert sich die idealisierte Kommunikationsbedingung hinsichtlich der Verteilung von Stimmen. Der Einsatz von Social Bots wird ermöglicht durch die Strukturen des Web 2.0 und insbesondere von Social Media, d. h. insbesondere die interaktiven Bedingungen, unter denen wir produzieren und rezipieren (posten, liken, sharen etc.).

Bots (Kurzform von *robot*) gibt es seit der Erfindung des Computers. Es handelt sich ganz allgemein um Programme zur Automatisierung von Aufgaben. Sie haben unterschiedliche Einsatzgebiete und sind aus der digitalen Welt nicht mehr wegzudenken. Präsent sind beispielsweise sogenannte Chatbots, d. h. automatisierte Dialogsysteme, die u. a. von Unternehmen zur direkten Kundenkommunikation eingesetzt werden (vgl. Cahn 2017: 4). Im Zusammenhang mit der Entwicklung sozialer Netzwerke ist in den letzten Jahren der Typ des Social Bots entstanden.[1] Es handelt sich dabei um Algorithmen, die automatisiert Inhalte auf sozialen Netzwerken produzieren und verbreiten sowie mit den NutzerInnen sozialer Netzwerke interagieren (Ferrara et al. 2016 und Davis et al. 2016). Es wird unterschieden zwischen Botaccounts, die etwa nur liken und Inhalte teilen, hybriden Accounts mit teilautomatisierten Funktionen sowie autonom agierende Social Bots (Assenmacher et al. 2020: 1). Insbesondere Letztere sind dabei so programmiert, dass sie menschliches Verhalten möglichst genau nachahmen sollen.

Es kann also festgehalten werden, dass die Idee ‚Bot' keineswegs neu ist, sich aber erst in der digitalen Transformation als diskursiver Gegenstand herausbildet. Der Grund hierfür liegt in der erwähnten Form der interaktiven Kommunikation: Erst damit ist die Bedingung für den Einsatz der technisch niedrigschwelligen, schnellen und effizient einsetzbaren Bots gegeben, die ihrerseits die bisherige Erwartung und Vorstellung von Stimmen in Diskursen beeinflussen können. Somit haben die Web 2.0-Angebote an Einzelne dafür gesorgt, dass im Zuge der Entste-

---

[1] In der Literatur werden unterschiedliche Taxonomien für Bots vorgeschlagen und verwendet. So werden auch Chatbots teilweise als Social Bots kategorisiert (Grimme et al. 2017). Da es sich jedoch bei den hier im Fokus stehenden Bots um algorithmisch gesteuerte Kommunikation der Form „one-to-many" in sozialen Medien handelt (im Gegensatz zum Typ „one-to-one" bei klassischen Chatbots), erscheint eine separate Betrachtung sinnvoll.

hung von Prosumern überhaupt (in der Masse) Einzelstimmen eine gewisse Relevanz im WWW spielen. Diskursiv wird der Gegenstand zudem dadurch, dass unterschiedliche Akteure in gesellschaftlichen Bereichen sich zu Social Bots äußern und sie zu einem Kristallisationspunkt von insbesondere politischen, rechtlichen und ethischen Auseinandersetzungen machen.

Effekte

Grundlegend kann zwischen drei diskursiven Effekten von Bots unterschieden werden:

(1) Unter unmittelbaren Effekten kann die häufig ressourcenintensive Auseinandersetzung mit Bots (Auffinden, Filtern, Löschen etc.) subsumiert werden, die sowohl private NutzerInnen als auch AnbieterInnen von Foren, Mikroblogging etc. betreffen. Die Äußerungsproduktion und -rezeption verändert sich durch den Einsatz von Bots. So werden etwa NutzerInnen von Social Media mit Tools darin unterstützt, die Kompetenzen zum Erkennen von Social Bots zu erwerben (vgl. Yang et al. 2019).

(2) Unter mittelbaren Effekten können die durch das Sprechen über Bots verursachten und transportierten Verunsicherungen verstanden werden, z. B.: Wie erkennt man Bots? Wofür sind Bots verantwortlich? Diskursive Auseinandersetzungen in Politik, Recht, Wissenschaft behandeln reale und potenzielle Effekte von Bots auf die Gesellschaft. Dabei wird regelmäßig über die Notwendigkeit von Grenzziehungen zwischen humanen und nicht-humanen Texten diskutiert. Gemeinsam ist den unmittelbaren wie mittelbaren Effekten, dass sie häufig auf das Problem der fehlenden eindeutigen Nachweise von Bot-Aktivitäten zurückführbar sind.

(3) Aus diesem Grund ist der am häufigsten diskutierte Effekt, nämlich die aggressive Beeinflussung von Debatten, Wahlkämpfen, Börsenmärkten durch Bots bislang umstritten.[2] Social Bots sind hier insbesondere in den Sozialwissenschaften zum Forschungsgegenstand geworden (vgl. Hegelich & Janetzko 2016 und Woolley 2016). Zu den prominentesten Beispielen gehört sicherlich der Wahlkampf in den sozialen Medien vor den Präsidentschaftswahlen 2016 in den USA (Kollanyi, Howard & Woolley 2016, Bessi & Ferrara 2016 und Shao et al. 2018). Circa 19 Prozent aller Twitterbeiträge in den Wochen unmittelbar

---

[2] Es wird in der Literatur dementsprechend auch der Begriff des *political bot* verwendet (vgl. Schäfer, Evert & Heinrich 2017).

vor den Wahlen sollen von Social Bots stammen (Bessi & Ferrara 2016: 2). Durch den Einsatz von Social Bots werden unterschiedliche Strategien angewandt, um soziale Medien zu beeinflussen (Ferrara et al. 2016). Ein zentrales Merkmal dieser Strategien ist es, dass durch zigfache Multiplikation von Informationen wie beispielsweise Hashtags oder URLs der Eindruck entsteht, diese Informationen seien hochgradig wichtig, beliebt und würden von einer großen Anzahl NutzerInnen verwendet. Solche Effekte werden in der englischsprachigen Literatur als *astroturf* bezeichnet (Ferrara et al. 2016: 98 und Zhang, Carpenter & Ko 2013).[3] Es handelt sich dabei um den artifiziell erzeugten Eindruck einer Graswurzelbewegung (engl. *grassroots movement*, *astroturf* ist die englischsprachige Bezeichnung für Kunstrasen), indem Accounts von vermeintlichen Einzelpersonen Inhalte teilen und so der Eindruck einer großen UnterstützerInnenschaft, beispielsweise für ein politisches Programm, entsteht. Social Bots beeinflussen somit also die Distribution von Nachrichten, indem Inhalte künstlich reproduziert werden: Sie verbreiten gezielt (Falsch-)Informationen, und das zu spezifischen, an NutzerInnen angepassten Zeiten; sie können an Konversationen teilnehmen und gezielt mit Accounts mit hoher Reichweite interagieren (Ferrara et al. 2016). Daraus resultieren einerseits gut nachweisbare Onlineeffekte wie die Steigerung von Followerzahlen oder das Überbetonen von Trends (Stieglitz et al. 2017). Offline-Effekte, d. h. eine Beeinflussung von Handlungen außerhalb der sozialen Medien hingegen sind deutlich schwerer nachzuweisen und gegenwärtig äußerst umstritten. So ist beispielsweise nicht mit Sicherheit nachweisbar, dass Social Bots den Ausgang von Wahlen durch gezielte WählerInnenbeeinflussung in den Sozialen Medien beeinflussen können (Stieglitz, Brachten, Ross et al. 2017).

2 Theoretische Rahmung

Aus diskurslinguistischer Perspektive ergeben sich aus der Beschäftigung mit Social Bots eine Reihe von theoretischen Überlegungen, die u. a. linguistische und juristische Grundfragen der öffentlichen Kommunikation betreffen. Wie eingangs erwähnt, stellt sich die Frage nach dem Status von Bots vor allem vor dem Hintergrund einer idealisierten Kommunikationsbedingung von Individuen mit singulärer, repräsentierender Stimme. Bots erscheinen als Stimmen

---

[3] Der Begriff wurde vom texanischen US-Senator Lloyd Bentsen geprägt als Reaktion auf eine grosse Anzahl von Briefen und Postkarten, die nicht wie vorgetäuscht von einzelnen BürgerInnen stammten, sondern von Versicherungen verschickt wurden (Lyon & Maxwell 2004).

(Äußerungen), ohne auf ein Individuum rückführbar zu sein (vgl. Dreesen 2013). Der Unterschied zu einer eine Mehrheit (z. B. *Wir*) postulierenden individuellen Stimme besteht darin, dass es sich bei Bots um mehrere Stimmen handelt: Es ist nicht ein Bot, der *Wir sind eine Million!* sagt, sondern es sind eine Million Bots, die jeweils *Ich bin eine Stimme!* sagen.

Die grundlegende Frage ‚Wer spricht?', die Michel Foucault aufwirft, wird in der diskurstheoretischen Auseinandersetzung mit Bots in mehreren Aspekten wieder aktuell: Foucault (2014, 1973: 75–76 und 1991: 20–21) hat sie gestellt, um zu zeigen, dass die Kategorie ‚Autor' selbst eine im Diskurs entstandene und in ihm gefestigte und als relevant angesehene Größe geworden ist, somit als Analysekategorie zu reflektieren ist. Im Diskurs über Bots wird die Kategorie der individuell sprechenden Subjekte und ihre Bedeutung für die Gesellschaft (sensu ‚Autorschaft') neu geordnet. Hinzu kommt, dass die von Foucault machtanalytisch angenommene „Verknappung der sprechenden Subjekte" (Foucault 1991: 26–27 und vgl. Dreesen 2015: 128–131) als Zugangsregulierung zu Diskursen sich angesichts der realen oder potenziellen Möglichkeit von künstlichen Subjekten erneut stellt: Das diskutierte Problem der Masse (anstelle der Knappheit) von Subjekten ruft als Lösung erneut die Verknappung auf den Plan.

Sehr ähnliche theoretische Auseinandersetzungen finden aktuell in der US-amerikanischen Rechtswissenschaft statt, die ihrerseits internationale Auswirkungen auf den Einsatz und Umgang mit Bots haben dürften: Die juristische Diskussion in den USA etwa über das First Amendment, das die Rede und nicht den/die RednerIn schützt, betrifft KI-Kommunikation grundsätzlich (vgl. Massaro & Norton 2016) und damit auch den Umgang mit Bots. In der Linie der bisherigen US-Rechtsprechung ist der Post eines Social Bots damit schützenswert vor Zensur und Löschungen. (Dies ist wohl insbesondere dann der Fall, wenn nicht zweifelsfrei geklärt werden kann, ob der Post nicht doch unmittelbar humanen Urhebers ist.) Dagegen gibt es Ansätze, die angesichts der Möglichkeit von Bot-Armeen, vor einem „reverse cencorship" (Wu 2017) warnen, also so viele Stimmen im Diskurs zu produzieren, dass die humanen Stimmen nicht mehr gehört werden können. Andersherum könnte ein postulierter ‚Bot-Angriff' als Argument zur Einschränkung von freiem Meinungsaustausch dienen. Im Allgemeinen fordert dies die partizipativ-demokratische Vorstellung über öffentlichen Meinungsaustausch heraus, weil gerade die Offenheit zur Teilnahme sich als angreifbar und verletzlich offenbart. In diese Richtung weitergedacht, wären qualitative Auflagen an z. B. Posts denkbar, um human erstellte von künstlich erstellten Stimmen im Diskurs unterscheiden zu können. Offenkundig führt dies zu einer problematischen Grenzziehung zwischen Äußerungen in Diskursen und damit von Sagbarkeiten.

Wie die Aufgabe einer Bot-Erkennung, -Analyse und -Interpretation vor allem mit dem Ziel einer eindeutigen Klassifizierung umgesetzt werden kann, wird im nachfolgenden Abschnitt behandelt. Dazu wird ausgehend von der theoretischen Diskussion ein Überblick über den aktuellen Forschungsstand zu Online- und Offlineeffekten von Social Bots gegeben. Wichtig ist es, zu bedenken, dass die Analysen von diskursiven Bedingungen und Effekten von Bots auch zentrale politische und rechtliche Fragen aufwerfen und damit eine forschungsethische Dimension besitzen. Offenkundig betrifft dies die skizzierte Gefahr der Ausschließung von Personen und ihren Äußerungen, indem sie von anderen Menschen (oder Bots) als Bots klassifiziert werden; dies betrifft auch das Bild von öffentlichen Diskursen, das im Sprechen über Bots erzeugt wird (z. B. Alarmismus, Repression).

3 Methoden

Im technischen Sinne sind Social Bots in unterschiedlichem Ausmaß elaborierte Computerprogramme, die über eine Schnittstelle, einem sogenannten *Application Programming Interface* (API), dazu in der Lage sind, einen Account in einem sozialen Netzwerk automatisiert zu steuern. Einfache Formen von Social Bots folgen vordefinierten Regeln, d. h. sie posten beispielsweise zu festgelegten Zeiten spezifische Inhalte, teilen automatisiert die Inhalte anderer Accounts oder antworten mit vordefinierten Nachrichten auf Beiträge anderer Accounts (z. B. den aktuellen Wetterbericht für eine Stadt als Antwort auf einen Tweet, in dem diese Stadt erwähnt wird, vgl. Grimme et al. 2017). Dem gegenüber stehen Social Bots, die deutlich elaborierter sind und deren Ziel es ist, das Verhalten menschlicher NutzerInnen in den sozialen Medien nachzuahmen (vgl. Stieglitz, Brachten, Berthelé, et al. 2017). Solche Bots erstellen intelligente Inhalte, haben selbst ein Netzwerk von FollowerInnen und hinterlassen Metadaten vergleichbar zu denen menschlicher NutzerInnen, beispielsweise in Form eines Tag-Nacht-Rhythmus' beim Erstellen von Inhalten (für eine solche Umsetzung in einem experimentellen Setting s. Grimme et al. 2017: 283). Eine weitere Form stellen sog. *hybride Bots* dar, bei denen die geposteten Inhalte menschlich erzeugt sind, Aktionen wie Posten, Liken und Retweeten aber automatisiert erfolgen (Grimme et al. 2017).

Die immer stärkere Elaboration von Social Bots hin zur Imitation menschlichen Handelns hat in den vergangenen Jahren zur Entwicklung einer ganzen Reihe von Methoden zu deren Identifikation geführt. Es können drei Gruppen von Ansätzen unterschieden werden:

(1) Als experimentell können die Ansätze bezeichnet werden, die den unmittelbaren Zugang zum Untersuchungsgegenstand Bot suchen. Indem die Funktionsweisen, die Möglichkeiten sowie die Grenzen des Einsatzes von Bots

mithilfe regelbasierter oder selbstlernender Aufgaben verstanden werden, können mitunter die diskursiven Bedingungen und Effekte besser verstanden werden. Für dieses Vorgehen stehen Social Bots auf einer ganzen Reihe von Code-Sharing-Plattformen zur Verfügung (vgl. Kollanyi 2016). Der Einsatz von Bots steht NutzerInnen im Darknet und im Clearnet zur Verfügung (Assenmacher et al. 2020 und Kollanyi 2016). Dieser erste Ansatz geht von der Produktionsseite der Social Bots aus, während alle nachfolgenden Ansätze von der Rezeptionsseite ausgehen.

(2) Es gibt Ansätze, bei denen Forschende in sozialen Netzwerken Social Bots identifizieren, indem sie Fallen aufstellen. Das zeigen beispielsweise Lee, Eoff und Caverlee (2011), die in einer ersten Langzeitstudie 36'000 potentielle Bots auf Twitter identifiziert haben. Die Bot-Accounts wurden mithilfe von 60 sogenannten *honeypot*-Accounts ermittelt. Honeypots werden hier eingesetzt, um Bots vom eigentlichen Zweck abzubringen bzw. vom Ziel abzulenken. Sie sind z. B. aufgrund ihrer Themen und ihres Verhaltens für Bots besonders ‚anziehend', für humane NutzerInnen in der Regel nicht. So wird davon ausgegangen, dass Accounts, die insbesondere mit diesen Accounts interagieren, fast ausschließlich Social Bots sein müssen (Lee, Eoff & Caverlee 2011: 192).

(3) Eine dritte Gruppe von methodischen Ansätzen analysiert bestehende Daten, ohne selbst beispielsweise in Form der genannten *honeypot*-Accounts einzugreifen. Ferrara et al. (2016) unterscheiden zwischen drei unterschiedlichen Methoden zur Identifikation von Social Bots:

(a) Graphbasierte Ansätze basieren auf der Erstellung und Analyse von Netzwerken aus Accounts einer Social-Media-Plattform (z. B. bidirektionale Netzwerke nach dem Muster *Wer-folgt-wem*). Mit Hilfe netzwerkanalytischer Verfahren werden Eigenschaften dieser Netzwerke untersucht (z. B. Zentralitätsmaße und Cluster innerhalb des Netzwerks), um Social Bots zu identifizieren (Chowdhury et al. 2017).

(b) Crowdsourcing-basierte Ansätze liegen vor, wenn die Bot-Erkennung von einer Gruppe von Menschen durchgeführt oder unterstützt wird. Deren Aufgabe besteht dann z. B. darin, in Posts rhetorische Mittel wie Sarkasmus zu erkennen (vgl. Wang et al. 2012), woran Maschinen bislang regelmäßig scheitern.

(c) Machine-Learning-basierte Methoden trainieren Systeme zur Boterkennung mit Hilfe einer großen Anzahl sogenannter *features*, d. h. Merkmalen, die aus dem konkreten Verhalten und Eigenschaften eines Accounts abgeleitet werden können (Ferrara et al. 2016: 101). Ein Beispiel für ein so programmiertes Boterkennungssystem stellt *Botometer* dar (Varol et al.

2017), zurückgehend auf das System *BotOrNot* (Davis et al. 2016).[4] Dieses System arbeitet mit über 1000 Features, die durch Netzwerkanalysen, Account-Metadaten, temporale Muster, linguistische Merkmale und Sentiment-Analysen erzeugt werden. *Botometer* wird insbesondere in der sozialwissenschaftlichen Forschung zur Identifikation von Bot-Accounts eingesetzt (siehe z. B. Keller & Klinger 2019 zum Einsatz von Social Bots im Deutschen Bundestagswahlkampf). Die Validität von Machine-Learning-Zugängen ist dabei umstritten. So zeigen Rauchfleisch und Kaiser (2020) in einer Validationsstudie, dass die Genauigkeit von *Botometer* sprachabhängig ist und eine vergleichsweise große Anzahl an Bot-Accounts falsch (d. h. als menschliche Accounts) klassifiziert wird.

(d) Inzwischen werden auch Deep-Learning-Ansätze verwendet, um Social Bots zu identifizieren (LeCun, Bengio & Hinton 2015 und Kudugunta & Ferrara 2018). Ein Vorteil solcher Zugänge liegt darin, dass keine Trainingsdaten sowie keine umfangreichen Sets an Features notwendig sind, auf die ein Algorithmus angewiesen ist.

4 Fazit und Ausblick

Aus der Perspektive der linguistischen Diskursanalyse stellen Social Bots eine Herausforderung für die Analyse kommunikativer Bedingungen im Web 2.0., insbesondere in den Sozialen Medien dar.

(1) Das öffentliche Sprechen über Kommunikationsfunktionen, Ausmaß und Gefahren von Social Bots ist ein eigenständiger Untersuchungsgegenstand. Metakommunikative und metapragmatische Äußerungen konstruieren einen umstrittenen Gegenstand. Wie sich das Sprechen über Bots auswirkt auf das Identifizieren sowie ethische und rechtliche Einordnungen dieser Stimmen, bleibt vorerst eine offene Frage.

(2) Für eine quantitativ betriebene Diskurslinguistik stellt sich die Frage, ob von Bots erzeugte Inhalte überhaupt in Korpora enthalten sein sollen. Sind es „unsaubere Daten" (weil nicht von Menschen erzeugt), mit denen eine quantitativ arbeitende (oder zumindest gestützte) Disziplin ohnehin leben muss und damit nicht mehr als zu filternder *noise*? Diese Frage betrifft den oben diskutierten Status der Social Bots. Dem jeweiligen Erkenntnisinteresse folgend, ist zu entscheiden, ob ein Bot den Status als handelnder, mög-

---

4 https://botometer.osome.iu.edu (29.04.2021).

licherweise den Diskurs prägender Akteur haben kann („automated social actor", Abokhodair, Yoo & McDonald 2015: 2) oder ob ein Diskurs ohne diese Duplikate von Äußerungen modelliert werden soll. Denkbar ist es auch, die Bots als Akteure zweiter Ordnung und letztlich als Sprachrohr eines nicht sichtbaren Akteurs zu behandeln, der durch die Bots spricht.

(3) Damit wird deutlich, dass diese datenbezogenen Probleme der Diskursmodellierung kaum ohne eine diskurstheoretisch fundierte Reflexion auskommen, weil sie unmittelbar forschungspraktisch relevant sind: Wie werden Akteure, die Stimmen von Akteuren und Stimmen in Äußerungen operationalisiert? In der diskurslinguistischen Auseinandersetzung mit Bots werden somit zentrale Fragen digitaler Kommunikation und Praktiken aufgeworfen (vgl. den Beitrag von Vogel in diesem Band).

Literatur

Abokhodair, Norah, Daisy Yoo & David W. McDonald. 2015. Dissecting a Social Botnet: Growth, Content and Influence in Twitter. Proceedings of the 18th ACM Conference on Computer Supported Cooperative Work & Social Computing – CSCW 15, 839–851. Vancouver, BC, Canada: ACM Press. https://doi.org/10.1145/2675133.2675208. http://dl.acm.org/citation.cfm?doid=2675133.2675208 (22.07.2019).

Assenmacher, Dennis, Lena Clever, Lena Frischlich, Thorsten Quandt, Heike Trautmann & Christian Grimme. 2020. Demystifying Social Bots: On the Intelligence of Automated Social Media Actors. *Social Media + Society* 6(3). https://doi.org/10.1177/2056305120939264.

Bessi, Alessandro & Emilio Ferrara. 2016. Social Bots Distort the 2016 US Presidential Election Online Discussion. *First Monday* 21(11). https://papers.ssrn.com/abstract=2982233 (18 July, 2019).

Blommaert, Jan. 2005. Discourse: A Critical Introduction. Cambridge: Cambridge University Press. https://doi.org/10.1017/CBO9780511610295.

Cahn, Jack. 2017. CHATBOT: Architecture, Design, & Development. Pennsylvania: University of Pennsylvania. Senior thesis.

Chowdhury, Sudipta, Mojtaba Khanzadeh, Ravi Akula, Fangyan Zhang, Song Zhang, Hugh Medal, Mohammad Marufuzzaman & Linkan Bian. 2017. Botnet Detection Using Graph-Based Feature Clustering. *Journal of Big Data* 4(1). https://doi.org/10.1186/s40537-017-0074-7.

Davis, Clayton Allen, Onur Varol, Emilio Ferrara, Alessandro Flammini & Filippo Menczer. 2016. BotOrNot: A System to Evaluate Social Bots. In *Proceedings of the 25th International Conference Companion on World Wide Web*, 273–274. Geneva, Switzerland. https://doi.org/10.1145/2872518.2889302.

Dreesen, Philipp. 2013. Sprechen-für-andere. Eine Annäherung an den Akteur und seine Stimmen mittels Integration der Konzepte Footing und Polyphonie. In Kersten Sven Roth & Carmen Spiegel (eds.), *Angewandte Diskurslinguistik. Felder, Probleme, Perspektiven* (Diskursmuster – Discourse Patterns 2), 223–237. Berlin: Akademie Verlag.

Dreesen, Philipp. 2015. *Diskursgrenzen: Typen und Funktionen sprachlichen Widerstands auf den Strassen der DDR*. Berlin: De Gruyter.

Ferrara, Emilio, Onur Varol, Clayton Davis, Filippo Menczer & Alessandro Flammini. 2016. The Rise of Social Bots. *Communications of the ACM* 59(7). 96–104. https://doi.org/10.1145/2818717.

Foucault, Michel. 1973. *Archäologie des Wissens*, 16th edn. (stw 356). Frankfurt am Main: Suhrkamp.

Foucault, Michel. 1991. *Die Ordnung des Diskurses*, 11th edn. Frankfurt am Main: Fischer Taschenbuch.

Foucault, Michel. 2014. Was ist ein Autor? In Daniel Defert (ed.), *Schriften: in vier Bänden = Dits et écrits. Band 1: 1954–1969*. 3rd edn. Frankfurt am Main: Suhrkamp.

Grice, Herbert Paul. 1975. Logic and Conversation. In Peter Cole & Jerry L. Morgan (eds.), *Speech acts*, 41–58. New York, San Francisco & London: Academic Press.

Grimme, Christian, Mike Preuss, Lena Adam & Heike Trautmann. 2017. Social Bots: Human-Like by Means of Human Control? Big Data 5(4). 279–293. https://doi.org/10.1089/big.2017.0044.

Habermas, Jürgen. 1981. *Theorie des kommunikativen Handelns. Band I: Handlungsrationalität und gesellschaftliche Rationalisierung*. Frankfurt am Main: Suhrkamp.

Hegelich, Simon & Dietmar Janetzko. 2016. Are Social Bots on Twitter Political Actors? Empirical Evidence from a Ukrainian Social Botnet. In Tenth International AAAI Conference on Web and Social Media (ICWSM 2016), 579–582. (18 July, 2019).

Keller, Tobias R. & Ulrike Klinger. 2019. Social Bots in Election Campaigns: Theoretical, Empirical, and Methodological Implications. *Political Communication* 36(1). 171–189. https://doi.org/10.1080/10584609.2018.1526238.

Kollanyi, Bence. 2016. Where Do Bots Come From? An Analysis of Bot Codes Shared on GitHub. *International Journal of Communication* (10). 4932–4951.

Kollanyi, Bence, Philip N. Howard & Samuel C. Woolley. 2016. *Bots and Automation over Twitter during the Second U.S. Presidential Debate*. http://blogs.oii.ox.ac.uk/political bots/wp-content/uploads/sites/89/2016/10/Data-Memo-Third-Presidential-Debate.pdf (23 July, 2019).

Kudugunta, Sneha & Emilio Ferrara. 2018. Deep neural networks for bot detection. *Information Sciences* 467. 312–322. https://doi.org/10.1016/j.ins.2018.08.019.

LeCun, Yann, Yoshua Bengio & Geoffrey Hinton. 2015. Deep learning. *Nature* 521(7553). 436–444. https://doi.org/10.1038/nature14539.

Lee, Kyumin, Brian David Eoff & James Caverlee. 2011. Seven months with the devils: a long-term study of content polluters on Twitter. *Proceedings of the Fifth International AAAI Conference on Weblogs and Social Media*, 185–192.

Lyon, Thomas P. & John W. Maxwell. 2004. Astroturf: Interest Group Lobbying and Corporate Strategy. *Journal of Economics & Management Strategy* 13(4). 561–597. https://doi.org/10.1111/j.1430-9134.2004.00023.x.

Massaro, Toni M. & Helen L. Norton. 2016. Siri-ously? Free Speech Rights and Artificial Intelligence. *SSRN Scholarly Paper*. Rochester, New York: Social Science Research Network. https://papers.ssrn.com/abstract=2643043 (03.03.2021).

Rauchfleisch, Adrian & Jonas Kaiser. 2020. The False Positive Problem of Automatic Bot Detection in Social Science Research. *PLoS ONE* 15(10). e0241045. https://doi.org/10.1371/journal.pone.0241045.

Shao, Chengcheng, Giovanni Luca Ciampaglia, Onur Varol, Kaicheng Yang, Alessandro Flammini & Filippo Menczer. 2018. The spread of low-credibility content by social bots. *Nature Communications* 9(1). 4787. https://doi.org/10.1038/s41467-018-06930-7.

Schäfer, Fabian, Stefan Evert & Philipp Heinrich. 2017. Japan's 2014 General Election: Political Bots, Right-Wing Internet Activism, and Prime Minister Shinzō Abe's Hidden Nationalist Agenda. *Big Data* 5. 294–309.

Stieglitz, Stefan, Florian Brachten, Davina Berthelé, Mira Schlaus, Chrissoula Venetopoulou & Daniel Veutgen. 2017. Do Social Bots (Still) Act Different to Humans? – Comparing Metrics of Social Bots with Those of Humans. In Gabriele Meiselwitz (ed.), Social Computing and Social Media. Human Behavior (Lecture Notes in Computer Science), 379–395. Springer International Publishing.

Stieglitz, Stefan, Florian Brachten, Björn Ross & Anna-Katharina Jung. 2017. Do Social Bots Dream of Electric Sheep? A Categorisation of Social Media Bot Accounts. *ACIS 2017 Proceedings*. https://aisel.aisnet.org/acis2017/89.

Varol, Onur, Emilio Ferrara, Clayton A. Davis, Filippo Menczer & Alessandro Flammini. 2017. Online Human-Bot Interactions: Detection, Estimation, and Characterization. In *Proceedings of the Eleventh International AAAI Conference on Web and Social Media (ICWSM 2017)*, 280–289.

Wang, Gang, Manish Mohanlal, Christo Wilson, Xiao Wang, Miriam Metzger, Haitao Zheng & Ben Y. Zhao. 2012. Social Turing Tests: Crowdsourcing Sybil Detection. arXiv:1205.3856 [physics]. http://arxiv.org/abs/1205.3856 (03.03.2021).

Woolley, Samuel C. 2016. Automating power: Social bot interference in global politics. *First Monday* 21(4). https://doi.org/10.5210/fm.v21i4.6161. http://journals.uic.edu/ojs/index.php/fm/article/view/6161 (22.07.2019).

Wu, Tim. 2017. *Is the First Amendment Obsolete?* https://www.ssrn.com/abstract=3096337 (3 March, 2021).

Yang, Kai, Cheng, Onur Varol, Clayton A. Davis, Emilio Ferrara, Alessandro Flammini & Filippo Menczer. 2019. Arming the public with artificial intelligence to counter social bots. *Human Behavior and Emerging Technologies* 1(1). 48–61. https://doi.org/10.1002/hbe2.115.

Zhang, J., D. Carpenter & M. Ko. 2013. Online astroturfing: a theoretical perspective. In *19th American Conference on Information Systems, AMCIS 2013*, 2559–2565.

Johannes Paßmann, Cornelius Schubert
Technografie als Methode der Social-Media-Forschung

1 Einleitung

Technografische Ansätze weisen darauf hin, dass die konstitutive Bedeutung von technischen Artefakten und Infrastrukturen für menschliche Gesellschaften sowohl konzeptuelle als auch methodische Berücksichtigung in deren Erforschung finden muss. Damit betonen sie, dass menschliche Gesellschaften und Gemeinschaften schon immer durch Dinge und Sachen vermittelt werden oder anders gesagt: sie setzen die Bedeutung sozialer Medien aller Art für die dauerhafte Herstellung sozialer Gefüge ins Zentrum der Analyse. Für die gegenwärtige Social-Media-Forschung zu digitalen Plattformen wie Facebook oder Twitter erwächst daraus eine zentrale Herausforderung: Soziale Beziehungen in digitalisierten Gesellschaften sind durch Medientechnologien vermittelt und diese sind zugleich immer schon da; die sozial-medialen Konstellationen erzeugen einerseits das Gewebe der gesellschaftlichen Wechselwirkungen und damit den Gegenstand der Forschung, andererseits stellen ebenjene Konstellationen auch die Instrumente der wissenschaftlichen Beobachtung bereit. Die Konstruktionen erster und zweiter Ordnung (Schütz 1953) sind damit im Falle sozialer Medienplattformen nicht nur über das deutende Verstehen verbunden, sondern beide Konstruktionen sind immer auch technisch mit hervorgebracht.

Daraus ergibt sich eine schwerwiegende Überlagerung von Untersuchungsgegenstand und -instrument oder anders ausgedrückt: die aktuellen sozial-medialen Konstellationen erzeugen zugleich die gesellschaftlichen Realitäten und die wissenschaftlichen Erkenntnisse über sie. Aus diesem Grund unternehmen technografische Ansätze in der gegenwärtigen Social-Media-Forschung eine doppelte Perspektivierung, denn sie untersuchen nicht nur, wie sich etwa digitale Diskurse durch Medientechnologien, -plattformen und -praktiken manifestieren und transformieren, sie prüfen darüber hinaus, welche methodischen Herausforderungen damit verbunden sind, die materiell-semiotischen Verschränkungen (Law 2009) von sozialen Medien, digitalen Plattformen und digitalen Diskursen systematisch zu erfassen (vgl. Savage 2013).

Zwar taucht der Begriff Technografie vereinzelt schon im 19. Jahrhundert auf, seit gut 20 Jahren gewinnt er jedoch zunehmend an Verbreitung (Sigaut 1994). Der gemeinsame Dreh- und Angelpunkt dieser neueren Ansätze ist, Technografie im engeren Sinne als *ethnografisch inspirierte Analyse der Herstellung und Verwendung von Technik* zu verstehen – bzw. in der Kurzformel von Grant Kien (2008): Technografie = Technologie + Ethnografie (vgl. Rammert & Schubert 2006, Vannini et al. 2009, Jansen & Vellema 2011). Technografische Ansätze wenden sich damit gegen eine in vielen Fächern lange Zeit vorherrschende „Technikvergessenheit", d. h. eine Betonung der immateriellen (ideellen, symbolischen oder virtuellen) Kulturanteile bei gleichzeitiger Vernachlässigung der materiellen (dinglichen, greifbaren oder gebauten) Bestandteile (vgl. Rammert 1998, Hahn 2005). Sie schließen an die durch die Science and Technology Studies und die Medienwissenschaft spätestens seit den 1980er Jahren vehement eingeforderte Berücksichtigung der Materialitäten von Technik und Medien an und können als Teil des rezenten „material turn" verstanden werden (vgl. Kalthoff et al. 2016).

Vor diesem Hintergrund verbindet technografische Ansätze keine einheitliche Methodologie, vielmehr versammeln sie sich um ein gemeinsames Interesse an feingliedrigen Beschreibungen und Analysen der Zusammenhänge von Materialitäten und Bedeutungen beim Herstellen und Verwenden von Technik (vgl. Rammert 2008 und Schubert 2019a). Unter Technografie fällt dann beispielsweise die Beobachtung und Beschreibung der Herstellung von Werkzeugen wie Sicheln oder Äxten in einer fremden Kultur, ebenso wie die Beobachtung und Beschreibung der Verwendung von Kommunikationsmedien in der eigenen – solange sich beide für die wechselseitigen Bedingungsverhältnisse von, knapp gesprochen, Technik und Kultur interessieren und dies auch methodisch wie konzeptuell reflektieren.

Obwohl auch die technografische Erforschung sozialer Medien ihre Wurzeln in ethnografischen Methoden hat, so nimmt sie doch eine *grundlegende methodische Verschiebung* vor. Die zentralen Bezüge klassischer ethnografischer Forschung, insbesondere Ort und Kultur, werden dabei auf radikale Weise neu justiert, um für die *medientechnischen Bedingungen der Erforschung digitaler Plattformen* gegenstandsadäquat sensibilisieren zu können. Nach dieser Auffassung reicht es nicht aus, sich Netzkulturen oder Onlinecommunities durch eine metaphorische Ausdehnung des ethnografischen Orts- (Ethnografie im Cyberspace) und Kulturbezugs (Ethnografie virtueller Gemeinschaften) zu nähern, indem etwa die Begriffe des Feldes oder der Gemeinschaft von ortsgebundenen Kulturen umstandslos auf digitale Kommunikation übertragen werden (vgl. Burrell 2009). Die lokalen Ortskulturen der klassischen Ethnografie und die verteilten Ortskulturen neuerer Studien (Marcus 1998) müssen vielmehr unter den Bedingungen digitalisierter Gesellschaften systematisch als Techno- oder Medienkulturen gedacht werden. Dies bedeutet nicht, dass die Methoden und Prinzipien ethnografischer Forschung oder die Fragen nach Ort und Kultur damit schlechterdings obsolet wären. Vielmehr geht es darum, einen anderen Ausgangspunkt für die Erforschung von sozialen Medien und digitalen Diskursen zu wählen, der sein Potenzial gerade dadurch ausschöpfen kann, wenn die methodischen und konzeptuellen Herausforderungen digitalisierter Gesellschaften in ihrer Grundsätzlichkeit adressiert werden.

Im Folgenden zeichnen wir nach, wie die impliziten Annahmen einer lokalen Ortskultur in der ethnografischen Forschung zunehmend zu expliziten Annahmen verteilter Ortskulturen wurden, die schließlich auch die neueren Ansätze von Cyber-, Online- oder Internet-Ethnografien beeinflussten. Gerade ein latenter bzw. metaphorischer Ortsbezug verdunkelt jedoch, wie sich soziale Medien als Gegenstand durch vernetzte Medientechnologien konstituieren, etwa wenn die Plattformen sozialer Medien vorschnell auf reine Schauplätze des Sozialen reduziert werden, ohne ihre medientechnische Wirkmächtigkeit systematisch in den Blick zu nehmen.

Dagegen zielt eine Technografie sozialer Medienplattformen zuerst auf die methodischen und konzeptuellen Fragen der konstitutiven Digitalität digitaler Diskurse und verknüpft sie in einem zweiten Schritt mit der Frage, wie Digitalität und Sozialität im Falle sozialer Medien und digitaler Plattformen miteinander verschränkt sind. Trotz der notwendigen Verschiebungen von den klassischen ethnografischen Methoden der teilnehmenden Beobachtung über die ethnografischen Ansätze der Internetforschung bis hin zu technografischen Analysen in der Social-Media-Forschung bleibt die Grundeinsicht ethnografischer Forschung bestehen: die detaillierte Beobachtung und Beschreibung situierter Praktiken und ihrer Veränderungen in Prozessen sozialen und technischen Wandels.

2 Die Krise der Ortskultur in der Ethnografie

Ethnografische Ansätze in der Internetforschung begegnen immer wieder der Schwierigkeit, dass der klassische Ausgangspunkt für die Konstitution eines Feldes, die Einheit von Ort und Kultur in einer lokalen Gemeinschaft, problematisch geworden ist. Nicht nur ist ein geschlossener Begriff von Kultur, wie ihn noch Clifford Geertz (1987 [1973]) oder Claude Lévi-Strauss (1968 [1962]) mit ihren jeweiligen Vorstellungen von Kultur als praktisch verkörperten, semiotisch kohärenten Symbolsystemen vertreten haben, spätestens seit der *Writing-Culture-Debatte* mit einer hohen Beweislast belegt,[1] sondern auch die Vorbedingung solcher Kulturbegriffe

---

[1] Für eine systematische Aufarbeitung der Debatte um Kultur als System von Symbolen und Bedeutungen, die sich durch die gesamte Geschichte der ethnografischen Forschung zieht, siehe Ortner (1984), sowie in aktualisierter Form Sewell (2005); für die früheste prominentere und zugleich systematisch-grundlegende Problematisierung dieses Kulturbegriffs siehe Wagner (1981). Die Gründe für dieses Problematisch-Werden sind im Wesentlichen Beobachtun-

ist mehr und mehr problematisch geworden: Der gemeinsame Ort, der das ethnografische Feld stets lokal situiert hat (Calhoun 1991, Gupta & Ferguson 1996, Strübing 2006, Burrell 2009).

Tatsächlich sind ethnografische Untersuchungen in aller Regel nie ausschließlich bei einem lokalen, vom Rest der Welt abgegrenzten Feld geblieben, da stets auch externe Einflüsse in Betracht gezogen wurden, doch hat man diese üblicherweise als externe Faktoren behandelt, die als sekundäre Effekte auf das lokal gebundene Feld Einfluss nehmen: In der Cultural Ecology der 1960er Jahre zum Beispiel stand zwar bereits die „unrealistische und angreifbare Annahme [...], dass Kulturen geschlossene Systeme sind" (Sahlins 1964: 136, Übers. d. V.) zur Debatte, mit dem Ergebnis, dass „die Aufmerksamkeit auf Verhältnisse von Innen und Außen zu richten sind" (Sahlins 1964: 136, Übers. d. V.). Der Ausgangspunkt, von dem aus das Feld konstruiert wird, bleibt in der Regel eine ortsgebundene Kultur und deren Umgang mit Einflüssen von außen.

Dies ändert sich gegen Ende der 1970er Jahre mit Ethnografien aus der politischen Ökonomie, die, wie etwa Jane und Peter Schneider (1976) in *Culture and Political Economy in Western Sicily* das lokale Feld als Teil, mitunter gar nur als Beispiel, eines größeren politisch-ökonomischen Systems beschreiben: Während etwa die Cultural Ecology früher sogenannte ‚primitive' Gesellschaften untersuchte und externe Kräfte die natürliche Umwelt waren, befasste sich die politisch-ökonomische Ethnografie meist mit sozialen Statusgruppen und der Frage, wie sie als Teil größerer, weltweiter kapitalistischer Systeme gesehen werden konnten (Ortner 1984: 141f., Burawoy et al. 2000). Dies allein bedeutete allerdings noch keine grundlegende Krise des ortsgebundenen „Ethno", denn selbst wenn das lokale Feld nur noch Beispiel eines Weltsystems ist, so ist es doch der manifeste *Fall* dieses Systems: Erforscht wird das große Ganze in seiner lokalen Eigenheit, d. h. das lokal verortete Feld bildet ein kleines Ganzes als aussagekräftiger Fall des weltumspannenden Systems, bleibt aber eben immer noch eine im geografischen Raum beobachtbare und durch Forschungsreisen auffindbare Einheit.

---

gen, dass ein systemischer Begriff von Kultur erst durch dessen schriftliche Fixierung seine Festigkeit erreicht, kulturelle Praxis aber widersprüchlich, wandelbar und fragmentiert ist – und nicht zuletzt auch politisch aufgeladen. Letzteres wurde insbesondere durch den Sammelband *Writing Culture. The Poetics and Politics in Ethnography* (Clifford & Marcus 1986) virulent und das darin vertretene Argument, dass ethnografische Forschung nicht nur einen Ethnozentrismus der Beobachtenden impliziert, sondern dass dies in der Regel aus einer Position der Überlegenheit des Beobachters konstruiert wird und sich somit im Begriff der Kultur Machtasymmetrien spiegeln. Diese Debatte nimmt ihren Fortgang in der Analyse digitaler Kommunikationsformen (s. Meier & Viehhauser 2020).

Die aufkommende Krise der Ortskultur wurde insbesondere durch die dabei fast unvermeidliche Beobachtung virulent, dass diese Fälle ganz andere Formen von Mobilität zeigten als die Felder klassischer Ethnografie: „In dem Ausmaß, in dem Menschen heute mit ihren kulturellen ‚Bedeutungen' im Raum unterwegs sind und in dem diese Bedeutungen selbst da auf Wanderschaft gehen, wo die Menschen in ihren angestammten Orten bleiben, können geografische Räume Kultur nicht wirklich beinhalten oder gar begrenzen" (Hannerz 1995: 68). Arjun Appadurai beschreibt dies als eine Krise des Ethnografischen, die bis an ihren Kern heranreicht: „As groups migrate, regroup in new locations, reconstruct their histories, and reconfigure their ethnic ‚projects,' the *ethno* in ethnography takes on a slippery, nonlocalized quality, to which the descriptive practices of anthropology will have to respond" (Appadurai 1991: 191).

Die klassische Ortskultur der Ethnografie ist also bereits *vor dem Einsetzen der Internetforschung* in zweifacher Hinsicht problematisch geworden: sowohl Ort als auch Kultur ließen sich nicht mehr umstandslos als festgefügte Kategorien für die Forschung aufrechterhalten. Es handelt sich demnach nicht um internetspezifische Problemlagen, unter den Bedingungen des Internets sind sie allerdings deutlich amplifiziert worden: Während frühe Internetstudien noch Analogien zu bestehenden Ortskulturen zogen (Rheingold 1993), haben aktuelle Internet-Ethnografien ihren geografischen Ortsbezug weitgehend verloren (Beaulieu 2010) und rufen Ortsbedeutung meist als wechselseitige Verfertigung topografischer und topologischer Orte auf (Pink et al. 2016: 124 ff). Dabei verwenden sie allerdings häufig Metaphern aus topografisch gedachter Sozialität – wie etwa die der Nachbarschaft oder des Territoriums (Pink et al. 2016: 124 ff.); es handelt sich mit anderen Worten stets um *Aktualisierungen* alter Ortsbegriffe unter neuen Bedingungen.

George E. Marcus reagierte auf die Krise des ethnografischen Orts mit einer Multiplizierung dieses Begriffs. Eine „multi-sited ethnography" verfolge „the circulation of cultural meanings, objects, and identities in diffuse time-space" (Marcus 1998: 79). Hier hätten vor allem medienwissenschaftliche Ethnografien der Film- und Fernsehproduktion sowie die Science and Technology Studies Pionierarbeit geleistet, denn gerade in diesen Bereichen stelle sich das Problem der vielen Orte auf besondere Weise (Marcus 1998: 87 f.). Marcus (1998: 89) entwickelt in der Folge eine Reihe von Adaptationen des malinowskischen Follow the Natives-Imperativs, die für ihn Modi sind, einen „multi-sited space" zu konstruieren: Follow the People, Follow the Thing, Follow the Metaphor, Follow the Plot, Story, or Allegory, Follow the Life or Biography und Follow the Conflict.

Dieser Zugang zeichnet sich also dadurch aus, dass der Ort des Feldes nicht als gegeben vorausgesetzt wird, sondern dass man seine aktive Konstruktion in den Mittelpunkt stellt: Alle möglichen Akteure können ein Feld definieren, und diese Akteure sind in der Regel mobil – mobiler zumindest als die der alten Orte. Wo sich der Ort multipliziert, wird auch die Einheit der Kultur fraglich: bei Marcus sehen sich die Forschenden mit einem heterogen ausdifferenzierten Welt-System konfrontiert, das die Begrenzungen lokaler Gemeinschaften weitgehend transzendiert.

Wir wollen uns im Folgenden primär mit der Frage des Ortes beschäftigen, da sie im Zuge der Etablierung von Internet-Ethnografien als zentraler Referenzpunkt für die methodischen Aktualisierungen fungiert (vgl. Schmidt & Volbers 2011). Wir folgen dabei der methodischen Richtlinie, den ethnografischen Ortsbezug, egal ob metaphorisch, latent oder explizit, zunächst, dafür aber konsequent, für technografische Analysen sozialer Medien aufzuschieben.

3 Der Onlineort der Internet-Ethnografie

Marcus' Strategie, den Ort zu multiplizieren und in Prozessen zu denken, ist weitgehend auf die Internet-Ethnografien übertragen worden. In *Invisible Users*, einer Studie über Internetcafés in Ghana, stellte Jenna Burrell (2012) in ihrem Versuch der Re-Lokalisierung des Internets nicht nur die Vielfalt der Orte fest, sondern oft gerade die Nachrangigkeit des Lokalen, das schließlich für sie mehr Ausgangspunkt als Hauptschauplatz des Feldes wurde: „I had overestimated the role of these spaces as a socialized place with any cohesive, communal sensibility" (Burrell 2009: 188). Die User seien recht unregelmäßig an diesen Orten erschienen und bemerkten in Interviews sogar selbst, dass sie an diesen Orten keine Bekanntschaften machten (Burrell 2009: 188). Burrell (2009: 189) schlägt als Lösung „the field site as network" vor und analysiert in der Folge, inwieweit ihr Feld aus festen und beweglichen Objekten zusammengesetzt ist, wie das Internetcafé als Ausgangspunkt firmiert, von dem aus sie den mobilen Objekten folgt, wie sich die geografischen Feldgrenzen verschieben und transformieren, über das Café, über die Stadtgrenzen von Accra hinaus, ins World Wide Web und so weiter.

An dieser Studie lässt sich beobachten, wofür ein ortsungebundener, relationaler Begriff des Feldes als Netzwerk sensibilisiert: Es zeichnet sich dadurch aus, nicht so wie lokale Felder geografisch verortet zu sein, weil es eben keine festen geografischen Grenzen mehr hat. Mit anderen Worten macht ein ortsungebundener Feldbegriff auf einen Wandel sozialer Versammlungen aufmerksam, oder schärfer formuliert: Er sagt mehr über den verlorenen Ortsbegriff der klassischen Ethnografie aus als über den neuen Gegenstand der Internetkommunikation; er beschreibt in erster Linie einen methodologischen Umbruch, indem der Netzwerkbegriff für die Auflösung etablierter ethnografischer Spatialregime gegenüber relational-prozessualen Arrangements sensibilisiert.

Erst durch den Bruch der räumlichen Maßstäbe werden Konzepte der Entgrenzung und Vernetzung erkenntnisversprechend; Burrell beschreibt insofern den *Abschied vom methodischen Ortsprinzip*. Sobald dieser Wandel vollzogen ist, ist allerdings auch diese methodologiehistorische Funktion obsolet, denn sie sensibilisiert für nichts, außer dafür, dass die Dinge früher anders waren. Methodologisch gesehen schrumpft der lokale Ort als umfassender Schauplatz des Sozialen zu einem mehr oder weniger beliebigen Startpunkt zusammen, von dem aus die Untersuchung ihren ungewissen Ausgang nimmt. Diese Orte, wie etwa Internetcafés, können durchaus mehr sein als eine Reminiszenz an eine vergangene Forschungsidentität, dafür muss man aber – wie Burrell – die Frage zulassen, ob ihre Funktion tatsächlich kulturgenerativ begründet ist, oder ob sie vielmehr methodischen Traditionen entspringt.

Der Soziologe Jörg Strübing schlägt bereits ein paar Jahre vor Burrell – im 2006 erschienenen Sammelband *Technografie* – erstens eine Anlehnung an Marcus' Multi-Sited Ethnography vor. Zusätzlich zur Multiplikation des Ortes empfiehlt er zweitens, in Anlehnung an Hubert Knoblauch, eine „Fokussierte Ethnografie", die sich am Ideal des zeitlich begrenzten „vollständigen ‚Eintauchens'" (Strübing 2006: 265) orientiert und drittens verweist er auf Susan Leigh Stars Konzept der „Ethnografie technischer Infrastrukturen" (Strübing 2006: 267f). Dieses Bündel an Strategien, das er als „Webnografie" zusammenfasst, sei vor allem deshalb wichtig, weil „eine Beschränkung auf eine – angesichts ihrer geringen Zugangsbarrieren und der elektronischen Bereitstellung großer Datenmengen so verlockende – teilnehmende Beobachtung allein der online-Aktivitäten ohne Berücksichtigung jeder vielfältigen Handlungsbezüge, die die Internet-Akteure auch offline unterhalten, mehr verbirgt als sie an kulturellen Praktiken der Netznutzung zu erhellen vermag" (Strübing 2006: 270). So kann der lokale Ort nicht nur Ausgangspunkt der Forschung, sondern manchmal auch ihr vorläufiger Endpunkt sein, ebenso wie eine notwendige Zwischenstation.

Jüngere linguistische Arbeiten machen darauf aufmerksam, wie Orte, Diskurse und Medientechnologien sich wechselseitig hervorbringen. Mark Dang-Anh (2019) demonstriert etwa in seiner medienlinguistischen Untersuchung von Straßenprotesten, wie Praktiken des Protests und des Twitterns ko-konstitutiv füreinander sind: Twitter wird zur ortsgebundenen Koordination von Protesten *in situ* gebraucht, und diese „Situativität ändert sich unter dem Einfluss einer spezifischen Medialität" (Dang-Anh 2019: 364), die durch Twitters eigene Zeitlichkeit, durch seine Organisationsformen wie Hashtags, Timecodes und weiteres geprägt wird. Was deshalb den Diskurs über den jeweiligen Protest online ausmacht, ist von dessen lokaler Situiertheit nicht zu trennen und genauso ist diese Situation nicht von den Sprachhandlungen auf Twitter loszulösen. Für die Proteste ‚offline' genauso für die Diskussion ‚online' „[...] wirkt die Operativität des Mediums Twitter sozialitätskonstituierend" (Dang-Anh 2019: 365).

Der Ausgangspunkt von Dang-Anhs Studie ist dabei die „Protestkommunikation in digitalen Medien" (Dang-Anh 2019: 10), deren Wirkung er vor Ort auf Demonstrationen in Dresden und Magdeburg erst in all ihrer Tragweite erforschen kann. Der methodische Startpunkt ist demnach – ganz im technografischen Sinne – nicht ein Demonstrationsort, sondern die Plattform Twitter. Der geografische Ort – mit den Spezifika Dresdens und Magdeburgs, den Polizeisperren und Routen von Wasserwerfern und vielem mehr – verschwindet durch diesen technografischen Ausgangspunkt nicht; ganz im Gegenteil wird seine diskursprägende Rolle dadurch erst hervorgebracht, indem seine Bezüge auf Medien und sprachliche Äußerungen sichtbar gemacht werden.

Andere Studien machen deutlich, dass gerade Online-Ethnografien den Umgang mit Medientechnik praktisch relationieren müssen, um nicht etwa ihrer Selbstbeschreibung aufzusitzen (Miller & Slater 2000, vgl. auch Horst & Miller 2012, Pink et al. 2016). Eine Kritik der Metaphorisierung und latenten Reifizierung des ethnografischen Orts, wie sie in reinen Online-Studien sogenannter Netnography (Kozinets 2009) oder auch in Teilen der Virtual Ethnography (Hine 2000) praktiziert wurde, gehört mittlerweile zum Standardrepertoire online-ethnografischer Methodenreflexion: Da etwa Web-Foren nur einen Teil des sozialen Lebens ihrer User ausmachen, gilt es, sie in ihrem praktischen Kontext zu beobachten.

Durch die Fokussierung auf Herstellungs- und Nutzungspraktiken entgeht man der Gefahr, Medientechnik – analog zum Ortsprinzip – fraglos als Vorbedingung der Analyse zu akzeptieren und ein ungewolltes „forcing" (Glaser 1992) technischer oder medialer Determinismen wahrscheinlich zu machen, also ein vorschnelles Heranziehen von Medientechnologien als Erklärungsgröße, unter die dann die Daten subsumiert werden: „Indeed, for anthropologists – even those who call themselves media anthropologists – the idea of studying media in a way that always puts media at the centre of analysis would be problematic because it would pay too little attention to the ways in which media are part of wider sets of environments and relations." (Pink et al. 2016: 9).

Die methodologischen Reflexionen des Online-Feldes in Bezug auf den klassischen Orts- und Feldbegriff der Ethnografie lassen sich demgemäß in zwei methodische Hinweise zusammenfassen: Erstens soll man sich nicht wie die klassische Ethnografie auf den lokalen oder *topografischen Ort* verlassen, zweitens soll man sich nicht wie frühe Online-Ethnografien auf einen ‚virtuellen', oder genauer gesagt *topologischen Ort* verlassen, innerhalb dessen man nun Cyberethnografie oder ähnliches unternehmen könne. Noch einmal: Das heißt nicht, dass Orte – seien sie topografisch oder topologisch – irrelevant wären. Sie sind nur nicht der Ausgangspunkt der Forschung, der das Feld zunächst konstituiert. Technografisch nach dem Feld zu fragen, bedeutet dann nicht zu schauen, ‚wo' es ist, sondern ‚wie' es medientechnisch und medienpraktisch hergestellt wird.

4 Technografische Justierungen

Die Problematisierung von a priori-Festlegungen zu topografischen oder topologischen Orten in Internet-Ethnografien ist zunächst einmal ein wichtiger Schritt. Allerdings schwingt die klassische Bedeutung des Ortsbezugs nicht selten weiter mit – etwa durch Metaphorisierungen oder die Übertragung topografischer Ortskonzepte in topologische Pendants. Insofern gleichen die Aktualisierungen ethnografischer Methoden oft dem Versuch, das Alte soweit es geht ins Neue zu retten und das Neue aus der Warte des Alten zu betrachten: Allein schon die Multiplizierung des Orts operiert in der Logik des alten Ortes, der im Post-Lokalen zerfällt; zentral gestellt wird also die Frage, was den alten Ort ‚ersetzt', während die Systemstelle dieses Orts weiterhin gesetzt bleibt.

Zudem macht allein die Kritik und Relativierung tradierter Methoden selbst noch keine neue Methode aus. All die guten Ratschläge von Multi-Sited Ethnography und anderen öffnen größtenteils die Imperative klassischer Ethnografie zu offenen Listen von Materialitäten, Zeichen und Personen, denen man folgen soll, ohne dabei ein Angebot zu machen, das dem methodischen Vorgehen die Konkretheit der alten, lokal gebundenen Ortskultur gibt.

Etwas zugespitzt könnte man sagen, dass die bisherigen methodologischen Aktualisierungen im Wesentlichen Methodenopportunismus vorschlagen und dazu auffordern, allem und jedem zu folgen, ohne sich dabei aber auf Bewährtes zu verlassen. Das mag daran liegen, dass nicht selten unterschiedslos von *dem* Internet gesprochen wird und dass diese Allgemeinheit der Komplexität und Heterogenität des Phänomens kaum gerecht wird.

Dies lässt im Anschluss die Methoden unterschiedsloser erscheinen, als sie in der Forschungspraxis sein können: All diese Methoden und ihre Anwendungen, von der Virtual bis zur Digital Ethnography, beginnen ihre Beobachtungen nicht an voraussetzungslosen Ausgangspunkten, in denen dann irgendwann, mehr oder weniger zufällig etwas ‚Digitales', ‚Virtuelles' oder ‚Vernetztes' auftaucht. Der Beobachtungsposten, den in der klassischen Ethnografie die Situation vor Ort stillschweigend festlegt, ist bei all diesen Methoden eine Technik, genauer gesagt verschiedene vernetzte Medientechnologien. Und genausowenig, wie klassische Ethnografie bei ihrem Ort bleiben konnte (sondern eben den *Eingeborenen folgen musste*), verbleibt Technografie bei der „reinen" Technik.

Aber genauso, wie der örtliche Ausgangspunkt zur fremden Kultur eine unhintergehbare Voraussetzung ethnografischer Feldforschung war, ist bei den Studien, die als Online-Ethnografie und Ähnliches verhandelt werden, der technische Ausgangspunkt die unhintergehbare Voraussetzung: Die Technografie digitaler Plattformen ist der Versuch, diese Voraussetzungshaftigkeit methodisch zu reflektieren und konzeptuell produktiv zu machen.

Technografie wird insofern als ein Set von Methoden in der Tradition ethnografischer Forschung verstanden, das im Sinne sensibilisierender Konzepte (Blumer 1954) statt der Vorstellung einer ortsgebundenen Kultur *technikvermittelte Sozialbeziehungen als Ausgangspunkt* der Untersuchung nimmt – und diesen durch die immanente Mediengebundenheit der untersuchten Phänomene nie restlos verlassen kann. Unser Eindruck ist, dass das „Ethno" der Ethnografie für Online-Studien in vielen Fällen zu Rettungsversuchen von Ortsbegriffen online motivieren kann und so zu weitgehend sachfernen Reflexionen über Entgrenzung, Mobilität und alternative Raum- und Ortsbegriffe führt. Dies mit der Folge, dass dabei die vernetzten Medientechnologien, die ein Social-Media-Feld konstituieren, aus dem Blick geraten können.

Statt sich Ortsbegriffe der klassischen Ethnologie an Online-Phänomenen abarbeiten zu lassen, schlagen wir vor, den Rang, den der Ort für die Konstitution des ethnografischen Feldes einnimmt, mit gemeinsam gebrauchter Technik zu besetzen. Technik erhält dabei genauso wenig determinierenden Charakter, wie es der Ort in der ethnografischen Tradition hat. Was Technografie allerdings im Kern ausmacht ist, wie Holger Braun-Thürmann (2006: 200) bemerkt, der Impetus, „[...] die Aufmerksamkeit auf die kulturgenetische Kraft von technischen Artefakten zu lenken". Wie Akhil Gupta und James Ferguson (1996) schreiben, war die unhinterfragte Voraussetzung der kulturerzeugenden Kraft des Orts ein blinder Fleck klassischer Ethnografie, die erst in ihrer Krise in den Blick kam.

Zentral für unsere weitere Argumentation ist, dass diese kulturerzeugende Kraft der Technik – ebenso wie die des Ortes – die Tendenz hat, im Vollzug phänomenal zu verschwinden. So wie der Ort für die klassische Ethnografie in seiner kultur- und feldkonstituierenden Kraft erst da zum Vorschein kam, wo er brüchig, krisenhaft und in Transformation begriffen war, versucht die Technografie digitaler Plattformen von vornherein und bereits im Namen der Methode für die Wirkmächtigkeit der Technologien in digitalen Diskursen zu sensibilisieren und zugleich auf ihre Offenheiten und Unbestimmtheiten hinzuwirken. Technografie reduziert digitale Diskurse eben nicht auf ein technisches oder mediales a-priori, sondern interessiert sich, wie auch aktuelle Entwicklungen in der Medienethnographie (Bender & Zillinger 2015), gezielt für die wechselseitigen Herstellungszusammenhänge zwischen Sozialität und Digitalität.

5 Soziale Medien technografisch erforschen

Die *praxeologische Grundannahme* einer technografisch orientierten Erforschung sozialer Medien und digitaler Plattformen lautet daher: *Technik und Medien sind immer Medium und Resultat gesellschaftlicher Prozesse*, d. h. sie konstituieren Gesellschaft und werden durch sie konstituiert. Diese kultur- und sozialgenetische Agency der Technik sichtbar zu machen, ist in aller Regel deshalb leichter gesagt als getan, weil gerade funktionierende Technik sich im Gebrauch „zurückzieht", wie es Martin Heidegger (1967 [1927]: 69) formulierte, und damit unauffällig, unscheinbar, wenn nicht gar unsichtbar wird. Diesen Umstand hat die Phänomenologie umfänglich studiert; auch mit direktem medientheoretischen Bezug. So beschreibt Fritz Heider (2005 [1926]: 26 ff.) das Zurücktreten des Mediums hinter das, was es hervorbringt, und dieses Medium wird dann sichtbar, wenn es unterbrochen oder anderweitig geändert wird.

Für die Soziologie geht etwa Alfred Schütz (1944), davon aus, dass die sozialkonstitutiven Muster und Prozesse des Zusammenlebens weitgehend im Normalmodus des Verborgenen ablaufen: in Standardsituationen, auf die bedenkenlos mit Rezeptwissen reagiert werden kann. Erst eine Disruption macht diese Muster und Prozesse sichtbar. Bei Schütz geschieht dies durch das Auftauchen des Fremden, bei Heidegger durch die Auffälligkeit, Aufdringlichkeit und Aufsässigkeit nicht funktionierender Technik. Aber auch beim Brechen von Alltagserwartungen (Garfinkel 1964) erlangen Störungen eine weitreichende methodologische Bedeutung. Insofern schließt die Technografie sowohl an phänomenologische als auch pragmatistische Erkenntnislogiken an, bei denen die Unterbrechung etablierter Handlungs- und Deutungsmuster als Ausgangspunkt für nachfolgende Erkenntnis- und Reflexionsprozesse fungiert (s. Dewey 2002 [1938]: 127 ff.).

Die Technografie sozialer Medienplattformen nutzt diese methodische Chance ähnlich wie andere Methodologien der Disruption, Irritation oder der Störung auch (Jäger 2004, Kümmel & Schüttpelz 2003, Gansel & Ächtler 2013), dies allerdings insbesondere, um die Konstitutionsbedingungen ihres Feldes sichtbar zu machen: Sie startet bei den vielfältigen Momenten der Störung, der Unterbrechung oder der Diskontinuität, sei es durch enttäuschte Erwartungen, Fremdheitserfahrungen, Zweifel, Irritationen, Ambivalenzen, Auffälligkeiten, Aufdringlichkeiten oder Aufsässigkeiten. Statt wie die Multi-Sited Ethnography lange Listen der Abwandlungen Malinowskischer Imperative zu entwickeln, schlagen wir vor dem Hintergrund unserer praxeologischen Grundannahme für die technografische Erforschung sozialer Medien daher nur einen Imperativ vor: Folge den Disruptionen! Diese technografische Engführung schließt andere Imperative oder Forschungsperspektiven nicht aus, sie formuliert vielmehr einen expliziten Startpunkt für eine technografisch interessierte Analyse sozialer Medienplattformen.

Anders als etwa bei den Breaching Experimenten von Harold Garfinkel (1964) geht es nicht darum, aktiv Krisen zu erzeugen, sondern sensibel für die vielfältigen Momente der Unterbrechung zu werden, die ohnehin stattfinden, und diesen zu folgen, d. h. Daten über sie einzuholen, ihren Verlauf zu rekonstruieren, sie zu vergleichen und stets die Frage zu stellen, was diese Störungen aus der Latenz gefördert haben. Unsere *gegenstandsbezogene Grundannahme* lautet daher: *auf und in den Plattformen sozialer Medien gehören solche Disruptionen zum Alltag.* Die Bedingungen medial vermittelter Kommunikation führen unentwegt zu spezifischen Anpassungs-, Aushandlungs- oder Reparaturpraktiken – dies gilt für das Funktionieren der Medientechnik (etwa, weil sie häufig Updates erfährt) in gleichem Maße wie für den Umgang mit ihr (etwa, weil häufig moralische Aushandlungen öffentlich stattfinden).

Die methodische Aufgabe besteht darin, in die Lage zu kommen, hierfür aufmerksam zu werden. Dies geschieht einerseits durch die ihr eigene Auffälligkeit der Störung. Sie widersetzt sich einem „weiter so" und fordert damit Aufmerksamkeit. Weniger auffällige Unterbrechungen können andererseits im Sinne einer „infrastrukturellen Inversion" (Bowker 1994: 10) gezielt sichtbar gemacht werden, etwa indem sie die Forschenden aktiv aus der Unscheinbarkeit des fraglos Gegebenen herausproblematisieren bzw. herauspräparieren.

Störungen durch technische Defekte sind bei weitem nicht die einzigen technografisch relevanten – und womöglich auch bei weitem nicht die interessantesten. So zogen die Überlegungen, zukünftig die Likes auf Instagram zu verbergen, Anfang 2019 einen Aufschrei der Entrüstung nach sich, da dadurch etablierte Social-Media-Geschäftsmodelle der Influencer*innenwerbung ihrer Grundlage beraubt werden könnten. Hier liegt offensichtliche kein technischer Defekt vor, wohl aber eine Unterbrechung von Aufmerksamkeitsgewohnheiten und Wirtschaftspraktiken. Auf einer einfachen Ebene könnte man somit von den Störungen durch technische Defekte etwa die Unterbrechung von Praktiken durch Updates unterscheiden. Insbesondere durch die Digitalisierung ist Technik immer weniger als fertige und festgestellte Angelegenheit („ready made") zu verstehen. Sie ist immer unbestimmt und muss im Gebrauch aktualisiert und realisiert werden („in the making", vgl. Latour 1987).

Für soziale Medien mit ihren hochfrequenten Updatezyklen gilt dies in besonderer Weise: Die Geschichte von Twitters Retweet und Like bzw. Fav ist nicht nur von immer engeren Update-Taktungen gekennzeichnet; diese Updates sind teilweise auch als tiefe Eingriffe in die User-Praktiken wahrgenommen worden, mit diversen Formen moralischer Empörung, detaillierten Beschreibungen der Änderungen, die ein Update für den bis dato für normal genommenen sozialen und ästhetischen common ground bedeuteten (Paßmann 2018: 261–340). Inwieweit diese Updates dann auch zu sozialen Krisen führen, ist alles andere als gesetzt. Vielmehr haben viele Social-Media-Unternehmen in den vergangenen Jahren Verfahren etabliert, mit denen diese Updates entweder in unmerklich kleinen Schritten geschehen oder die User daran gewöhnt worden sind, Updates nicht mehr als Ausnahme wahrzunehmen (Paßmann 2018: 332–340). Welche Folgen Störungen und andere Unterbrechungen von Software haben – sei es als Defekt oder Update –, ist insofern alles andere als klar; bei den Störungen zu beginnen und den Reparaturen zu folgen heißt, genau dies herauszufinden – auch außerhalb sozialer Medienplattformen (Schubert 2019b).

Von Defekt und Update lassen sich zudem andere Formen der Unterbrechung unterscheiden. Während Defekt und Update zunächst einmal von einer Änderung des Funktionierens technischer Artefakte ausgehen, lassen sich auf sozialen Medienplattformen etliche Unterbrechungen beobachten, bei denen Technik gerade reibungslos funktioniert. In Fällen moralischer Auseinandersetzung über die soziale Bedeutung von Likes und Retweets lässt sich etwa beobachten, wie deren ansonsten vage und latent gehaltene Anerkennungs- und Wertzuschreibung im Fall von Tabubrüchen thematisch wird (Paßmann 2018: 163–174).

Neben der Unterbrechung durch technische Artefakte (Defekt/Update) und der Verletzung sozialer Regeln des Technikgebrauchs (z. B. Tabubruch) lässt sich ein dritter Bereich ausmachen, der für die Social-Media-Forschung wichtig ist und den Bogen zur ortsbezogenen Ethnografie schlägt: Der technische Entzug. Das klassische Beispiel hierfür sind Online-Communities, die sich zum ersten Mal offline treffen und so neue Formen und Medien der Interaktion mit vermeintlich bekannten Personen finden müssen: Die Social-Media-Plattformen als bis dato übliche Medien der Interaktion verschwinden und die Akteur*innen probieren eine Vielfalt von Praktiken zu etablieren, mit diesem Technikentzug umzugehen (Paßmann 2018: 54–141). In solchen Situationen kann dann etwa die ansonsten leicht vermeidbare Frage unausweichlich werden, was es bedeutet, jemanden auf Twitter zu „entfolgen" (Paßmann 2018: 77 ff.), d. h. das soziale Funktionieren der Plattform-Medien kann im Unterbrechungsmoment des persönlichen Treffens sichtbar werden.

Die obigen Absätze zeigen, dass technografische Analysen sozialer Medien im Kern eine *doppelte Perspektivierung* des Materials vornehmen: Aus den Nutzungspraktiken können einerseits Rückschlüsse auf die medientechnische Entwicklung sozialer Medien gewonnen und feingliedrig untersucht werden, andererseits lassen sich mit denselben Daten die Auswirkungen der technischen Unterbrechungen auf etablierte Medienpraktiken und deren Transformation beobachten. Gemäß der praxeologischen Grundannahme, dass Technik erst im Gebrauch ihre Wirkmächtigkeit erhält, müssen beide Seiten der Analyse strikt zusammengebracht und -gedacht werden. Gemäß der gegenstandsbezogenen Grundannahme handelt es sich bei den Netzkulturen in sozialen Medien zudem um Phänomene, die in Prozessen rapider

Transformation verfangen sind. Genausowenig wie die ihnen eigenen Technologien, sind digitale Diskurse nicht von vornherein festgestellt, sondern wandeln sich in ihren Ausprägungen kontinuierlich mit den technischen Veränderungen.

6 Fazit und Ausblick

Der hier vorgeschlagene technografische Ansatz geht davon aus, dass digitale Diskurse zwangsläufig von den ihnen eigenen digitalen Medientechnologien mitverursacht werden. Er schließt damit an eine praxeologische Sichtweise digitaler Medien an, nach der Technologien und Diskurse wechselseitig in und durch Medienpraktiken verfertigt werden. Um die Diskurse zu deuten und zu verstehen, sieht die technografische Herangehensweise einen Praxisbezug vor, wie er insbesondere durch ethnografische Methoden erzeugt werden kann. Hierbei, und das ist das zentrale Argument, sollten die sowohl expliziten als auch impliziten Ortsbezüge der klassischen ethnografischen Forschung nicht auf das ortsgebundene Feld von digitalen Diskursen übertragen, sondern systematisch durch reflektierte Technikbezüge ersetzt werden, um dem Umstand Rechnung zu tragen, dass der Gegenstand zunächst medientechnisch konstituiert ist. Das schließt spätere Ortsbezüge nicht aus, führt sie jedoch stets auf spezifische technikgebundene Medienpraktiken zurück.

Auch wenn eine wechselseitige Verfertigung von Medientechnologien und Diskursen schon immer der Fall und schon immer relevant war, so drängt sie sich bei digitalen Diskursen in besonderer Weise auf: Nicht nur finden sich hier andere Regime der Zeitlichkeit medientechnischen Wandels, andere Medien-Ökonomien und nicht zuletzt auch andere Wirkmächtigkeiten des Technischen, wie sie etwa durch algorithmisierte Timelines evident werden. Diese medientechnischen Bedingungen der Diskurse werden auch mehr und mehr reflexiv. Die Diskussion dieser Verhältnisse ist längst medienpraktischer Alltag geworden.

Die technografische Analyse digitaler Diskurse ersetzt dabei die linguistische keineswegs; ganz im Gegenteil formuliert sie mit ihrer Insistenz auf die technischen Voraussetzungen des Diskurses eine Perspektive, die sich zunächst mehr mit den technischen Diskursbedingungen befasst als mit den Diskursen selbst. Dies gilt auch für die anderen Disziplinen, an deren Schnittstellen sie sich befindet: Das „Ethno" der Ethnologie wird keineswegs durch ein einfaches „Techno" ersetzt; es wird ebenso wenig ausgeschlossen, dass sich in digitalen Kulturen Symbolsysteme beschreiben lassen, die in Sachen Schließung und Ganzheitlichkeit denen der klassischen Ethnologie ebenbürtig sind. Die Ortskultur der Ethnologie fungiert nur nicht mehr in vergleichbarer Weise als sensibilisierendes Konzept, mit dem allein man die Konstitutionsbedingungen des Feldes reflektieren und die empirischen Imperative formulieren sollte.

Literatur

Appadurai, Arjun. 1991. Global Ethnoscapes: Notes and Queries for a Transnational Anthropology. In Richard G. Fox (ed.), *Recapturing Anthropology: Working in the Present*, 191–210. Santa Fe: School of American Research Press.

Beaulieu, Anne. 2010. From co-location to co-presence. Shifts in the use of ethnography for the study of knowledge. *Social Studies of Science* 40(3). 453–470.

Bender, Cora & Martin Zillinger (eds.). 2015. *Handbuch der Medienethnographie*. Berlin: Reimer.

Blumer, Herbert. 1954. What is wrong with social theory? *American Sociological Review* 19(1). 3–10.

Bowker, Geoffrey. 1994. *Science on the Run. Information Management and Industrial Geophysics at Schlumberger, 1920–1940*. Cambrdige: MIT Press.

Braun-Thürmann, Holger. 2006. Ethnografische Perspektiven: Technische Artefakte in ihrer symbolisch-kommunikativen und praktisch-materiellen Dimension. In Werner Rammert & Cornelius Schubert (eds.), *Technografie. Zur Mikrosoziologie der Technik*, 199–221. Frankfurt a. M. & New York: Campus.

Burawoy, Michael, Joseph A. Blum, Sheba George, Zsuzsa Gille, Teresa Gowan, Lynne Haney, Maren Klawitter, Stephen H. Lopez, Seán Ó Riain & Millie Thayer. 2000. *Global ethnography. Forces, connections, and imaginations in a postmodern world*. Berkeley: University of California Press.

Burrell, Jenna. 2009. The Field Site as a Network: A Strategy for Locating Ethnographic Research. *Field Methods* 21(2). 181–199.

Burrell, Jenna. 2012. *Invisible Users Youth in the Internet Cafés of Urban Ghana*. Cambridge: MIT Press.

Calhoun, Craig. 1991. Indirect relationships and imagined communities. Large scale social integration and the transformation of everyday life. In Pierre Bourdieu & James S. Coleman (eds.), *Social theory for a changing society*, 95–120. Boulder: Westview Press.

Clifford, James & George Marcus (eds.). 1986. *Writing Culture. The Poetics and Politics in Ethnography*. Berkeley: University of California Press.

Dang-Anh, Mark. 2019. *Protest twittern. Eine medienlinguistische Untersuchung von Straßenprotesten*. Bielefeld: Transcript.

Dewey, John. 2002 [1938]. *Logik. Theorie der Forschung*. Frankfurt a. M.: Suhrkamp.

Gansel, Carsten & Norman Ächtler. 2013. Das ‚Prinzip Störung' in den Geistes- und Sozialwissenschaften – Einleitung. In Carsten Gansel & Norman Ächtler (eds.), *Das ‚Prinzip Störung' in den Geistes- und Sozialwissenschaften*, 7–13. Berlin & Boston: De Gruyter.

Garfinkel, Harold. 1964. Studies of the routine grounds of everyday activities. *Social Problems* 11(3). 225–250.

Geertz, Clifford. 1987 [1973]. Religion als kulturelles System. In Clifford Geertz (ed.), *Dichte Beschreibung. Beiträge zum Verstehen kultureller Systeme*, 44–95. Frankfurt a. M.: Suhrkamp.

Glaser, Barney G. 1992. *Emergence vs. forcing. Basics of grounded theory analysis*. Mill Valley: Sociology Press.

Gupta, Akhil & James Ferguson. 1996. Discipline and practice: ‚The field' as site, method, and location in anthropology. In Akhil Gupta & James Ferguson (eds.), *Anthropological Locations. Boundaries and Grounds of a Field Science*, 1–46. Berkeley: University of California Press.

Hahn, Hans Peter. 2005. *Materielle Kultur. Eine Einführung*. Berlin: Reimer.

Hannerz, Ulf. 1995. Kultur in einer vernetzten Welt. Zur Revision eines ethnologischen Begriffes. In Wolfgang Kaschuba (ed.), *Kulturen, Identitäten, Diskurse: Perspektiven europäischer Ethnologie*, 64–84. Berlin: Akademie Verlag.

Heidegger, Martin. 1967 [1927]. *Sein und Zeit*. Tübingen: Niemeyer.

Heider, Fritz. 2005 [1926]. *Ding und Medium*. Berlin: Kadmos.

Hine, Christine. 2000. *Virtual Ethnography*. London: Sage.

Horst, Heather A. & Daniel Miller (eds.). 2012. *Digital Anthropology*. London: Bloomsbury.

Jäger, Ludwig. 2004. Störung und Transparenz: Skizze zur performativen Logik des Medialen. In Sybille Krämer (ed.), *Performativität und Medialität*, 35–73. München: Fink.

Jansen, Kees & Vellema Sietze. 2011. What is technography? *NJAS – Wageningen Journal of Life Sciences* 57(3–4). 169–177.

Kalthoff, Herbert, Torsten Cress & Tobias Röhl (eds.). 2016. *Materialität. Herausforderungen für die Sozial- und Kulturwissenschaften*. Paderborn: Fink.

Kien, Grant. 2008. Technography = Technology + Ethnography. An Introduction. *Qualitative Inquiry* 14(7). 1101–1109.

Kozinets, Robert V. 2009. *Netnography. Doing Ethnographic Research Online*. London: Sage.

Kümmel, Albrecht & Erhard Schüttpelz. 2003. Medientheorie der Störung/Störungstheorie der Medien. Eine Fibel. In Albrecht Kümmel & Erhard Schüttpelz (eds.), *Signale der Störung*, 9–13. München: Fink.

Latour, Bruno. 1987. *Science in action. How to follow scientists and engineers through society*. Cambridge: Harvard University Press.

Law, John. 2009. Actor network theory and material semiotics. In Bryan S. Turner (ed.), *The new Blackwell companion to social theory*, 141–158. Oxford: Wiley-Blackwell.

Lévi-Strauss, Claude. 1968 [1962]. *Das wilde Denken*. Frankfurt a. M.: Suhrkamp.

Marcus, George E. 1998. Ethnography in/of the World System: The Emergence of Multi-sited Ethnography. In George E. Marcus, *Ethnography through Thick and Thin*, 79–104. Princeton: Princeton University Press.

Meier, Simon & Gabriel Viehhauser. 2020. Rekontextualisierung als Forschungsparadigma des Digtalen? Einleitung in den Band. In Simon Meier, Gabriel Viehauser & Patrick Sahle (eds.), *Rekontextualisierung als Forschungsparadigma des Digitalen*, 1–20. Norderstedt: Books on Demand.

Miller, Daniel & Don Slater. 2000. *The Internet. An Ethnographic Approach*. Oxford: Berg.

Ortner, Sherry B. 1984: Theory in Anthropology since the Sixties. *Comparative Studies in Society and History* 26. 126–166.

Paßmann, Johannes. 2018. *Die soziale Logik des Likes. Eine Twitter-Ethnografie*. Frankfurt a. M. & New York: Campus.

Pink, Sarah, Heather Horst, John Postill, Larissa Hjorth, Tania Lewis & Jo Tacchi. 2016. *Digital Ethnography. Principal and Practice*. London: Sage.

Rammert, Werner. 1998. Technikvergessenheit der Soziologie? Eine Erinnerung als Einleitung. In Werner Rammert (ed.), *Technik und Sozialtheorie*, 9–28. Frankfurt a. M. & New York: Campus.

Rammert, Werner. 2008. Technografie trifft Theorie. Forschungsperspektiven einer Soziologie der Technik. In Stefan Hirschhauser, Herbert Kalthoff & Gesa Lindemann (eds.), *Theoretische Empirie*, 341–367. Frankfurt a. M.: Suhrkamp.

Rammert, Werner & Cornelius Schubert (eds.). 2006. *Technografie. Zur Mikrosoziologie der Technik*. Frankfurt a. M. & New York: Campus.

Rheingold, Howard. 1993. *The virtual community. Homesteading on the electronic frontier*. Reading: Addison-Wesley.

Sahlins, Marshall. 1964. Culture and Environment. In Sol Tax (ed.): *Horizons of Anthropology*, 132–147. Chicago: Aldine.

Savage, Mike. 2013. The ‚Social Life of Methods'. A critical introduction. *Theory, Culture & Society* 30(4). 3–21.

Schmidt, Robert & Jörg Volbers. 2011. Siting praxeology. The methodological significance of ‚public' in theories of social practices. *Journal for the Theory of Social Behaviour* 41(4). 419–440.

Schneider, Jane & Peter Schneider. 1976. *Culture and Political Economy in Western Sicily*. New York: Academic Press.

Schubert, Cornelius. 2019a. The social life of computer simulations. On the social construction of algorithms and the algorithmic construction of the social. In Nicole J. Saam, Michael Resch & Andreas Kaminski (eds.), *Simulieren und Entscheiden*, 145–169. Wiesbaden: Springer VS.

Schubert, Cornelius. 2019b. Repair as inquiry and improvisation. The curious case of medical practise. In Ignaz Strebel, Alain Bovet & Philippe Sormani (eds.), *Repair work ethnographies: Revisiting breakdown, relocating materiality*, 31–60. London: Routledge.

Schütz, Alfred. 1944. The Stranger: An Essay in Social Psychology. *American Journal of Sociology* 49(6). 499–507.

Schütz, Alfred. 1953. Common-sense and scientific interpretation of human action. *Philosophy and Phenomenological Research* 14(1). 1–37.

Sewell, William H., Jr. 2005. Concept(s) of Culture. In William H. Sewell Jr. (ed.), *Logics of History. Social Theory and Social Transformation*, 152–174. Chicago: Chicago University Press.

Sigaut, François. 1994. Technology. In Tim Ingold (ed.), *Companion Encyclopedia of Anthropology*, 420–459. London: Routledge.

Strübing, Jörg. 2006. Webnografie? Zu den methodischen Voraussetzungen einer ethnografischen Erforschung des Internets. In Werner Rammert & Cornelius Schubert (eds.), *Technografie. Zur Mikrosoziologie der Technik*, 249–274. Frankfurt a. M. & New York: Campus.

Wagner, Roy. 1981. *The Invention of Culture*. Chicago: Chicago University Press.

Vannini, Phillip, Jaigris Hodson & April Vannini. 2009. Toward a Technography of Everyday Life: The Methodological Legacy of James W. Carey's Ecology of Technoculture as Communication. *Cultural Studies ↔ Critical Methodologies* 9(3). 462–476.

Verzeichnis der Autor:innen

Michael Bender ist wissenschaftlicher Mitarbeiter (Postdoc) im Fachgebiet Germanistik – digitale Linguistik an der Technischen Universität Darmstadt. Seine Forschungsschwerpunkte liegen im Bereich der digitalen Text- und Diskurslinguistik und der Korpuspragmatik.

Noah Bubenhofer ist Professor für Deutsche Sprachwissenschaft am Deutschen Seminar der Universität Zürich. Seine Forschungsgebiete liegen in den Bereichen Semantik und Pragmatik in Kultur und Gesellschaft, so treibt er etwa Methoden einer sozial- und kulturwissenschaftlich interessierten Korpuslinguistik voran und untersucht damit Diskurse und sprachliche Praktiken. Ebenso befasst sich Noah Bubenhofer mit der Theoriebildung einer „digitalen Linguistik" und beforscht das Potenzial von Visualisierungen von Sprache und Kommunikation. Sein Buch „Visuelle Linguistik" verknüpft vor dem Hintergrund diagrammatischer Überlegungen die verschiedenen Interessensgebiete.

Philipp Dreesen ist Professor für Digitale Linguistik und Diskursanalyse an der Zürcher Hochschule für Angewandte Wissenschaften. Seine Tätigkeiten liegen in der Entwicklung der Transdisziplinären Diskurslinguistik und der Vergleichenden Diskuranalyse sowie in den Forschungsgebieten Korpuslinguistik, Politolinguistik, Rechtslinguistik und Sprachkritik.

Christopher Georgi ist wissenschaftlicher Mitarbeiter am Lehrstuhl für Germanistische und Allgemeine Sprachwissenschaft an der Universität Paderborn. Seine Forschungsinteressen liegen in den Gebieten der Korpuspragmatik und der linguistischen Kulturanalyse. Dabei stehen datengeleitete Analysen und explorative Verfahren im Vordergrund.

Thomas Gloning ist Professor für Germanistische Sprachwissenschaft mit Schwerpunkt Sprachverwendung an der Universität Gießen. Seine Forschungsschwerpunkte liegen u. a. in den Bereichen Text, Gespräch, Multimodalität, Wortschatz, Wortgebrauch und Lexikographie sowie Sprachgeschichte und Geschichte von Kommunikationsformen.

Eva Gredel ist Juniorprofessorin für Germanistische Linguistik an der Universität Duisburg-Essen mit dem Schwerpunkt „Digitale Kommunikation in Vermittlungskontexten". Ihre Forschungsschwerpunkte liegen im Bereich der Text- und Diskurslinguistik, der Medienlinguistik sowie der Forschung zur internetbasierten Kommunikation.

Fabian Klinker ist wissenschaftlicher Referent für Social-Media-Analysen am Institut für Demokratie und Zivilgesellschaft in Jena. Seine Forschungsschwerpunkte liegen im Bereich der digitalen Demokratieforschung sowie der linguistischen Kulturanalyse. Dabei arbeitet er hauptsächlich mit datengeleiteten Analysemethoden.

Julia Krasselt ist wissenschaftliche Mitarbeiterin (Post-Doc) an der Zürcher Hochschule für Angewandte Wissenschaften im Fach- und Arbeitsbereich Digital Linguistics. Ihr Forschungsschwerpunkt liegt in der Nutzung und Entwicklung korpuslinguistischer Methoden zur datengeleiteten Analyse digitaler Diskurse.

Open Access. © 2022 Eva Gredel, publiziert von De Gruyter. Dieses Werk ist lizenziert unter einer Creative Commons Namensnennung - Keine Bearbeitung 4.0 International Lizenz.
https://doi.org/10.1515/9783110721447-016

Konstanze Marx ist Lehrstuhlinhaberin für Germanistische Sprachwissenschaft an der Universität Greifswald. Ihre Forschungsschwerpunkte liegen in der Internetlinguistik, der Diskurs- und Textlinguistik, der Erforschung des Zusammenhangs zwischen Sprache-Kognition-Emotion, der Genderlinguistik und der medienlinguistischen Prävention.

Janine Luth ist Wissenschaftliche Koordinatorin für den Bereich Sprachwissenschaft an der Neuphilologischen Fakultät der Universität Heidelberg. Sie ist Geschäftsführerin des Europäischen Zentrums für Sprachwissenschaften (EZS). Ihre Forschungsschwerpunkte sind Rechtslinguistik, Diskurslinguistik sowie Wissenschaftssprache und -management im europäischen Kulturraum.

Simon Meier-Vieracker ist Professor für Angewandte Linguistik an der TU Dresden. Seine Forschungsschwerpunkte liegen in der Diskurslinguistik, der Korpuslinguistik und der Medienlinguistik. Anwendungsfelder sind der Zusammenhang von Sprache und Politik sowie von Sprache und Fußball.

Ruth M. Mell ist stellvertretende Geschäftsführerin des Zentrums für Lehrerbildung an der Technischen Universität Darmstadt. Ihre Forschungsschwerpunkte liegen im Bereich der Diskurslexikographie, der Analyse politischer Diskurse sowie der korpusbasierten Fachsprachen-/ Terminologieforschung und ihrer didaktischen Anwendbarkeit.

Johannes Paßmann ist Juniorprofessor für „Geschichte und Theorie sozialer Medien und Plattformen" an der Ruhr-Universität Bochum und Leiter eines DFG-Projekts zur Geschichte des Online-Kommentars im Sonderforschungsbereich 1472 „Transformationen des Populären".

Christian Pentzold ist Professor für Medien- und Kommunikationswissenschaft an der Universität Leipzig. Seine Forschungsschwerpunkte liegen in der Aneignung von digitalen Medien und smarten Technologien sowie öffentlichen Diskursen zu neuen Medien.

Janja Polajnar ist a.o. Professorin für Germanistische Linguistik an der Universität Ljubljana. Ihre Forschungsschwerpunkte liegen im Bereich der Text- und Diskurslinguistik, der Korpuslinguistik und der korpusbasierten (Diskurs-)Lexikographie, der Medienlinguistik sowie der Forschung zur internetbasierten Kommunikation.

Jan Oliver Rüdiger studierte Germanistik, Informatik und Kunstwissenschaft. Gegenstand seines Dissertationsprojekts (www.CorpusExplorer.de) war die Entwicklung einer OpenSource Software zur korpuspragmatischen Analyse von Textkorpora. Seit Ende 2020 ist er wissenschaftlicher Mitarbeiter am Leibniz-Institut für Deutsche Sprache (Mannheim). Seine Forschungsschwerpunkte liegen im Bereich der Korpus- und Computerlinguistik, mit einem besonderen Fokus auf Data- und Text-Mining, Echtzeitanalysen, Natural-Language-Processing sowie maschinellen Lernverfahren.

Joachim Scharloth ist Sprachwissenschaftler und Professor für German Studies an der Waseda Universität in Tokyo. Er betreibt Gesellschafts- und Kulturanalyse vorzugsweise, aber nicht ausschließlich, mit datengeleiteten Analysemethoden.

Michaela Schnick arbeitet als Deutschlehrerin in Dresden.

Cornelius Schubert ist Professor für Wissenschafts- und Techniksoziologie an der TU Dortmund. Seine Forschungsschwerpunkte liegen auf Studien zu Technik und Interaktion, zu inter- und transdisziplinärer Kollaboration sowie auf der Weiterentwicklung qualitativer Methoden.

Tanja Škerlavaj ist Assistenzprofessorin für Germanistische Sprachwissenschaft an der Universität Ljubljana, Slowenien. Ihre Forschungsschwerpunkte liegen u. a. im Bereich der Text(sorten)linguistik und Stilistik, der Pragmasemantik, der Multimodalitätsforschung sowie der Erforschung der Linguistic Landscapes und der Kommunikation in den neuen Medien.

Friedemann Vogel ist Professor für Sozio- und Diskurslinguistik am Germanistischen Seminar der Universität Siegen. Sein Arbeitsschwerpunkt liegt in der computergestützten Erforschung von Sprache und Kommunikation in medialen, rechtlichen und politischen Diskursen sowie in der Entwicklung von Methoden maschineller Sprachverarbeitung.

Janina Wildfeuer ist Assistenzprofessorin im Department Communication and Information Studies an der Universität Groningen, NL. Ihre Forschungsschwerpunkte liegen im Bereich der multimodalen Diskursanalyse von medialen Artefakten auf Grundlage diskurssemantischer und textlinguistischer Instrumentarien.

Sachregister

Affordanz 11, 18, 28–29, 37, 62, 82, 162, 179, 244, 251, 255, 257
Aggregation 30, 209, 213, 255
Algorithmisierung 28, 30, 33, 174
Algorithmus 15, 42, 107, 137, 159–160, 162, 164, 174, 176, 184, 186, 200, 206, 208, 258, 272
Annotation 31, 140, 145, 149, 266
Anonymisierung 20, 107, 118, 209
Anonymität 110
Archivierung 104, 142
Aussage 10, 13, 48, 108, 111, 148, 150, 162, 216, 251
Authentifizierung 191

Big Data 19–20, 178
Blog 58
born-digital 13, 27, 30, 32, 76

computervermittelte Kommunikation 16
corpus-driven 3, 12, 149–150

Data Mining 103
Datenschutz 102, 144, 192, 195, 205
Datenspende 120
Deanonymisierung 204
Digitalität 12, 28, 32, 177–178, 233, 242–243, 285
DIMEAN 68, 246
Diskursbegriff 85, 92
Diskursdynamik 53, 64, 89, 170
Diskursfragment 11, 35, 47, 101, 244, 246, 251, 256, 259
Diskursraum 27, 239
diskurssemantische Grundfigur 13, 215
Dispositiv 159–160, 198–199

Einwilligung, informierte 103
Ethnografie 11, 207, 247, 283–285

Filterblase 95, 179, 181

Gütekriterium 103

Hashtag VII, 30, 50, 59, 79, 93, 222, 224, 226, 246, 255, 257–258, 262, 274
hybride Diskurse 75, 213
Hyperlink. *Siehe* Link

Identifizierung 191
Interaktion 10, 19, 30, 53, 62, 66, 93, 96, 159–160, 162–163, 170, 175, 192, 195, 203, 246, 295
intermedial 10, 222, 253, 262
Intertextualität 15, 64, 81, 160, 213, 246, 261

Kodierung 27–28, 258
Kodierungsverfahren 29
Kollektivierung 173
Kommodifizierung 12
Kommunikationssituation 33, 68
Korpuslinguistik 12, 49, 146, 148, 184, 186, 208

Link 14, 51, 53, 64, 67, 93, 213, 222–223, 225, 246, 261, 263

Materialität 27, 237, 239, 244, 251, 284
Mediennutzung 29, 38, 176
Medientechnologie 12, 208, 283, 289, 291, 296
Meme 34, 154, 221, 255
Mention 213, 227, 246, 257
Metadaten 13, 30, 60, 66, 111, 140–141, 144, 149, 164, 259, 276
Multilingualität 63, 224
Multimodalität 28, 32, 40, 47, 67, 222, 244–245
Multisequenzialität 14, 259

Newsfeed 225, 228
n-Gramm 13, 151, 230
Nutzungspraktiken 11, 38, 41, 251, 290, 295
Nutzungsrecht 104

Öffentlichkeit 15, 101, 108, 111, 122, 127, 227, 245
Online-Diskurs 27, 33

Paraphrase 213, 221, 230, 262
Partizipation 33, 68, 96, 116, 167, 182, 216, 271
Phänotext 222, 225
Positionierung 19, 42, 55, 193, 208, 237, 239, 246
Praktik 20, 27, 36, 41, 137, 176
Profilbildung 206

Raum 239, 286–287, 292
Referenztext 64, 216, 221, 223
Rekontextualisierung 11, 14, 31, 154, 244, 251

Selbstbestimmung, informationelle 125, 191, 209
Selektion 201
Selektivität 161
Sequenzialität 162
Social Bots 181, 271
social cooling 203
Social Media 15, 36, 114–115, 159, 181–182, 197, 246, 256, 259, 272, 285, 293
Social Web VII, 119
Soziale Medien. *Siehe* Social Media

Technografie 283
Text 48, 104, 140

Thematizität 2, 75, 160
Topoi 10, 88–89, 216
Tracking 16, 201, 209
Transnationalisierung 219, 223, 240
Twitter 15, 18, 58, 117, 119, 143, 176, 226, 257, 263, 273, 289–290

Überwachung 18, 182, 191
Urheberrecht 102

Verdatung 14, 27, 30, 137, 174, 184, 199–200, 254
Verknüpfung 30, 225, 228
Verlinkung. *Siehe* Link
Vertraulichkeit 103, 111

Web 2.0 10, 14, 59, 173, 243, 272
Wikipedia 53, 121, 199, 224
Word Embedding 13, 151, 232

XML 13, 141, 144–145

YouTube 50, 63, 163

Zeichenmodalität 28, 33–35, 39, 109, 197
Zitat 62, 64, 101, 124, 222, 252
Zugangskontrolle 192

www.ingramcontent.com/pod-product-compliance
Lightning Source LLC
Chambersburg PA
CBHW050515170426
43201CB00013B/1965